21世纪应用技能型精品规划教材 · 财经系列

资产评估基础

FOUNDATION OF VALUATION

理论 · 实务 · 案例 · 实训

窦洪波 李贺 / 编著

上海财经大学出版社

图书在版编目(CIP)数据

资产评估基础:理论·实务·案例·实训/窦洪波,李贺编著. —上海:上海财经大学出版社,2016.1

(21世纪应用技能型精品规划教材·财经系列)

ISBN 978-7-5642-2345-8/F·2345

Ⅰ.①资… Ⅱ.①窦… ②李… Ⅲ.①资产评估-教材 Ⅳ.①F20

中国版本图书馆CIP数据核字(2016)第001921号

□ 责任编辑 汝 涛
□ 封面设计 杨雪婷

ZICHAN PINGGU JICHU
资产评估基础
——理论·实务·案例·实训
窦洪波 李 贺 编著

上海财经大学出版社出版发行
(上海市武东路321号乙 邮编200434)
网 址:http://www.sufep.com
电子邮箱:webmaster @ sufep.com
全国新华书店经销
上海译文印刷厂印刷
上海景条印刷有限公司装订
2016年1月第1版 2016年1月第1次印刷

787mm×1092mm 1/16 17.75印张 454千字
印数:0 001—4 000 定价:38.00元

前　言

随着我国市场经济体制改革的不断深入，资产评估在产权交易、资产管理等方面发挥的重要作用日渐突出。资产评估是对资产价值形态的评估，是市场经济发展的产物，同时，它也是规范市场运行、配置资源与进行价值管理的重要手段和力量，具有独立和客观的价值发现与价值创造的功能。资产评估不仅是评估专业人员所必备的专业知识，而且是每位从事资产管理、资产交易的人士所必须掌握的基本知识。作为一项社会中介服务工作，资产评估在我国的经济活动中发挥了巨大的作用。

鉴于《资产评估基础》是一门实践性很强的应用技能型课程，编者在编写过程中注重理论与实践相结合：既注重对资产评估基本理论与方法的阐述，又注重对资产评估的收益法、市场法和成本法三大基本方法及其在机器设备评估、房地产评估、无形资产评估、长期投资性资产评估、流动资产评估、企业价值评估等方面的应用进行概括和总结，以培养和提高学生正确分析与解决资产评估实际问题的能力。

在教育部相关文件精神的指引下，编者总结多年教学实践经验，编写了这本具有较强的系统性、完整性、实操性和创新性的应用技能型教材。本教材共有10个项目，包括资产评估总论，资产评估基本理论，资产评估基本方法，机器设备评估，房地产评估，无形资产评估，长期投资性资产评估，流动资产评估，企业价值评估，资产评估报告、资产评估规范及准则。每一个项目都有"知识目标"、"能力目标"、"素质目标"、"情境引入"，项目结尾处编排了"应知考核"（包括单项选择题、多项选择题、判断题、思考与讨论、主要概念）、"应会考核"（包括案例题、专业技能题、综合题）和"实训操作"，以使学生在学习每一个项目时做到有的放矢，增强学习效果。应知应会习题练习对学生所学的资产评估知识的巩固和加深大有裨益，同时案例题、专业技能题和综合题能使学生加深对资产评估的理解，并学会在实际工作中运用资产评估的基本理论和实操技巧。

本教材具有以下特点：

第一，立意新颖。资产评估不仅是会计、资产评估专业的主干课程，而且是每一名财经方向的学生应当学习和了解的课程。通过学习，可以树立现代资产评估的基本理念，全面认识资产评估的内容体系和知识结构、资产评估师的职能和职责，掌握资产评估的基本方法与技巧，从而在整体上具有系统思考、分析和解决资产评估问题的能力。

第二，突出实用性和可操作性。应用型技能系列规划教材的定位，决定了本教材的内容重点是实用性和可操作性。因此，本教材每个项目在介绍基本概念、基本理论的基础上，更多的篇幅用在解释"怎么做"；在形式上，给出了大量的例题；在语言上，力图通过简洁、通俗易懂的表达，将难懂的概念和方法可读化，并通过典型案例将系统的理论与资产评估的实践方法结合起来论述，体现应用技能型教材的特点。

第三，案例的典型性和针对性。在每一个项目中都设有案例；每个项目的末尾都有案例分析，涉及的问题是对每个项目内容的总结，供学生练习。案例选择不仅具有典型性，而且具有针对性。

第四，理论实训一体化。本教材在注重资产评估重要理论的同时，也强调资产评估基本方法的应用；主要引导学生"学中做"和"做中学"，一边学理论，一边将理论知识学以致用，实现资产评估理论和实训一体化，使课后的实训操作得以体现。

第五，课程资源配套上网。为了配合课堂教学，我们将免费提供教师课件(PPT)、课程教学大纲、配套实验课大纲、配套习题及答案等，并实现网上运行，充分发挥网络资源的作用，从而为使用者提供全方位的、细致周到的教学资源增值服务。使用者可登录上海财经大学出版社网站(http://www.sufep.com/)的"教学资源"栏目下载。

本教材适用于应用技能型教育层次的会计、资产评估、国际会计、审计、财务管理等专业方向的本科和高职高专学生使用，同时也可作为资产评估专业人员的辅助教材。本教材编写分工如下：窦洪波负责项目一至项目五，李贺负责项目六至项目十。本教材在编写过程中，参阅了相关领域专家和学者们的教材与著作，同时得到了上海财经大学出版社的大力支持，在此一并表示衷心的感谢！由于编写时间仓促，加之编者水平有限，本教材难免存在一些不足之处，恳请专家、学者批评指正，以便改进与完善。

编　者
2015年10月

《资产评估基础》授课计划

一、教学对象：会计、资产评估、财务管理、国际会计、审计等专业。

二、计划学时：总课时54学时，2学分。其中理论讲授34学时、实践教学20学时（其中，习题、案例分析10学时，课堂讨论2学时，实验8学时）。各项目学时安排如下：

项目	内　容	计划学时	理论讲授	习题、案例	课堂讨论	实验	实验（实训）项目
一	资产评估总论	4	2	1		1	初识资产评估
二	资产评估基本理论	6	4	1		1	资产评估假设、原则
三	资产评估基本方法	6	4	1		1	合理运用资产评估方法
四	机器设备评估	6	4	1		1	机器设备评估
五	房地产评估	6	4	1		1	房地产评估
六	无形资产评估	6	4	1		1	无形资产评估
七	长期投资性资产评估	6	4	1		1	长期投资性资产评估
八	流动资产评估	6	4	1		1	流动资产评估
九	企业价值评估	4	2	1	1	*	企业价值评估
十	资产评估报告、资产评估规范及准则	4	2	1	1	*	资产评估报告的编制
合计		54	34	10	2	8	

* 根据实际条件，用评估软件模拟资产评估，并进行企业价值评估，编制企业资产评估报告。

目　录

项目一　资产评估总论

知识目标

理解:资产评估的产生及其发展历程。

熟知:资产评估与相关经济活动(清产核资、会计计价、审计)的联系与区别。

掌握:资产评估的概念、内容与特点,以及资产评估的基本要素。

能力目标

学生在掌握资产评估的八大基本要素的基础上,能够在具体的案例操作中,灵活地运用资产评估的基本要素,对资产评估的对象进行科学、合理的估价。

素质目标

通过本项目的学习,加强学生对资产评估的基本认识,明确资产评估的基本概念和相关内容,为以后项目的学习和将来的资产评估工作打下基础,从总体上对资产评估的内容体系有一个正确的认识和把握。

情境引入

泰山体育产业集团最初只是一个生产体操垫子的家庭式作坊。在政府的倾力帮扶下,他们不断加大科技创新力度,先后与山东大学、华东理工大学合作,建立起两个国家级研发中心,成功研制开发出全国领先的纳米材料人工草丝和30多种新型体育器材。2008年,泰山体育产业集团正式签约北京奥组委,为北京奥运会提供体操、柔道、跆拳道、摔跤、拳击和田径6大类200多种体育产品,成为奥运史上一次性提供器材最多的企业。

昔日的小作坊,如今已经发展成年产值20多亿元、利税4亿多元、出口创汇3 000多万美元的大型现代化民营企业,其"泰山"品牌经国家权威评估机构评估,价值高达118亿元。国家体育总局局长、中国奥委会主席刘鹏评论说:"这是中国唯一,也是亚洲唯一。"

上述只是一项无形资产的评估案例。那么,什么是资产评估?资产评估有什么特点?又与哪些相关的基本知识有联系呢?通过本项目的学习,你将得到解答。

任务一　资产评估的产生与发展

一、资产评估的产生与发展阶段

(一)资产评估的产生

资产评估是商品经济发展到一定阶段的必然产物。随着人类社会商品交易的产生和发展,生产商品的资产交易也随之产生并得到发展,这就产生了资产评估的需要。特别是随着市场经济制度的产生，资产交易不断得到发展和扩大，为保证交易的科学性和合理性，对资产评估的需要和要求也随之大大提高。

（二）资产评估的发展阶段

1. 原始评估阶段

在原始社会后期，生产的进一步发展促使剩余财产出现，这是私有制产生的物质基础。随着私有制的实现，出现了商品生产和商品交易，而生产商品的资产交易也随之产生并得到发展，于是产生了资产评估的客观需要。在房屋、土地及珠宝等贵重财产的交易过程中，由于这些财产的价值具有不确定性的特点，交易双方往往对价格难以达成一致的意见，这时双方会找一个略有经验并共同信得过的第三者进行评判，从而达成一个公平价格，使得买卖成交。这个第三者在协调过程中需要用各种理由和方法给出一个双方都能接受的价格，实际上扮演了类似现在评估人员的角色。

原始评估阶段的资产评估具有以下几个鲜明的特点：

(1)直观性。评估仅仅依靠评估人员的直观感觉和主观偏好进行，没有借助于其他测评设备。

(2)非专业性。评估人员并不具备专业的评估手段和技能，也未受过专门训练，往往是由资产交易双方或一方指定的人员来进行评估，甚至由那些并不懂多少评估知识但却在一定程度上德高望重的人员来进行评估。

(3)无偿性。资产交易双方不需要支付评估人员的报酬，评估人员也不需要对评估结果负法律责任。

2. 经验评估阶段

随着经济的进一步发展以及商品、资产交易频率的提高，资产评估业务也逐步向专业化和规范化方向发展，从而也就产生了一批具有一定评估经验的评估人员。这些评估人员由于积累了较丰富的评估经验，因而专业水平更高，接受的委托评估业务也较频繁，实行有偿服务，并逐步向职业化方向发展。

与原始评估阶段相比，经验评估阶段的评估结果更为可靠，但还未能实现评估工作的规范化和评估方法的科学化。从时间上看，前资本主义阶段的资产评估基本上处于经验评估阶段。

经验评估阶段的资产评估具有以下特点：

(1)评估的准确性主要取决于评估人员积累的经验。

(2)评估人员对评估业务进行有偿服务。

(3)评估方法较为单一，一般根据类似商品的成交价确定被评估资产的价格。

3. 科学评估阶段

蒸汽机的轰鸣声宣告了产业革命的到来。产业革命促使资本主义经济飞跃发展，生产要素市场日渐发达。这样，社会对资产评估的需要就越来越迫切，要求也越来越高，从而推动资产评估逐渐发展成为一种职业。在现代资产评估行业中，评估机构通过为资产交易双方提供评估业务，积累了大量的资产评估资料和丰富的资产评估经验，形成了符合现代企业特点的管理模式，产生了一大批具有丰富评估经验的评估人员。具备了这些方面的条件，公司化的资产评估机构就产生了。通常，资产评估公司集中了许多具有相当专业化水平的评估人员，这些人员既可以是评估公司的员工，也可以是评估公司的兼职人员。在科学评估阶段，资产评估业务的范围是极其广泛的，包括有形资产评估和无形资产评估，甚至可以细分为机械设备评估、自然资源评估、房地产评估等。

在科学评估阶段，资产评估的理论研究也得到了很大发展。新古典经济学派的阿尔弗雷德·马歇尔率先将价值理论引入估价工作中，并对销售对比、成本、收益现值法这三种主要的评估技术进行了研究。其后，美国颇有影响力的经济学家伊尔文·费雪对马歇尔提出的这三种评估技术作了进一步的探讨，并着重研究了收益的价值理论，发展并完善了收益法。这些理论准备促使资产评估方法走向科学化，提高了资产评估的准确性和科学性。

科学评估阶段的资产评估主要具有以下特点：

(1)评估机构公司化，即评估机构是自负盈亏的独立企业法人。

(2)评估手段和方法科学化，即将大量现代科学技术和方法应用到资产评估中，提高了资产评估的准确性和科学性。

(3)资产评估的范围大大扩展了，即资产评估的内容更加丰富，不仅包括有形资产评估和无形资产评估，而且细化到专项资产、金融资产等方面的评估。

(4)资产评估人员专业化，即资产评估人员以资产评估作为自己的专职职业来从事，他们对资产评估的业务知识和理论有相当程度的掌握与了解。

(5)评估结果法律化，即资产评估结果通常要经过法律部门的公证，评估机构和评估人员对体现资产评估结果的资产评估报告要负法律责任甚至是连带责任。

总之，科学评估阶段的资产评估已成为市场经济体系中一个不可或缺的社会中介行业，对于维持市场经济秩序作用重要。我们所讨论的资产评估就是科学评估阶段的资产评估。

二、发达国家资产评估的现状

资产评估是市场经济条件下资产交易和其他业务发展的产物。市场经济越发达，资产评估业务的规模越大，评估的成熟程度和发达程度就越高。发达国家的资产业务十分发达，其评估行业也因此发展起来，它代表着国际范围内资产评估行业的先进程度。当前，世界发达国家资产评估的基本现状具有以下特点。

(一)资产评估主体的公司化

所谓公司化，是指评估机构以自主经营、自负盈亏的企业法人形式进行经营管理。这些评估机构通常是产权明晰、权责明确、政企分开、管理科学的现代企业，并完全符合一般服务性企业的特点。其客户就是参与资产业务的交易双方，其产品就是为客户提供优质的评估结果(以评估报告的形式提交给客户)。发达国家的资产评估公司可以分为两大类：一类是专业化的资产评估公司；另一类是兼营资产评估业务的各类管理咨询公司。前者能为客户提供几乎所有的资产评估业务，专业化程度较高；后者在从事其他有关业务的同时，也从事资产评估业务，除了财务管理、战略管理、人力资源管理外，也兼营资产评估业务，另外，会计师事务所、审计事务所等也兼营评估业务。

(二)资产评估管理的科学化

资产评估管理的科学化主要表现在评估管理机构健全、评估规则统一和监测评估结果三个方面。发达国家一般设有全国性的资产评估协会，负责资产评估的行业管理和自律工作。全国性的资产评估协会还制定了严格、统一的资产评估规则，其主要内容涉及评估公司的组织、评估师的资格认证及晋升、评估师的职业道德规范以及资产评估中应该遵循的一般原则等。监测评估结果的主要目的是防止评估人员在评估中违反职业道德，恶意损害一方利益的情况发生。评估人员必须在共同完成的评估报告上签字，作为追诉的法律依据，如果评估结果因恶意而出现法律纠纷，则评估人员必须为此承担法律责任。有些国家还采用评估人员之间互相负连带责任的制度来规范评估人员的行为。

(三)资产评估行业从业人员的多层次化

资产评估行业具有知识密集型的特点，从业人员的知识和技能相对其他行业比较突出。从这个角度来说，从业人员可以分为行业管理人员和企业经营人员。前者是指在资产评估协会工作的人员，后者是指在资产评估公司工作的人员。

在资产评估公司工作的人员又可分为三类：第一类是评估公司的董事、经理和其他管理人员，这是公司的管理阶层，主要负责公司的经营管理工作；第二类是评估公司的销售人员，其主要职责是通过各种方式把公司的优质服务推销出去，为公司承揽业务；第三类是专业评估人员，主要由专业技术人员组成，大多是各行各业的工程师和具有相当职称的专家，其中以会计师居多，他们的主要任务是完成公司资产评估业务的技术性工作，所以是资产评估公司的主要技术力量。

(四)资产评估业务的多元化

在发达国家，资产评估业务表现出多元化的趋势，大到宇宙飞船、国家级工程项目，小到螺丝钉、边角料，都是他们的评估对象。资产评估公司都十分注重创建自己的公司品牌，所以只要客户有合理的委托和要求就尽量满足。评估公司之间有时也为一项业务展开激烈的竞争，但每一家评估公司都有自己的特色，有的精于无形资产评估、有的擅长有形资产评估、有的擅长在建工程评估等。

三、中国资产评估的概述

由于曾长期实行计划经济体制，资产评估在我国还是一个新兴的行业。在计划经济条件下，企业的资产都是国有资产，产权属于国家，资产的转移都通过国家计划调拨的方式进行。在这种条件下，资产交易主要表现为少量的民间交易和少量的对外经济交易，资产业务规模小，制约了资产评估行业的发展。我国的资产评估行业是在改革开放以后逐渐发展起来的，是一个较为年轻的行业。

20 世纪 80 年代末，随着我国社会主义市场经济的逐步形成，企业逐渐成为相对独立的经济实体。在这种情况下，企业的生产要素不再仅仅通过国家计划进行调拨，而是通过市场在企业间进行交换、流动。企业通过联营、兼并、股份制改组、资产转让、交易等多种方式来提高企业资产的运营效益。为了保障交易双方权益不受损害，防止国有资产流失，资产评估行业应运而生。

我国的资产评估行业自 20 世纪 80 年代末期兴起以来，已取得了许多可喜成绩。

(一)建立和健全了评估规章

1989 年，国有资产管理局下发了《关于国有资产产权变动时必须进行资产评估的若干暂行规定》，这是我国第一部涉及评估问题的政府文件。1990 年 7 月，国有资产管理局成立资产评估中心，其职能是对全国国有资产的评估工作进行管理和监督。资产评估中心自成立以来，一方面，按照国务院和国有资产管理局的要求积极开展有关资产评估的各项管理工作，进行评估理论和方法的研究；另一方面，积极制定资产评估法规和各项规章。1990 年底后，省级国家资产管理部门陆续成立评估中心，管理地方的资产评估工作。至此，资产评估在全国全面开展起来。

1991 年 11 月，国务院以第 91 号令颁布了《国有资产评估管理办法》。该《办法》对我国开展资产评估工作的程序、目的、法定评估范围、评估应遵循的原则、评估工作管理主体、评估操作机构的资格认定、评估的基本方法和评估行为等方面法律责任作了系统的规定，确定了我国资产评估工作的基本依据、基本方针和基本政策。国有资产管理局围绕着贯彻落实第91号令也制定了一系列配套的规章制度，地方省(市)人民政府也制定了一些地方评估管理的法律条例，为促进全国资产评估活动的有序开展和逐步形成全国统一的资产评估服务体系提供了法律保证。

(二)成立了行业组织

1993年12月，中国资产评估协会成立。评估协会的成立标志着我国资产评估行业由政府直接管理，开始向在政府监督指导下行业自律性管理过渡。资产评估组织作为社会公正性的中介服务组织，必须坚持独立、客观、公正的原则，其不仅要承担维护国有资产所有者权益的责任，还要承担维护其他产权主体权益的责任。中国资产评估协会的主要职责是：负责协会会员管理，制定评估准则和标准，代拟行业管理法规，开展评估理论及政策的研究，创立刊物，开展教育培训、国际交流、信息服务，调解仲裁纠纷，维护会员合法权益。评估协会是一个行业自律性的组织。

1995年3月，中国资产评估协会代表中国资产评估行业加入国际评估标准委员会，使中国资产评估行业开始走向世界。在1999年北京国际评估准则委员会年会上，中国成为国际评估准则委员会常务理事国。目前，全国各省、自治区、直辖市和计划单列市基本都成立了资产评估协会，形成了较完整的组织体系。

(三)建立了注册资产评估师制度

随着我国社会主义市场经济的发展，评估项目越来越多，规模越来越大，涉及范围越来越广，技术复杂程度也越来越高。如果没有一支知识全面、技能精湛的专业评估师队伍，资产评估工作就很难开展。为此，1995年5月10日，人事部、国有资产管理局联合颁布了《注册资产评估师执行资格制度暂行规定》和《注册资产评估师执行资格考试实施办法》，并规定注册资产评估师由国家人事部和国有资产管理局共同管理。凡通过全国统一考试并合格者，就能取得“执行资格证书”，证明该人员已具备执业的能力和水平，经过注册取得“注册证”后可进行执业。

注册资产评估师具备签署评估报告的权力。评估报告必须由两个或两个以上的注册资产评估师签字方有效。评估机构的申办和建立也必须有一定数量的资产评估师。报考注册资产评估师有一定的要求，如参加注册资产评估师考试者必须具备相关专业(经济管理、财务会计和工程技术等)的相应学历与专业年限。考试合格者必须满足遵纪守法、具备民事行为能力及单位考核同意等条件才能进行注册。

评估师注册后3年有效，3年期满后要到国有资产管理部门重新注册，在两个注册期之间，注册评估师必须接受国资局统一组织的在职培训。注册评估师制度的实行为保证资产评估人员在社会经济中提供高质量的服务、强化资产评估人员的专业责任发挥了重要作用，同时也为规范评估机构管理打下了必要的基础。

(四)规范了评估机构管理

为了规范评估机构管理，国家在每一个发展时期会根据当时的实际情况，及时地制定机构管理办法。例如，1993年国资办58号文颁布了《资产评估机构暂行办法》，同年还颁布了证券业评估机构的管理办法。在1997年11月召开的全国评估管理工作大会上，提出了评估机构脱钩改制的要求，讨论了脱钩改制的办法，要求评估机构都要与挂靠单位或原上级部门脱钩，改制成规范的、由评估师出资的有限责任公司或合伙人事务所，并对评估师人数等条件提出了要求。对评估机构的脱钩改制工作于1998年开始实施，在1999年底全部完成。

（五）资产评估执业标准体系正在逐渐形成

2001年9月1日，《资产评估准则——无形资产》颁布并实施，它是我国资产评估第一个具体执业准则。它的颁布与实施标志着我国资产评估向规范化和法制化迈进了重要的一步。2004年2月25日，《资产评估准则——基本准则》和《资产评估职业道德准则——基本准则》颁布并实施，这些标志着我国资产评估执业标准体系进入有条不紊的发展阶段。

现代意义上的资产评估活动在我国虽然历史较短，但它已经是社会主义市场经济中不可或缺的组成部分。随着市场经济的深化，个人、家庭、民营企业、集体企业、“三资”企业等在资产规模扩大的同时，也为资产通过市场重组创造了条件。财产保险、担保、财产纳税等资产业务正呈现出迅速发展的态势。所有这些将对资产评估行业产生深远的影响。资产评估行业已经成为我国发展社会主义市场经济、实现改革开放不可缺少的基础性中介服务行业，并扮演着推动经济发展和社会进步的角色。

任务二　资产评估的概念及其特点

一、资产的概念及其特点、资产的种类

（一）资产的概念及其特点

资产是评估客体中最重要的组成部分，且是一个内涵丰富，具有多角度、多层面的概念。资产可以是单项资产，也可以是若干项资产的组合体；有的是某一资产的所有权，有的则是资产的使用权等。

1. 会计学中资产的概念及其特点

美国财务会计准则委员会（FASB）在《财务会计概念公告》第6号中对资产的定义是：“资产是可能的未来经济利益，它是特定个体从已经发生的交易或事项中所取得的或加以控制的。”

我国在1992年颁布的《企业会计基本准则》中首次对资产进行了定义，在1996年财政部颁布的《企业财务会计报告条例》中对资产的概念做了进一步修订。目前，企业会计制度中使用的资产概念为：“资产是指过去的交易、事项形成并由企业拥有或控制的资源，该资源预期会给企业带来经济利益。”从会计学的角度来看，尽管国际上不同国家和组织对资产概念的表述略有不同，但对资产的基本解释是趋于一致的。也就是说，对于一项资源，只有其具备以下基本特点时，才能被认为是会计上的资产：

（1）资产是由于过去的交易或事项所形成的。资产必须是现实的资产，而不能是预期的资产，是企业在过去的一个时期里，通过交易或事项所形成的结果。对于未来交易或事项以及未发生的交易或事项可能产生的结果，则不属于现在的资产，不得作为企业的资产。

（2）资产是企业所拥有或者控制的。通常情况下，企业应当对其资产拥有所有权，企业可以按照自己的意愿使用或处置该项资产，其他企业或个人未经同意，不能擅自使用。但在某些情况下，对于一些通过特殊方式形成的资产，如融资租入固定资产，企业虽然对其不拥有所有权，但实际上能够对其实施控制，按照实质重于形式的原则，也应当视为企业的资产。

（3）资产预期会给企业带来经济利益，这也是资产的最重要的特征。所谓预期会给企业带来经济利益，是指直接或间接地增加流入企业的现金或现金等价物的潜力，这种潜力可以单独

或与其他资产结合起来产生净现金流入。预期不能带来经济利益的，就不能作为企业的资产。同样，对于企业已经取得的某项资产，如果其内涵的未来经济利益已经不复存在，就应该将其剔除。

2. 经济学中资产的概念及其特点

资产在经济学中比在会计学中具有更广泛的概念。经济学中的资产泛指一切财产，即一定时点的财富总量，由一定数量的物质资料和权利构成。

从经济学的角度来看，资产应当具有以下特点：

(1)效用性。经济资源能够给当事人带来某种程度的满足，这是资产的自然属性。效用是一个相对的或存在比较意义的概念，而不是一个绝对的概念。具有效用的经济资源，无论是有形的还是无形的，也无论是单项的还是整体的，都具备作为资产的必备条件。效用是经济资源成为资产在自然属性上的必要条件。

(2)稀缺性。稀缺性是资产的社会属性。稀缺性意味着获得经济资源要付出代价，它与该项经济资源的最初形成和控制是否要付出代价没有本质的联系。稀缺性是经济资源成为资产在社会属性上的充分条件。

3. 法学中资产的概念及其特点

资产在法学中主要是强调财产主体的财产权利，即对财产享有的所有权、使用权、收益权和处置权等一组权益。这组权益的核心是所有权和收益权，即依所有权而产生的收益或利益剩余索取权。

从资产评估活动自身的特点来看，作为资产评估对象的资产与会计学及法学中资产的概念是有区别的。

会计学中的资产被认为是各种被占用或运用的资金存在形态，强调的是资金的实际投入和运用，没有资金的投入和运用就没有资产，对于那些在实际经济生活中确实存在的，但没有占用或耗费资金或者资金耗费无法估量的资产则被排除在核算内容之外，如自创商誉、人力资源等。而资产评估强调的是资产的现实存在性，只要是现实存在的、能给企业带来未来经济利益的资源均应纳入评估对象范围，资产评估中的资产范围比会计学中的资产范围要宽泛。此外，会计学对资产的计价强调历史成本原则，通常反映资产的取得成本，对一些资产的现实价值则不能完全有效地反映出来，而资产评估强调的是资产在模拟市场条件下的现实价值。因此，会计学中资产的范围并不能完全包含资产评估的对象。

法学中的资产强调资产的产权，即资产所有权以及与所有权相关的财产权，资产所有权是资产产权的主体，其他形式的产权是由所有权派生出来的。资产评估中的资产不应仅以所有权作为界定资产的依据，对于企业中那些只有控制权而无所有权的资产，如开采权、经营特许权等，由于能够直接影响企业的产出和收益水平，也应作为企业的资产。因此，对于一切财产物资、债权和其他各种权利，只要归企业控制并能为企业带来持续的影响就是企业的资产，而不论企业是否对其拥有所有权。可见，资产评估中的资产边界应以经济资源的控制权为依据，而不应以所有权划定资产边界。

资产评估中的资产是指既有自然属性上的效用性又有社会属性上的稀缺性的经济资源，应当服从于经济学对资产的概念。

(二)资产的种类

通常情况下，按照不同的标准可将资产分为不同的种类。

1. 按存在形态不同，可将资产分为有形资产和无形资产有形资产是指那些具有实体形态的资产，如机器设备、建筑物、库存商品、材料等。由于这类资产具有不同的功能和特性，通常具有较强的专业性，在评估时应根据资产的不同特点分别进行评估。

无形资产是指那些没有实物形态，但在很大程度上制约着企业物质产品生产能力和生产质量，直接影响企业经济效益的资产，主要包括专利权、商标权、非专利技术、土地使用权、特许权、商誉等。无形资产通常具有较强的综合性，影响因素较为复杂，评估难度也较大。

2. 按是否具有综合获利能力，可将资产分为单项资产和整体资产

单项资产是指单台、单件的资产，如一台设备、一栋房屋等。

整体资产是指由一组单项资产组成的具有整体获利能力的资产综合体，如一个具有正常经营活动能力的企业的所有资产、一个独立的部门或车间等。在一般情况下，企业各单项资产价值之和并不一定等于企业的整体资产价值，也就是说，在企业整体资产中，有一部分资产无法以单项资产的形式存在。因为整体资产评估所评估的是其获利能力，其价值除了包括各项资产的价值外，还包括不可确指的资产商誉。商誉是在整个资产预期收益率高于社会平均收益率情况下产生的，在资产评估工作中，区分单项资产和整体资产便于合理安排评估人员，顺利完成资产评估任务。

3. 按能否独立存在，可将资产分为可确指的资产和不可确指的资产

可确指的资产是指能独立存在的资产，前面所列示的有形资产和无形资产（除商誉以外）都是可确指的资产。

不可确指的资产是指不能脱离企业有形资产而单独存在的资产，如商誉。商誉是指企业基于地理位置优越、信誉卓著、生产经营出色、劳动效率高、历史悠久、经验丰富、技术先进等原因，所获得的投资收益率高于一般投资收益率而形成的超额收益资本化资源。商誉是一种特殊的无形资产，它不能以独立的形式存在，通常表现为企业整体资产与各单项资产之和的差额。

4. 按与生产经营过程的关系不同，可将资产分为经营性资产和非经营性资产

经营性资产是指处于生产经营过程中的资产，如企业中的机器设备、厂房、交通工具等。经营性资产又可按是否对盈利产生贡献分为有效资产和无效资产，区分有效资产和无效资产是开展资产评估工作的一项重要内容。

非经营性资产是指处于生产经营活动以外的资产，如政府机关用房、办公设备等。

二、资产评估的概念、内容、特点及种类

在市场经济条件下，资产持有人的经济活动十分复杂，持有人可以将自己的资产全部转让，也可以部分转让；交易的资产可以是机器设备、库存商品等有形资产，也可以是商标、技术等无形资产。不管交易的资产属于什么类型，交易双方必须准确掌握资产的合理价格，因为进行交易的资产由于已使用过一段时间或其他原因，其合理价格需要重新评估。因此，在市场经济条件下，资产持有者在凭借自己所持有的资产进行各种业务活动时，如资产的转让和继承、企业的分立与合并等，通常要进行资产评估。

（一）资产评估的概念

目前，我国资产评估界将资产评估定义为：资产评估是专业机构和人员，按照国家法律法规和资产评估准则，根据特殊目的，遵循评估原则，依照相关程序，选择适当的价值类型，运用科学方法，对资产价值进行分析、估算并发表专业意见的行为和过程。资产评估本质上是对被

评估资产在某一时点的价值进行评定和估算。

（二）资产评估的内容

一般认为，资产评估应当包括以下基本内容：①资产评估工作是由专门从事资产评估的机构和人员进行的。②资产评估是对拟发生产权交易或变动的资产进行的评估。③资产评估是评估人员依据有关的法律法规和在对被评估资产有关信息全面了解的基础上作出的价值判断。④资产评估具有明确的目的。⑤资产评估应当遵循一定的原则。⑥资产评估必须按照一定的程序进行。⑦资产评估价值类型。⑧资产评估方法。

（三）资产评估的特点

资产评估是资产交易等资产业务的中介环节，是市场经济条件下资产交易和相关资产业务顺利进行的基础。这种以提供资产价值判断为主要内容的经济活动与其他经济活动相比，具有以下鲜明的特点：

1. 市场性

资产评估是市场经济发展到一定阶段的产物，没有资产产权变动和资产交易的普遍进行，就不会有资产评估的存在。资产评估一般要估算的是资产的市场价值，因此资产评估专业人员必须凭借自己对资产性质、功能等的认识以及市场经验，模拟市场对特定条件下的资产价值进行估计和判断，评估结果是否客观，并需要接受市场价格的检验。资产评估结论是否经得起市场检验是判断资产评估活动是否合理、规范，以及评估人员是否合格的重要标准。

2. 公正性

资产评估的结果密切关系着资产有关各方的经济利益，如果背离客观公正的基本要求，就会使得资产业务的一方或几方蒙受不必要的损失。这就要求评估人员采取客观、公正、中立的态度，不屈服于任何外来的压力和任何一方的片面要求，客观公正地进行资产评估。公正性对于评估机构而言是十分重要的。评估机构只有以客观公正的评估结果，为客户提供优质服务，才能赢得客户的信任，逐步树立自己的品牌；否则必将丧失信誉、失去市场，最终走向破产。

要保证资产评估的公正性，一方面，要强调资产评估机构和评估人员保持超然独立的地位，与资产交易各当事人没有任何利益和利害关系，这是公正性的组织基础；另一方面，资产评估必须按公允、法定的准则和规程执业，遵守公允的行为规范和业务规范，这是公正性的技术基础。

3. 技术性

资产评估人员在对被评估资产价值作出专业判断的过程中，需要依据大量的数据资料，经过复杂细致的技术性处理和必要的计算，如果不具备相应的专业知识就难以完成评估工作。资产评估的技术性要求评估人员队伍应当由具备一定专业知识的专业技术人员构成，如建筑、土地、机电设备、经济、财务等相关专业人员。

4. 咨询性

资产评估结论是评估人员在评估时根据所能搜集到的数据资料，模拟市场对资产价值所作出的主观推论和判断。不论评估人员的评估依据有多么充分，评估结论仍然是评估人员的一种主观判断，而不是客观事实。因此，资产评估不是一种给资产定价的社会经济活动，它只是一种经济咨询或专业咨询活动。评估结果本身并没有强制执行的效力，评估人员只对评估结论的客观性负责，而不对资产交易价格的确定负责。评估人员只是为资产交易业务提供一个参考价值，最终的成交价格取决于交易双方在交易过程中的讨价还价能力。

5. 综合性

综合性是指资产评估工作需要综合应用多方面的知识，所以评估人员必须具有多方面的综合素质,同时,需要了解被评估资产的综合性能和属性。具体来说,评估人员必须全面了解被评估资产的自然属性、社会属性以及市场价格和内在价值,了解被评估资产的相关外界环境,能基本预测其未来的性能、效用和收益。评估工作的综合性是非常突出的,评估小组的人员构成要尽可能综合化,既有熟知工程技术的专家,又有经济学、管理学等方面的专家,还要有相应的预测人员对经济走势和其他方面进行科学的预测。

6. 责任性

责任性是指资产评估机构和评估人员对资产评估结果必须承担相应的法律责任。通常,在市场经济发达的国家,参与评估的评估人员要承担连带责任,这就要求评估人员必须具有良好的职业道德素质,必须充分考虑一切应评估的重要因素。同时,资产评估人员必须在评估报告上签字并加盖所在评估机构的公章,评估结果方为有效。评估结果一旦生效,评估人员和评估机构就必须承担相应的法律责任。

(四)资产评估的种类

按照不同分类标准可将资产评估分为下列几种形式:

1. 按工作的内容不同,资产评估可分为一般评估、评估复核和评估咨询

一般评估是指正常情况下的资产评估,通常以资产发生产权变动、产权交易以及保险、纳税或其他经济行为为前提。一般评估包括市场价值评估和市场价值以外的价值评估,如企业上市资产评估、组建合资企业资产评估、企业股份制改造资产评估、企业资产抵押贷款资产评估等。

评估复核是指在对被评估的资产已经出具评估报告的基础上,由其他评估机构和评估人员对同一被评估资产独立地进行评定与估算并出具评估报告的行为及过程。

评估咨询是一个较为宽泛的术语。确切地讲,评估咨询一般不是对评估标的物价值的估计和判断,它更侧重于对评估标的物的利用价值、利用方式、利用效果的分析和研究,以及与此相关的市场分析和可行性研究等。

2. 按资产评估与评估准则的关系不同,资产评估可分为完全评估和限制评估

完全评估一般是指完全按照评估准则的要求进行资产评估,不适用准则中的背离条款。完全评估中的被评估资产通常不受某些方面的限制,评估人员可以按照评估准则和有关规定,根据评估资料对被评估资产的价值作出判断。

限制评估一般是指根据背离条款,或在法律法规允许的前提下未完全按照评估准则或规则进行的资产评估,评估结果受到某些特殊因素的影响。

3. 按评估对象和适用原则分类不同,资产评估可分为单项资产评估和整体资产评估

单项资产评估是指评估对象为单项可确指的资产的评估。通常,机器设备评估、土地使用权评估、房屋建筑物评估、商标权评估、专利权评估等均为单项资产评估。由于单项资产评估的对象为某一类资产,不考虑其他资产的影响,所以通常由在某一方面具有专业水准的评估人员参加即可完成资产评估工作。

整体资产评估是指以由若干单项资产组成的资产综合体所具有的整体生产能力或获利能力为评估对象的资产评估,如以企业全部资产作为评估对象的企业整体价值评估(或称企业价值评估)、以企业某一部分或某一车间为评估对象的整体资产评估、以企业全部无形资产为评估对象的无形资产整体评估等。企业价值评估是整体资产评估中最常见的形式。整体资产评估不同于单项资产评估,其关键之处就在于,在整体资产评估工作中要以贡献原则为中心,考虑不同资产的相互作用以及它们对企业整体生产能力或总体获利能力的影响。

任务三　资产评估的基本要素

从资产评估的产生和发展中可以看出，科学的资产评估是指由专门机构和专业人员，依据国家有关规定和数据资料，按照特定的目的，遵循一定的计价标准、原则和程序，运用科学的方法，对资产价值进行评定估算的过程。根据资产评估的概念，资产评估包含以下基本要素：

一、资产评估的主体

资产评估的主体是指进行资产评估的操作者，即评估人。评估人包括法人（资产评估机构）和自然人（评估人员）。资产评估工作的政策性强、技术复杂、工作量较大，所以必须由合法的资产评估机构和具有资产评估资格的人员来承担，并负有法律责任。合法的资产评估机构是指持有国务院或省、自治区、直辖市人民政府国有资产行政管理部门颁发的国有资产评估资格证书的，正式登记注册并领有工商营业执照的资产评估机构。目前，我国资产评估工作已收到了相当明显的成效，各种类型的资产评估机构正在逐步建立和完善。这些资产评估机构从组织形式上可分为如下三种：

1. 专业性资产评估机构

此类机构如房地产评估事务所等。这类机构专门从事某一方面的资产评估业务，具有精通这一方面的专门人才，但这些人才也需要通过资产评估的专业培训，取得“国有资产评估资格证书”后，才能承担本资产评估业务。

2. 兼营性资产评估机构

此类机构如会计师事务所、财务咨询公司等。它们原先已有较强的专业技术力量，只要增加或临时聘请一些必需的、有关方面的专业技术人员，经过一定的资产评估知识培训和考试考核，在取得“国有资产评估资格证书”后，就可以承担资产评估业务。

3. 综合性资产评估机构

此类机构如资产评估公司、资产评估事务所。其特点是实行独立核算的企业化经营，执行独立性、职业性和专业性原则，承担各行业与各部门的资产评估业务，这种类型的机构拥有各类与评估业务相关的专业人员，具有雄厚的资产评估技术力量。

具有资产评估资格的人员是指经过严格的考试或考核，具有资产评估能力并取得资产评估资格的人员。在我国，资产评估人员必须通过全国统一考试取得注册评估师资格才能担任资产评估的工作。

由于资产评估结果直接关系着资产交接各方的权益，且评估技术难度大，涉及多方面的专业知识，如会计、市场学、数学、工程技术等，因此，资产评估人员必须具备以下三个方面的条件：第一，具有踏实、勤奋、认真的工作作风以及良好的职业道德和个人品质；第二，具有广博的知识和较丰富的实践经验；第三，经过严格的考试或考核，取得注册评估师资格。

二、资产评估的客体

资产评估的客体又称资产评估的对象，是指被评估的资产。会计学所称的资产是指企业过去的交易或事项形成的、由企业拥有和控制的、预期会给企业带来经济利益的资源，包括各种财产、债权和其他权利。作为资产评估对象的资产比会计学上所称的资产具有更广泛的概念，它不仅包括具有独立实体形态的有形资产，也包括不具有独立实体形态的无形资产；既包括各种单项资产,也包括一组具有获利能力的综合资产,即整体资产。资产评估的客体如图1—1所示。

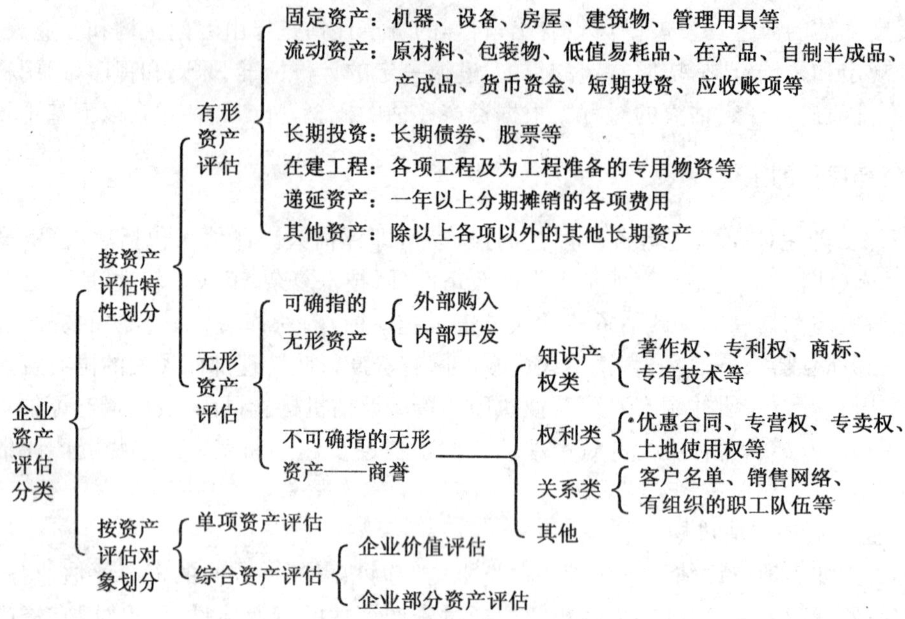

图 1—1　资产评估的客体

从图1—1中可以看出,资产评估的客体多种多样,而且在运营中的作用各不相同,产生的效益也有很大差别,这些都决定了资产评估是一项极其复杂的工作。

三、资产评估的依据

资产评估是由专业人员对被评估资产在某一时点的价值量大小所作的判断,但这种判断不是随意的估算,必须具有科学的依据。

一般情况下,资产评估的依据包括四方面内容:一是与资产评估相关的法律、法规;二是反映资产评估经济行为的文件;三是与被评估资产相关的重大合同协议;四是与被评估资产有关的取费标准和其他参考资料。

四、资产评估的目的

资产评估的目的是指资产业务引发的经济行为,如企业进行股份制改造、上市、资产抵押贷款等。资产评估的目的反映了资产评估结果的具体用途,它直接决定和制约资产评估的价值类型与评估方法的选择。

五、资产评估的原则

资产评估的原则是资产评估的行为规范,是调节评估当事人各方关系、处理评估业务的行为准则。评估人员只有在一定的评估原则指导下作出的评估结果才具有可信性。

六、资产评估的程序

资产评估的程序是资产评估工作从开始准备到最后结束的工作顺序。为了保证资产评估结果的科学性，任何一项资产评估业务，无论是规模较大的企业整体资产，还是单独的一台设备，在进行资产评估工作时，都必须按照国家有关规定进行财产清查、市场调研、评定估算、验证结果等工作程序，否则将影响资产评估的质量。

七、资产评估的价值类型

资产评估的价值类型指的是资产评估价值质的规定性，即价值内涵，是对资产评估结果价值属性的抽象和归纳。《国际评估准则》中将价值类型分为两大类：一类是市场价值，另一类是市场价值以外的价值。中国资产评估协会 2007 年 11 月发布的《资产评估价值类型指导意见》明确了市场价值、投资价值、清算价值和残余价值等几种常见的非市场价值。

八、资产评估的方法

资产评估的方法主要有三种，即成本法、市场法和收益法。这三种方法分别从不同的角度对资产价格进行评定估算。成本法是基于资产重新购置或建造的价格或成本，通常适用于机器设备、房地产等固定资产的评估以及资产补偿的评估。市场法是基于同类资产或类似资产在市场上的成交价来估算被评估对象价格的一种方法，适用于流动资产、房地产等交易活跃的资产估价。收益法是基于资产的未来获利能力对资产进行估价，适用于能单独测算其未来收益的资产估价。

任务四　资产评估与相关经济活动

一、资产评估与清产核资

清产核资是清查企业财产、核实企业资金的过程，是国家为了“摸清家底”，了解现有资产的实际存量和价值状况，解决企业的账面价值与实际价值严重不符等问题而进行的一项管理活动。新中国成立以来，我国先后进行过 5 次全国性的清产核资工作。清产核资与资产评估在许多方面具有相同的内容，因此，往往容易混淆。为了更好地理解资产评估，必须正确区别资产评估与清产核资。

（一）资产评估与清产核资的联系

1. 资产评估与清产核资都属于资产管理的范畴，是资产业务的一种形式

在市场经济条件下，作为资产业务范畴的资产管理具有多种多样的形式，但其目的无非是提高资产的运营效率，使有限的经济资源发挥最大的经济效力。作为资产管理的内容，资产评估和清产核资分别是两种不同的手段。

2. 资产评估和清产核资都是以资产作为对象的资产管理方式

资产评估是对拟发生交易或产权变动的资产的价值进行的估算，作为资产评估对象的资产既可以是会计资料中已经确认的有形资产或无形资产，也可以是尚未在会计账簿中予以确认、但能够给企业带来预期经济效益的资源；清产核资只是对企业已入账的部分有形资产进行清查核实、重估调账，主要以实物资产为主，对于尚未入账或已入账的无形资产、流动资产等则

一般不作为清产核资的对象。尽管二者在资产的范围上有一定的区别，但它们的行为指向的都是资产。

3. 资产评估和清产核资都要对资产进行清查和核实等工作

资产评估前期工作的一项重要内容就是与被评估单位一起对评估资产的现有数量和质量状况进行清查核实，在现场工作阶段，评估人员还要逐项勘察、检测，以确定被评估资产的价值状况；开展清产核资工作的主要目的是摸清资产主体所占有资产的历史价值及其变化情况，不对资产进行清查和核实就难以达到其目的。

（二）资产评估与清产核资的区别

1. 目的不同

资产评估的目的在于通过评定估算资产的现时价值，适应资产产权的变动与交易，促进资产或产权的合理流动，维护资产业务有关各方的合法权益。而清产核资的主要目的则是摸清企业的家底，为企业管理和核算提供基础与依据，促进企业管理的科学化。

2. 方法不同

资产评估是由专门的评估机构和专业评估人员按照严格的评估程序，运用规范的评估方法进行的，评估结果通常以评估报告的形式提交给委托方，具体包括市场法、成本法和收益法三种基本评估方法，任何评估机构或评估人员都不得违反程序。而清产核资则一般没有法定的、严格的评估方法和评估程序，在进行中可以根据实际情况灵活掌握。

3. 价值尺度不同

清产核资只考虑资产本身的价值，按照资产的历史成本原则计价。而资产评估不仅必须考虑资产使用的收益以及资产占有单位各类资产的匹配情况，还必须考虑货币的时间价值等，主要反映企业资产的获利能力和现时价值。

4. 范围不同

清产核资通常仅对企业的有形资产即实物资产、各种款项、债权和债务进行清理核实。而资产评估还必须对无形资产如商誉、商标、专利以及土地使用权等进行评定估算，其范围比较宽泛。

5. 主体和功能不同

清产核资一般在上级有关部门的指导下，由企业内部财务人员进行，因此不具有客观性和公证性。而资产评估必须由企业之外专门的资产评估机构和人员进行，资产评估提供的服务属于社会中介服务，具有独立性，因此资产评估既具有评值功能，也具有评价功能和公证功能。

6. 结果的效力不同

清产核资的结果只能作为企业自身在经济核算时以及在向上级反映企业经营状况时使用，其结果不具有法律效力。而资产评估的结果则可以是企业股东或其他利益主体维护自己合法权益的法律依据，评估机构和评估人员对资产业务的有关方面承担相应的法律责任。因此，资产评估结果的效力比较强。

二、资产评估与会计计价

由于资产评估产生于对资产价值进行估算的客观需要，资产评估所需要的数据资料有相当一部分是来源于企业的财务会计数据，而会计也涉及对资产的价值进行计量的问题，因此，有人认为，资产评估是现代会计发展到一定阶段后分离出来的一种社会经济活动，资产评估与会计计价有一种密不可分的关系。从会计与资产评估自身的发展来看，二者确实存在着许多相互联系，但它们之间也存在着根本的区别，只有科学地认识它们之间的不同点，才能充分发挥资产评估和会计在社会经济中的不同作用。

（一）资产评估与会计计价的联系

1. 资产评估的结论为会计计价提供依据

我国《公司法》及相关法律法规规定，当投资方以非货币资产投资时，应当对非货币资产进行资产评估，以资产评估结果为依据，确定投资数额，并以此作为公司会计入账的重要依据；当企业进行联合、兼并、重组等产权变动经济行为时，也需要对拟发生产权变动的资产进行评估，评估结果可以作为产权变动后企业重新建账、调账的重要依据；此外，为了消除通货膨胀等因素的影响，使财务报表使用者正确理解和使用财务报表数据，《国际会计准则》及许多国家的会计制度中，也提倡或允许同时使用历史成本和现行公允价值对有关资产进行记账与披露，而公允价值一般可通过资产评估得到。

可见，在特定条件下，资产会计计价和财务报告需要利用资产评估结论。鉴于此，《国际评估准则》对资产评估与会计之间的联系给予了充分的考虑，对"以会计报表为目的的资产评估"方面的内容作出了规定。

2. 资产评估结论的形成依赖于会计提供有关数据资料

资产评估结论的形成需要大量的数据支持，评估中所依据的许多数据资料来源于企业的会计资料和财务数据，特别是续用前提下的资产评估。如企业会计账簿中记录的取得资产的原始凭证，是资产评估工作中确定资产产权和原始价值构成的重要证明资料；对固定资产修理和损耗情况的记录，是资产评估工作中判断其实际贬值、确定成新率指标的重要参考；资产评估工作中对资产的预期收益、预期风险的测算都离不开企业的财务会计数据。另外，由于资产评估结论的形成依赖于会计提供的有关数据资料，这些企业会计数据资料的准确性在一定程度上也会对资产评估结果的质量产生影响。

无论是特定条件下会计计价利用资产评估的结果，还是资产评估需要参考会计数据资料，都说明资产评估与会计有着一定的联系，而且这种联系会随着投资者对企业披露资产现值要求的不断提高而更加紧密。

（二）资产评估与会计计价的区别

尽管资产评估与会计计价之间存在着一定的联系，但从本质上来说，二者属于不同的经济活动领域，有着明显的区别。

1. 性质和基本职能不同

会计是一项以记账、算账和报账为基本手段，连续系统地反映和监督企业生产经营、财务收支及其成果的社会活动，是企业组织管理中的一个重要组成部分，其基本职能是对会计主体经济活动的反映和监督。而资产评估则是一种以提供资产价值判断为主要内容的咨询活动，是一种社会中介服务活动，其基本职能是估值和评价。

2. 确定资产价值的依据不同

会计账簿中为了能够清楚地反映资产的取得成本，主要是以历史成本为依据记录资产的价值，对于没有发生实际耗费的资产，通常情况下不予确认。但在资产评估中，判断一项资产是否有价值以及价值的大小，则不能简单地以是否发生历史成本为标准，必须以资产的效用和市场价值为依据。对于那些虽有历史成本发生，但在评估基准日及其以后不能再给企业创造收益的资产，或没有市场需求的资产，从资产评估的角度来看，则没有价值；而对于那些虽没有发生实际支出，但能给企业带来预期收益的项目，仍然可以对其价值进行评估。

3. 计价方法不同

现代会计理论为了解决通货膨胀因素的影响，使会计资料更好地反映资产的现时价值，对于资产计价方法在历史成本计价的基础上，又提出了重置成本、变现价值、收入现值和清算价值等多种新的会计计量标准。但到目前为止，世界各国普遍采用的资产计价方法仍然以历史成本为主。而资产评估中的资产价值评估除了可以利用核算方法外，还广泛应用收益法、市场法等多种技术方法。

4. 计价目的不同

会计与资产评估虽然都要对资产的价值进行确认和计量，但二者的计价目的却不同。会计计价的总体目标是全面反映企业的历史和现实资产状况，为企业管理服务。而资产评估的总体目标则是为资产交易提供估值服务。

三、资产评估与审计

(一)资产评估与审计的联系

资产评估与审计都是通过专业机构和人员为社会提供中介服务，二者在业务上有一定的联系。从我国的实际情况来看，资产评估与审计的联系主要表现在以下几个方面：

1. 使用的方法有相同之处

审计的主要工作之一是对反映企事业单位经济活动的财务资料及其相关资料的真实性、公允性与合理性等方面作出判断，属于“事实判断”的范畴，因此审计中主要运用的方法是分析和证实法，如对期初余额的分析性复核、对应收账款的函审、对存货的监盘等。资产评估虽然是对被评估资产的价值作出判断，具有“价值判断”的性质，但在资产评估工作中也会广泛运用分析和证实法，如在资产评估中的资产清查阶段，需要对委托方申报的评估对象进行核实和界定，就要用到证实的方法，对应收账款价值的判断通常也会运用向债务人发询证函，对存货的数量和价值判断必须依赖于评估人员对存货的检测和盘点等。可以说，资产评估中很多方法是借鉴了审计的方法，特别是对流动资产的评估。

2. 资产评估与审计相互配合开展工作

在实际工作中，资产评估与审计通常情况下是相互配合的。企业经过审计后，剔除了财务资料中的虚假成分，使其公允性得到证实，在此基础上开展资产评估工作，可以大大减少资产评估的工作量，如评估前期的财产清查、企业整体资产评估中的流动资产评估等，审计结果为评估提供了基础数据。企业经过资产评估后，对资产的现存数量及其产权进行了核实，对资产的现实价值进行了估算，这些资料都为审计财务报表提供了重要参考。

(二)资产评估与审计的区别

资产评估与审计虽同为专业服务性质的活动，但二者有着本质的区别，主要表现在以下方面：

1. 产生的社会条件和活动的本质不同

审计是在现代企业两权分离背景下产生的，旨在对企业财务报表所反映的企业财务状况和经营成果的真实性和公允性作出事实判断，具有明显的公证性特征。资产评估是在市场经济充分发展的条件下，为适应资产交易、产权变动的需要而产生的，旨在为委托人与有关当事人的被评估资产作出价值判断，具有明显的咨询性特征。

2. 执业过程中遵循的原则不同

审计人员在执业过程中，要自始至终地贯彻公证、防护和建设三大专业原则，而资产评估人员在执业过程中则必须遵循供求、替代、贡献和预期等基本经济原则。

3. 专业基础不同

审计的主要工作是围绕着会计及相关法规进行的，开展审计工作所需的专业知识主要以会计、税法及其他经济法规等知识为基础，因此，审计人员主要由具有财务方面知识的人员构成；而开展资产评估工作所需的专业知识，除了经济学、法律、会计等社会科学知识外，工程技术等方面的自然科学知识也是其重要的组成部分，资产评估体现了专业知识的综合性。

4. 与会计原则的关系不同

尽管现代审计的业务范围不断扩大，但对会计报告的审计仍然是审计的基本业务，审计会计报表及其相关业务的标准与会计是一致的，如对资产价值的计量都以历史成本原则为主，凡是违背了这一会计原则的，审计都将给予查处；而资产评估虽然与会计有着密切的联系，但在资产价值计量标准上却有很大区别，会计强调资产的历史成本，而资产评估则强调资产的现时价值，注重资产的重置成本、市场价值和未来收益的价值。

任务五　中国资产评估师职业法律规范

一、法律形式的资产评估师职业法律规范

根据《中华人民共和国证券法》、《中华人民共和国公司法》和《中华人民共和国刑法》的相关法律，目前对我国资产评估师行为的法律规定主要有：

(1)为股票发行出具资产评估报告的资产评估机构和资产评估人员，在该股票承销期内和期满后 6 个月内，不得买卖该股票。

(2)为上市公司出具资产评估报告的资产评估机构和资产评估人员，自接受上市公司委托之日起至该资产评估报告公开后 5 日内，不得买卖该公司的股票。

(3)为证券的发行、上市或者证券交易活动出具资产评估报告的资产评估机构，就其所应负责的内容弄虚作假的，没收违法所得，处以违法所得 1 倍以上5 倍以下的罚款，并由有关主管部门责令该机构停业，吊销直接责任人员的资格证书；造成损失的，承担连带赔偿责任；构成犯罪的，依法追究刑事责任。

(4)承担资产评估的机构提供虚假证明文件的，没收违法所得，处以违法所得 1 倍以上 5 倍以下的罚款，并可由有关主管部门依法责令该机构停业，吊销直接责任人员的资格证书；构成犯罪的，依法追究刑事责任。

(5)承担资产评估的机构因过失提供有重大遗漏的报告的，责令改正，情节较重的处以所得收入 1 倍以上 5 倍以下的罚款，并可由有关主管部门责令该机构停业，吊销直接责任人员的资格证书。

(6)保险事故的财产评估人员故意提供虚假的证明文件，为他人诈骗提供条件的，以保险诈骗的共犯论处。

(7)承担资产评估职责的中介组织的人员故意提供虚假证明文件，情节严重的，处 5 年以下有期徒刑或者拘役，并处罚金。

(8)承担资产评估职责的中介组织的人员，索取他人财物或者非法收受他人财物，犯扰乱市场秩序罪的，处 5 年以上 10 年以下有期徒刑，并处罚金。

(9)承担资产评估职责的中介组织的人员，严重不负责任，出具的证明文件有重大失实，造

成严重后果的，处3年以下有期徒刑或者拘役，并处或者单处罚金。

二、行政法规和部门规章形式的资产评估师职业法律规范

我国目前以法规形式对资产评估师职业的法律规定主要有：

(1)国有资产评估应当遵循真实性、科学性和可行性原则，依照国家规定的标准、秩序和方法进行评定和估算。

(2)持有国务院或省、自治区、直辖市人民政府国有资产管理行政主管部门颁发的国有资产评估资格证书的资产评估机构，可以接受国有资产占有单位的委托，从事国有资产评估业务。

(3)资产评估机构应当对国有资产占有单位提供的有关情况和资料保守秘密，不得向外泄露。对资产评估中涉及的国家机密，应严格按照国家保密法规的各项规定执行。

(4)资产评估机构作弊或者玩忽职守，致使资产评估结果失实的，国有资产管理行政主管部门可以宣布资产评估结果无效，并可根据情节轻重，对该资产评估机构给予下列处罚：①警告；②停业整顿；③吊销国有资产评估资格证书。

(5)承担资产评估工作的各类中介机构，应严格按照国家有关法律法规规定的评估程序、评估方法和标准，独立、客观、公正地进行资产评估，不得违规执业或出具虚假评估报告。

(6)资产评估机构在国有资产评估活动中违反有关法律、法规和规章，应给予行政处罚的，按《国有资产评估违法行为处罚办法》的规定给予处罚。

(7)省级人民政府财政部门是负责对本地区资产评估机构和设立在本地区资产评估分支机构的违法行为实施行政处罚的执行主体。国务院财政部门可以直接对资产评估机构严重评估违法行为进行处罚。

(8)对资产评估机构违法行为的行政处罚种类有：①警告；②罚款；③没收所得；④暂停执行部分或者全部业务，暂停执业期限为3～12个月；⑤吊销资产评估资格证书。

(9)资产评估机构有下列情形之一的，予以警告：

①不按照执业准则、职业道德准则的要求执业的。

②拒绝、阻挠财政部门依法实施检查的。

③泄露委托人或者被评估单位商业秘密的。

同时，对上述3种情形中有违法所得的资产评估机构，处以违法所得3倍以下的罚款，最高罚款不超过3万元；对没有违法所得的，处以1万元以下的罚款。

(10)资产评估机构有下列情形之一的，责令改正，并予以警告：

①冒用其他机构名义或允许其他机构以本机构名义执行评估业务的。

②向委托人或者被评估单位索取、收受业务约定书约定以外的酬金或者其他财物，或利用业务之便，谋取其他不正当利益的。

③对其能力进行虚假广告宣传的。

④向有关单位和个人支付回扣或者介绍费的。

⑤对委托人、被评估单位或者其他单位和个人进行胁迫、欺诈与利诱的。

⑥恶意降低收费的。

⑦与委托人或者被评估单位存在利害关系，应当回避没有回避的。

同时，对以上①～⑦种所列情形有违法所得的资产评估机构，处以违法所得3倍以下的罚款，最高罚款不超过3万元；对没有违法所得的资产评估机构，处以1万元以下的罚款。

(11)资产评估机构因过失出具有重大遗漏的报告的,责令改正;情节较重的,处以所得收入1倍以上3倍以下的罚款,并予以暂停执业。

(12)资产评估机构与委托人或被评估单位串通作弊,故意出具虚假报告的,没收违法所得,处以违法所得1倍以上5倍以下的罚款,并予以暂停执业;给利害关系人造成重大经济损失或者产生恶劣社会影响的,吊销资产评估资格证书。

(13)资产评估机构有下列情形之一的,应当从轻、减轻行政处罚:

①主动改正违法行为或主动消除、减轻违法行为危害后果的。

②主动向有关部门报告其违法行为的。

③主动配合查处违法行为的。

④受他人胁迫有违法行为的。

⑤其他应予从轻、减轻处罚的情形。

(14)资产评估机构有下列情形之一的,应当从重处罚:

①同时具有两种或两种以上应予处罚的行为的。

②在两年内发生两次或两次以上同一性质的应予处罚的行为的。

③对投诉人、举报人和证人等进行威胁、报复的。

④违法行为发生后隐匿、销毁证据材料的。

⑤其他应予从重处罚的情形。

(15)注册资产评估师在国有资产评估中有违法行为的,按照有关规定处理。

★★★ 应知考核 ★★★

一、单项选择题

1. 评估人员只对评估结论的客观性负责,而不对资产交易价格的确定负责,体现了资产评估的(　　)特性。

A. 市场性　　B. 咨询性　　C. 公正性　　D. 现实性

2. 下列选项中,不属于资产评估特点的是(　　)。

A. 预测性　　B. 咨询性　　C. 市场性　　D. 专业性

3. 从资产交易各方利用资产评估结论的角度看,资产评估结果具有(　　)。

A. 现实性　　B. 咨询性　　C. 公证性　　D. 市场性

4. 下列不属于资产评估经验阶段特点的是(　　)。

A. 直观性　　B. 非专业性　　C. 无偿性　　D. 专业性

5. 下列各项中,不属于资产评估基本构成要素的是(　　)。

A. 评估流程　　B. 评估假设　　C. 评估目的　　D. 评估价值类型

6. 资产评估主体是指(　　)。

A. 被评估资产占有人　　B. 被评估资产

C. 资产评估委托人　　D. 从事资产评估的机构和人员

7. 下列不属于资产评估原始评估阶段特点的是(　　)。

A. 直观性　　B. 有偿性　　C. 无偿性　　D. 专业性

8. 资产评估必须由企业之外专门的资产评估机构和人员进行,资产评估提供的服务属于社会中介服务,具有(　　)。

A. 独立性　　B. 预测性　　C. 咨询性　　D. 公正性

9. 审计是在现代企业两权分离背景下产生的,旨在对企业财务报表所反映的企业财务状况和经营成果的真实性与公允性作出事实判断,具有明显的(　　)特征。

A. 独立性　　B. 预测性　　C. 咨询性　　D. 公正性

10. 按资产评估与评估准则的关系不同,资产评估可具体分为(　　)。

A. 完全评估和限制评估　　B. 单项资产评估和整体资产评估

C. 一般评估和评估复核　　D. 评估咨询和决策评估

二、多项选择题

1. 资产评估大体经历了(　　)阶段。

A. 原始评估　　B. 探索评估　　C. 经验评估　　D. 科学评估

2. 经验评估阶段的资产评估具有(　　)特点。

A. 评估的准确性主要取决于评估人员积累的经验

B. 评估人员对评估业务进行有偿服务

C. 评估方法较为单一

D. 一般根据类似商品的成交价确定被评估资产的价格

3. 科学评估阶段的资产评估主要具有(　　)特点。

A. 评估机构公司化,即评估机构是自负盈亏的独立企业法人

B. 评估手段和方法科学化,即把大量现代科学技术和方法应用到资产评估中,提高了资产评估的准确性和科学性

C. 资产评估的范围大大扩展了,即资产评估的内容更加丰富,不仅包括有形资产评估和无形资产评估,而且细化到专项资产、金融资产等方面的评估

D. 资产评估人员专业化,即资产评估人员将资产评估作为自己的职业来从事,他们对资产评估的业务知识和理论都有相当程度的掌握与了解

4. 资产评估人员必须具备(　　)条件。

A. 具有踏实、勤奋、认真的工作作风以及良好的职业道德和个人品质

B. 具有广博的知识和较丰富的实践经验

C. 经过严格的考试或考核

D. 不需要取得注册评估师的资格

5. 一般情况下,资产评估的依据包括(　　)内容。

A. 与资产评估相关的法律、法规

B. 反映资产评估经济行为的文件

C. 与被评估资产相关的重大合同协议

D. 与被评估资产有关的收费标准和其他参考资料

6. 资产评估中的资产具有的基本特征是(　　)。

A. 是有形的　　B. 是过去的交易和事项形成的

C. 能够以货币计量　　D. 由特定权利主体拥有或控制的

7. 按照资产的构成以及获利能力划分,资产可以分为(　　)。

A. 有形资产　　B. 无形资产　　C. 单项资产　　D. 整体资产

8. 根据被评估资产能否独立存在分类,资产可分为(　　)。

A. 整体资产　　B. 可确指资产　　C. 单项资产　　D. 不可确指资产

9. 资产评估的特点主要有(　　)。

A. 市场性　　B. 强制性　　C. 公正性　　D. 咨询性

10. 资产评估机构从组织形式上可分为(　　)。

A. 专业性资产评估机构　　B. 兼营性资产评估机构

C. 综合性资产评估机构　　D. 律师事务所

三、判断题

1. 资产评估与会计计价既有区别又有联系。(　　)

2. 市场性是资产评估区别于会计计价活动的显著特点。(　　)

3. 资产评估的客体等同于资产评估对象。(　　)

4. 会计计价的结论为资产评估提供依据。(　　)

5. 单项资产评估是指以由若干单项资产组成的资产综合体所具有的整体生产能力或获利能力为评估对象的资产评估。(　　)

6. 中国资产评估协会于 1993 年 12 月正式成立,标志着我国资产评估行业已逐步从政府直接管理向行业自律性管理过渡。(　　)

7. 从一般意义上讲,资产评估对象就是资产,泛指被特定主体拥有或控制的,能为其带来未来经济利益的经济资源。(　　)

8. 作为评估对象的有形资产和无形资产,除商誉外,都是可确指的资产。(　　)

9. 凡是对由多个单项资产组成的资产综合体的评估都是整体资产评估。(　　)

10. 资产评估程序是规范资产评估行为、提高资产评估业务质量的重要保证。(　　)

四、思考与讨论

1. 资产评估的基本构成要素有哪些?

2. 资产评估的内容有哪些?

3. 资产评估是如何进行分类的?

4. 资产评估与审计的联系和区别体现在哪些方面?

5. 资产评估与会计计价的联系和区别体现在哪些方面?

五、主要概念

资产评估　有形资产　无形资产　单项资产　整体资产　可确指资产　不可确指资产　经营性资产　清产核资　非经营性资产　评估复核　评估咨询　一般评估　完全评估　限制评估　单项资产评估　整体资产评估

★★★ 应会考核 ★★★

一、案例题

2014 年 8 月,国务院印发第 27 号文件,取消涉及资产评估等多个专业领域的专业技术人员准入类职业资格。一石激起千层浪,该消息顿时在资产评估行业内外引起广泛关注。事实上,取消注册资产评估师的准入类职业资格,并不意味着取消对注册资产评估师这一专业资格的认可,而只是将这一职业资格的管理,由行政命令式的准入制改为专业管理式的行业评价制。

正如中国资产评估协会秘书长刘萍所表示的,国务院第 27 号文件决定取消注册资产评估师职业资格认定和许可事项,对资产评估师的职业资格管理方式由行政“准入制”改为行业“评价制”,是职业管理方式的改革。这是依法治国、简政放权和行业市场化的必然要求,是大势所趋。

资产评估行业 20 多年的发展历程告诉我们,市场化是资产评估行业发展的根,是资产评估业务诞生进而展现强大生命力的内生动力,也是资产评估行业发展深化升级、强化市场服务能力、提升专业服务水平的助推器。

市场化的氛围越浓,越能提升资产评估行业这一高端服务业的专业含金量。市场规则如大浪淘沙,只有真正具有深厚专业积淀的机构才能脱颖而出。这种专业力量的比拼,必能促进资产评估机构的良性竞争,推动资产评估行业的科学发展。

改革将为行业赢得更长远的利益。此项改革赋予了行业协会更多的管理职能,赋予了评估师更大的责任,也赋予了评估机构更灵活的空间,对进一步完善行业自律管理和行业进一步发展都有重要意义。

此项改革标志着资产评估行业进入了以市场为导向、以专业为领域、以服务为己任的可持续发展阶段。资产评估行业要在已有的发展基础上,审时度势,借改革的东风,顺势而为、再塑行业、提振专业,实现行业转型升级和可持续发展。

回顾 2014 年上半年,就会发现资产评估行业的利好不断:资产评估法已经结束二审程序,正在积极推进中;国务院连续颁布的《关于促进市场公平竞争维护市场正常秩序的若干意见》、《国务院关于加快发展生产性服务业促进产业结构调整升级的指导意见》和《国务院办公厅关于金融服务“三农”发展的若干意见》的文件中,都将发展资产评估行业放在重要位置。2014 年 8 月,发改委发文要求在利用外资和境外投资方面着力推动 5 项工作,其中就包括大力培育和支持国内资产评估、法律服务、会计服务、投资顾问、设计咨询、风险评估等相关中介机构,支持各行业商(协)会积极发挥服务和促进作用……可以预见,随着我国深入推进国家治理、深化市场化转型,资产评估行业的业务会越发多样化,市场空间会越发广阔,专业价值会进一步体现,行业良性循环会进一步建立。

资料来源:高鹤:简政放权将为评估行业赢取更长远利益,《中国会计报》,2014 年 8 月 29 日。

案例思考

(1)取消注册资产评估师考试制度的背景和原因是什么?

(2)资产评估行业的未来发展前景如何?

二、专业技能题

针对某一资产评估对象,利用资产评估的基本要素对其进行分析。

三、综合题

随着我国经济的日益发展,资产评估业务逐渐规范以及行业格局的变革,从 20 世纪 80 年代末期开始,审计与资产评估行业就保持着相互独立又相互联系的关系。尤其是近年来,在政府审计工作中,对国有企业脱钩改制、破产清算或是财政资金投资及其他所有制资产进行审计监督时，审计部门需要采用资产评估报告中的公允价值确定资产价值，而资产评估机构在进行评估作价时，往往采用与审计方法相同或相似的程序，如监盘、函证、抽样和测试等。

资产的复杂性和多样性决定了评估从业人员必须实行内部分工，而政府审计人员通常不以资产类型分工，所以在一些与资产评估相关联的审计工作中，因为受专业分工限制，审计人员很难对资产公允价值的合理性作出估计和判断，而如果直接采用资产评估报告中的公允价值，这就无形中增加了审计工作的风险，也就是说，如果资产评估报告出了问题，审计工作也很容易出现问题，最后可能会导致政府决策失误或是国有资产流失等严重后果。

要求：资产评估与审计如何相互配合开展工作？

★★★ 实训操作 ★★★

【实训项目】

初识资产评估。

【实训学时】

1 学时。

【实训内容】

资产评估的特点，资产评估与清产核资、会计计价、审计的联系与区别。

【实训目的】

掌握资产评估的基础知识，为后续项目的学习奠定基础。

【实训反思】

作为一个有素质的资产评估师，应如何遵守职业道德？谈谈你的感想。

项目二　资产评估基本理论

知识目标

理解：资产评估的目的及价值类型。

熟知：资产评估的假设与资产评估的原则。

掌握：资产评估的依据与资产评估程序。

能力目标

学生在掌握资产评估的一般目的和特定目的的基础上，能够充分合理地运用资产评估的基本假设和依据，对个案按照资产评估的程序进行分析，学以致用。

素质目标

通过本项目的学习，学生对资产评估的价值类型有所理解，能够运用市场价值与市场价值以外的价值，并在市场价值与市场价值以外的价值中作出选择；在资产评估原则的基础上，能够辨析价值类型的选择与评估目的的关系。

情境引入

致委托方函

×××有限公司：

受贵方委托，本公司秉着客观、公正、科学、独立的原则对贵方拥有合法产权的位于×××的×××房产价格进行了评估，目的是为确定估价对象在 2015 年 8 月 15 日的公开市场价值，并以此为贵方委托评估标的向银行进行抵押贷款，为确定抵押额提供客观的价值依据。

根据贵方所提供的资料，本公司估价人员依据国家、省、市的相关法律、法规，在对现场实地勘察并收集、整理、分析相关信息的基础上，遵循估价原则，按照必要的估价程序，采用合理的估价方法对估价对象进行评估，在满足本次估价假设和限制条件的前提下，经测算确定贵方委托评估房产在评估基准日的抵押价值为人民币贰仟贰佰陆拾伍万叁仟肆佰元整(￥2 265.34 万元)。

×××房地产评估咨询有限公司

××年××月××日

上述是资产评估报告中的一部分内容，在对企业进行资产评估时，应遵循哪些资产评估假设和原则？资产评估时是按照哪些依据和程序进行的？通过本项目的学习，你将得到解答。

任务一　资产评估的目的

资产评估的目的有资产评估的一般目的和特定目的之分。资产评估的一般目的包含特定目的，而资产评估的特定目的则是一般目的的具体化。

一、资产评估的一般目的

资产评估的一般目的(或资产评估的基本目标)是由资产评估的性质及其基本功能决定的。资产评估作为一种专业人士对特定时点及特定条件约束下资产价值的估计和判断的社会中介活动，它一经产生就具有为委托人以及资产交易当事人提供合理的资产价值咨询建议的功能。不论是资产评估的委托人还是与咨询交易相关的当事人，他们所需要的无非是评估人员对资产在一定的时间及一定条件约束下的公允价值的判断。如果我们暂且不考虑资产交易或引起资产评估的特殊需求，资产评估所要实现的一般目的只能是资产在评估时点的公允价值。

从资产评估的角度来看，公允价值是一种相对合理的评估价值，它是一种相对于当事人各方的地位、资产的状况及资产面临的市场条件的合理的评估价值，是评估人员根据被评估资产自身的条件及其所面临的市场条件，对被评估资产客观交换价值的合理估计值。公允价值的一个显著特点是，它与相关当事人的地位、资产的状况及资产所面临的市场条件相吻合，且没有损害各方当事人的权益，也没有损害他人的利益。

二、资产评估的特定目的

资产评估作为资产估价活动，总是围绕特定资产业务的需要而进行的。在这里，资产业务是指引起资产评估的经济行为。资产评估实践表明，资产业务主要有资产转让、企业兼并、企业出售、企业联营、股份经营、中外合资或合作、企业清算、抵押、担保、企业租赁和债务重组。

1. 资产转让

资产转让是指资产拥有单位有偿转让其所拥有的资产，通常是指转让非整体性资产的经济行为。

2. 企业兼并

企业兼并是指一个独立核算的企业以承担债务、购买和控股等形式有偿接收其他企业的产权，使被兼并方丧失法人资格或改变法人实体的经济行为。

3. 企业出售

企业出售是指独立核算的企业或企业内部的分厂、车间及其他整体资产产权出售的经济行为。

4. 企业联营

企业联营是指国内企业或单位之间以固定资产、流动资产、无形资产及其他形式的资产作为投入，组成各种形式的联合经营实体的经济行为。

5. 股份经营

股份经营是指资产占有单位实行股份制经营方式的行为，包括法人持股、内部职工持股、向社会公开或私募发行股票。

6. 中外合资或合作

中外合资或合作是指我国的企业或其他经济组织与外国企业或其他经济组织或个人，在我国境内开办合资或合作经营企业的行为。

7. 企业清算

企业清算包括破产清算、终止清算和结业清算。

8. 抵押

抵押是指资产占有单位以本单位的资产作为物质保证，进行抵押而获得贷款的经营行为。

9. 担保

担保是指资产占有单位以本企业的资产为其他单位的经济行为作担保，并承担连带责任的行为。

10. 企业租赁

企业租赁是指资产占有单位在一定的期限内，以收取租金的形式将企业全部或部分资产的经营使用权转让给其他经营使用者的行为。

11. 债务重组

债务重组是指债权人按照其与债务人达成的协议或法院的裁决，同意债务人修改债务条件的事项。

上述各类资产业务构成了资产评估的特定目的。在市场经济条件下，社会经济生活中资产业务的范围是十分广泛的。就企业资产业务而言，资产评估还包括对企业经营业绩的评价、企业主要领导者变更时对企业资产的评估以及对企业资产交易中的纳税情况进行评估等。就其他资产业务而言，个人遗产继承、个人财产交易和个人担保抵押等也都需要进行资产评估。只不过这些资产业务由专门的资产评估机构来进行评估，有的则只需通过交易双方或双方认可的评估人员进行评估即可。可以说，在市场经济条件下，需要进行资产评估的资产业务十分普遍，没有资产评估机构的评估工作，市场经济就不可能顺利运行，资产交易也就不可能有效进行。可见，资产评估工作在市场经济条件下占有十分重要的地位，发挥着独特的作用。但是，资产评估仅仅是资产业务的一个中介环节，它不可能反映资产交易的目的，更不能代表资产业务本身。因此，资产评估机构仅仅是一个资产业务的服务机构，资产评估服务与资产业务，评估只是手段，交易才是目的。

三、资产评估的特定目的在资产评估中的地位和作用

(一)资产评估的特定目的在资产评估中的地位

资产评估的特定目的是界定评估对象的基础。任何一项资产业务，无论产权是否发生变动，它所涉及的资产范围必然受资产业务本身的制约。资产评估委托方正是根据资产业务的需要确定资产评估的范围。评估人员不仅要对该范围内的资产产权予以说明，而且要对其价值作出判断。

资产评估的目的决定了资产评估的方法、程序和应遵守的评估标准。也就是说，不同的评估目的需要采用不同的评估方法、遵循不同的评估程序并遵守不同的评估标准。例如，企业兼并中的交易双方非常重视企业资产的获利能力，因此，就通常采用收益现值法的评估方法。一个企业兼并另一个企业，必须把被兼并企业看作是拥有一定获利能力的有机整体，而不能看作是简单的资产的堆积。一头牛的所有牛肉的价值不能代替一头牛的价值，但当一个屠宰厂购买一头牛时，主要考虑这头牛的牛肉的价值，而一个农夫买牛耕地则考虑的是其他方面，这和资产评估是一个道理。可见，资产评估的特定目的对资产评估的整个工作非常重要。

(二)资产评估的特定目的在资产评估中的作用

资产评估的特定目的是由引起资产评估的特定经济行为(资产业务)所决定的,它对评估结果的性质、价值类型等有重要的影响作用。资产评估的特定目的不仅是某项具体资产评估活动的起点,也是资产评估活动所要达到的目标。资产评估的特定目的贯穿着资产评估的全过程,影响着评估人员对评估对象的界定、资产价值类型的选择等。它是评估人员在进行具体资产评估时必须首先明确的基本事项。

资产评估的特定目的对于资产评估的价值类型选择具有约束作用。特定资产业务决定资产的存续条件,资产价值受制于这些条件及其可能发生的变化。资产评估人员在进行具体资产评估时要根据具体的资产业务的特征选择与之相匹配的评估价值类型。以资产业务的特征与评估结果的价值属性一致性原则进行评估,是保证资产评估趋于科学化、合理化的基本前提。

任务二　资产评估的价值类型

一、资产评估价值类型的概念

资产评估的价值类型是指资产评估结果的价值属性及其表现形式。不同的价值类型从不同的角度反映资产评估价值的属性和特征。不同属性的价值类型所代表的资产评估价值不仅在性质上是不同的,在数额上往往也存在着较大差异。评估人员必须根据资产业务的特征,即评估目的和资产属性及其存续环境,来确定资产业务所应用的类型,以保证资产评估结果的价值内涵和计价基础与资产业务的要求相适应;否则,资产评估就失去了正确反映和提供价值尺度的功能。

资产评估的价值类型也是对资产评估价值的质的规定。根据资产评估所依据的市场条件、被评估资产的使用状态以及评估结论的适用范围,资产评估价值类型分为市场价值与市场价值以外的价值两大类。

二、市场价值

在《国际评估准则》中,市场价值概念如下:“自愿买方与自愿卖方在评估基准日进行正常的市场营销之后,所达成的公平交易中某项资产应当进行交易的价值的估计数额,当事人双方应当各自精明、谨慎行事,不受任何强迫和压制。”

根据我国《资产评估价值类型指导意见》(中国资产评估协会〔2007〕189号),市场价值是指自愿买方和自愿卖方在各自理性行事且未受任何强迫的情况下,评估对象在评估基准日进行正常公平交易的价值估计数额。

一般而言,在特定评估时点的公开市场上,市场价值相对于潜在的买者和卖者来说都是相对公平合理的。因此,根据公开市场的范围不同,市场价值具有区域性,同时,市场价值又是区域市场整体认同的公平合理的结果。

以市场价值为基础的资产评估价值类型一般被概括为三种,即重置成本、现行市价、收益现值。

(1)重置成本,是指在现行市场条件下,按功能重置全新资产并使资产处于在用状态所耗费的全部货币总额。重置成本的构成应包括资产构建、运输、安装和调试等建设过程中的全部费用。按重置条件不同,它还可分为复原重置成本和更新重置成本。

(2)现行市价,是指资产在资产评估基准日在公开市场上的交易价格。所谓公开市场,是指有充分的市场竞争,买卖双方都有足够的时间了解实情,而且交易双方都是理性、谨慎、自愿的。

(3)收益现值,是指将资产未来预期收益,按适当的折现率折算到评估基准日的现值。收益现值的思路是根据未来获利的大小,按"以利索本"的思维方式来换算应投入的资本。所以,收益现值的基础是收益,而其本质是收益的本金化。

在不同时期、地点及市场条件下,同一资产业务对资产评估结果的价值类型的要求也会有差别。这表明,引起资产评估的资产业务对评估结果的价值类型的要求不是抽象的和绝对的。每一类资产业务在不同的时间、地点和市场环境中发生,因此,对资产评估结果的价值类型要求不是一成不变的。也就是说,资产业务本身的属性因时间、地点及市场环境的变化而变化。所以,将资产业务的属性绝对化,或是将资产业务与评估结果的价值类型关系固定化都是不可取的。资产评估结果的价值类型与评估的特定目的相匹配、相适应,指的是在具体评估操作过程中,评估结果的价值类型要与已经确定了的时间、地点、市场环境下的资产业务相匹配、相适应。任何事先划定的资产业务类型与评估结果的价值类型相匹配的关系或模型,都可能会偏离或违背客观存在的具体业务对评估结果的价值类型的内在要求。换句话说,资产的业务类型是影响甚至决定评估结果价值类型的一个重要因素,但它绝不是决定资产评估结果价值类型的唯一因素。评估的时间、地点,评估时的市场条件、资产业务各当事人的状况,以及资产自身的状态等,都可能对资产评估结果的价值类型起影响作用。

三、市场价值以外的价值

市场价值以外的价值又称非市场价值,《国际评估准则》中没有直接定义市场价值以外的价值,而是指出凡不符合市场价值概念条件的资产价值类型都属于市场价值以外的价值。可见,市场价值以外的价值是若干具体的价值类型的总称。

根据《资产评估价值类型指导意见》的规定,市场价值以外的价值类型包括投资价值、在用价值、清算价值和残余价值。

(1)投资价值是指评估对象对于具有明确投资目标的特定投资者或者某一类投资者所具有的价值估计数额,也称特定投资者价值。要注意区分投资价值与投资性资产价值,后者是指特定主体以投资获利为目的而持有的资产在公开市场上按其最佳用途实现的市场价值,二者是完全不同的两个概念。

(2)在用价值是指将评估对象作为企业组成部分或者要素资产,按照其正在使用的方式和程度,对其所属企业贡献价值的估计数,而不考虑该资产的最佳用途或变现的情形。在用价值强调的是对整体资产的贡献能力。

(3)清算价值是指在评估对象处于被迫出售、快速变现等非正常市场条件下的价值估计数额。

(4)残余价值是指机器设备、房屋建筑物或其他有形资产等的拆零变现价值的估计数。

此外,在某些特定评估业务中,评估结论的价值类型可能会受到相关法律、法规或者合同的约束。这些评估业务的结论应当按照相关法律、法规或者合同等的规定,选择评估结论的价值类型;相关法律、法规或者合同没有规定的,可以根据实际情况选择市场价值或者市场价值以外的价值,并予以定义。特定评估业务主要包括以抵(质)押为目的的评估业务、以税收为目的的评估业务、以保险为目的的评估业务、以财务报告为目的的评估业务等。

市场价值以外的价值与市场价值相比,评估的是非公开市场上的价值,它是局部的市场认同，只对于特定的资产业务当事人来说是公平合理的。但需要注意的是，在满足各自概念及相应使用条件的前提下，对市场价值和市场价值以外的价值的评估结论都是公平合理的。

四、市场价值与市场价值以外的价值的选择

（一）市场价值与市场价值以外的价值的划分标准

不同的价值类型从不同的角度反映资产评估价值的属性和特征。不同属性的价值类型所代表的资产评估价值不仅在性质上是不同的，而且在数量上往往也存在较大差异。因此，合理选择和确定资产评估的价值类型是每一位资产评估人员必须做好的工作。评估人员主要通过以下三个方面来判断是选择市场价值还是市场价值以外的价值：

(1)资产评估时的市场条件。这要看是公开市场条件还是非公开市场条件。

(2)资产评估时的资产使用状态。这要看是正常使用(最佳使用)还是非正常使用。

(3)资产评估时所用的信息和参数来源。这要看是公开市场信息还是非公开市场信息。

如果以上三个条件同时满足，则评估价值类型为市场价值，其余情况均为市场价值以外的价值。

（二）评估价值类型选择

注册资产评估师执行资产评估业务、选择和使用价值类型时，应当充分考虑评估目的、市场条件、评估对象自身条件等因素，并应关注价值类型与评估假设的相关性。可选择的评估价值类型有如下几种：

1. 选择市场价值

当资产评估业务对市场条件和评估对象的使用等并无特别限制和要求，并同时符合上述三个条件时，注册资产评估师通常应当选择市场价值作为评估结论的价值类型。在确定市场价值时，评估人员要清楚同一资产在不同市场上的价值可能存在的差异。

2. 选择投资价值

当评估业务针对的是特定投资者或者某一类投资者，并在评估业务执行过程中充分考虑并使用了仅适用于特定投资者或者某一类投资者的特定评估资料和经济技术参数时，注册资产评估师通常应当选择投资价值作为评估结论的价值类型。

3. 选择在用价值

当评估对象是企业或者整体资产中的要素资产，并在评估业务执行过程中只考虑了该要素资产正在使用的方式和贡献程度，没有考虑该资产作为独立资产所具有的效用及在公开市场上交易等对评估结论的影响时，注册资产评估师通常应当选择在用价值作为评估结论的价值类型。

4. 选择清算价值

当评估对象面临被迫出售、快速变现，或者评估对象具有潜在被迫出售、快速变现等情况时，注册资产评估师通常应当选择清算价值作为评估结论的价值类型。

5. 选择残余价值

当评估对象无法或者不宜整体使用时，注册资产评估师通常应当考虑评估对象的拆零变现，并选择残余价值作为评估结论的价值类型。

五、价值类型的选择与评估目的的关系

关于资产评估价值类型的选择与资产评估目的的关系应从两个方面来认识和把握：

(一)评估目的影响评估价值类型的选择

前已述及,评估目的包括一般目的和特定目的,而资产评估的特定目的是影响资产评估价值的基础条件,它对于价值类型的选择具有约束作用。

特定的资产业务决定了资产的存续条件,资产价值受制于这些条件及其可能发生的变化。资产评估人员在进行具体资产评估时,一定要根据具体的资产业务特征选择与之相匹配的评估价值类型。按照资产业务的特征与评估结果的价值属性一致性原则进行评估,是保证资产评估趋于科学、合理的基本前提。

评估的特定目的不是决定评估价值类型的唯一因素,评估的时间、地点,评估时的市场条件、资产业务当事人的状况,以及资产的自身状态等,都可能对资产评估结果的价值类型产生影响。

(二)价值类型的合理选择是实现评估目的的重要途径

资产评估的一般目的是要对各种条件下"交易"中的资产的公允价值作出判断,以及给出这些资产在各种条件下的公允价值。而特定目的是一般目的的具体化,其实质是判断具体条件下资产的公允价值。

可见,对于某一资产而言,公允价值不是一个确定不变的值,而是一个相对值。当资产处于正常使用及正常市场条件下时,有一个与此条件相对应的合理价值;当其处于非正常使用及非正常市场条件下时,也有一个与之相对应的合理价值。尽管对于同一资产在不同条件下的合理价值是不同的,但它们都有一个共同的特点,即该价值相对于它们各自的条件都是合理的和公允的。

正是由于资产公允价值的多样性、复杂性和难以把握性,设计、选择并利用科学合理的资产评估价值类型,对于评估人员把握资产评估特定目的及资产在特定条件下的公允价值就显得十分重要。

市场价值和市场价值以外的价值的分类,以及该分类所包含的具体的价值表现形式,对于实现评估目的,特别是把握资产评估中的公允价值也具有极其重要的作用,这种作用突出表现在市场价值上。市场价值在资产评估中的作用主要体现在以下两点:

(1)市场价值是公允价值的坐标。资产评估中的公允价值与市场价值是两个不同层次的概念:资产评估中的公允价值是一个一般层次的概念,它包括了正常市场条件和非正常市场条件两种情况下的合理评估结果;而资产评估中的市场价值只是正常市场条件下资产处在最佳使用状态下的合理评估结果。相对于公允价值而言,市场价值更为具体、条件更为明确,在实践中评估人员更容易把握。它是资产评估中最为典型的公允价值。

(2)市场价值在其评估所依据的市场范围内,对任何交易当事人都是相对合理的和公允的。而市场价值以外的价值的相对合理公平性是受到某些条件严格限制的。

任务三　资产评估假设与资产评估原则

一、资产评估假设

任何一门学科的建立都要以一定的假设为前提,资产评估也不例外,其理论和方法也是建立在一定的假设条件之上的。需要强调的是,假设是以有限的事实和观察为基础的,因而并不能完全确定,还有待于实践检验和科学论证。资产评估是在资产交易发生之前,通过模拟市场对准备交易的资产在某一时点的价格所进行的估算。事实上，人们是无法完全把握市场的，同一资产在不同用途和不同经营环境下的价格会有所不同，评估人员模拟市场进行资产评估往往借助于若干种假设，以对资产的未来用途的经营环境作出合理的判断。在资产评估中，最基本的假设有四个：交易假设、公开市场假设、继续使用假设和清算假设。

（一）交易假设

交易假设是资产评估得以进行的一个最基本的前提假设，它假定所有待评估资产已经处在交易过程中，评估师根据待评估资产的交易条件模拟市场进行估价。众所周知，资产评估是在资产实施交易之前进行的一项专业服务活动，而资产评估的最终结果又属于资产的交换价值范围。为了发挥资产评估在资产实际交易之前为委托人提供资产交易底价的作用，同时又能够使资产评估得以进行，因此利用交易假设将被评估资产置于"交易"中来模拟市场进行评估是十分必要的。

交易假设一方面为资产评估得以进行"创造"了条件；另一方面它明确限定了资产评估的外部环境，即资产是被置于市场交易之中的，资产评估不能脱离市场而单独地进行。

（二）公开市场假设

公开市场假设是对资产拟进入的市场的条件，以及资产在这样的市场条件下会受何种影响的一种假定说明或限定。公开市场假设的关键之处在于认识和把握公开市场的实质与内涵。就资产评估而言，公开市场是指充分发达与完善的市场，是一个自愿买卖的竞争性市场。在这个市场上，买者和卖者的地位是平等的，彼此都有获取足够市场信息的机会和时间，买卖双方的交易行为都是在自愿、理性的，而不是在强制或受限制的条件下进行的。事实上，现实中的市场条件未必完全达到上述公开市场的完善程度。公开市场假设就是假定充分发达与完善的市场存在，被评估资产将要在这样一种公开市场中进行交易。当然，公开市场假设也是基于市场客观存在的现实，即是以资产在市场上可以公开买卖这样一种客观事实为基础的。

（三）继续使用假设

继续使用假设是假定被评估资产将按现行用途继续使用或转换用途继续使用，从而可考察它在未来时间能为其持有人带来的经济利益。这一假设要求，一般情况下，不是用将资产拆零出售所得收益之和来评估资产价格，而应该将资产看成一种获利能力。比如，一台机床用于制造产品时，其估价可能是6万元，而将其拆成发动机、床身等零部件分别出售时，可能仅值3万元。同一资产按不同的假设用于不同目的，其价格是不一样的。再如，就一个企业而言，它是由众多的机器设备、流动资产、建筑物和无形资产组成的整体，在继续经营条件下评估，其估价是1 000万元，但如果因破产而被强制清算拍卖，其价值就会远远低于1 000万元。继续使用的方式如下：

（1）在用续用，即处于使用中的被评估资产在产权发生变动或资产业务发生后，按照其现行的用途及方式继续使用下去。

（2）转用续用，即被评估资产在产权发生变动或资产业务发生后，改变资产现在的用途，按照新的用途继续使用下去。

（3）移地续用，即被评估资产的产权发生变动或资产业务发生后，改变资产现在的空间位置，转移到其他空间位置上继续使用。

继续使用假设是对资产使用状态的假定说明。它有两层含义：一是被评估资产是出于营运状态的，或已完全具备实际运行的条件；二是被评估资产必须继续使用，继续使用就意味着它具有剩余寿命，具有收益能力，能满足所有者的期望。显然，这是资产评估最起码的前提条件，如果某一项资产不能继续使用，不再具备使用价值，则不属于资产评估的范围。

（四）清算假设

清算假设是对资产拟进入市场条件的一种假定说明，具体而言，是对资产在非公开市场条件下被迫出售或快速变现条件的假定说明。清算假设首先是基于被评估资产面临清算或具有潜在被清算可能，然后根据相应数据资料推定被评估资产处于被迫出售或快速变现的状态。由于清算假设假定被评估资产处于被迫出售或快速变现状态下，被评估资产的评估值通常要低于在公开市场假设前提下或持续使用假设前提下同样资产的评估值。因此，在清算假设前提下的资产评估结果的适用范围是非常有限的。当然，清算假设本身的使用也是较为特殊的。

二、资产评估原则

资产评估原则是指评估机构和评估人员在资产评估中必须遵循的准则，也是资产评估工作的指导方针。根据其在资产评估工作中的地位和作用，将资产评估原则分为资产评估的工作原则和资产评估的技术经济原则。

（一）资产评估的工作原则

资产评估的工作原则是规范资产评估主体行为的准则，也是调节资产评估主体与委托人及资产业务有关权益当事人在资产评估中的相互关系的准则。

1. 独立性原则

独立性原则要求资产评估机构和评估人员必须公正无私地进行评估，评估过程自始至终不受外来或内在因素的影响和干扰。评估机构应是独立的社会公正性机构，不能为资产评估业务的任何一方所拥有，评估工作应始终坚持独立公正的第三者立场。评估人员的利益与评估结论相独立，评估收费只与实际工作量相关，不应与资产估价值挂钩，不能与评估结果运用的实际效果挂钩。评估人员的利益应与资产业务相独立，评估机构和评估人员与资产业务没有任何利益上的联系；如果有，应该回避。

2. 客观性原则

客观性原则是指评估结果应有充分的事实依据，从实际出发，按照客观规律办事。一方面，评估机构在评估操作过程中，要以市场为参照、以现时为基础，预测、推算和逻辑运算等主观判断过程要建立在市场和现实的基础资料上，以求得对资产价值的客观评估；另一方面，被评估单位对被评估的资产或债权等，必须提供真实客观的情况，不能夸大也不能隐瞒，从而使评估人员能取得评估所需要的确实可靠的资料和数据。

3. 科学性原则

科学性原则是评估人员在评估过程中，必须根据特定的评估目的选择恰当的估价标准和科学的评估方法，制订科学的评估方案，使资产评估结果准确可靠。科学性原则具体体现在：在选用评估方法时，不仅要注意方法本身的科学性，而且更重要的是必须严格注意评估方法与评估目的的匹配性，评估目的对评估方法具有约束性；同时，也需要制订科学合理的评估方案。资产评估的具体业务不同，其评估程度也有繁简的差别。因此，应根据评估本身的规律性，结合资产评估的实际情况，确定科学合理的评估方案。这样，既有利于节约评估的人力和物力，降低评估成本，也有利于提高评估效率，保证评估工作顺利进行。

4. 专业性原则

专业性原则是指资产评估必须由经法律认可的专业评估机构和评估人员来操作。为保证资产评估结论的准确可靠，专业性原则要求资产评估机构必须是一支由财会、工程、法律、经济、管理等多种学科的专家组成的专业评估队伍，他们应该具备足够的从事资产评估业务所需要的专业知识及工作经验。为了保证对专业性原则的贯彻执行，国家规定，只有经国家法定机构注册登记，并持有资产评估许可证的资产评估公司、会计师事务所、财务咨询公司等机构才具有承办资产评估业务的资格；只有通过国家法定机构统一安排的考试，并持有注册资产评估师证书的专业技术人员才有资格承担资产评估任务。

(二)资产评估的技术经济原则

资产评估的技术经济原则是指在资产评估执业过程中的一些规范和业务准则，实质上是资产评估理论的具体化，它们为评估师在执业过程中的专业判断提供指南。

1. 预期原则

资产之所以有价值是因为它能为其拥有者或控制者带来未来经济利益，资产价值的高低主要取决于它能为其所有者或控制者带来的预期收益量的多少。资产价值的评定不是按照过去和现在的生产成本或收益能力来确定，也不是按照市场销售价格来确定，而是取决于资产的未来效用和获利能力。预期收益原则要求在进行资产评估时，必须合理科学地预测资产未来的收益能力、风险因素和收益期限。

2. 供求原则

资产评估是对资产的现实价格进行评定估算的过程，供求原则是将被评估资产置于资产市场中来考察其现时价格。按照供求原则，资产的价格随供求状况的变化而变化，这是市场经济的基本法则。对某项资产的需求增加或减少对它的供给，其市场价格会趋于上升；反之，则会下降。供求双方的交互作用构成市场的一大要素，影响资产价格。在进行资产评估时，应充分考虑资产本身的供求状况，正确评估资产的价格。

3. 贡献原则

贡献原则也称重要性原则，它是指某一资产或资产的某一构成部分的价值，取决于它对其他相关资产或资产整体的贡献，或者根据当缺少它时对相关资产或资产整体价值下降的影响程度来确定其评估价值。贡献原则要求在评估一项资产的价值时，必须综合考虑该项资产在资产综合体中的重要性，而不是单独地确定该项资产的购买价或造价。尤其是在对专利权或商标等无形资产进行评估时，如果不坚持贡献原则，有些问题就会难以解决。

4. 替代原则

在评估作价时，若同时存在几种效能相同或可以互相替代的资产，而它们的价格又各不相同时，则应选择最低的一种，即价格最低的同质商品对其他商品具有替代性。相同效能的商品，对于购买者来说，会购买价格最低的一种。对于一项资产，如果市场上存在两种效能相同、可相互替代但价格不同的资产，就以二者价格较低者作为该项资产的评估价格。

5. 估价日期原则

资产的价值是随着时间或环境的变化而相应变化的。资产本身不仅由于实用性损耗和自然力的作用使其价值改变，而且由于社会、经济、技术进步等原因的影响，资产也会发生升值或贬值。如机器设备，一方面其价值会随着使用年限的延长而降低；另一方面又受到通货膨胀的影响而变化，也有可能因性能更好的新设备问世或政府发布严格的环境保护或能源法规而贬值。资产价值的形成正是这些因素综合作用的结果。评估人员应全面考虑市场中可能影响资产价值的现有的和预期的种种变化，在资产评估中，必须假定市场条件固定在某一时点，这一时点就是评估基准日，它为资产评估提供了一个时间基准，评估价值只有按评估基准日计算方能有效。

6. 最佳利用原则

如果资产目前还未达到最佳利用状态，在进行评估时，可以其最佳利用状态为基础估价。最佳利用原则对房地产的评估尤其具有指导意义。房地产的用途具有多样性，不同的利用方式为房地产所有者带来的收益不同，所以房地产价格评估是以确保该房地产充分发挥效用为前提的。但事实上，在很多情况下，现有的房地产使用并不一定是最合理、最充分地发挥其效用，这时，就不应以现有使用情况作为估价基础。

7. 平衡原则

平衡原则是指当一切有差别的、相对应的和相互作用的因素处于平衡状态时，可以形成并维持资产的最大价值。这个原则适用于资产的各个组成部分的联系。就大多数房地产而论，只有土地和建筑物的组合为最优（而不是优地劣建或劣地优建）时，经济平衡点才会达到。这时再追加任何资金，都不可能产生边际效益或效用。平衡原则还适用于资产与环境的关系。根据平衡原则，各种类型土地的用途和位置在一个地区内经过适当的经济配置，能创造并维持最大的价值。

8. 竞争原则

在市场经济条件下，资本总是向利润率最高的行业和地区投入，从而会引起激烈的竞争，导致利润出现平均化的趋向。竞争的效应和利润平均化的趋向，是评估人员采用收益现值法评估时正确预测资产未来收益需重点考虑的因素。评估人员要正确判断投资者所处的竞争地位，分析被评估的资产是处在能够获得超额利润的阶段，还是处在利润已经平均化的阶段。能够产生超额利润的资产，其评估值应适当提高；若竞争过度，则预期收益必定会降低，资产的评估价值应适当降低。

9. 一致性原则

一致性原则是指当资产性能与市场需求相吻合时，其价值就可以达到并维持在最高水平上。以房地产为例，当某栋建筑物的风格和用途符合各种要求（包括经济承受能力、建筑类型、提供的舒适程度和共同爱好）以及地区规划要求的统一标准时，其市场售价达到最高。而那种单纯追求豪华的房产价格可能会下降，与其建筑、装修成本不相适应。

一致性原则还包括若被评估资产与其他资产配套或一致，则其评估价值较高。例如，在商业中心区，往往有许多商店集中在一起，这种高度的集中，通常会吸引大量的顾客光顾，大大增加各商店的收益。这种高度集中的资产使用上的一致性，使得各商店的评估价值上升。

10. 外部性原则

外部性原则是指资产外部的因素对资产评估价值的高低影响很大，评估人员应慎重考察。例如，当某项资产因技术进步而过时或不适用，或继续使用已不经济时，尽管资产实体本身没有什么损耗，但其评估价值会因这些外部因素的影响而降低。外部因素对房地产价值的影响更加明显。社会的、经济的、法律和政府政策等方面的因素都会导致房地产的价格上升或下降。资产评估人员在评估过程中，要充分考虑这些外部影响因素，以使资产的评估价值更符合市场的实际情况。

资产评估的各技术原则是相互联系的，在评估过程中应综合运用这些原则，以保证资产评估工作效率的提高和评估结果的合理。

任务四 资产评估的依据与程序

一、资产评估的依据

资产评估是为评估当事人提供中介服务的一项工作，为保证评估结果的公正、客观，必须有充分必要的依据。评估事项不同，所需要的评估依据也不相同，资产评估依据虽然多种多样，但大致可以划分为以下四类：

(一)行为依据

行为依据是指评估委托人和评估人员据以从事资产评估活动的依据，如公司董事会关于进行资产评估的决议、评估委托人与评估机构签订的业务约定书等。资产评估机构和评估人员只有在取得资产评估行为依据后，才能正式开展资产评估工作。

(二)法规依据

法规依据是指从事资产评估工作应遵循的有关法律法规依据，如 1991 年国务院颁布的《国有资产评估管理办法》、1999 年财政部颁布的《资产评估报告基本内容与格式的暂行规定》、2001 年财政部颁布的《资产评估准则——无形资产》、2004 年财政部颁布的《资产评估准则——基本准则》及《中华人民共和国土地管理法》、《中华人民共和国城市房地产管理法》等。

(三)产权依据

产权依据是指能证明被评估资产权属的依据，如国有土地使用证、房屋所有权证等。在资产评估中，被评估资产必须是资产占有方拥有或控制的资产，这就要求评估委托人必须提供此依据，评估人员必须收集被评估资产的产权依据。

(四)取价依据

取价依据是指评估人员确定被评估资产价值的依据。这类依据可分为两部分：一部分是由评估人员收集的市场价格资料、统计资料、技术标准资料及其他参考资料等，如当地政府土地管理部门制定的容积率修正系数表等；另一部分是由被评估单位提供的相关资料，如财务会计资料、工程结算资料等。

以上只是一般资产评估过程所需要的依据，评估人员还应根据评估项目的具体情况及特殊需要，决定是否需要收集其他一些依据；同时，评估人员也应在资产评估报告中对评估依据予以详细的披露。

二、资产评估的程序

资产评估的程序是指资产评估机构和人员执行资产评估业务、形成资产评估结论所履行的系统性工作步骤。资产评估的程序由具体的工作步骤组成，不同的资产评估业务由于评估对象、评估目的、资产评估资料收集情况等相关条件的差异，评估人员可能需要执行不同的资产评估具体程序或工作步骤。但由于资产评估业务的共性，资产评估基本程序是相同或相通的。

根据各工作步骤的顺序，资产评估的程序通常主要包括以下方面：

(一)明确资产评估业务基本事项

明确业务基本事项是资产评估程序的第一个环节，包括在签订资产评估业务约定书之前的一系列基础性工作，它对资产评估项目风险评价、项目承接与否以及资产评估项目的顺利实施具有重要意义。由于资产评估专业服务的特殊性，资产评估程序甚至在资产评估机构接受委托前就已开始。资产评估机构和人员在接受资产评估业务委托之前，应当采取与委托人等相关当事人讨论、阅读基础资料、进行必要初步调查等方式，与委托人等相关当事人共同明确以下资产评估业务基本事项：

1. 委托方和相关当事方的基本状况

资产评估机构和人员应当了解委托方基本状况、资产占有方等相关当事方的基本状况。在不同的资产评估项目中，相关当事方有所不同，主要包括资产占有方、资产评估报告使用方、其他利益关联方等。委托方与相关当事方的关系也应当作为重要基础资料予以充分了解，这对于了解评估目的、相关经济行为以及防范恶意委托等十分重要。在可能的情况下，评估机构和评估人员还应要求委托人明确资产评估报告的使用人或使用人范围以及资产评估报告的使用方式。明确评估报告使用人范围一方面有利于评估机构和评估人员更好地根据使用人的需求提供良好服务，同时也有利于降低评估风险。

2. 资产评估目的

资产评估机构和人员应当与委托方就资产评估目的达成明确、清晰的共识，并尽可能细化资产评估目的，说明资产评估业务的具体目的和用途，避免出现仅仅罗列出通用资产评估目的的现象。

3. 评估对象及其权益基本状况

资产评估机构和人员应当了解评估对象及其权益基本状况，包括其法律、经济和物理状况，如资产类型、规格型号、结构、数量、购置（生产）年代、生产（工艺）流程、地理位置、使用状况、企业名称、住所、注册资本、所属行业、在行业中的地位和影响、经营范围、财务和经营状况等。同时，资产评估机构和人员应当特别关注有关评估对象的权利受限状况。

4. 价值类型及概念

资产评估机构和人员应当在明确资产评估目的的基础上，恰当确定价值类型，确信所选择的价值类型适用于资产评估目的，并就所选择价值类型的概念进行沟通，避免出现歧义。

5. 资产评估基准日

资产评估机构和人员应当通过与委托方的沟通，了解并明确资产评估基准日。资产评估基准日是评估业务极为重要的基础，也是评估基本原则中的估价日期原则在评估实务中的具体体现。评估基准日的选择是为了减少和避免不必要的资产评估基准日以后的事项影响，使资产评估结论更有效地服务资产评估的目的。评估机构和人员应当根据专业知识和经验，建议委托方根据评估目的、资产和市场的变化情况等因素合理选择评估基准日。

6. 资产评估限制条件和重要假设

资产评估机构和人员应当在承接评估业务前，充分了解所有对资产评估业务可能构成影响的限制条件和重要假设，以便进行风险评价，更好地为客户服务。

7. 其他需要明确的重要事项

资产评估机构和人员在明确上述资产评估基本事项的基础上，应当分析下列因素，确定是否承接资产评估项目：①评估项目风险。评估机构和人员应当根据初步掌握的有关评估业务的基础情况，具体分析资产评估项目的执业风险，以判断该项目的风险是否超出合理的范围。②专业胜任能力。评估机构和人员应当根据所了解到的评估业务的基础情况和复杂性，分析本机构和人员是否具有与该项目相适应的专业胜任能力及相关经验。③独立性分析。评估机构和人员应当根据职业道德要求和国家相关法规的规定，结合评估业务的具体情况分析资产评估机构和人员的独立性，确认与委托人或相关当事方是否存在现实的或潜在的利害关系。

(二)签订资产评估业务约定书

资产评估业务约定书是指评估机构与委托方签订的，明确评估业务基本事项，约定评估机构和委托方权利、义务、违约责任和争议解决等内容的书面合同。根据我国资产评估行业的规定，注册资产评估师承办资产评估业务，应当由其所在的资产评估机构统一受理，并由评估机构与委托人签订书面资产评估业务约定书，注册资产评估师不得以个人名义签订资产评估业务约定书。资产评估业务约定书应当由资产评估机构和委托双方的法定代表人或其授权代表签订。资产评估业务约定书应当内容全面、具体，概念清晰准确，符合国家法律法规和资产评估行业的管理规定，具体包括以下基本内容：资产评估机构和委托方名称；资产评估目的；资产评估对象；资产评估基准日；出具资产评估报告的时间要求；资产评估报告使用范围；资产评估收费；各方的权利、义务及违约责任；签约时间；双方认为应当约定的其他重要事项。

(三)编制资产评估计划

为高效完成资产评估业务，资产评估机构和人员应当编制资产评估计划，对资产评估过程中的每个工作步骤以及时间和人力安排进行规划与安排。资产评估计划是资产评估机构和人员为执行资产评估业务拟订的资产评估工作思路与实施方案，对合理安排工作量、工作进度、专业人员调配、按时完成资产评估业务具有重要意义。由于资产评估项目千差万别，资产评估计划也不尽相同，其详略程度取决于资产评估业务的规模和复杂程度。资产评估机构和人员应当根据所承接的资产评估项目的具体情况，编制合理的资产评估计划，并根据执行资产评估任务过程中的具体情况，及时修改、补充资产评估计划。

(四)资产勘查与现场调查

资产评估机构和人员执行资产评估业务，应当对评估对象进行必要的勘查，包括对不动产和其他实物资产进行必要的现场勘查，对企业价值、股权和无形资产等非实物性资产进行评估时，也应当根据评估对象的具体情况进行必要的现场调查。进行资产勘查和现场调查工作不仅是基于对资产评估人员勤勉尽责的要求，而且是资产评估操作的必经环节，这样有利于资产评估机构和人员全面、客观地了解评估对象，核实委托方和资产占有方提供资料的可靠性，并通过资产勘查过程中发现的问题、线索，有针对性地开展资料收集、分析工作。由于各类资产差别很大以及评估目的不同，不同项目中对评估对象进行资产勘查或现场调查的具体方式和程度也不尽相同。评估师应当根据评估项目的具体情况，确定合理的资产勘查或现场调查方式，并与委托方或资产占有方进行沟通，确保资产勘查或现场调查工作的顺利进行。

(五)收集资产评估资料

在上述几个环节的基础上，资产评估机构和人员应当根据资产评估项目具体情况收集资产评估的相关资料。资料收集工作是资产评估业务质量的重要保证，也是进行分析、判断进而形成评估结论的基础。由于资产评估的专业性和评估对象的广泛性，不同的项目、不同的评估目的、不同的资产类型对评估资料有着不同的要求。另外，由于评估对象及其所在行业的市场状况、信息化和公开化程度差别较大，相关资料的可获得程度也不同，因此资产评估机构和人员的执业能力在一定程度上就体现在其收集、占有与所执行项目相关信息资料的能力上。资产评估机构和人员在日常工作中就应当注重收集信息资料、掌握其来源，并根据所承接项目的情况确定收集资料的深度和广度，尽可能全面、详实地占有资料，并采取必要措施确信资料来源的可靠性。根据资产评估项目的进展情况，资产评估机构和人员应当及时补充并收集所需资料。

(六)评定估算

资产评估机构和人员在占有相关资产评估资料的基础上,进入评定估算环节,主要包括分析资产评估资料、恰当选择资产评估方法、运用资产评估方法形成初步资产评估结论、综合分析确定资产评估结论、资产评估机构内部复核等具体工作步骤。

成本法、市场法和收益法是三种国际通用的资产评估基本方法,理论上在任何资产评估项目中,资产评估人员都应当首先考虑这三种方法的适用性。如果不采用某一种资产评估基本方法,资产评估人员应当予以必要说明。资产评估人员在选择恰当的资产评估方法后,应当根据评估基本原则和规范要求进行评估,形成初步评估结论。

资产评估人员在形成初步资产评估结论的基础上,需要对信息资料以及参数的数量、质量和选取的合理性等进行综合分析,以形成资产评估结论。当采取两种以上资产评估方法时,资产评估人员应当在初步合理性的基础上形成资产评估结论。

另外,资产评估机构应当建立内部复核制度,对资产评估结论进行必要的复核工作。

(七)编制和提交资产评估报告书

资产评估机构和人员在执行必要的资产评估程序、形成资产评估结论后,应当按有关资产评估报告的规范编制资产评估报告书。资产评估报告书的主要内容包括:委托方和资产评估机构情况、资产评估目的、资产评估结论的价值类型、资产评估基准日、评估方法及其说明、资产评估假设和限制条件等。资产评估机构和人员可以根据资产评估业务的性质,并按照委托方或其他评估报告使用者的要求,在遵守资产评估报告书规范和不引起误导的前提下,选择恰当的资产评估报告书提交给委托人。在提交正式的资产评估报告书之前,可以与委托人等进行必要的沟通,听取委托人、资产占有方等对资产评估结论的反馈意见,并引导委托人、资产占有方、资产评估报告使用者等合理理解资产评估结论。

(八)资产评估工作档案归档

资产评估机构和人员在向委托人提交资产评估报告书后,应当将资产评估工作档案归档。将这一环节列为资产评估基本程序之一,充分体现了资产评估服务的专业性和特殊性,不仅有利于评估机构应对以后可能出现的资产评估项目检查和法律诉讼,也有利于资产评估机构总结、完善和提高资产评估的业务水平。资产评估机构和人员应当将在资产评估工作中形成的、与资产评估业务相关的、有保存价值的各种文字、图表、声像等资料及时予以归档,并按国家有关规定对资产评估工作档案进行保存、使用和销毁。

★★★ 应知考核 ★★★

一、单项选择题

1. 以下原则中属于资产评估工作原则的是(　　)。

A. 贡献原则　　B. 替代原则　　C. 预期原则　　D. 客观性原则

2. 资产评估的评估值是资产的(　　)。

A. 时期价值　　B. 时点价值　　C. 阶段价值　　D. 长期价值

3. 资产评估的一般目的是(　　)。

A. 提供管理意见　　B. 提供咨询

C. 提供资产在评估时点的公允价值　　D. 为债务重组提供价值标准

4. 下列原则中,属于资产评估的技术经济原则的是(　　)。

A. 贡献原则　　B. 客观性原则　　C. 专业性原则　　D. 科学性原则

5. 下列原则中，属于资产评估的工作原则的是(　　)。

A. 独立性原则　　B. 预期性原则　　C. 替代性原则　　D. 贡献性原则

6. 评估资产的"在用价值"依据的是资产评估的(　　)。

A. 供求原则　　B. 替代原则　　C. 贡献原则　　D. 最佳使用原则

7. 以产权变动为评估目的的有(　　)。

A. 资产抵押　　B. 企业兼并　　C. 财产纳税　　D. 财产担保

8. 资产评估最基本的前提假设是(　　)。

A. 交易假设　　B. 公开市场假设　　C. 持续使用假设　　D. 清算假设

9. 在企业兼并时，目标企业(被兼并企业)价值评估的最适用假设是(　　)。

A. 清算假设　　B. 公开市场假设　　C. 继续使用假设　　D. 持续经营假设

10. 银行对债务不能清偿而需要对其受押的房地产进行处置时，该抵押房地产价值评估适用(　　)。

A. 清算假设　　B. 公开市场假设　　C. 继续使用假设　　D. 持续经营假设

二、多项选择题

1. 根据我国现行制度规定，占有国有资产的单位发生(　　)时应该评估。

A. 股份经营　　B. 企业兼并　　C. 抵押贷款　　D. 固定资产足额补偿

2. 以资产评估结果的适用范围来划分资产评估结果的价值类型，具体包括(　　)。

A. 继续使用价值　　B. 市场变现价值　　C. 市场价值　　D. 非市场价值

3. 下列各项中，属于资产评估经济技术原则的有(　　)。

A. 预期收益原则　　B. 可行性原则　　C. 供求原则　　D. 贡献原则

4. 下列原则中，属于资产评估工作原则的是(　　)。

A. 独立性原则　　B. 客观公正性原则　　C. 替代性原则　　D. 科学性原则

5. 适用于资产评估的假设有(　　)。

A. 重置成本假设　　B. 公开市场假设　　C. 交易假设　　D. 清算假设

6. 下列可以作为资产评估对象的资产有(　　)。

A. 个人拥有的股票　　B. 企业拥有的不动产

C. 政府公布的经济信息　　D. 企业拥有的商誉

7. 资产评估业务约定书包括的主要内容有(　　)。

A. 资产评估目的、资产评估对象　　B. 资产评估限制条件和重要假设

C. 资产评估基准日　　D. 资产评估报告使用范围

8. 持续使用假设又可以细分为(　　)。

A. 在用续用假设　　B. 中断后持续使用假设

C. 转用续用假设　　D. 移地续用假设

9. 资产评估特定目的在资产评估中的作用表现在(　　)。

A. 对评估结果的性质、价值类型起约束作用

B. 是资产评估活动的起点和目标

C. 影响资产评估人员对资产价值类型的选择

D. 是评估人员首先要明确的一个基本事项

10. 特定评估业务主要包括(　　)。

A. 以抵(质)押为目的的评估业务　　B. 以税收为目的的评估业务

C. 以保险为目的的评估业务　　D. 以财务报告为目的的评估业务

三、判断题

1. 属于非市场价值的评估结果既适用于产权变动类资产业务,又适用于非产权变动类资产业务。(　　)

2. 在资产评估结果中,不论是市场价值或非市场价值都是公允价值。(　　)

3. 相同的资产都在持续使用假设下进行评估,评估值可能是不同的。(　　)

4. 资产的非市场价值也是资产交易中的一种相对公平合理的价值,只是其相对合理性的适用范围较窄。(　　)

5. 资产评估计划一经确定就不得改动。(　　)

6. 资产评估程序是规范资产评估行为、提高资产评估业务质量的重要保证。(　　)

7. 资产评估的特定目的是影响资产评估价值的基础条件,它对于价值类型的选择不具有约束作用。(　　)

8. 同一资产在不同假设条件下,评估结果应趋于一致。(　　)

9. 非市场价值就是不公平价值,因此评估人员要把资产的市场价值作为追求的目标。(　　)

10. 资产评估中的市场价值以外的价值也是公允价值。(　　)

四、思考与讨论

1. 如何理解资产评估的一般目的和特定目的?

2. 市场价值与市场价值以外的价值的划分标准是什么?

3. 为什么说对价值类型的合理选择是实现评估目的的重要途径?

4. 资产评估的依据有哪些?

5. 资产评估程序有哪些环节?

五、主要概念

资产评估的价值类型　重置成本　现行市价　收益现值　投资价值　在用价值　清算价值　残余价值　交易假设　公开市场假设　继续使用假设　清算假设　独立性原则　客观性原则　科学性原则　专业性原则　贡献原则　一致性原则

★★★ 应会考核 ★★★

一、案例题

S资产评估事务所(简称"S事务所")于2010年在某省设立,主营评估业务;2011年在北京成立总所,原地方所注册为分所。2012年采取"借牌子"、"过门子"等方法,获取了证券资格。该评估机构的评估资格证在2013年后没有进行年检。成立之初,为了争揽业务,该机构推出了所谓"成本套餐",即收费少一点、人员少派点、底稿少编点。在人手紧张、业务繁忙时期,依然"来者不拒",同时承揽多家大型项目的评估业务,并集中了一批无从业资格的机构和人员进行“兵团作战”，外聘“专家”水平参差不齐。在评估过程中，该机构对不同项目的假设都大同小异，评估前提假设、评估环境假设、使用范围假设、利用效果假设都近似，甚至在行业竞争分析方面都有相似的描述。W 公司刚注册商标，委托 S 事务所评估其未来的市场范围以及可能带来的收益，S 事务所只对 W 公司提供的许多“未来”项目进行评估。S 事务所在三天时间内便为 W 公司“炮制”出一份作价 4.93 亿元的虚高评估报告。评估过程中既未到相关部门核实土地权属、征地费用、土地等级等一系列资产评估需要的重要依据，也未取得被评估土地所在地政府有关当地土地基准地价的文件，仅凭 W 公司提供的 A 公司的一宗土地的“国有土地使用证”复印件和另一宗土地的“国有土地使用证正在办理之中的证明”复印件等，就“凭经验”采取基准地价法对 A 公司 1 268 亩土地(其中包括部分国家文物保护区范围内的土地)进行所谓的“估算”并出具报告，W 公司据此向金融机构骗贷 0.7 亿元。由于报告时间紧，来不及进行实物现场全面核查，该机构直接在“特别事项说明”中表述“实物资产未进行核实，以账面值作为评估结果”。

案例思考

请结合项目一和项目二的相关内容对此案例进行分析，案例中违反资产评估规定的行为表现在哪些方面?

二、专业技能题

上网调研或实地考察一个你所熟悉的企业，查看企业的基本情况，结合本项目资产评估的目的及价值类型、资产评估的依据和程序对企业进行资产评估分析，写一篇小论文或进行课堂小组讨论。

三、综合题

ABC 钢铁有限责任公司(以下简称“该公司”)是一家大型国有钢铁产销型企业，是由 ABC(集团)公司、GD 银行、WY 投资公司和 CX 资产管理公司于 2011 年正式投资组建成立的有限责任公司。该公司注册资本 950 000 万元，其中 ABC(集团)公司占 45%、GD 银行占 35%、WY 投资公司和 CX 资产管理公司各占 10%。该公司 2013 年在册职工人数为 80 000 人。该公司主要有四大系列产品：①以重轨、工字钢、310 乙字钢等为代表的大型材；②以管线钢、汽车大梁板、热轧酸洗板、冷轧镀锌板、IF 钢等为代表的板材；③以五氧化二矾、三氧化二钒、高钒铁、钒钛合金、钛白粉为代表的钒钛制品；④以无缝钢管、高频焊管为代表的管材及优质棒线材。2013 年实际生产生铁 4 280 000 吨，转炉钢 4 000 000 吨，轨梁材 1 060 000 吨，热轧板 16 500 000吨，冷轧板 730 000 吨，五氧化二钒 4 000 吨，三氧化二钒 3 000 回吨，钛白粉 13 000 吨。截至 2014 年 12 月 31 日，该公司下设有 22 家二级单位、7 家分公司、7 家全资子公司和 16 家控股子公司。

由于 GD 银行拟转让其所持的 ABC 钢铁有限责任公司的 35%股权，因此对所涉及的 ABC 钢铁有限责任公司的企业整体价值需要进行评估。

要求：对该案例进行初步分析企业价值需要解决哪些关键问题?

★★★ 实训操作 ★★★

【实训项目】

资产评估的假设与资产评估的原则。

【实训学时】

1学时。

【实训内容】

调查苹果、三星等公司的基本信息,假设你是一个资产评估师,在对这些公司进行资产评估时,应遵守哪些假设和原则?

【实训目的】

加强对资产评估的理解,为掌握资产评估的基本方法奠定基础。

【实训反思】

资产评估中如何合理地运用资产评估的基本假设和原则?写一篇你的认识或感想小结。

项目三　资产评估基本方法

知识目标

理解:成本法、市场法、收益法的基本概念、原理和方法。

熟知:资产评估方法的使用程序。

掌握:成本法、市场法、收益法的评价和常用计算公式。

能力目标

学生在掌握资产评估的成本法、市场法和收益法的基础上,能够在具体的案例操作中,合理、灵活地运用资产评估的三种基本方法,对资产评估的对象进行价值判断。

素质目标

通过本项目的学习,掌握资产评估的基本方法——成本法、市场法和收益法,掌握对各种资产评估方法的比较和选择。

情境引入

假设被评估资产年生产能力为60吨,参照资产年生产能力为80吨,评估时点参照资产的市场价格为100万元,该类资产的功能指数为0.7,则被评估资产的价值为多少?

$$资产评估价值=100\times(60/80)^{0.7}=81.8(万元)$$

在资产评估中,评估的方法种类繁多,合理的方法至关重要。本项目重点阐述资产评估中的成本法、市场法和收益法。

任务一　成本法

一、成本法概述

(一)成本法的概念

成本法,也称重置成本法或重置价值法,是指从待评估资产在评估基准日的复原重置成本或更新重置成本中,扣减其各项损耗价值来确定被评估资产价值的方法。

采用成本法对资产进行评估的理论依据主要有以下两个方面:

1. 资产的价值取决于资产的成本

资产的原始成本越高,其原始价值越大,反之则越小,二者在质和量的内涵上是一致的。根据这一原理,采用成本法对资产进行评估,必须首先确定资产的重置成本。重置成本是按在现行市场条件下重新购建一项全新资产所支付的全部货币总额确定的,重置成本与原始成本的内容构成是相同的,而二者反映的物价水平是不同的,前者反映的是资产评估日的市场物价水平，后者反映的是当初购建资产时的物价水平。在其他条件既定时，资产的重置成本越高，其重置价值越大。

2. 资产的价值是一个变量

资产的价值随资产本身的运动和其他因素的变化而相应变化。影响资产价值量变化的因素，除了市场价格以外，还有以下几方面：

(1)资产投入使用后，由于使用磨损和自然力的作用，其物理性能会不断下降，价值会逐渐减少。这种损耗一般称为资产的物理损耗或有形损耗，也称实体性贬值。

(2)新技术的推广和运用，使企业原有资产与社会上普遍推广和运用的资产相比，技术明显落后、性能降低，其价值也就相应减少。这种损耗称为资产的功能性损耗，也称功能性贬值。

(3)由于资产以外的外部环境因素变化导致资产价值降低。这些因素包括政治因素、宏观政策因素等。例如，政府实施新的经济政策或颁布新的法规限制了某些资产的使用，使得资产价值下降，这种损耗一般称为资产的经济性损耗，也称经济性贬值。

(二)成本法应用的前提条件

1. 应当具备可利用的历史资料

成本法的应用是建立在具体历史资料基础之上的，许多信息资料、指标需要通过历史资料获得。同时，现时资产与历史资产应具有相同性或可比性。

2. 形成资产价值的耗费是必需的

耗费是形成资产价值的基础，但耗费包括有效耗费和无效耗费，采用成本法评估资产，首先要确定这些耗费是不是必需的，而且这些耗费应体现社会或行业的平均水平。

3. 被评估资产处于持续使用状态或被假定处于继续使用状态

成本法从再取得资产的角度反映资产价值，只有当被评估资产处于继续使用状态下，取得被评估资产的全部费用才能构成其价值的内容。只有当资产能够继续使用，并且在持续使用中为潜在所有者或控制者带来经济利益时，资产的重置成本才能为潜在投资者和市场所承认与接受。因此，成本法主要适用于继续使用前提下的资产评估。

二、成本法应用的思路及其各项指标

根据成本法的概念，成本法的基本计算公式可以表述为：

被评估资产评估值＝重置成本－实体性贬值－功能性贬值－经济性贬值

＝重置成本×成新率

其中，成新率是指反映资产新旧程度的比率。

成本法的计算公式为正确运用成本法评估资产提供了思路，在评估操作中，重要的是依此思路确定各项技术经济指标。对于基本能够正常使用的资产，其成新率不能低于 15%，评估值不能低于重置成本的 15%。

(一)重置成本及其估算

资产重置成本以功能重置为基本参照，但由于对现行条件的参照要素不同，又可分为复原重置成本和更新重置成本。重置成本是指在现行市场条件下，重新购建一项全新资产所耗费的全部货币支出。复原重置成本是指运用与原来相同的材料、建筑或制造标准、设计、格式及技术等，以现时价格复原购建这项全新资产所产生的支出。更新重置成本是指利用新型材料，并根据现代标准、设计及格式，以现时价格生产或购建具有同等功能的全新资产所需的成本。

选择重置成本时，在可同时获得复原重置成本和更新重置成本的情况下，应选择更新重置成本;在无更新重置成本时可采用复原重置成本。一般来说,复原重置成本大于更新重置成本,但由此导致的功能性损耗也大。之所以要选择更新重置成本,一方面,随着科学技术的进步、劳动生产率的提高,新工艺、新设计被社会普遍接受;另一方面,新型设计、工艺制造的资产无论从其使用性能还是成本耗用方面,都会优于旧的资产。

一般来说,重置成本的估算可以采用下列几种方法:

1. 重置核算法

重置核算法是指按资产成本的构成,把按现行市价计算的全部购建支出计入成本,并将总成本分为直接成本和间接成本来估算重置成本的一种方法。其中,直接成本是指直接可以构成资产成本的支出部分,如房屋建筑物的基础、墙体、屋面、内装修等项目,以及机器设备类资产的设备购价、安装调试费、运杂费、人工费等项目。直接成本应按现时价格逐项加总。间接成本是指为建造、购买资产而发生的管理费、总体设计制图费等支出。实际工作中,间接成本可以通过下列方法计算。

(1)按人工成本比例法。即按每一元人工成本应分摊间接成本的比率来计算间接成本的方法。其计算公式为:

间接成本=人工成本总额×成本分配率

其中:

成本分配率=间接成本额÷人工成本额×100%

(2)单位价格法。其计算公式为:

间接成本=工作量(按工日或工时)×(单位价格÷工日或工时)

(3)直接成本百分率法。其计算公式为:

间接成本=直接成本×间接成本占直接成本百分率

有些固定资产的重置成本还可以直接从有关资料中获得,如机械设备、运输车辆等。

【例 3—1】 星海公司 2015 年重置购建生产设备一台,现行市场价格每台 50 000 元,运杂费 1 000 元,直接安装成本 800 元(其中,原材料 300 元,人工成本 500 元)。根据统计分析求得安装成本中的间接成本为单位人工成本 0.8 元,试求该机器设备重置成本是多少?

解:

直接成本	51 800 元
其中:买价	50 000 元
运杂费	1 000 元
安装成本	800 元
其中:原材料	300 元
人工	500 元
间接成本(安装成本为 500×0.8)	400 元
重置成本合计	52 200 元

这种方法能比较真实地计算出评估资产的重置成本价值,但工作量大,而且忽视了资产的实用性。

2. 物价指数法

这种方法是在资产历史成本的基础上,通过现时物价指数确定重置成本。其计算公式为:

资产重置成本=资产历史成本×资产评估时物价指数/资产购建时物价指数

或　　资产重置成本=资产历史成本×(1+物价变动指数)

公式中，资产历史成本要求真实、准确，并符合社会平均合理成本的要求；资产评估时物价指数指的是评估基准日（或能够代替评估基准日）的物价指数，而且应是评估资产类别或个别物价指数。

【例3—2】 某项被评估资产2007年购建，账面原值为100 000元，2015年进行评估，已知2007年和2015年该类资产定基物价指数分别为100%和150%。试求被评估资产重置成本为多少？

解： 被评估资产重置成本＝100 000×150%/100%＝150 000（元）

或 被评估资产重置成本＝100 000×（1＋50%）＝150 000（元）

这种方法简单方便易行，其关键在于价格指数是否正确，它适用于企业对原有资产重置成本的计算和评估。

3. 功能价值法

功能价值法也称生产能力比例法或功能计价法，这种方法是寻找一个与被评估资产相同或相似的资产为参照物，计算其每一单位生产能力价格或参照物与被评估资产生产能力的比例，据以估算被评估资产的重置成本。其计算公式为：

被评估资产重置成本＝（被评估资产产量/参照物年产量）×参照物资产重置成本

【例3—3】 星海公司2015年6月重置一台全新机器设备的价格为80 000元，年产量为8 000台。现知被评估资产年产量为6 000台，由此可以确定其重置成本：

被评估资产重置成本＝（6 000/8 000）×80 000＝60 000（元）

运用这种方法的前提条件是资产的成本与其生产能力呈线性关系，生产能力越强，成本越高，而且是呈正比例关系。应用这种方法估算重置成本时，首先应分析资产成本与生产能力之间是否存在这种线性关系，如果不存在这种关系，这种方法就不适用。

4. 规模经济效益指数法

通过对不同资产的生产能力与其成本之间关系的分析，可以发现，许多资产的成本与其生产能力之间不存在线性关系，当资产A的生产能力比资产B的生产能力大1倍时，其成本却不一定大1倍，也就是说，资产生产能力和成本之间只是同方向变化，而不是等比例变化，这是规模经济效益作用的结果。通过两项资产的重置成本和生产能力相比较，其关系可用下列公式表示：

被评估资产的重置成本/参照物资产的重置成本＝（被评估资产的产量/参照物资产的产量）^{x}

推导可得：

被评估资产的重置成本＝参照物资产的重置成本×（被评估资产的产量/参照物资产的产量）^{x}

公式中的x是一个经验数据，称为规模经济效益指数。在美国，这个经验数据一般在0.4～1.0之间，如加工工业一般为0.7，房地产行业一般为0.9。我国到目前为止尚未有统一的经验数据，因此在评估过程中要谨慎使用这种方法。公式中的参照物一般可选择同类资产中的标准资产。

5. 统计分析法

在用成本法对企业整体资产及某一相同类型资产进行评估时，为了简化评估业务、节省评估时间，还可以采用统计分析法确定某类资产的重置成本。统计分析法是应用统计学原理估算重置成本价的一种方法，这种方法的步骤如下：

(1)在核实资产数量的基础上，把全部资产按照适当标准划分为若干类型，如房屋建筑物按结构划分为钢结构、钢筋混凝土结构等；机器设备按有关规定划分为专用设备、通用设备、运输设备、仪器、仪表等。

(2)在各类资产中抽样选择适量具有代表性的资产，应用功能价值法、物价指数法、重置核算法或规模经济效益指数法等方法估算其重置成本。

(3)依据分类抽样估算资产的重置成本额与账面历史成本，计算出分类资产的调整系数。其计算公式为：

$$K=R'/R$$

式中：K 表示资产重置成本与历史成本的调整系数；R'表示某类抽样资产的重置成本；R 表示某类抽样资产的历史成本。

根据调整系数 K 估算被评估资产的重置成本，其计算公式为：

$$被评估资产重置成本=\sum 某类资产账面历史成本\times K$$

其中：某类资产账面历史成本可从会计记录中取得。

【例 3—4】 评估星海公司某类通用设备，经抽样选择具有代表性的通用设备 5 台，估算其重置成本之和为 600 万元，而这 5 台具有代表性的通用设备历史成本之和为 400 万元，该类通用设备账面历史成本之和为 8 000 万元。则：

$$K=600/400=1.5$$

$$该类通用设备重置成本=8\,000\times 1.5=12\,000(万元)$$

上述五种方法均可用于确定在成本法中的重置成本。至于具体选用哪种方法，应根据具体的评估对象和可以找到的资料确定。这些方法中，对某项资产可能同时都能用，有的则不行，应用时必须注意分析方法运用的前提条件，否则将得出错误的结论。

(二)实体性贬值及其估算

资产的实体性贬值是资产由于使用和自然力作用形成的贬值。实体性贬值的估算，一般可以采用以下几种方法：

1. 观察法

观察法，也称成新率法，是指对被评估资产，由具有专业知识和丰富经验的工程技术人员对资产实体各主要部位进行技术鉴定，并综合分析资产的设计、制造、使用、磨损、维护、修理、大修改造情况和物理寿命等因素，将评估对象与其全新状态相比较，考察由于使用磨损和自然损耗对资产的功能、使用效率带来的影响，判断被评估资产的成新率，从而估算出实体性贬值。其计算公式为：

$$资产的实体性贬值=重置成本\times(1-成新率)$$

其中，成新率是反映评估对象的现行价值与其全新状态下的重置价值的比率。

2. 公式计算法

其计算公式为：

$$资产的实体性贬值=(重置成本-预计残值)/总使用年限\times 实际已使用年限$$

公式中：(1)预计残值是指被评估资产在清理报废时净收回的金额。在资产评估中，通常只考虑数额较大的残值，如果残值数额较小则可以忽略不计。(2)总使用年限是指实际已使用年限与尚可使用年限之和。其计算公式为：

$$总使用年限=实际已使用年限+尚可使用年限$$

$$实际已使用年限=名义已使用年限\times 资产利用率$$

由于资产在使用中负荷程度不同，必须将资产的名义已使用年限调整为实际已使用年限。名义已使用年限是指资产从购进使用到评估时的年限。名义已使用年限可以通过对会计记录、资产登记簿、登记卡片查询确定。实际已使用年限是指资产在使用中实际损耗的年限。实际已使用年限与名义已使用年限的差值可以通过资产利用率来调整。其计算公式为：

资产利用率＝(截至评估日资产累计实际利用时间/截至评估日资产累计法定利用时间)×100%

当资产利用率＞1时，表示资产超负荷运转，资产实际已使用年限比名义已使用年限要长；当资产利用率＝1时，表示资产满负荷运转，资产实际已使用年限等于名义已使用年限；当资产利用率＜1时，表示开工率不足，资产实际已使用年限小于名义已使用年限。

【例3—5】 星海公司的某资产于2005年7月购进，2015年7月评估时名义已使用年限是10年。根据该资产技术指标，正常使用情况下，每天应工作8小时，该资产实际每天使用7.5小时(一年按360天计算)。由此可以计算资产利用率：

$$资产利用率=\frac{10\times360\times7.5}{10\times360\times8}\times100\%=93.75\%$$

由此，可确定其实际已使用年限为9.4年(10×93.75%)。

实际评估过程中，由于企业基础管理工作较差，再加上资产运转中的复杂性，用于计算资产利用率的指标往往很难确定。评估人员应综合分析资产的运转状态，诸如资产开工情况、大修间隔期、原材料供应情况、电力供应情况、是否是季节性生产等因素来确定。尚可使用年限是根据资产的有形损耗因素来预计资产的继续使用年限。

(三)功能性贬值及其估算

功能性贬值是指由于技术进步所导致的资产贬值即无形损耗。估算功能性贬值时，主要根据资产的效用，生产加工能力，工耗、物耗、能耗水平等功能方面的差异造成的成本增加和效益降低，相应确定功能性贬值额。同时，还要重视技术进步因素，替代设备、替代技术、替代产品的影响，以及行业技术装备水平现状和资产更新换代速度。

通常，功能性贬值的估算可以按下列步骤进行：

(1)将被评估资产的年运营成本与功能相同但性能更好的新资产的年运营成本进行比较。

(2)计算二者的差值，确定净超额运营成本。由于企业支付的运营成本是在税前扣除的，因此企业支付的超额运营成本会导致税前利润下降，所得税额降低，并使得企业负担的运营成本远远低于其实际支付额。因此，净超额运营成本是超额运营成本扣除所得税以后的余额。

(3)估计被评估资产的剩余寿命。

(4)以适当的折现率将被评估资产剩余寿命内每年的超额运营成本折现，这些折现值之和就是被评估资产的功能性损耗(贬值)。其计算公式为：

被评估资产功能性贬值额＝∑(被评估资产年净超额运营成本×折现系数)

【例3—6】 对于星海公司机器设备A，技术先进的设备比原有的陈旧设备生产效率高，能节约工资费用。有关资料及计算结果如表3—1所示。

表3—1　星海公司机器设备A有关资料及计算结果

项　目	技术先进设备	技术陈旧设备
月产量(台)	10 000	10 000
单件工资(元)	0.90	1.40
月工资成本(元)	9 000	14 000
月差异额(元)		14 000－9 000＝5 000

续表

项　目	技术先进设备	技术陈旧设备
年工资成本超支额(元)		5 000×12=60 000
减:所得税/元(税率 25%)		15 000
扣除所得税后年净超额工资(元)		45 000
资产剩余使用年限(年)		5
假定折现率为 10%,5 年年金折现系数		3.790 8
功能性贬值额(元)		170 586

应当指出,新老技术设备的对比,除对比生产效率影响工资成本超额支出外,还可根据对原材料消耗、能源消耗以及产品质量等指标进行对比,计算其功能性贬值。

此外,功能性贬值的估算还可以通过超额投资成本的估算进行,即超额投资成本可视同为功能性贬值。其计算公式为:

$$功能性贬值=复原重置成本-更新重置成本$$

(四)经济性贬值及其估算

经济性贬值是指由于外部环境变化造成的资产贬值。计算经济性贬值时,主要是根据由于产品销售困难而开工不足或停止生产而形成资产的闲置,价值得不到实现等因素,确定贬值额。评估人员应根据资产的具体情况加以分析确定,当资产使用基本正常时,不计算经济性贬值。

$$经济性贬值=\left[1-\left(\frac{现时利用生产能力}{原有生产能力}\right)^n\right]\times 被评估资产重置成本$$

指数 n 称为生产能力指数,它是指在购买该项资产后,剩余生产能力还有被利用的可能。n 的取值范围一般为 0.4～0.9。

【例 3—7】 星海公司某专用手表生产线,重置成本为 30 万元,日生产能力为 4 500 只,因市场上出现替代产品,现在及今后趋势每日只能生产 3 000 只。如果 n 取 0.6,则该手表生产线的经济性贬值是多少?

解：

$$经济性贬值=\left[1-\left(\frac{3\ 000}{4\ 500}\right)^{0.6}\right]\times 30\approx 6.48(万元)$$

(五)成新率及其估算

成新率是反映评估对象的现行价值与其全新状态下重置价值的比率。此处的成新率指的是重置成本法的第二个公式(被评估资产评估值=重置成本×成新率)中的成新率,它是综合考虑资产使用中各类损耗以后确定的。通常,成新率的估算方法有以下几种。

1. 观察法

即由具有专业知识和丰富经验的工程技术人员对资产实体各主要部位进行技术鉴定,以判断确定被评估资产的成新率。与上文所述实体性贬值确定中所谓的实体性成新率不同,这一成新率是在综合考虑资产实体性贬值、功能性贬值和经济性贬值等基础上确定的,而不只是考虑使用磨损和自然损耗的影响。

2. 使用年限法

即根据资产预计尚可使用年限与其总使用年限的比率确定成新率。其计算公式为:

成新率=[预计尚可使用年限/(实际已使用年限+预计尚可使用年限)]×100%

3. 修复费用法

即通过估算资产恢复原有全新功能所需要的修复费用占该资产的重置成本(再生产价值)的百分比确定,其计算公式为:

成新率=1-(修复费用/重置成本)×100%

估算成新率的方法有很多,在后面各类型具体资产的评估中会具体讲解,这里不再详述。

三、成本法评估资产的程序

运用成本法评估资产主要包含以下四步:①确定被评估资产,并估算重置成本。②确定被评估资产的使用年限。③估算被评估资产的损耗或贬值。④计算确定被评估资产的价值。⑤分析并确定评估结果。

四、成本法评价

成本法比较充分地考虑了资产的损耗,评估结果更趋于公平合理;使用成本法有利于对单项资产和特定用途资产的评估,在不易计算资产未来收益或难以取得市场参照物时,可广泛地应用,有利于企业资产保值,具有一定的科学性和可行性,可使被评估资产的评估价值接近实际价值,较真实地反映资产的现时价值。但是,这种方法使用起来工作量较大,经济性贬值也不易全面准确计算。

任务二 收益法

一、收益法概述

(一)收益法的概念

收益法,也称权益法或收益现值法,是指通过估算被评估资产未来预期收益并折算成现值,确定被评估资产价值的一种资产评估方法。

采用收益法对资产进行评估所确定的资产价值,是指为获得该项资产以取得预期收益的权利所支付的货币总额。这里不难看出,资产的评估价值与资产的效用程度密切相关,资产的效用越大,获利能力越强,它的价值也就越大。从收益法概念本身也可以分析确定收益法应用的前提条件。

(二)收益法应用的前提条件

众所周知,资产成交后能为新的所有者带来一定的收益,所有者支付的货币量不会超过该项资产(或与其具有同样风险因素的相似资产)的期望收益的折现值。换一个角度分析,投资者投资购买资产时一般要进行可行性分析,其预计的内部回报率只有超过评估的折现率时,他才肯支付货币以取得该项资产。应用收益法评估资产必须具备的前提条件如下:①资产可以投入使用,只有在投入使用的前提下,资产才可能带来收益,才有估价的基础。②资产经营的未来收益能够且必须用货币金额来表示。③资产所有者所承担的风险收益也必须是能用货币衡量的。

应该注意的是,运用收益法对资产进行评估时,是以资产投入使用后能够连续获利为基础的。资产作为特殊商品,在买卖中,人们购买的目的往往并不在于资产本身,而是资产的获利能力。如果在资产上进行投资不是为了获利，进行投资后没有预期收益或预期收益很少而且又很不稳定，则不能采用收益法。

二、收益法应用的形式

收益法的应用，实际上就是对被评估资产未来预期收益进行折现或资本化的过程。一般来说，有以下几种情况。

（一）资产未来收益有限期的情形

在资产未来预期收益具有特定时期的情形下，通过预测有限期内各期的收益额，并以适当的折现率进行折现，各年预期收益折现之和即为评估值。其基本公式为：

$$评估值=\sum_{i=1}^{n}\frac{R_i}{(1+r)^i}$$

式中：R_i 表示未来第 i 个收益期的预期收益额，收益期有限时 R_i 中还包括期末资产剩余净额；n 表示收益期；r 表示折现率。预期收益很少而且很不稳定时，则不能采用收益法。

【例 3—8】 星海公司尚能继续经营 3 年，营业终止后资产全部用于抵债，现拟转让。经预测得出 3 年内各年预期收益和相关数据如表 3—2 所示。

表 3—2　　星海公司未来 3 年的预期收益

年　度	收益额（万元）	折现率（%）	折现系数	收益折现值（万元）
第 1 年	300	6	0.943 4	283
第 2 年	400	6	0.89	356
第 3 年	200	6	0.839 6	167.9

如此可以确定其评估值为：

$$评估值=283+356+167.9=806.9（万元）$$

（二）资产未来收益无限期的情形

1. 未来收益年金化的情形

这种情形下，首先预测其年收益额，然后对年收益额进行资本化处理，即可确定其评估值。其基本公式为：

$$资产评估值（收益现值）=年收益额/资本化率$$

上述公式实际是预期收益折现值求和的特殊形式。推导过程如下：

假设未来预期收益分别为 $R_1,R_2,\cdots,R_n$，折现率为 r，折现值之和为 PV，则有：

$$PV=R_1/(1+r)+R_2/(1+r)^2+\cdots+R_n/(1+r)^n$$

当 $R_1=R_2=\cdots=A$ 时，

$$\begin{aligned}PV&=A[1/(1+r)+1/(1+r)^2+\cdots+1/(1+r)^n]\\&=A[(1+r)^n-1]/[r\cdot(1+r)^n]\\&=A[1-1/(1+r)^n]/r\end{aligned}$$

当 $n\to\infty$ 时，$1/(1+r)^n\to 0$，则 $PV=A/r$。

有的资产评估，其预期年收益尽管不完全相等，但生产经营活动相对稳定，各期收益额相差不大，这种情况下也可以采用上述方法进行评估。其步骤如下：

第一步，预测该项资产未来若干年（一般为 5 年左右）的收益额，并折现求和。

第二步,通过折现值之和求取年等值收益额。根据上述计算公式可知:

$$\sum_{i=1}^{n}\frac{R_i}{(1+r)^i}=A\sum_{i=1}^{n}\frac{1}{(1+r)^i}$$

因此,

$$A=\sum_{i=1}^{n}\frac{R_i}{(1+r)^i}\Big/\sum_{i=1}^{n}\frac{1}{(1+r)^i}$$

其中,$\frac{1}{(1+r)^i}$为年金现值系数,也可表示为$(P/A,r,n)$,可查表求得。

第三步,将求得的年等值收益额进行资本化计算,确定该项资产评估值。

2. 未来年收益不等额的情形

首先,预测若干年内(一般为5年)的各年预期收益额;其次,假设从若干年的最后一年开始,以后各年预测收益额均相同;最后,将企业未来预期收益进行折现和资本化处理。其基本公式为:

资产评估值(预期收益现值)$=\sum$前若干年各年收益额×各年折现系数
+以后各年的年金化收益/资本化率
×前若干年最后一年的折现系数

应当指出,确定后期年金化收益的方法,一般以前期最后一年的收益作为后期永续年金收益,但也可以预测后期第一年的收益作为永续年金收益。

【例3—9】 2015年,星海公司预计未来5年收益额分别是12万元、15万元、11万元、11万元和14万元。假定从第6年开始,以后各年收益均为14万元,确定的折现率和资本化率均为10%。确定该企业在持续经营下的评估值。

解:评估过程可按下列步骤进行:

首先,确定未来5年收益额的现值:

$$\begin{aligned}现值总额&=12/(1+10\%)+15/(1+10\%)^2+11/(1+10\%)^3+11/(1+10\%)^4\\&\quad+14/(1+10\%)^5\\&=49.277\ 7(万元)\end{aligned}$$

计算中的现值系数可从复利现值表中查得。

其次,将从第6年起的收益进行资本化处理:

$$14/10\%=140(万元)$$

最后,确定该企业评估值:

$$企业评估值=49.277\ 7+140\times0.620\ 9=136.2(万元)$$

三、收益法中各项指标的确定

收益法的运用不仅在于掌握其在各种情况下的各种计算过程,更重要的是科学、合理地确定运用中的各项指标。收益法中的主要指标有收益额、折现率(或资本化率)、收益期限。

(一)收益额

收益法在运用中,收益额的确定是关键。收益额是指由被评估资产在使用过程中产生的超出其自身价值的溢余额。对于收益额的确定,应把握两点:

(1)收益额即纯收益,指的是资产使用带来的未来收益期望值,是通过预测分析获得的。无论对于所有者还是购买者,首先应判断该项资产是否有收益。评估时对其收益的判断,不仅仅是看其现在的收益能力,更重要的是预测其未来的收益能力。

(2)收益额必须是由被评估资产直接形成的,不是由该项资产形成的收益应分离出来,切莫“张冠李戴”。关于收益额的构成,以企业为例,目前有几种观点:税后利润(即净利润)、现金流量、利润总额。

至于选择哪一种作为收益额,评估人员应根据所评估资产的类型、特点以及评估目的决定,重要的是科学反映资产收益,并与折现率(或资本化率)保持口径一致。

(二)折现率(或资本化率)

确定折现率,首先应该明确折现的内涵。折现作为一个时间优先的概念,是指将来的收益或利益低于现在的同样的收益或利益,随着收益时间向将来推迟而有系统地降低价值。同时,折现作为一个算术过程,是将一个特定比率应用于一个预期的收益,从而得出当前的价值。从折现率本身来说,它是一种特定条件下的收益率,说明资产取得该项收益的收益率水平。收益率越高,资产评估值越低。因为在收益一定的情况下,收益率越高,意味着单位资产增值率越高,所有者拥有的资产价值就越低。折现率的确定是运用收益法评估资产时比较棘手的问题。折现率必须谨慎确定,折现率的微小差异甚至会带来评估值数万倍的差异。一般来说,折现率应包含无风险利率、风险报酬率和通货膨胀率。无风险利率是指资产在一般条件下的获利水平,风险报酬率是指在风险条件下取得的报酬与资产的比率,通货膨胀率则是指资产受宏观货币环境影响而出现的价格上涨程度。每一种资产投资,由于其使用条件、用途和行业不同,风险也不一样,因此,折现率也不相同。通常,它由评估人员根据社会、行业、企业和评估对象的资产收益水平综合分析确定;而且,选择折现率时还要注意所选收益额的计算口径应与折现率的口径保持一致。至于折现率的具体确定方法,将在各类资产具体评估时阐述。

资本化率与折现率在本质上是没有区别的,只是适用场合不同。折现率是将未来有限期的预期收益折算成现值的比率,用于有限期的预期收益还原;资本化率则是将未来永续性的预期收益折算成现值的比率。

(三)收益期限

收益期限是指资产收益的期间,通常指收益年限。收益期限由评估人员根据未来获利情况、损耗情况等确定,也可以根据法律、契约和合同规定确定。

四、收益法评估资产的程序

运用收益法评估资产主要包含以下四步:收集、验证有关经营、财务状况的信息资料;计算和对比分析有关指标及其变化趋势;预测资产未来预期收益,确定折现率或资本化率;将预期收益折现或资本化处理,确定被评估资产价值。

五、收益法评价

收益法的优点是:收益法能较真实和准确地反映企业资本化的价值;与投资决策相结合,应用此法评估的资产价值易为买卖双方所接受。其缺点是:预期收益额预测难度较大,受较强的主观判断和未来不可预见因素的影响,所以在评估中适用范围较小,一般适用于企业整体资产和可预测未来收益的单项资产评估。

任务三 市场法

一、市场法概述

(一)市场法的概念

市场法,即现行市价法,是以市场价格作为资产评估的价格标准,据以确定资产价格的一种资产评估方法。在实际操作中,它通过比较被评估资产与最近售出的类似资产的异同,并将类似资产的市场价格进行调整,从而确定被评估资产的价值。市场法是一种最简单有效的方法,因为评估过程中的资料直接来源于市场,同时又为即将发生的资产行为估价。并且,市场法的应用与市场经济的建立和发展、资产的市场化程度密切相关。在我国,随着社会主义市场经济的建立和完善,为市场法提供了巨大的应用空间,市场法日益成为一种重要的资产评估方法。

(二)应用市场法的前提条件

应用市场法进行资产评估,必须具备以下两个前提条件:

1. 需要有一个充分发育、活跃的资产市场

在市场经济条件下,市场交易的商品种类繁多,资产作为商品,是市场经济发展的重要方面。在资产市场上,资产交易越频繁,与被评估资产相类似资产的价格就越容易获得。

2. 类似资产参照物及指标、技术参数是可搜集到的

运用市场法,重要的是能够找到与被评估资产相同或类似的参照物。但与被评估资产完全相同的资产是很难找到的,这就要求对类似资产参照物进行调整,有关调整的指标、技术参数能否获取是决定市场法能否运用的关键。参照物与评估对象的可比性是运用市场法评估资产价值的重要前提。

二、运用市场法进行资产评估的方式

运用市场法进行资产评估时,因市场条件差异和参照物不同,应采取不同的方式。一般来说,在市场上如能找到与被评估资产完全相同的参照物,就可以把参照物价格直接作为被评估资产的评估价值。这是运用市场法最简单、直观的方式。但是,资产评估过程中,完全相同的参照物是很少见的,更多的情况下获得的是相类似参照物的价格,需要进行价格调整。即使是一个工厂出产的相同规格、型号的设备,在不同企业中使用,由于维护保养条件、操作使用水平以及利用率高低等多种因素的作用,其实体性损耗也不可能是同步的。即便新旧程度相同,交易条件的不同也会影响资产价格,因此只有经过详细的调查研究,通过仔细的对比分析,才能得出正确的结论。采用市场法时,一方面是选择确定参照物,选择的参照物应具有相关性和代表性,而且应足够多;另一方面则是分析确定参照物的差异调整因素。

三、市场法评估资产的程序

运用市场法评估资产时,一般按下列程序(或步骤)进行:

(1)明确评估对象。

(2)进行公开市场调查,搜集相同或相类似资产的市场基本信息资料,寻找参照物。

(3)分析整理资料并验证其准确性,判断选择参照物。评估人员对搜集到的资料,应认真分析验证其真实可信程度,分析其交易条件和背景,并选择三个或三个以上的可对比参照物。

(4)将被评估资产与参照物作比较。

(5)分析调整差异,得出结论。

一般来说,市场越活跃,市场法运用的空间越大,评估结论越准确。

四、市场法评价

市场法是资产评估中最简单、最有效的方法,其优点表现为以下两点:

(1)能够客观反映资产目前的市场情况,其评估的参数、指标可直接从市场获得,评估值更能反映市场现实价格。

(2)评估结果易于被各方面理解和接受。

同时,市场法也有其缺点,主要表现为以下两点:

(1)需要以公开及活跃的市场作为基础,当市场不够成熟活跃时,会因缺少可对比数据而使市场法难以应用。

(2)不适用于专用机器、设备、大部分无形资产,以及受地区、环境等严格限制的一些资产的评估。

任务四　资产评估方法之间的关系和选择

一、资产评估方法之间的关系

资产评估方法有很多,各种方法都有其自身的特点。同时,这些方法之间又是相互关联的。研究资产评估方法的特点,分析比较各方法之间的联系和区别,对于选择资产评估方法具有重要意义。

(一)资产评估方法之间的联系

从整体上来说,评估方法是由互相关联的、内在相关的、不可分割的技巧和程序组成的,其共同目标就是获得令人信服的可靠的评估结果。对成本和市场销售数据的分析通常是收益法运用中不可缺少的部分。同样,折现和资本化也时常运用于市场法与成本法中。例如,在市场法中,分析和调整参照物价格与被评估资产价格的差异因素,会用到折现和资本化技巧;在成本法中,对功能性贬值等的确定也要采用折现和资本化方法。一般来说,成本法、收益法的运用都是建立在现行市价基础之上的,只是它们的运用不像市场法运用表现得那么直接。

(二)资产评估方法之间的区别(以市场法与成本法的区别为例)

在资产评估过程中,市场法和成本法往往容易混淆。区别市场法和成本法具有重要的理论和实践意义。两种方法的区别表现为以下几点:

(1)成本法是按现行市场价格确定重新购买该项资产的价值,而市场法则是按市场上该项资产的交易价格确定的。前者主要从买方角度,即以购建某项资产的耗费来确定;后者则是从卖方角度,即以市场上销售价格来确定。

(2)市场法中的现行市价指的是资产的独立价格,是在交易过程中采用的。而成本法中重置成本不仅包括该项资产的自身价格(购建价格),还包括该项资产的运杂费和安装调试费等。

(3)市场法的运用与原始成本没有直接联系,而成本法中的某些计算则要用到被评估资产的原始成本和原始资料。

(4)成本法是按全新资产的购建成本和扣除被评估资产的各项损耗(或贬值)后确定评估

价值;市场法则是按参照物价格,并考虑被评估资产与参照物的各项差异因素,进行调整后来确定评估值。两种方法具有不同的操作程序,资料的获得和指标确定有着不同的思路。

二、资产评估方法的选择

资产评估的方法主要有成本法、市场法、收益法。资产评估方法的多样性,为评估人员提供了适当选择评估途径、有效完成评估任务的现实可能。选择合适的资产评估方法,有利于简捷、合理地确定资产评估价值。对资产评估方法的选择主要应考虑以下几个因素:

(一)资产评估方法的选择必须与资产评估价值类型相适应

资产评估价值类型决定了应该评估的价格类型,资产评估方法作为获得特定价值尺度的技术规程,必须与评估价值类型相适应。资产评估价值类型与资产评估方法是两个不同层次的概念。资产评估价值类型说明"评什么",是资产评估价值质的规定,具有排他性,对评估方法具有约束性。资产评估方法说明"如何评",是资产评估价值量的确定,具有多样性和替代性,并服务于评估价值类型。准确地确定资产评估价值类型与科学地匹配资产评估方法,是资产评估价值具有科学性和有效性的重要保证。

(二)资产评估方法必须与评估对象相适应

评估对象是单项资产还是整体资产、是有形资产还是无形资产,往往要求有不同的评估方法与之相适应。同时,资产评估对象的状态不同,所要求的评估方法也往往不同。例如,一台市场交易很活跃的旧机器设备的评估可以采取市场类比法进行评估,而旧的专用设备的评估,通常只能采用成本法进行评估。

(三)评估方法的选择还要受可搜集到的数据和信息资料的制约

各种方法的运用都要根据一系列数据、资料进行分析、处理和转换,没有相应的数据和资料,方法就会失灵。资产评估的过程实际上也就是搜集资料的过程。比如在方法运用过程中,国外评估机构大多采用的是市场法,但在我国,由于受市场发育不完全、不完善的限制,市场法的应用无论是从广度还是从使用效率来看,都落后于发达国家的水平。因此,评估者应根据可获得的资料以及经努力能搜集到的资料满足程度来选择适当的方法。就资产评估来说,方法的科学性依赖于方法运用中指标的确定。

(四)选择评估方法还要结合不同评估途径统筹考虑

在同一评估价值类型约束之下,由于方法的替代性,可能有几种方法都可以使用。在选择方法时,一是要充分考虑资产评估工作的效率,选择简便易行的方法;二是根据资产评估人员的特长进行选择。一般来说,方法的选择应在评估开始之前予以确定,当然,也可以分别采用几种方法进行评估,分析比较结果的科学性。

有时,一项资产同时采用两种或两种以上的方法评估,会得出一种或两种以上不同的结论。这种情况是很常见的。这时,我们不能把几种方法得出的评估结果进行简单平均或加权平均得出结论,应该根据评估价值类型以及不同评估结果对市场的适用性来判断选择一种评估结果作为评估结论。

★★★ 应知考核 ★★★

一、单项选择题

1. 下列各类资产中,适合采用市场法评估的是(   )。

A. 专用设备　　B. 受地域、环境等严格限制的资产

C. 大部分无形资产　　D. 通用设备

2. 当资产利用率大于1时，表示资产(　　)。

A. 实际已使用年限比名义已使用年限长　　B. 实际已使用年限比名义已使用年限短

C. 实际已使用年限等于名义已使用年限　　D. 实际使用年限比总使用年限长

3. 折现率本质上是(　　)。

A. 风险报酬率　　B. 无风险报酬率

C. 特定条件下的收益率　　D. 超额收益率

4. 下列资产中，最适宜采用市场法评估的是(　　)。

A. 专有技术　　B. 商业用房　　C. 专用设备　　D. 公益性用地

5. 在资产评估中，市场法较适用于(　　)。

A. 专用设备　　B. 大部分无形资产

C. 通用性较强的资产　　D. 受地域、环境等严格限制的资产

6. 为节省资源和减少污染，政府规定年产1万吨以下的造纸厂一律关闭，由此造成生产能力在1万吨以下的造纸设备产生贬值。这种贬值属于(　　)。

A. 功能性贬值　　B. 实体性贬值　　C. 破产清算贬值　　D. 经济性贬值

7. 采用市场法评估资产价值时，需要以类似或相同资产为参照物，选择的参照物应该是(　　)。

A. 全新资产　　B. 旧资产

C. 与被评估资产的成新率相同的资产　　D. 全新资产，也可以是旧资产

8. 按照一般要求，运用市场法通常应选择(　　)个或以上参照物。

A. 2　　B. 3　　C. 5　　D. 10

9. 资产评估中，实体性贬值的估算可采用(　　)。

A. 观察法　　B. 重置核算法　　C. 价格指数法　　D. 功能价值法

10. 采用收益法评估资产时，各指标间存在的关系是(　　)。

A. 本金化率越高，收益现值越低　　B. 本金化率越高，收益现值越高

C. 资产未来收益期对收益现值没有影响　　D. 本金化率与收益现值无关

二、多项选择题

1. 成本法应用的前提条件有(　　)。

A. 应当具备可利用的历史资料

B. 需要一个充分发育、活跃的资本市场

C. 被评估资产必须是能用货币来衡量其未来期望收益的资产

D. 形成资产价值的耗费是必需的

2. 成新率的估测方法通常有(　　)。

A. 使用年限法　　B. 修复金额法　　C. 观测法　　D. 统计分析法

3. 造成资产经济性贬值的主要原因有(　　)。

A. 该项资产技术落后　　B. 该项资产生产的产品需求减少

C. 社会劳动生产率提高　　D. 政府公布淘汰该类资产的时间表

4. 收益法中的具体方法通常是按(　　)划分的。

A. 预期收益期限　　B. 预期收益额的形式
C. 预期收益额数量　　D. 折现率的高低

5. 运用收益法评估资产价值时，要求资产的收益额应该是资产的(　　)。
A. 历史收益额　B. 未来预期收益额　C. 现实收益额　D. 客观收益额

6. 在下列观点中，(　　)的说法是正确的。
A. 由于不同的评估方法的评估思路不同，因此对同一资产采用不同的评估方法评估，其结果没有可比性
B. 在相同的评估条件下，对同一资产采用不同的评估方法，其结果应趋于一致
C. 在资产评估中，不同的评估方法可相互替代
D. 在资产评估中，不同的评估方法相互独立，不能替代

7. 资产评估方法的选择取决于(　　)。
A. 评估的价值类型　B. 评估对象的状态　C. 可供利用的资料　D. 市场条件

8. 应用收益法进行资产评估的前提条件是(　　)。
A. 被评估资产处于继续使用状态或假定处于继续使用状态
B. 被评估资产的未来预期收益可以预测并可以用货币衡量
C. 资产拥有者获得预期收益所承担的风险可以预测并可以用货币衡量
D. 被评估资产预期获利年限可以预测

9. 成本法涉及的基本要素包括(　　)。
A. 资产的重置成本　　B. 资产的有形损耗
C. 资产的功能性贬值　　D. 资产的经济性贬值

10. 运用市场法评估任何单项资产都应考虑的可比因素有(　　)。
A. 资产的功能　　B. 市场条件
C. 交易条件　　D. 资产的实体特征和质量

三、判断题

1. 折现率与资本化率从本质上讲是没有区别的。(　　)

2. 在运用市场法时，资产及其交易活动的可比性要求参照物成交的时间与评估基准日间隔时间不宜过长，主要是为了减少调整时间因素对资产价值影响的程度。(　　)

3. 在收益法运用过程中，折现率的口径应与收益额的口径保持一致。(　　)

4. 市场法是根据替代原则，采用比较和类比的思路及相应方法来估测资产价值的评估技术规程。一个理性的投资者在购置某项资产时，其所支付的价格不会高于市场上具有相同用途的替代品的现行市价。(　　)

5. 运用市场法评估时，为了减少评估人员的工作量，一般只要求选择一个参照物。(　　)

6. 评估对象的特点是选择评估方法的唯一依据。(　　)

7. 收益现值是指为获得该资产以取得预期收益的权利所支付的货币总额。(　　)

8. 资产在全新状态下，其重置成本和历史成本是相等的。(　　)

9. 更新重置成本是指被评估资产的功能变化(更新)后的重置成本。(　　)

10. 在采用成本法进行资产评估时，其实体性贬值与会计上的折旧是一样的。(　　)

四、思考与讨论

1. 简述市场法与成本法的区别。
2. 简述在资产评估中如何选择具体的评估方法。
3. 简述成本法评估资产的程序及其评价。
4. 简述收益法评估资产的程序及其评价。
5. 简述市场法评估资产的程序及其评价。

五、主要概念

成本法　重置核算法　物价指数法　功能价值法　观察法　功能性贬值　经济性贬值　成新率　收益法　收益额　市场法

★★★ 应会考核 ★★★

一、案例题

请评估某企业一套自制非标设备。该设备购建于2005年12月，评估基准日为2015年12月30日。根据设计图纸，该设备的主材为钢材，耗量共15吨，钢材利用率90%，评估基准日钢材的不含税市价为3 850元/吨，主要外购件不含税费用为55 000元，加工过程中发生人工费5 000元，冷加工费30 000元，热加工费按钢材耗量净重每千克2元，其他费用为主材费的15%。成本利润率为15%，设计费率为14%，产量1台，增值税率为17%，城市维护建设税率7%，教育费附加费率3%。另外，经工程技术人员现场鉴定，该设备还可使用10年。与该企业最近生产的同类设备相比，被评估设备每年多耗电500度，每度电0.5元，假定该企业所得税率为25%，企业所在行业平均投资收益率为10%。

案例思考

请问：你能针对下列问题对该设备进行评估吗？

(1)计算该设备的重置成本；

(2)计算该设备的成新率和功能性贬值额；

(3)计算该设备的评估值。

二、专业技能题

1. 已知资产的价值与功能之间存在线性关系，参照物与评估对象仅在功能方面存在差异，参照物的年生产能力为2 200件产品，成交价格为2 500元，评估对象的年生产能力为1 500件。试问评估对象的价值为多少？

2. 星海公司被评估资产年生产能力为90吨，参照资产的年生产能力为120吨，评估时点参照资产的市场价格为10万元，由此确定被评估资产价值接近于7.5万元。试求资产评估价值。

3. 与评估对象完全相同的参照资产6个月前的成交价格为10万元。半年间，该类资产的价格上升了5%。试求资产评估价值。

4. 星海公司重置购建设备一台，现行市场价格每台5万元，运杂费1 000元，直接安装成本800元(其中原材料300元、人工成本500元)。根据统计分析，计算求得安装成本中的间接成本为每人工成本0.8元。试求该机器设备的重置成本。

5. 星海公司某重置全新的一台机器设备价格5万元，年产量为5 000件。现知被评估资产年产量为4 000件。试求机器设备的重置成本。

6. 某被估生产线的设计生产能力为年产20 000台。因市场需求结构变化，在未来可使用年限内，每年产量估计要减少6 000台，功能价值指数取0.6。根据上述条件，试求生产线的经济性贬值率。

7. 某收益性资产预计未来5年收益额分别是12万元、15万元、13万元、11万元和14万元。假定从第6年开始，以后各年收益均为14万元。确定的折现率和资本化率为10%。试分别求该收益性资产在永续经营和50年收益下的评估值。

8. 评估某拟快速变现资产，在评估时点与其完全相同资产的正常变现价为10万元。经评估师综合分析，认为快速变现的折扣率应为40%，因此，拟快速变现资产价值接近于6万元。试求资产评估价值。

三、综合题

被评估成套设备购建于2005年12月，账面价值为100万元，2010年12月对设备进行技术改造，追加投资20万元，2015年12月对设备进行评估。经评估机构人员分析得出如下数据：

(1)2005～2010年，每年该类设备价格上涨率为10%，而2010～2015年设备价格维持不变；

(2)该设备的月人工成本比其替代设备超支2 000元；

(3)被评估设备所在企业的正常投资报酬率为10%，规模经济效益指数为0.7，所得税率为25%；

(4)该设备在评估前使用期间的实际利用率仅为正常利用率的80%，经技术检测该设备尚可使用5年，在未来5年中设备利用率能达到设计要求。

要求：

(1)计算被评估设备的重置成本及各项损耗；

(2)计算该设备的评估值(以万元为单位，计算结果保留两位小数)。

★★★ 实训操作 ★★★

【实训项目】

针对某一资产评估对象，合理地选用资产评估的成本法、市场法和收益法并对其进行分析。

【实训学时】

1学时。

【实训内容】

资产评估的基本程序及评估方法的应用。

【实训目的】

掌握不同的评估方法之间的关系和资产评估方法的选择。

【实训反思】

1. 成本法、市场法、收益法的优缺点。

2. 成本法、市场法、收益法的常用计算公式。

3. 运用市场法的基本程序,市场法包括哪些基本的技术方法?
4. 如何区分更新重置成本和复原重置成本?
5. 在成本法应用中如何确定重置成本?
6. 收益法包括哪些基本参数?如何运用收益法进行价值评估?
7. 在资产评估中如何选择具体的评估方法?

项目四 机器设备评估

知识目标

理解:机器设备的概念、分类;机器设备评估的技术经济特点。

熟知:影响机器设备评估价值的基本因素;机器设备评估的特征;机器设备评估的程序。

掌握:成本法、市场法和收益法在机器设备评估中的应用。

能力目标

学生在掌握资产评估基本方法的基础上,能够在具体的案例操作中,用适当的方法对机器设备价值进行评估。

素质目标

通过本项目的学习,学生在理解机器设备的特点、分类、评估的基础上,能运用机器设备的重置成本、实体性贬值、功能性贬值、经济性贬值等估算方法,以及使用机器设备市场法评估中有关比较指标的修正系数,对机器设备进行评估。

情境引入

某企业 2011 年从美国引进一条生产线,该生产线当年安装试车成功正式投入生产。设备进口总金额为 90 万美元,后于 2015 年进行评估。经评估人员对该生产线进行现场勘察和技术鉴定,以及向有关部门进行调查了解,认为该生产线的技术水平在国内仍居先进行列,在国际上也属普遍使用的设备,决定采用指数调整法对该机组重置成本进行估测。按照国内及国外价格变动对生产线的不同影响,评估人员先将生产线分成进口设备主机、进口备件、国内配套设施、其他费用四个部分,分别考虑国外、国内不同价格变化率予以调整。经调查询价了解到,从设备进口到评估基准日,进口设备主机在其生产国的价格变化率上升了 50%,进口备件的价格变化率上升了 30%,国内配套设施价格上升了 60%,其他费用上升了 50%。按评估基准日的国家有关政策规定,该进口设备的进口关税等税收额为 30 万元人民币。评估时点美元对人民币汇率为 1∶5.8。从被评估机组进口合同中得知,进口设备主机原始价值 75 万美元,进口备件 15 万美元。另外,从其他会计凭证中查得国内配套设施原始价值为 45 万元人民币,其他费用原始价值为 18 万元人民币。

根据上述数据,如何估算被评估机组的重置成本?本项目将重点阐述成本法、市场法和收益法在机器设备中的应用。

任务一　机器设备评估概述

一、机器设备的概念

根据我国 2007 年《资产评估准则——机器设备》第二条对机器设备的定义：机器设备是指人类利用机械原理以及其他科学原理制造的装置，它们是被特定主体拥有或控制的不动产以外的有形资产，包括机器、仪器、器械、装置，以及附属的特殊建筑物等资产。

该准则对机器设备的定义包括自然属性和资产属性两个方面：自然属性是指人类利用机械原理及其他科学原理制造的装置；资产属性是指被特定个体拥有或控制的，用于生产、经营或管理等目的的不动产以外的有形资产。

二、机器设备的分类

(一)按现行会计制度规定分类

按现行会计制度规定分类，机器设备可分为生产经营用机器设备、非生产经营用机器设备、租出机器设备、未使用机器设备、不需用机器设备、融资租入机器设备等。

(二)按国家固定资产分类标准分类

按国家固定资产分类标准分类，机器设备可分为通用设备、专用设备、交通运输设备、电气设备、电子及通信设备、仪器仪表、计量标准器具等。

(三)按机器设备的组合程度分类

按机器设备的组合程度分类，机器设备可分为单台设备(独立设备)、机组(如组合机床)、成套设备(包括生产线)等。

资产评估时除根据上述分类明确评估对象的类别外，还需根据评估的特定目的，明确评估对象的具体范围，如评估对象中是否包含租出和融资租入机器设备、是否包含房地产中的有关机器设备，以避免重复评估或者遗漏。

三、机器设备的技术经济特点

机器设备的技术经济特点有：

(1)单位价值大，使用寿命长，资金投入量大，回收期长。

(2)价值补偿和实物更新不同时进行；机器设备的价值补偿是通过折旧形式逐渐形成的，而实物更新一般是一次性完成的。

(3)价值和使用价值并非一成不变，贬值和增值具有同步性。机器设备在运行中会产生有形和无形的磨损，这都会使机器设备的价值量发生变化。

(4)机器设备属于有形的固定资产，具有动产的性质，并且数量大、品种多、分布广、技术性强、情况复杂。

四、机器设备评估的特点

机器设备的技术经济特点，决定了机器设备评估具有以下几个特点：

(一)以技术检测为基础

由于机器设备使用寿命长，在使用过程中磨损程度不同，维修保养状况也存在一定差异，因此不能简单根据使用年限来确定其新旧程度，必须通过技术检测来确定其实际的磨损程度，以正确确定成新率及其评估值。

（二）以单台机器设备为评估对象

由于机器设备使用保养差异大等原因，即使同一型号、相同使用年限的机器设备，它们的新旧程度也会有所不同。因此，必须单台、单件逐一评估，以正确确定其评估值。当然，对那些数量多、单价不高、使用及维修状况相同的一类设备，也可按类进行评估。

（三）一般要考虑无形损耗

机器设备往往存在功能性贬值和经济性贬值，机器设备的技术含量或技术水平的不同，以及企业外部经营环境的改变，都直接关系到其使用价值和企业经济效益，因此在评估时需要考虑功能性贬值和经济性贬值对评估价的影响。

（四）收益法的使用受到很大限制

机器设备类资产一般是企业整体资产的一个组成部分，它通常与企业的其他资产，如建筑物、土地、流动资产、无形资产等共同实现某项特定的生产目的，一般不具备独立的获利能力。因此，在进行机器设备评估时，收益法的使用受到很大限制，通常采用成本法和市场法。

五、影响机器设备评估价值的基本因素

一般来说，影响机器设备评估价值的基本因素包括以下方面：

（一）原始成本

原始成本就是机器设备购建时的全部费用，包括购置价款、运杂费、安装调试费等。这是评估机器设备价值的基本依据。

（二）重置全价

重置全价是现时完全重置成本的简称，是按现行价格计算的、购置与被评估机器设备相同的机器设备的全部费用，或者以新型材料、先进技术标准购置类似机器设备的全部费用。它分为复原重置成本和更新重置成本两种。全新设备的重置全价以重置成本为计价标准，是采用重置成本法评估机器设备价值的直接依据。

（三）成新率

成新率是机器设备的新旧程度，一般用机器设备使用年限与计划使用年限的比率来表示。

机器设备的成新率是在计算出机器设备全价之后，计算机器设备评估净值的决定性因素。由于机器设备寿命、磨损程度和累计折旧直接影响着成新率的高低，因此它们也是影响机器设备评估价值的因素。

（四）功能成本系数

功能成本系数是指机器设备的功能变化引起其购建成本变化的函数关系。在被评估机器设备的生产能力已经不同于其原核定的生产能力，或不同于参照机器设备的生产能力时，功能成本系数可作为该机器设备价值量的调整参数。功能性贬值是机器设备因技术进步使其相对陈旧而带来的无形损耗，在评估机器设备的价值时应将其扣除。因此，若机器设备发生了功能性贬值，就会使机器设备的评估价值降低。

（五）物价指数

物价指数是表示市场价格水平变化的百分数。资产评估要按照现时价格评定出资产的实际价值，因此，若物价指数在评估基准日与机器设备购建时不同，就需要按照物价指数将机器设备原价调整成现实价值，然后再作进一步评估。可见，物价指数也是评估中的一个重要的调

整参数。

六、机器设备评估的程序

(一)明确评估基本事项

1. 明确评估目的

机器设备评估大体可分为两种情形:一种是将机器设备作为独立的评估对象评估,另一种是将机器设备与企业的其他资产一起评估。机器设备单独评估的目的有:机器设备转让、机器设备抵押、机器设备保险、机器设备投资、处理机器设备纠纷和有关法律诉讼等。机器设备与企业的其他资产一起评估的目的有:企业合资或合作、企业兼并或分立、企业出售、企业承包经营、企业改制、企业上市、企业破产清算等。

2. 明确评估对象和评估范围

明确评估对象首先要明确待估机器设备的类别,在此基础上,再根据评估特定目的,明确评估对象的具体范围。凡被列入企业机器设备进行管理和使用的评估对象,应纳入机器设备评估的范围之内。具有机器设备的主要特性,但未被列入机器设备进行管理的评估对象,可以作为机器设备进行评估,但应在资产评估报告中予以专项说明。建筑物和在建工程中的附属设备等资产,在不重复、不遗漏以及评估方法相同、评估结果一致的原则下,可视需要归入机器设备或建筑物的评估范围。融资租入的机器设备一般可以作为机器设备进行评估,但也应在资产评估报告中予以专项说明。

3. 明确评估价值类型

机器设备评估的价值类型一般分为市场价值和非市场价值两类。在机器设备交易市场较发达的情况下,对单台(件)通过设备市场出售价值的评估,其价值类型可确定为市场价值。机器设备评估中的投资价值、保险价值、抵债价值、续用价值和清算价值等一般属于非市场价值。如果将机器设备作为房地产的有机组成部分评估,其价值类型应与房地产评估的价值类型一致;如果将机器设备与企业整体资产一起评估,其价值类型应与企业价值评估的价值类型相一致。

4. 明确评估基准日

机器设备评估基准日通常由委托方提出,评估机构与委托方协商确定。如果将机器设备作为单独的评估对象评估,评估基准日通常选择现在某个日期,即现实性评估;个别情况下评估基准日也可选择在过去某个日期,即追溯性评估或预测评估。机器设备评估基准日的确定应根据评估的特定目的,遵循与评估目的实现日相接近的原则。如果将机器设备作为房地产的有机组成部分评估或者与企业整体资产一起评估,其评估基准日应与房地产或者企业价值评估的评估基准日相一致。

(二)评估准备阶段

评估人员在明确了评估的目的、评估对象和评估范围之后,就应着手做好评估的准备工作。具体包括:

1. 要求委托方提供资产评估的基础资料

评估师首先要求委托方对委托评估的机器设备进行自查,查实机器设备的数量,做到账实相符。在此基础上,填写机械设备评估申报明细表,提供租出及融资租入机器设备的合同、证明,提供新购设备及重点设备的购货合同、发票及运输安装调试费用的收据,同时提供其他必要的经济技术资料。

2. 制订具体的评估工作计划

根据委托方提供的有关资料，明确评估范围和评估重点后，应制订合理的评估作业计划，包括设计主要机器设备的评估思路、落实评估人员、聘请有关专家、安排评估进度、规定评估作业完成时间等，以此保证评估工作顺利进行。

3. 搜集评估中所需数据资料

机器设备评估除委托方提供的资料外，在评估准备阶段应广泛地搜集与评估工作有关的数据资料，包括机器设备的成本资料、市场价格资料、技术资料，对机器设备价格产生影响的利率、税率、汇率等资料，这对于提高评估工作的效率是非常重要的。有的资料可以通过市场调查获得，有的资料可以通过评估人员现场勘察获得。

（三）进行现场清查和设备鉴定阶段

现场工作是机器设备评估的一个非常重要的工作步骤。它要求评估人员进行现场实地勘察，核定待估设备数量，并进行技术鉴定。现场工作特别是设备的鉴定工作要有详细完整的记录，这些记录将是评估机器设备价值的重要数据，也是工作底稿的重要组成内容。

1. 逐台（件）核实评估对象

现场工作的第一项工作就是对已列入评估范围的机器设备逐台进行清查核实，方法有两种——普查和抽查。在进行清查时，要先将待估设备申报表与相关固定资产账目、卡片逐项核对，再通过实地盘点将实际数与申报表核对，既要避免漏报，又要防止重复计算，尤其要关注未入账的设备、已提完折旧继续使用的机器设备、租入和租出的机器设备。清查核实后，要根据清查结果，要求委托方调整其填报的待评机器设备清册及相关表格，并以清查核实后的待评估机器设备作为评估对象。

2. 按照评估重点或人员安排，对待评估设备进行分类

当待评估设备种类、数量较多时，为了突出重点以及发挥具有专长的评估人员的作用，可对待评估设备进行必要的分类。一种分类方法是按设备的重要性划分，如ABC分类法：把单位价值大的重要设备作为A类；把单位价值小且数量较多的设备作为C类；把介于A类和C类之间的设备作为B类。根据委托方对评估的时间要求，对A、B、C三类设备投入不同的精力进行评估。另一种分类方法是按设备的性质分为通用设备和专用设备，以便有效地搜集数据资料，合理地配备评估人员。

3. 设备鉴定

对设备进行鉴定是现场工作的重点。对设备进行鉴定包括对设备的技术鉴定、使用情况鉴定、质量鉴定以及磨损鉴定等，设备的生产厂家、出厂日期、设备负荷和维修情况等是进行鉴定的基本素材。

（1）对设备技术状况的鉴定主要是对设备满足生产工艺的程度、生产精度和废品率，以及各种消耗和污染情况的鉴定，判断设备是否有技术过时和功能落后情况存在。

（2）对设备使用情况的鉴定主要是了解设备是处于在用状态还是闲置状态，使用中的设备的运行参数、故障率、零配件保证率、设备闲置的原因和维护情况等。

（3）对设备质量进行鉴定主要应了解设备的制造质量，设备所处环境、条件对设备质量的影响，设备现时的完整性、外观和内部结构情况等。

（4）对设备的磨损程度鉴定主要是了解和掌握设备的有形损耗，如锈蚀、损伤、精度下降以及无形损耗如功能不足及功能过剩等。

（四）确定设备评估经济技术参数阶段

评估所需经济技术参数要根据评估目的和评估项目对评估价值类型的要求，以及评估所

选择的途径和方法，科学合理地确定。这些经济技术参数不仅要在性质上与评估目的、评估价值类型、评估的假设前提保持一致，而且在数量上也要恰如其分。

（五）评定估算阶段

做完上述基础工作后，评估人员应根据评估目的、评估价值类型的要求以及评估对象的具体情况，科学地选用评估计算方法进行评定估算。

（六）撰写评估报告及评估说明阶段

按照当前有关部门及行业管理组织对评估报告撰写的要求，在评定估算过程结束之后，应及时撰写评估报告书和评估说明。

（七）评估报告的审核和报出阶段

评估报告完成以后，要有必要的审核，包括复核人的审核、项目负责人的审核和评估机构负责人的审核。在三级审核确认评估报告无重大纰漏后，再将评估报告送达委托方及有关部门。

任务二　成本法在机器设备评估中的应用

一、成本法的适用条件

（一）持续使用假设前提下的机器设备评估

成本法适用于持续使用假设前提下的机器设备评估，即该机器设备处于在用、续用状态下。对于处在非续用状态下又无市场参照物，无法采用其他评估方法的机器设备，可采用重置成本法，但需要在成本项目构成要素和其他因素方面作出必要的调整。

（二）应当具备可利用的历史资料

成本法的应用是建立在历史资料基础上的，许多信息资料、指标需要通过历史资料获得。同时，现时资产与历史资产具有相同性或可比性。

（三）形成资产价值的耗费是必需的

耗费是形成资产价值的基础，但耗费包括有效耗费和无效耗费。采用成本法评估资产，首先要确定这些耗费是必需的，而且应体现社会或行业平均水平。

二、成本法的计算公式

机器设备评估的成本法是首先估测被评估机器设备的重置成本，然后再估测机器设备的实体性贬值、功能性贬值和经济性贬值，最后用机器设备的重置成本扣减各种贬值来测定被评估机器设备价值的方法。其计算公式为：

机器设备评估值＝重置成本－实体性贬值－功能性贬值－经济性贬值

或：

被评估资产评估值＝重置成本×成新率

三、机器设备重置成本的构成

采用成本法评估机器设备价值的第一步就是估测机器设备的重置成本。机器设备的重置成本通常是指按现行价格水平购建与被评估机器设备相同或相似的全新设备所需的成本。

资产评估中，机器设备的重置成本有两种：复原重置成本和更新重置成本。复原重置成本，是指按现行价格水平购建一台与原有机器设备完全相同的全新设备所需的成本。更新重置成本，是指按现行价格水平购建一台能够提供同样服务和功能的全新设备替代现有设备所需的成本。复原重置成本和更新重置成本虽然都属于重置成本范畴，但二者在成本构成因素上却是有差别的：复原重置成本基本上是在不考虑技术条件、材料替代、制造标准等因素变化的前提下，仅考虑物价因素对成本的影响，即将资产的历史成本按照价格变动指数或趋势转换成重置成本或现行成本；更新重置成本是在充分考虑了技术条件、建筑标准、材料替代以及物价变动等因素变化的前提下所确定的重置成本或现行成本。

两种重置成本在成本构成要素上的差别，要求评估师在运用成本途径对机器设备估价时，准确把握所使用的重置成本的确切概念，特别注意两种重置成本对机器设备功能性贬值及成新率可能产生的不同影响。

（一）外购设备重置成本的构成

外购设备的重置成本主要包括设备自身的购置价格、运杂费、安装调试费三项。由于外购设备包括国产设备和进口设备，其重置成本也有一定的区别。

国产设备重置成本主要包括设备自身的购置价格、运输费用、安装调试费用、大型设备一定期限内的资金成本、其他必要合理的费用（如手续费、验车费、牌照费等）。

进口设备的重置成本除包括国产设备重置成本项目外，还包括进口设备时支付的有关税费，如关税、银行手续费等。

（二）自制设备重置成本的构成

自制设备的重置成本主要包括制造成本及相匹配的期间费用（如消耗的原材料、辅料的购价和运杂费，应分摊的管理费用和财务费用等）；安装调试费用；大型自制设备合理的资金成本；合理利润；其他合理必要的费用（如设计论证等前期费用）。

自制设备也可分为标准设备和非标准设备，对于标准设备的重置成本应参考专业生产厂家的标准设备价格，运用替代原则合理确定自制标准设备的重置成本。

在明确了外购及自制设备重置成本的大致构成的基础上，下面将按国产设备和进口设备两种类型讨论重置成本的估测方法。

四、机器设备重置成本的测算

（一）国产设备重置成本的估算

若市场上存在与被评估资产相同的设备，可采用市场询价法；如果市场上没有与被评估资产相同的设备，但有相似或相近的设备，可采用规模经济效益指数法估算重置成本；若以上两个条件都不具备，可以采用物价指数法等确定重置成本。

1. 市场询价法

市场询价法是通过市场调查，从生产厂家、销售部门或其他途径获得设备销售价格，在认真分析的基础上确定设备自身购置价格的方法。该方法主要适用于评估时市场上有被评估设备销售的情况。

对大多数有公开市场价格的机器设备，评估人员首先从市场了解相同产品的现行市场销售价格，再加上合理的运杂费、安装调试费及其他费用，这是估测待估机器设备重置成本最简单有效和可信的途径。

(1)市场价格的来源。包括：生产厂家提供的产品目录或价格表、经销商提供的价格目录、报纸杂志上的广告、出版的机电产品价格目录以及向生产厂家直接询价等。

(2)运杂费的估算。国产设备运杂费是指从生产厂家到安装使用地点所发生的装卸、运输、采购、保管、保险及其他有关费用。运杂费可以根据设备的生产地点、使用地点以及重量、体积、运输方式，根据铁路、公路、船运、航空等部门的运输计费标准计算。

在评估实务中，一般是先确定一个运杂费率，再将设备购置价格(到岸价)乘以运杂费率即该设备应负担的运杂费。其计算公式如下：

设备运杂费＝国产设备购置价格×国产设备运杂费率

(3)设备安装费。设备安装费是设备安装工程所发生的所有人工费、材料费、机械费及全部取费。设备安装工程一般包括：机械和电器设备的装配、安装工程；锅炉砌筑工程；与设备相连的工作台、梯子的安装；附属于设备的管线敷设工程，设备及附属设施的绝缘、防腐、油漆、保温等；为测定安装工程质量所进行的单机试运转和联动无负荷试运转。设备安装费的计算公式如下：

设备安装费＝设备原价×设备安装费率

(4)设备基础费。设备的基础是指为安装设备而建造的特殊构筑物，设备的基础费是指建造设备基础所发生的人工、材料、机械费及全部取费。有些特殊设备的基础列入构筑物范围，但不按设备基础计算。设备基础费的计算公式如下：

设备基础费＝国产设备原价×国产设备基础费率

设备的基础费率按所在行业颁布的概算指标中规定的标准取值。

如果设备安装调试周期较长，则需要考虑设备购置、安装调试所占用的资金成本。设备的资金成本用设备购置、安装所需的全部资金总额乘以现行相应期限的银行贷款利率计算。

【例 4—1】 星海公司需对购置的一台设备进行重置成本的计算，该设备按现行市场价购置，每台 20 000 元，运杂费为 500 元，安装费为 500 元。则该设备的重置成本为：

重置成本＝20 000＋500＋500＝21 000(元)

2. 规模经济效益指数法

对于某些特定的设备，如化工设备、石油设备等，同一系列不同生产能力设备的价格变化与生产能力变化呈某种指数关系，在无法取得现行购置价格的情况下，可采用规模效益指数法确定重置成本。

规模经济效益指数法又称功能价值类比法，是根据待估设备的具体情况，寻找现有同类设备的市价，或通过运杂费和安装调试费得到同类设备的现行重置成本，然后根据该设备与待估设备功能比较，调整得到待估机器设备的重置成本。该方法的评估计算公式为：

$$\text{机器设备评估价值}=\text{参照物设备的现行价格}\times\left(\frac{\text{被评估设备功能}}{\text{参照物设备功能}}\right)^x$$

公式中，x 为功能价值指数(或称规模效益指数)，它是用来反映资产成本与其功能之间指数关系的具体指标。在国外，经过大量数据的测算，取得的经验数据是：指数 x 的取值范围为 0.4～1，在机器设备评估中，一般取值范围为 0.6～0.8。

评估人员在使用该方法时，需要通过该类设备价格资料分析测算 x。当 $x=1$，被评估的机器设备的生产能力与设备价格呈线性关系；当 $x>1$，机器设备的生产能力与设备价格呈非线性关系，设备价格的上涨速度大于设备生产能力上涨速度；当 $x<1$，机器设备的生产能力与设备价格呈非线性关系，设备价格的上涨速度小于设备生产能力上涨速度。

【例 4—2】 现对某企业的 A 机器设备进行评估，其年生产能力为 80 吨。由于市场上没有与 A 机器设备完全相同的设备，所以选择了与 A 机器设备具有相同性质和用途的全新机器设备 B 作为参照物，其年生产能力为 100 吨，参照物机器设备 B 的现行成本价格为 200 000

元，评估人员分析认为该资产的功能与成本之间呈线性关系。则：

$$被评估机器设备重置成本=200\ 000\times\frac{80}{100}=160\ 000(元)$$

【例 4—3】 2015 年 9 月 10 日评估人员对星海公司拥有的一套年产 50 万吨 A 产品的生产线进行评估，该生产线账面原值为 1 000 万元。评估时选择了一套与被评估对象相似的新生产线作为参照物，该生产线年产同类 A 产品 75 万吨，现行成本为 3 000 万元，根据被评估资产所在行业的经验数据，该类生产线的功能价值指数为 0.7。则：

$$被评估生产线重置成本=3\ 000\times\left(\frac{50}{75}\right)^{0.7}=2\ 259(万元)$$

在运用规模经济效益指数法估测机器设备的重置成本时，应注意所选择的参照物尽可能在购建地点和时间方面与评估对象所在地及评估基准日相同或相近。否则，应对地点和时间因素作必要的调整，地点因素的调整主要对运输费或其他费用方面作出必要调整，而时间因素的调整可利用价格指数法进行。

3. 物价指数法

对于无法取得设备现行购置价格，也无法取得同类设备重置成本的，可采用物价指数法估测待估设备的重置成本。

物价指数法是以设备的历史成本为基础，根据同类设备的价格上涨指数来确定机器设备的重置成本。物价指数可分为定基物价指数和环比物价指数。

(1)定基物价指数。定基物价指数是以固定时期为基期的指数，通常用百分比表示，以 100%为基础，当物价指数大于 100%时，表明物价上涨；当物价指数小于 100%时，表明物价下跌。采用定基物价指数计算设备当前重置成本的公式为：

$$重置成本=历史成本\times\frac{评估基准日定基物价指数}{设备购建时定基物价指数}$$

【例 4—4】 星海公司某被评估机器设备购建于 2005 年，其账面原始价值为 63 000 元，购建时该机器设备的物价指数为 105%，2015 年进行评估时，该类机器设备的价格指数为 120%。则：

$$被评估机器设备重置成本=63\ 000\times\frac{120\%}{105\%}=72\ 000(元)$$

(2)环比物价指数。环比物价指数是以上期为基期的指数。如果环比期以年为单位，则环比物价指数表示该类产品当年比上年的价格变动幅度，通常也用百分比表示。采用环比物价指数计算设备重置成本的公式为：

$$重置成本=历史成本\times基年至基准日环比物价指数$$

【例 4—5】 星海公司某设备 2012 年历史成本为 30 000 元，环比物价指数 2012 年为 101.9%、2013 年为 101.8%、2014 年为 102.7%、2015 年为 102.8%。计算 2015 年该设备的重置成本。

$$重置成本=30\ 000\times(101.9\%\times101.8\%\times102.7\%\times102.8\%)=32\ 855(元)$$

若能够获取一定时期的物价变动率，也可用下面的公式计算设备的重置成本：

$$重置成本=历史成本\times(1+物价变动率)$$

【例 4—6】 星海公司 A 设备 2012 年 10 月历史成本为 30 000 元，从 2012 年 10 月到 2015 年 9 月物价上涨了 36%。计算 2015 年 10 月该设备的重置成本。

$$重置成本=30\ 000\times(1+36\%)=40\ 800(元)$$

【例 4—7】 星海公司B设备2012年10月历史成本为30 000元，从2012年10月到2015年9月物价平均每月上涨了1%。计算2015年10月该设备的重置成本。

$$重置成本=30\,000\times(1+1\%\times36)=40\,800(元)$$

用物价指数法计算重置成本，是机器设备评估中经常采用的方法，特别是对于那些难以获得市场价格的机器设备，该方法是比较简便易行的。在使用物价指数法时，要注意以下问题：

首先，使用物价指数法计算机器设备的重置成本，所使用的物价指数一般为某一类产品的综合物价指数，它反映的是一类设备综合的物价变化水平，反映不了个别设备的价格变化。其中，某种具体产品的价格变动指数与该类产品的综合物价指数可能存在一定的差异。因此，使用这种方法计算重置成本，如具体到单台设备可能是不准确的。

其次，设备的原始成本是计算设备重置成本的基础，评估人员应注意审查原始成本的真实性。

再次，企业账面上的设备原始成本一般还包括运杂费、安装费、基础费以及其他费用，上述费用的物价变化指数与设备价格变化指数往往是不同的，应分别计算。特别是对锅炉、锻压机械等，运杂费、安装费、基础费所占比例很大，有的可能超过设备本身的价格，应特别注意。

最后，一般来讲，物价指数不能反映技术进步，因此，物价指数法不能运用于更新重置成本。

要获取设备的物价指数，评估人员可以参考政府有关部门、世界银行、国外一些保险公司公布的统计资料，也可以根据所掌握的价格资料测算。

(二)进口设备重置成本的估算

进口设备重置成本的估算与国产设备重置成本的估算没有太大的区别，只是进口设备重置成本的构成比国产设备多了一些从属费用。这些从属费用包括国外运费、国外运输保险费、关税、消费税、增值税、银行手续费、外贸代理手续费等。若进口的是小汽车、摩托车、游艇，则重置成本还应包括进口增值税和消费税。

进口设备的重置成本不仅受国际市场价格变化的影响，而且还受国家政策、税收制度和汇率变化的影响，因此，估测进口设备的重置成本相对困难。

在评估过程中，应根据进口设备的具体情况以及搜集掌握到的相关数据，进行不同的处理。

1. 可查询到进口设备的现行离岸价或到岸价的情形

可查询到进口设备的现行离岸价(FOB)或到岸价(CIF)，按下列公式进行评估：

$$\text{重置成本}=(\text{FOB价格}+\text{途中保险费}+\text{国外运杂费})\times\text{基准日外汇汇率}+\text{进口关税}+\text{银行及其他手续费}+\text{国内运杂费}+\text{安装调试费}$$

或：

$$\text{重置成本}=\text{CIF价格}\times\text{基准日外汇汇率}+\text{进口关税}+\text{银行及其他手续费}+\text{国内运杂费}+\text{安装调试费}$$

式中：

$$\text{境外运费(一般为海运费)}=\text{FOB价}\times\text{海运费率}$$

$$\text{境外途中保险费}=\frac{(\text{FOB价}+\text{海运费})}{1-\text{保险费率}}\times\text{保险费率}$$

$$\begin{aligned}\text{进口关税}&=(\text{FOB价}+\text{途中保险费}+\text{境外运费})\times\text{关税税率}\\&=\text{CIF价}\times\text{关税税率}\end{aligned}$$

$$消费税=\frac{关税完税价+关税}{1-消费税率}\times消费税率$$

$$增值税=(关税完税价+关税+消费税)\times增值税率$$

$$银行财务费用=FOB价\times银行手续费率$$

$$外贸手续费=CIF价\times外贸手续费率$$

$$进口设备国内运杂费=CIF价\times进口设备国内运杂费率$$

$$进口设备安装费=相似国产设备原价\times国产设备安装费率$$

$$进口设备安装费=CIF价\times进口设备安装费率$$

进口设备的安装费率可按相同类型国产设备的30%～70%选用，进口设备的机械化、自动化程度越高，取值越低；反之越高。

$$进口设备基础费=相似国产设备原价\times国产设备基础费率$$

$$进口设备基础费=CIF价\times进口设备基础费率$$

进口设备的基础费率可按相同类型国产设备的30%～70%选用，进口设备的机械化、自动化程度越高，取值越低；反之越高。

关于各种费率的取值：海运费率远洋一般为5%～8%，近洋一般为3%～4%；保险费率一般在0.4%左右；关税、增值税、消费税税率按国家有关税法的规定确定；银行财务费率一般为4‰～5‰；外贸手续费率一般为1%～1.5%；其他杂费包括口岸管理费、海关监管费、商检费等，费率较低，视进口设备CIF价的高低而定，有时可忽略不计。

【例4—8】 星海公司某进口设备，评估基准日的FOB价为105万美元，当日美元兑人民币汇率为8.31，国外海运费率为5%，海运保险费率为0.4%，关税税率为16%，增值税税率为17%，银行财务费率为0.4%，公司代理费率为1%，国内运杂费率为1.5%，安装费率为0.6%，基础费率为1.7%。计算该设备的重置成本。

该设备的重置成本包括：货价、海外运输费、海外保险费、关税、增值税、银行财务费用、外贸手续费、国内运杂费、安装费、基础费。

(1)设备的货价=1 050 000(美元)

(2)海外运输费=货价×海运费率=1 050 000×5%=52 500(美元)

(3)海运保险费=(货价+海运费)/(1−保险费率)×保险费率

=(1 050 000+52 500)/(1−0.4%)×0.4%=4 427.71(美元)

上述三项构成设备的到岸价，合计1 106 927.71美元，折合人民币9 198 569元。

(4)关税=到岸价×关税税率=9 198 569.27×16%=1 471 771(元)

(5)增值税=(关税完税价+关税)×增值税率

=(9 198 569+1 471 771)×17%=1 813 957(元)

(6)银行财务费用=离岸价×费率=1 050 000×8.31×0.4%=34 902(元)

(7)外贸手续费=到岸价×外贸手续费率=9 198 569×1%=91 986(元)

(8)国内运杂费=到岸价×运杂费率=9 198 569×1.5%=137 979(元)

(9)安装费=到岸价×安装费率=9 198 569×0.6%=55 191(元)

(10)基础费=到岸价×基础费率=9 198 569×1.7%=156 375(元)

重置成本=9 198 569+1 471 771+1 813 957+34 902+91 986+137 979+55 191+156 375

=12 960 730(元)

2. 无法查询到进口设备的现行离岸价或到岸价的情形

无法查询到进口设备的现行离岸价或到岸价的，如可以获取国外替代产品的现行 FOB 价或 CIF 价的，可采用功能价值法或比较法来估测被评估进口设备的重置成本；如没有国外替代产品的现行 FOB 价或 CIF 价的，可利用国内替代设备的现行市价或重置成本来推算被评估进口设备的重置成本。

【例 4—9】 2015 年底评估某合资企业的一台进口气流纺机。该纺机 2011 年从德国某公司进口，进口合同中的 FOB 价是 20 万欧元。评估人员通过德国有关纺机厂商在国内的代理机构向德国生产厂家进行了询价，了解到当时德国已不再生产被评估气流纺机那种型号纺机了，其替代产品是全面采用计算机控制的新型纺机，新型纺机的现行 FOB 报价为 35 万欧元。针对上述情况，评估人员经与有关纺机专家共同分析研究新型纺机与被评估气流纺机在技术性能上的差别，以及对价格的影响。最后认为，按照通常情况，实际成交价应为报价的 70%～90%。故按德方 FOB 报价的 80%作为 FOB 成交价。针对新型纺机在技术性能上优于被评估的气流纺机，估测被评估气流纺机的现行 FOB 价约为新型纺机 FOB 价的 70%，30%的折扣主要是功能落后造成的。评估基准日欧元对美元的汇率为 1.7∶1，人民币对美元的汇率为 5.8∶1。境外运杂费按 FOB 价的 5%计，保险费按 FOB 价和境外运费的 0.5%计，关税与增值税予以免征。银行手续费按 CIF 价的 0.8%计算，国内运杂费按(CIF 价＋银行手续费)3%计算，安装调试费用包括在设备价格中，由德方派人安装调试，不必另付费用。由于该设备安装周期较短，故没有考虑利息因素。

根据上述分析及数据资料，被评估气流纺机的重置成本计算过程如下：

FOB 价＝35×80%×70%＝19.6(万欧元)

FOB 价＝19.6÷1.7＝11.53(万美元)

境外运杂费＝11.53×5%＝0.58(万美元)

保险费＝(11.53＋0.58)×0.5%＝0.060 6(万美元)

CIF 价＝FOB 价＋运费＋保险费＝11.53＋0.58＋0.060 6＝12.170 6(万美元)

银行手续费＝12.170 6×0.8%＝0.097 4(万美元)

国内运杂费＝(12.170 6＋0.097 4)×3%＝0.368(万美元)

气流纺机重置成本＝12.170 6＋0.097 4＋0.368＝12.636(万美元)＝73.888(万元人民币)

3. 利用指数调整法估测进口设备的重置成本

当上述两种方法都行不通时，也可以利用指数调整法估测进口设备的重置成本。采用指数调整法测算进口设备重置成本，可用下列公式进行评估：

$$\text{重置成本}=\frac{\text{账面原值中的到岸价}}{\text{进口时的外汇汇率}}\times\frac{\text{设备生产国同类}}{\text{资产价格变动指数}}\times\frac{\text{评估基准日}}{\text{外汇汇率}}\times\left(1+\frac{\text{现行进口}}{\text{关税税率}}\right)\times\left(1+\frac{\text{其他}}{\text{税费率}}\right)+\frac{\text{账面原值}}{\text{人民币部分}}\times\frac{\text{国内同类资产}}{\text{价格变动指数}}$$

该公式是假定进口设备的到岸价全部以外汇支付，其余均为人民币支付。如实际情况与此假设不符，应自行调整。

在运用物价指数对进口设备重置成本进行估测时，应尽量将支付外汇部分与支付人民币部分分开，分别运用设备生产国的价格变动指数与国内价格变动指数进行调整，最好不要综合采用国内和设备生产国的价格变动指数一揽子调整。

进口设备生产国同类资产价格变动指数，可根据设备生产国设备出口时的同类资产价格指数与评估时点同类资产价格指数的比值求取。而在实际操作过程中，不但设备生产国设备出口时的同类资产价格指数不易获取，即使是评估时点的同类资产价格指数也不易取得。所以，实际运用上述公式时，往往是以进口设备生产国在设备出口时的价格水平为基期价格水平，再根据设备生产国从基期到评估时点每年的价格变化率，将生产国出口设备价值从原值调整为现值。评估公式可改为：

$$\text{重置成本}=\frac{\text{设备原值中支付外汇部分}}{\text{进口时的外汇汇率}}\times\left(1+\begin{matrix}\text{设备生产国同类}\\\text{资产价格变动率}\end{matrix}\right)\times\begin{matrix}\text{评估基准日}\\\text{外汇汇率}\end{matrix}\times\left(1+\begin{matrix}\text{现行进口}\\\text{关税税率}\end{matrix}\right)\times\left(1+\begin{matrix}\text{其他}\\\text{税费率}\end{matrix}\right)+\begin{matrix}\text{账面原值}\\\text{人民币部分}\end{matrix}\times\begin{matrix}\text{国内同类资产}\\\text{价格变动指数}\end{matrix}$$

（三）自制设备重置成本的估算

自制设备可分为标准设备和非标准设备。对于标准设备的重置成本应参考专业生产厂家的标准设备价格，在通盘考虑质量因素的前提下，运用替代原则合理确定。对于非标准设备的市场价格资料一般难以获得，评估时经常使用重置核算的方法来确定其重置成本。

重置核算法是利用成本核算的原理，根据机器设备建造时所消耗的材料、工时及其他费用，按现行价格或费用标准计算资产现行的建造费用及安装调试费用，然后再加上合理的利息、利润来确定被评估机器设备的重置成本。

核算机器设备重置成本的估算方法有重置核算法、综合估价法和重量估价法。

1. 重置核算法

该方法是根据账目中记录的料、工、费消耗，用现价和费用标准确定设备的各种成本构成，然后加总得出设备的重置成本的方法。其评估计算公式为：

重置成本＝制造成本＋制造利润＋税金＋设计费＋安装调试费

制造成本包括直接成本和间接成本；制造利润是以行业平均成本利润率计算得出的利润，利润率可分为直接成本利润率和总成本利润率等；税金为增值税及其附加；设计费为评估对象分摊的设计费；安装调试费包括人工费和材料费等。

【例 4—10】 对星海公司的一台自制设备进行评估，由核查企业提供的账目得知，该自制设备有关料、工、费等成本要素的核算资料见表 4—1、表 4—2。该企业适用的增值税税率为17％，城市维护建设税税率为 7％，教育费附加为 3％。

表 4—1　制造费用核算表

料、工、费消耗	数　量	单价(元)	金额(元)
钢材	24 吨	2 250	54 000
铸铁	25 吨	800	20 000
外协件	10 吨	3 000	30 000
工时	5 000 定额工时	8	40 000
管理费用	5 000 定额工时	4*	20 000
合计			164 000

表 4—2　安装调试费用核算表

料、工、费消耗	数　量	单价(元)	金额(元)
水泥消耗	8 吨	350	2 800
钢材消耗	4 吨	2 250	9 000

续表

料、工、费消耗	数 量	单价(元)	金额(元)
工时消耗	500 定额工时	8	4 000
管理费用	500 定额工时	4*	2 000
合计			17 800

注：* 为每定额工时分摊的费用数。

经评估人员市场调查和测算，评估时钢材价格为 2 800 元/吨，铸铁为 1 200 元/吨，外协件为 3 200 元/吨，每定额工时成本为 12 元，每定额工时分摊管理费用为 6 元。根据现价和费用标准，以及该自制设备原自制和安装调试的量耗资料，重置成本计算如下：

(1)计算制造成本：

制造成本＝24×2 800＋25×1 200＋10×3 200＋5 000×12＋5 000×6

＝67 200＋30 000＋32 000＋60 000＋30 000

＝219 200(元)

(2)计算制造利润。假定行业的平均成本利润率为 10%，则：

制造利润＝219 200×10%＝21 920(元)

(3)计算税金。应纳税金包括增值税及城市维护建设税、教育费附加：

税金＝(219 200＋21 920)×17%×(1＋7%＋3%)＝45 089(元)

(4)计算设计费。假定该企业共建造该类设备 2 台，总设计费为 15 000 元，则评估设备应分摊的设计费为：

设计费＝15 000÷2＝7 500(元)

(5)计算安装调试费。根据表中资料，则：

安装调试费＝8×350＋4×2 800＋500×12＋500×6

＝2 800＋11 200＋6 000＋3 000

＝23 000(元)

(6)被评估设备重置成本：

重置成本＝219 200＋21 920＋45 089＋7 500＋23 000＝316 709(元)

2. 综合估价法

该方法是依据设备的总图，计算出主要材料消耗量，通过确定设备的主要材料费用和主要外购件费用，计算出设备的完全制造成本，并考虑企业利润、税金和设计费用，确定设备的重置成本。其计算公式为：

$$R_c=(M_{rm}\div K_m+M_{pm})\times(1+K_p)\times\left(1+\frac{K_d}{n}\right)/(1+r_t)$$

公式中，R_c 表示设备价格，M_{rm} 表示主要材料费，K_m 表示成本主要材料费率，M_{pm} 表示主要外购件费，K_p 表示成本利润率，K_d 表示非标准设备设计费率，n 表示非标准设备的生产数量，r_t 表示综合税率。

该方法只需依据设备的总图，计算出主要材料消耗量，并根据成本主要材料费率即可估算设备的售价，是机械工业估算通用非标准设备时经常使用的方法。

【例 4—11】 某悬链式水幕喷漆室为非标准自制设备，购建日期为 2011 年 12 月，评估基准日为 2015 年 9 月 30 日。

根据设计图纸，该设备主要材料为钢材，主要材料的净消耗量为 25.5 吨，评估基准日钢材不含税市场价为 3 500 元/吨。另外，所需主要外购件(电机、泵、阀、风机等)不含税费用为55 680元。主要材料费利用率 90%，成本主要材料费率 55%，成本利润率 15%，设计费率16%，产量 1 台。计算该悬链式水幕喷漆室的重置成本。

计算过程如下：

首先确定设备的主要材料费用，该设备的主要材料利用率为 90%，则：

主要材料费：$M_{rm}=25.5\div 90\%\times 3\ 500=99\ 167$(元)

成本主要材料费率：$K_m=55\%$

主要外购件费：$M_{pm}=55\ 680$(元)

成本利润率：$K_p=15\%$

非标准设备设计费率：$K_d=16\%$

非标准设备的数量：$n=1$(台)

如增值税率为 17%，城市维护建设税率为 7%，教育附加费率为 3%，则综合税率：

$r_t=17\%\times(1+7\%+3\%)=18.7\%$

设备的重置成本：

$R_c=(99\ 167\div 55\%+55\ 680)\times(1+15\%)\times(1+16\%/1)/(1+18.7\%)=373\ 670$(元)

3. 重量估价法

若假设人工费、制造费用、管理费及设计费等是设备材料费的线性函数。根据相似设备的统计资料计算出单位重量的综合费率，以设备的重量乘以综合费率，考虑利润和税金，并根据设备的复杂程度进行适当调整，便可确定设备的价格。用公式表示为：

$$R_C=W\times R_W\times K+P+T$$

公式中，R_C 表示设备价格；W 表示设备的净重；R_W 表示综合费率；K 表示调整系数；P 表示利润；T 表示税金。

该方法操作简单，估价速度快，适用于材料单一、制造简单、技术含量低的设备价格估算，如结构插件和比较简单的大型冲压模具等。

【例 4-12】 某冲压模具需要评估。该模具重 1 000 吨，已知类似模具的单位重量综合费率为 50 元/吨，成本利润率为 15%，综合税率为 18.7%。则该模具的重置成本为：

$$重置成本=1\ 000\times 50\times(1+15\%)/(1+18.7\%)=48\ 441(元)$$

五、机器设备有形损耗(实体性贬值)的估算

机器设备的有形损耗也称为实体性贬值，是由于使用磨损和自然力造成的侵蚀而引起的资产价值的损失。机器设备的有形损耗使得机器设备的使用功能和精度逐渐下降，故障率和维修费用不断上升，因而其价值不断下降，即价值贬值。机器设备的实体性贬值是评估其重置成本时一项重要的价值减项，也可用成新率来表示。机器设备的成新率是指其现时价值与全新状态价值的比率，它用来反映待估设备现时的新旧程度。与成新率相对应的指标是有形损耗率。有形损耗率是指有形损耗与重置成本的比率，也可以理解为机器设备实体性损耗与全新状态价值的比率。

机器设备的成新率与有形损耗率的关系是：

$$成新率=1-有形损耗率$$

或：

$$有形损耗率=1-成新率$$

机器设备有形损耗率或成新率的估算是机器设备评估的重要一环，它通常依靠客观资料，借助检测手段，凭借评估人员的经验进行测算，可以采用使用年限法、观测分析法和修复金额法。

（一）使用年限法

使用年限法是假定机器设备在整个使用周期中，有形损耗随时间的推移呈线性增长，而且设备价值的降低额与其损耗大小成正比。其计算公式为：

$$成新率=\frac{设备尚可使用年限}{设备已使用年限+设备尚可使用年限}\times100\%$$

上述表达式是计算成新率的典型算式，但不是所有的机器设备都是以“年”为单位反映寿命，如汽车的寿命用行驶里程反映更为准确，有些大型设备以工作小时反映寿命，大型建筑施工机械可按工作台班反映寿命。

尽管反映寿命的单位不同，但评估成新率的原理与按“年”计量的评估方法基本一致，因此我们统称为使用年限法。

【例 4－13】 星海公司因故开工不足，从购建到评估基准日 A 设备的法定利用年限是 4 年，其实际使用年限只有 3 年。假设 A 设备的尚可使用年限是 5 年，则该设备的成新率为：

$$成新率=\frac{设备尚可使用年限}{设备已使用年限+设置尚可使用年限}\times100\%=\frac{5}{3+5}=62.5\%$$

1. 简单年限法

简单年限法是针对投资一次完成、没有更新改造和追加投资等情况发生的机器设备成新率的估测方法。

(1)机器设备已使用年限的确定。机器设备已使用年限，是指机器设备从开始使用到评估基准日所经历的时间。由于资产在使用中负荷程度及日常维护保养有差别，已使用年限可分为名义使用年限和实际已使用年限。名义使用年限，指会计记录记载的资产的已提折旧年限。实际已使用年限，指资产在使用中实际磨损的年限，可根据设备运行的记录资料，用下列公式计算：

$$实际已使用年限=名义已使用年限\times设备利用率$$

$$设备利用率=\frac{截至评估基准日设备实际利用时间}{截至评估基准日设备法定利用时间}\times100\%$$

若设备利用率的计算结果小于 1，表明开工不足，设备实际已使用年限小于名义已使用年限；若计算结果大于 1，则表明设备处于超负荷运转状态，实际已使用年限大于名义已使用年限。

在机器设备评估中，应根据机器设备的名义已使用年限（折旧年限），考虑机器设备的使用班次、使用强度和维修保养水平，据实估测其实际已使用年限。

(2)机器设备尚可使用年限的测定。机器设备尚可使用年限，是指从评估基准日开始到机器设备停止使用所经历的时间，即机器设备的剩余寿命。

机器设备的已使用年限加上尚可使用年限就是机器设备总寿命年限。如果机器设备总寿命年限已确定，尚可使用年限就是总寿命年限扣除已使用年限的余额。

机器设备的尚可使用年限受到已使用年限、使用状况、维修保养状况以及设备运行环境的影响，评估人员应对上述因素进行全面分析和审慎考虑，以便合理确定机器设备的尚可使用年限。

①折旧年限法。该方法是参照国家规定的机器设备的折旧年限，扣除已使用年限即为机器设备的尚可使用年限。

折旧年限是国家财务会计制度以法律的形式规定的机器设备计提折旧的时间跨度。它是综合考虑了机器设备物理使用寿命、技术进步因素、企业承受能力以及国家税收状况等因素确定的。

从理论上讲，折旧年限并不等同于机器设备的总寿命年限，机器设备已折旧年限并不一定能全面反映出机器设备的磨损程度。因此，采用此法计算机器设备的尚可使用年限及成新率时，一定要注意法定年限与机器设备的经济寿命、已折旧年限与设备的实际损耗程度是否相吻合，并注明使用前提和使用的条件。法定年限法一般适用于较新的机器设备尚可使用年限及成新率的确定。

对于国家明文规定限期淘汰、禁止超期使用的设备，其尚可使用年限不能超过国家规定禁止使用的日期，而不论设备的现时技术状态如何。

②寿命年限平均法。该方法是根据企业已退役的机器设备使用寿命年限的记录，按加权平均法确定机器设备的平均寿命年限，并以此作为被评估机器设备的总寿命年限，再扣除已使用年限后即得尚可使用年限。

该方法的运用前提是企业机器设备报废资料记录比较完整，且具有一定数量；企业的机器设备使用保养情况正常，或被评估对象与退役的机器设备使用情况、维修保养情况以及运行环境状况基本相同；被评估机器设备与退役的机器设备类型、规格型号、制造质量等方面基本相同。

【例4—14】 评估企业一台普通金属切削机床的成新率：该机床已使用5年，查阅近3年设备退役记录发现，共报废该类机床8台，其中使用寿命13年的1台，使用寿命15年的2台，使用寿命16年的3台，使用寿命17年和20年的各1台。

经分析，被评估设备与退役设备的使用情况、维修保养情况及运行环境状况基本相同，则该类设备的平均使用寿命为：

$$\frac{13\times1+15\times2+16\times3+17\times1+20\times1}{8}=16(\text{件})$$

③预期年限法。该方法也称技术鉴定法，是应用工程技术手段现场勘察和技术鉴定，检测机器设备的各项性能指标，确定资产的磨损程度，并与现场操作人员和设备管理人员交谈，了解设备的使用状况、维修保养状况及运行环境状况，依靠专业知识和经验判定机器设备的尚可使用年限。

在对已使用时间较长、比较陈旧的机器设备以及超龄服役的机器设备确定尚可使用年限时，一般采用此方法。预期年限法主观性较强，难度也较大，需要评估人员具有较强的专业水准和丰富的评估经验，这也是评估人员必备的本领。

2. 综合年限法

综合年限法是根据机器设备投资分次完成，机器设备进行过更新改造和追加投资，以及机器设备的不同构成部分的剩余寿命不相同等一些情况，经综合分析判断，并采用加权平均计算法，确定被评估机器设备的成新率。

(1)综合已使用年限的确定。一台机器设备由于分次投资、更新改造、追加投资等情况，使不同部件的已使用年限不同，如果要确定整个设备的已使用年限，应按各部件重置成本的构成作权重，对各部件不同的已使用年限进行加权平均，确定使用年限。

(2)综合尚可使用年限的确定。与已使用年限一样，一台设备各部件的尚可使用年限也可能有长有短，在评估时，可按重置成本对各部件的尚可使用年限进行加权平均，求得整个设备的尚可使用年限。

机器设备的尚可使用年限，即机器设备的剩余使用寿命，是指从评估基准日到机器设备报废所经历的时间。它受已使用年限、使用状况、维修保养情况的影响。在评估实务中，对于设备的尚可使用年限，可根据情况采用如下方法确定：

①对于全新或较新的机器设备，以及法定折旧年限基本能体现寿命年限的设备，以预计折旧年限扣减已使用年限来确定尚可使用年限。

$$尚可使用年限=法定折旧年限-已使用年限$$

②对于有足够的与待估设备制造厂家、制造质量、规格型号、使用状况、维修保养及运行环境状况基本相同的退役设备的机器设备，可用经验年限法确定设备的尚可使用年限。即根据已退役的机器设备的使用寿命记录，计算出它们的加权平均寿命年限，并以此作为被评估设备的总寿命年限，再扣除被评估资产已使用年限后即可求得被评估资产尚可使用年限。

$$尚可使用年限=同类设备的平均使用年限-已使用年限$$

【例4-15】 2015年5月对星海公司的一台设备进行评估。该设备购置于2010年，已使用5年，评估人员查阅了相同设备的报废记录，历史记录显示共报废该类设备10台：有2台的使用寿命为12年；有2台的使用寿命为13年；有3台的使用寿命为14年；有1台的使用寿命为15年；有1台的使用寿命为16年；有1台的使用寿命为17年。试计算该设备的尚可使用年限。

该类设备的平均使用寿命为：

$$12\times2/10+13\times2/10+14\times3/10+15\times1/10+16\times1/10+17\times1/10=14(年)$$

$$被评估设备的尚可使用年限=14-5=9(年)$$

③如果评估人员具有较强的专业技术水平和丰富的实践经验，可以借助工程技术手段进行现场勘察和技术鉴定，判定机器设备的尚可使用年限。

根据以上所述，如果机器设备的投资是分次完成的，或者经过大修理、技术更新改造和追加投资，或者考虑到机器设备的不同构成部分的磨损不同，所运用的方法可称作综合年限法。简单年限法和综合年限法同属于使用年限法，只是考虑机器设备的投入状况不同而已。

利用综合年限法估算设备成新率可以参考下列公式进行近似估算：

$$成新率=\frac{尚可使用年限}{加权投资年限+尚可使用年限}\times100\%$$

其中：

$$加权投资年限=\frac{\sum加权投资成本}{\sum投资成本}$$

$$加权投资成本=已使用年限\times100\%$$

【例4-16】 星海公司2005年购入一台设备，账面原始价值为30万元，2010年和2012年进行了两次技术更新改造，当年投资额分别为3万元和2万元。2015年底对该资产进行了资产评估，假设从2005年到2015年通货膨胀率为10%，该设备的尚可使用年限经检测和鉴定为7年。试计算该设备的加权投资年限和成新率。

计算步骤如下：

第一步，调整计算现行成本，如表4-3所示。

表 4—3 更新重置成本计算表

投资日期	原始投资额(元)	价格变动系数	现行成本(元)
2005 年	300 000	2.6	780 000
2010 年	30 000	1.61	48 300
2012 年	20 000	1.33	26 600
合　计	350 000		854 900

第二步,计算加权投资成本,计算过程如表 4—4 所示:

表 4—4 加权更新重置成本计算表

投资日期	现行成本(元)	投资年限	加权投资成本(元)
2005 年	780 000	10	7 800 000
2010 年	48 300	5	241 500
2012 年	26 600	3	79 800
合　计	854 900		8 121 300

第三步,计算加权投资年限:

$$\text{加权投资年限}=\frac{\sum\text{加权更新重置成本}}{\sum\text{更新重置成本}}=\frac{8\ 121\ 300}{854\ 900}\approx 9.5(\text{年})$$

第四步,计算成新率:

$$\text{成新率}=\frac{\text{设备尚可使用年限}}{\text{设备已使用年限}+\text{设备尚可使用年限}}\times 100\%=\frac{7}{9.5+7}\times 100\%=42\%$$

(二)观测分析法

观测分析法又称观察法,是评估人员根据对机器设备的现场观察和技术检测,在综合分析机器设备的已使用时间、使用状况、技术状态、维修保养状况、大修技改情况、工作环境和条件等因素的基础上,测定设备的成新率。

观测分析法的基本思路及过程如下:

第一步,确定和划分不同档次设备成新率的标准,一般是先确定"两头",即全新或投入使用不久、基本完好的设备和待淘汰处理报废的设备,然后根据设备评估工作的要求,在全新设备和待报废设备之间设若干档次,并规定不同档次设备的技术经济参数标准;

第二步,对被评估机器设备的使用时间、使用状况、利用率、技术状况、维修保养、大修理、工作环境等基本情况有充分的了解;

第三步,借助必要的检测手段,对被评估设备进行技术检测或鉴定;

第四步,根据掌握的情况以及鉴定的结果给被评估机器设备打分,并与标准分值相对照确定成新率。

机器设备成新率评估参考表(见表 4—5)是就一般设备成新率判断的经验数据,只供参考。在实际评判机器设备成新率时,应广泛听取设备操作人员、设备管理人员和维修人员对设备的介绍与评判,且不可将该表作为确定成新率的唯一标准。

表 4—5　　**机器设备成新率评估参考表**

类别	新旧情况	有形损耗率(%)	技术参数标准参考说明	成新率(%)
1	新设备及使用不久的设备	0～10	全新及使用不久的设备;在用状况良好,能按设计要求正常使用,无异常情况	90～100
2	较新设备	11～35	已使用1年以上或经过第一次大修恢复原设计性能使用不久的设备,在用状态良好,能满足设计要求,未出现较大故障	89～95
3	半新设备	36～60	已使用2年以上或大修后已使用一段时间的设备,在用状态较好,基本上能达到设备设计要求,需经常维修以保证正常的使用	40～64
4	旧设备	61～85	已使用较长时间或经过几次大修,目前仍能维持使用的设备;在用状态一般,性能明显下降,使用中故障较多,经维护能满足工艺要求,可以安全使用	15～39
5	待报废处理设备	86～100	已超过规定使用年限或性能严重劣化,目前已不能正常使用或停用,即将报废	<15

运用观察法估测机器设备的成新率,在具体操作中可采用以下两种具体方法:

1. 直接观测法

直接观测法是首先确定和划分不同档次的成新率标准,然后根据被评估对象实际情况,经观测、分析、判断,直接确定被评估机器设备的成新率。这种方法的特点是相对简便、省时、易行,但主观性强,精确度较差。一般适用于单位价值小、数量多、技术性不是很强的机器设备成新率的确定。

2. 打分法

打分法又称分部分项鉴定法,是先按机器设备的构成部分分项,按各项的价值比重或贡献度打分,然后根据对设备各部分实际状况的技术鉴定,通过打分来确定被评估机器设备的成新率。这种方法的特点是使单项设备的成新率的确定定量化,在一定程度上克服了主观随意性,使成新率的确定更加科学合理。下面以普通机床为例对这种方法加以具体说明。

在对机床采用打分法估测成新率时,首先把机床划分为机床精度、操作系统、运动系统、润滑系统、电器系统、外观及其他几个部分,并给定每个部分的标准分,然后对各部分进行观测或技术鉴定,在此基础上,对各部分实际状况打分。最后把各部分实得分数相加,即可得到被评估机床的成新率。具体情况如表 4—6 所示:

表 4—6　　**机器设备(机床)成新率鉴定表**

单位名称:　　　　评估基准日:

设备名称		规格型号		制造厂家	
购置时间		已使用年限		近期大修理日期/金额	
序号	项目	标准分	鉴定内容及实际情况		实际打分
1	机床精度	55	(1)几何精度,如溜板移动在垂直平面内的直线度、主轴锥孔中心线的径向跳动等指标是否达到设计及有关要求 (2)工作精度,如精车轴类零件外圆的圆度和圆柱度、精车端面的平面度等指标是否达到有关要求		

续表

<table>
<tr><td colspan="2">设备名称</td><td></td><td colspan="2">规格型号</td><td></td><td>制造厂家</td><td></td></tr>
<tr><td colspan="2">购置时间</td><td></td><td colspan="2">已使用年限</td><td></td><td>近期大修理日期/金额</td><td></td></tr>
<tr><td>序号</td><td>项目</td><td>标准分</td><td colspan="4">鉴定内容及实际情况</td><td>实际打分</td></tr>
<tr><td>2</td><td>操作系统</td><td>6</td><td colspan="4">变速及溜板操作手轮或手柄是否灵活轻便、丝杠与螺母之间的间隙是否过大</td><td></td></tr>
<tr><td>3</td><td>运动系统</td><td>8</td><td colspan="4">包括主轴箱、进给箱的齿轮传动系统，各部位轴承有无振动及发热，各滑动面有无拉伤</td><td></td></tr>
<tr><td>4</td><td>润滑系统</td><td>10</td><td colspan="4">润滑油泵出口压力是否达到额定值、油管是否有泄漏、油路是否畅通</td><td></td></tr>
<tr><td>5</td><td>电器系统</td><td>15</td><td colspan="4">电控箱中电流开断装置，如磁力启动器、交流接触器、空气断路器以及各种继电器触点有无烧损或接触不良，工作是否正常。电动机在运转中是否有发热、升温，超过正常值</td><td></td></tr>
<tr><td>6</td><td>外观及其他</td><td>6</td><td colspan="4">机床附件是否齐全，安全保护装置是否完好，外观有无锈蚀、碰伤及油漆剥落等</td><td></td></tr>
<tr><td colspan="2">合　计</td><td>100</td><td></td><td>成新率(%)</td><td colspan="3"></td></tr>
</table>

（三）修复金额法

修复金额法是以修复机器设备的实体有形损耗、使之达到全新状态所需要支出的金额，是计算被修复机器设备有形损耗的一种方法。这种方法假设机器设备所发生的实体性损耗是可以补偿的，则设备的实体性贬值就等于用以补偿实体性损耗所发生的费用。所用的补偿手段一般是修理或更换损坏部分。这种方法适用于具有特殊结构的机器设备的可修复性有形损耗的估算。可修复性有形损耗是指机器设备的有形损耗在技术上是可修复的，在经济上也是合算的，否则称为不可修复性损耗。可修复性损耗计算公式如下：

$$实体有形损耗率=\frac{设备修复费用}{设备重置成本}\times 100\%$$

$$成新率=1-实体有形损耗率$$

大多数情况下，机器设备的可修复性损耗与不可修复性损耗是并存的，需分别计算它们的贬值。

修复金额法在机器设备评估中广泛使用，特别是对定期需更换易损配件的机器设备，如纺织机械、生产线等设备成新率的计算更为适用。

【例4－17】 某公司一台数控机床已使用3年，因其电机质量存在问题，导致设备不能正常使用。该机床重置成本为200万元，经济使用寿命约20年，现该机床电机损坏，估计修复费用约20万元，其他部分工作正常。试确定该机床的实体性贬值额。

解：该设备同时存在可修复性损耗和不可修复性损耗，电机损坏是可修复性损耗，我们用修复金额法计算其贬值，贬值额等于机器的修复费用，约20万元；另外该机器已运行3年，我们用使用年限法来确定由此引起的实体性贬值。

所有实体性贬值的计算过程如下：

重置全价：200万元

可修复性损耗引起的贬值：20万元

不可修复性损耗引起的贬值：(200－20)×3/20＝27(万元)

该机床的实体性贬值总额：20＋27＝47(万元)

在使用修复金额法时，应注意修复费用中是否包含了机器设备更新改造的支出，以避免在功能性贬值计算中漏计或重计。

六、机器设备功能性贬值的估算

机器设备的功能性贬值主要是由于技术进步原因造成原有机器设备技术相对落后的价值贬值。主要表现为两种形式：第一种形式是由于新材料、新工艺、新设计、新技术等的运用，以及管理水平的提高，引起劳动生产率的提高，使得生产制造与原功能相同的设备相比成本降低，即原有机器设备中有一部分购建成本为超额投资，不被社会所承认，造成原有设备的价值贬值。第二种形式是由于技术进步出现了新的性能更好的设备，使原来的设备功能相对落后所引起的贬值。具体表现为在完成相同工作量的前提下，消耗的原材料、燃料、动力增加，形成了超额运营成本。

因此，设备的超额投资成本和超额运营成本是分析判断功能性贬值的基本依据。

（一）超额投资成本形成的功能性贬值的估算

设备的超额投资成本等于该设备的更新重置成本与其复原重置成本的差额，主要是由于新技术引起的布局、设计、材料、产品工艺、制造方法、设备规格和配置等方面的变化与改进，使购建新设备的成本比老设备的投资成本降低。其计算公式为：

功能性贬值＝设备复原重置成本－设备的更新重置成本

在评估中，如果可以直接确定设备的更新重置成本，则不需要再计算设备的复原重置成本，超额投资成本引起的功能性贬值也不需要单独计算。对于大部分通用设备，重置成本一般根据现行市场价格确定，这个价格已经反映了第一种形式的功能性贬值。

（二）超额运营成本形成的功能性贬值的估算

由于被评估机器设备在以后的尚可使用年限中，每年都会产生较新型机器设备更多的营运性费用，这些超额的营运性费用的折现值总和可以视为功能性贬值的数额，主要是由于技术进步，使原有设备与新式设备相比功能落后，运营成本增加。这些需考虑的营运性费用主要有原料、能源、其他物料耗费、操作员工的人工费、维修费和相关管理费等。

超额运营成本引起的功能性贬值一般按以下几个步骤测算：

(1)对被评估设备的运营报告和生产统计资料进行分析。这包括重点分析操作人员数量、维修保养人员数量，材料、能源和水电消耗，产量等方面，为估测评估对象未来的运营成本提供依据。

(2)估测被评估设备的剩余经济寿命。

(3)选择参照物，估测并分析在评估对象剩余经济寿命内，参照物与被评估对象在产量、成本方面的差异，并将参照物的未来年运营成本与被评估对象的未来年运营成本相比较，计算被评估对象的年超额运营成本。其计算公式为：

年超额运营成本＝评估对象的未来年运营成本－参照物的未来年运营成本

(4)将年超额运营成本扣减采用新设备生产的新增利润应缴的所得税，得到被评估设备的年净超额运营成本。其计算公式为：

年净超额运营成本＝年超额运营成本×(1－所得税税率)

(5)选择合适的折现率，把整个剩余经济寿命内的各年度净超额运营成本折成现值，其现值额就是功能性贬值额。其计算公式为：

功能性贬值＝年净超额运营成本×年金现值系数

【例 4—18】 某条待估生产线,正常生产时每年比新型生产线多耗电 6 000 度,每度电按 0.5 元计算。估计该生产线尚可使用 5 年,所得税税率为 25%,折现率为 8%。计算该生产线的功能性贬值。

(1)计算该生产线的年超额运营成本:

年超额运营成本=6 000×0.5=3 000(元)

(2)计算该生产线年净超额运营成本:

年净超额运营成本=3 000×(1－25%)=2 250(元)

(3)根据年净超额运营成本计算该生产线的功能性贬值:

功能性贬值=2 250×(P/A,8%,5)=2 250×3.992 7=8 984(元)

功能性贬值是在采用重置成本法评估机器设备时必须考虑的一个因素,超额投资成本和超额运营成本形成的功能性贬值一般应分别计算。设备的功能性贬值一般多发生在新兴产业、高技术产业以及进口设备上,此情况在评估时应加以关注。

七、机器设备经济性贬值的估算

机器设备的经济性贬值是因为设备外部因素引起的设备价值贬值。这些因素包括:国家出台有关能源、环保等方面的法律法规,对高能耗的机电产品强制淘汰,缩短了设备的正常使用寿命;国家对能耗设备加价收费等原因引起机器设备营运性费用提高;市场竞争加剧导致产品销售数量减少,从而引起设备开工不足、生产能力相对过剩等。

(一)经济性贬值估算的范围

设备经济性贬值的估算主要是以在评估基准日以后是否闲置、停用或利用不足为估算依据。经济性贬值的计算对象包括生产线或机组、大型重要设备等,对小型单台设备、季节性使用设备、辅助生产设备通常不单独计算经济性贬值。对于评估基准日后不再继续使用或无继续使用的设备不专门估算其经济性贬值。

(二)经济性贬值估算的方法

1. 因设备利用率降低导致的经济性贬值

当机器设备因外部因素(如经济衰退、产业结构调整、国家环保政策限制等)影响出现开工不足,致使设备的实际生产能力显著低于其额定或设计能力时,它的价值也就低于能充分利用时的价值。这种差别可用经济性贬值率来表示。

$$经济性贬值率=\left[1-\left(\frac{设备预计可被利用的生产能力}{设备原设计生产能力}\right)^{x}\right]\times 100\%$$

公式中,x 为规模效益指数,它的取值范围为 0.4～1.2。在机器设备评估中,x 的取值一般在 0.6～0.7 之间。

经济性贬值额=(重置成本－实体性贬值额－功能性贬值额)×经济性贬值率

【例 4—19】 星海公司某待估生产线,设计生产能力为每天生产钢材 40 000 千克,由于开工不足,每天只生产 30 000 千克。该生产线的重置成本为 150 万元,成新率为 80%。试估测该生产线的经济性贬值额(规模效益指数为 0.7)。

$$经济性贬值率=[1-(30\ 000/40\ 000)^{0.7}]\times 100\%=18.2\%$$

$$经济性贬值额=100\times 80\%\times 18.2\%=14.56(万元)$$

2. 因设备收益减少导致的经济性贬值

如果机器设备因外部因素变化所造成的纯收益的减少额能够计算的话,就可以直接将设

备继续使用期间的每年纯收益的减少额(损失额),按一定的折现率进行折现,然后累加求得经济性贬值。其计算公式为:

$$经济性贬值额=设备年收益减少额\times(1-所得税税率)\times(P/A,r,n)$$

公式中,$(P/A,r,n)$为年金现值系数。

【例4—20】 承【例4—19】,如果星海公司生产的钢材按设计产量生产的话,为使产品全部销售出去,销售价格就需由60元/千克降为50元/千克,假设被评估生产线尚可继续使用6年,折现率为10%,所得税率为25%,一年按360天算,计算待估生产线的经济性贬值额。

$$\begin{aligned}经济性贬值额&=40\ 000\times(60-50)\times360\times(1-25\%)\times(P/A,10\%,6)\\&=108\ 000\ 000\times4.355\ 3\\&=470\ 372\ 400(元)\end{aligned}$$

实际评估工作中,机器设备的功能性贬值和经济性贬值有时可以单独计算,有时则不能单独计算,这要分析设备的重置成本和成新率的测算中考虑了哪些因素。在评估过程中,要避免重评和漏评贬值因素。

任务三　市场法和收益法在机器设备评估中的应用

一、市场法

(一)市场法的概念

机器设备评估的市场法是根据市场上类似设备的交易价格资料,通过对评估对象和市场参照物各种因素的分析比较,找出差异因素,并调整差异对机器设备价值的影响,最终确定待估设备价值的方法。

(二)市场法的适用范围和前提条件

1. 市场法的适用范围

市场法主要适用于机器设备正常变现价值和非正常变现价值的估算,是一种非常简单、有效的方法。同时,市场法的运用与市场经济的建立和发展、资产的市场化程度密切相关。

2. 市场法的前提条件

应用市场法评估机器设备必须具备两个前提条件:

(1)需要一个充分发育、活跃的机器设备交易市场。充分发育、活跃的市场是运用市场法的基本前提。充分发育、活跃的设备交易市场应包括三种市场:①全新机器设备市场,它是常规性的生产资料市场;②二手设备市场,即设备的旧货市场;③设备的拍卖市场。

从地域角度来看,机器设备市场还可分为地区性市场、全国性市场和世界性市场,地域因素对机器设备的交易价格也会产生影响。

(2)与被评估设备相同或相类似的参照物设备能够找到。在设备市场中与被评估对象完全相同的资产是很难找到的,一般是选择与被评估设备相类似的机器设备作为参照物。参照物与被评估机器设备之间不仅在用途、性能、规格、型号、新旧程度方面应具有可比性,而且在交易背景、交易时间、交易目的、交易数量、付款方式等方面也应具有可比性,这是决定市场途径是否可行及其方法能运用与否的关键。

(三)市场法评估的基本步骤

用市场法评估机器设备的基本步骤包括以下方面:

1. 收集有关机器设备交易资料

运用市场法的首要工作就是在掌握被评估设备基本情况的基础上进行市场调查，收集与被评估对象相同或类似的机器设备的交易实例资料。

所收集的资料一般包括设备的交易价格、交易日期、交易目的、交易方式、交易双方情况、机器设备的类型、功能、规格型号、已使用年限、设备的实际状态等。对所收集的资料还应进行核实，确保资料真实性和可靠性。

2. 选取市场参照物

评估人员在了解评估对象的基本情况以后，要进行市场调查，收集参照物市场交易资料，根据评估目的选择市场参照物。

3. 进行因素比较修正

尽管评估人员在选择市场参照物时尽量做到待估对象与市场参照物比较接近，但是，被评估对象与参照物在交易情况、品牌、功能、新旧程度、交易日期上总是存在一定的差异。评估人员还必须对这些价值影响因素进行分析、比较，量化并调整差异影响。

(1)量化和调整交易情况的差异。机器设备的交易价格会受到供求状况、交易双方情况、交易数量和付款方式的影响。当待估设备与参照物在上述方面存在差异时，要进行修正和调整。其计算公式为：

$$\text{交易情况调整后价值}=\text{参照物交易价格}\times\frac{\text{正常交易情况值}}{\text{参照物交易情况值}}$$

(2)量化和调整品牌方面的差异。同一类型的设备由于生产厂家和品牌的不同，产品质量和销售价格也有差别。名牌产品质量好，价格高；一般产品质量差一些，价格也低。当待估设备与参照物在上述方面存在差异时，要进行修正和调整。其计算公式为：

$$\text{品牌差异调整后价值}=\text{参照物交易价格}\times\frac{\text{全新待估设备交易价格}}{\text{同型号全新参照物交易价格}}$$

(3)量化和调整功能方面的差异。机器设备规格型号及结构上的差异会集中到不同设备之间的功能差异上，如生产能力、生产效率和运营成本等方面的差异。运用经济规模效益指数法可以将待估设备与参照物在规格型号、结构和功能等方面的差异量化与调整。其计算公式为：

$$\text{功能差异调整后价值}=\text{参照物交易价格}\times\left(\frac{\text{评估对象设备生产能力}}{\text{参照物生产能力}}\right)^{x}$$

公式中，x 为规模效益指数，取值通常在 0.6～0.7 之间。

(4)量化和调整新旧程度方面的差异。评估时，待估设备与参照物在新旧程度上往往不一致，评估人员应对待估设备与参照物的使用年限、技术状态等情况进行分析，分别估测其成新率。然后，采用下列公式进行差异调整：

$$\text{新旧程度差异调整后价值}=\text{参照物交易价格}\times\frac{\text{待估设备成新率}}{\text{参照物成新率}}$$

(5)量化和调整交易日期的差异。如果参照物交易时的价格与评估基准日交易价格存在差异，可利用同类设备的价格指数进行调整。其计算公式为：

$$\text{交易日期调整后价值}=\text{参照物交易价格}\times\frac{\text{评估基准日同类设备价格指数}}{\text{参照物交易时同类设备价格指数}}$$

4. 确定被评估机器设备的评估值

对上述各差异量化调整后，可得出初步评估结果。再对初步评估结果进行分析，采用算术平均法或加权平均法确定最终结果。如果所选择的参照物的交易地点与待估设备不在同一地区，并且设备价格地区差异很大，还应对区域因素进行修正。

【例 4—21】 对某企业一台 1515 纺织机进行评估，评估人员经过市场调查，选择当地近几个月已经成交的 1515 纺织机的 3 个交易实例作为比较参照物。被评估对象及参照物的有关资料如表 4—7 所示：

表 4—7　　某企业 1515 纺织机及其评估参照物的有关资料

项　目	参照物 A	参照物 B	参照物 C	被评估对象
交易价格	10 000 元	6 000 元	9 500 元	
交易状况	公开市场	公开市场	公开市场	公开市场
生产厂家	上海	济南	上海	沈阳
交易时间	6 个月前	5 个月前	1 个月前	
成新率	80%	60%	75%	70%

评估人员经过对市场信息进行分析得知，3 个交易实例都是在公开市场条件下销售的，不存在受交易状况影响使价格偏高或偏低现象，影响售价的因素主要是生产厂家(品牌)、交易时间和成新率。

(1)生产厂家(品牌)因素分析和修正。经分析，参照物 A 和参照物 C 是上海一家纺织机械厂生产的名牌产品，其价格与一般厂家生产的纺织机相比高 25%左右。则参照物 A、B、C 的修正系数分别为：100/125、100/100、100/125。

(2)交易时间因素分析和修正。经分析，评估时该类设备的价格水平与参照物 A、B、C 交易时相比，分别上涨了 18%、15%、3%。则参照物 A、B、C 的修正系数分别为：118/100、115/100、103/100。

(3)成新率因素分析和修正。根据公式：成新率修正系数＝被评估对象成新率/参照物成新率，参照物 A、B、C 成新率修正系数分别为：70/80、70/60、70/75。

(4)计算参照物 A、B、C 的因素修正后价格，得出初评结果。

参照物 A 修正后的价格为：$10\ 000\times\frac{100}{125}\times\frac{118}{100}\times\frac{70}{80}=8\ 260$(元)

参照物 B 修正后的价格为：$6\ 000\times\frac{100}{100}\times\frac{115}{100}\times\frac{70}{75}=8\ 050$(元)

参照物 C 修正后的价格为：$9\ 500\times\frac{100}{125}\times\frac{103}{100}\times\frac{70}{75}=7\ 306$(元)

(5)确定评估值。对参照物 A、B、C 修正后的价格进行简单算术平均，求得被评估设备的评估值为：

$$(8\ 260+8\ 050+7\ 306)\div 3=7\ 872(\text{元})$$

(四)市场法中的比较因素

在使用市场法评估的过程中，很关键的一项工作是将参照物与评估对象进行比较。在比较之前，评估人员首先要判断哪些因素能影响机器设备的价值。

一般来讲，设备的比较因素可分为四大类，即个别因素、交易因素、时间因素和地域因素。

1. 个别因素

机器设备是由零部件组成,能够完成某种特定功能的实体组合。机器设备的个别因素一般应包括结构、形状、尺寸、性能、生产能力、安装方式、质量、经济性等。这些因素的差异导致机器设备价值的不同。在实际评估中,使用市场比较法的设备一般为标准设备,这些设备是按照标准化、系列化的原则设计生产的,设备的名称、规格型号、制造厂家等决定了设备的唯一性,即相同名称、规格型号和制造厂家等的设备是相同的。

2. 交易因素

设备的交易因素包括市场状况、交易动机及背景、交易数量。不同的市场状况、交易动机及背景都会对设备的出售价格产生影响,如以清偿债务、破产清算为目的的出售,其售价往往低于正常的交易价格。另外,交易数量也是影响设备售价的一个重要因素,批量购买的价格一般要低于单台购买。

(1)市场状况。它主要指市场供求关系。评估人员应了解被评估设备市场目前是买方市场还是卖方市场,并确定可能对设备价值的影响。

(2)交易动机及背景。不同交易动机及背景都会对设备的出售价格产生影响,如清偿债务和快速变现时,售价往往低于正常交易价格。

(3)交易数量。交易数量越多,越能享受到一定程度上的价格折扣。

3. 时间因素

不同交易时间的市场供求关系、物价水平等也会有不同,评估人员应选择与评估基准日最接近的交易实例,并对参照物的时间影响因素作出调整。

4. 地域因素

由于地区、市场供求条件等因素的不同,设备的交易价格也会受到一定的影响,参照物应尽可能与评估对象在同一地区。如评估对象与参照物存在地区差异,则需要作出调整。评估师在评估时要根据评估对象的性质确定比较因素,因为每一台机器设备所反映的信息繁多,评估师在处理这些信息时要按对价值的影响程度进行筛选,不能漏掉任何可能对价值产生重要影响的信息,但要忽略一些对价值没有影响或影响较小的信息。

(五)直接比较法

这种方法是把委托评估机器设备和与之基本相同的市场参照物进行比较,进而确定委托评估机器设备的价值。直接比较法应用简单,也最能客观反映设备的市场价值。

这种方法可用以下公式表示:

评估价值=参照物的市场价值+差异调整

【例4—22】 某公司需要评估一辆红旗轿车。评估师从市场上获得的市场参照物在型号、购置时间、行驶里程、发动机、底盘及各主要系统的状况与被评估车辆基本相同。区别之处在于:①被评估车辆的前门有破损,需要维修,维修费用大约为1 000元;②被评估车辆后加装音响一套,价值2 000元;③刚刚对参照物车内进行了装饰,费用为4 000元。若该参照物的市场售价为122 000元,求该辆红旗轿车的评估价值。

评估价值=参照物的市场价值+差异调整

=122 000−1 000+2 000−4 000

=119 000(元)

使用直接比较法的前提是评估对象与市场参照物基本相同,需要调整的项目较少,差异不大;并且差异对价值的影响可以直接确定,否则无法使用直接比较法。上例中,如果参照物的购置年代不同、型号有差异、行驶里程差别也很大,则不能使用直接比较法。

（六）相似比较法

这种方法是将类似的参照物的分析作为估值基础，比较的基础是它的效用，如尺寸、能力等。为了减少比较调整的工作量，减少调整时因主观因素产生的误差，所选择参照物应尽可能与评估对象相似。在时间上，参照物的交易时间应尽可能接近评估基准日；在地域上，尽可能与评估对象在同一地区；在可比性上，评估对象与参照物应具有较强的可比性，实体状态方面比较接近。

【例 4－23】 被评估机器设备为 A 反应炉，一次添加矿物量为 8 吨/天，反应温度为 1 000℃。市场参照物为 B 反应炉，一次添加矿物量为 10 吨/天，反应温度为 940℃，售价为 605 万元，使用年限及实体状况与被评估对象相同，该类型反应炉的规模经济效益指数为 0.96。试计算被评估对象的评估价值。

评估价值＝(被评估设备的能力÷参照物的能力)×参照物市场价值

＝(8÷10)×605

＝484(万元)

（七）成本百分率比较法

这种方法是估算设备在销售时售价与当时重置成本的比值，也称为折扣率法。通过对大量市场信息的分析，得到同类型设备的使用年限与售价、重置成本之间存在的关系。即同一类型的机器设备，当使用年限相同时，它们的售价与重置成本之间的比例是很近似的。根据这个规律，评估人员可通过统计分析的方法来建立使用年限与售价、重置成本之间的关系，据此评估在市场上无法找到基本相同或者类似参照物的机器设备。

二、收益法

收益法是通过测算由于获取资产所有权而带来的未来收益的现值来评估资产价值的一种方法。

收益法要求被评估对象应具有独立的、连续可计量的可预期收益的能力。该评估思路对于单台机器设备评估通常是不适用的，因为要想分别确定各台设备的未来收益相当困难。如果把若干台机器设备组成生产线，作为一个整体生产出产品，它们就能为企业创造收益。在这种情况下，可以用收益途径及其方法对这一组能产生收益的资产进行评估。其计算公式为：

$$P=\sum_{i=1}^{n}\frac{R_i}{(1+r)^i}$$

公式中，P 为评估值，R_i 为设备第 i 年产生的净收益，r 为折现率。

一般来讲，大部分单项设备不具有独立获利能力，所以，对单项设备通常不采用收益法评估。对于自成体系的成套设备、生产线和可以单独作业的车辆等设备，可以采用收益法进行评估。

【例 4－24】 对星海公司的一台机床进行评估。该机床使用寿命为 5 年，预计每年的净收益分别为 20 万元、50 万元、80 万元、70 万元和 60 万元。假定折现率为 10%，用收益法计算该机床的价值。

$$P=\sum_{i=1}^{n}\frac{R_i}{(1+r)^i}=\frac{20}{1+10\%}+\frac{50}{(1+10\%)^2}+\frac{80}{(1+10\%)^3}+\frac{70}{(1+10\%)^4}+\frac{60}{(1+10\%)^5}$$

$$=20\times0.909\,1+50\times0.826\,4+80\times0.751\,3+70\times0.683\,0+60\times0.620\,9$$

$$=204.67(\text{万元})$$

对于租赁的设备，其租金就是收益。为估测租金多少，可以进行市场调查，分析比较可比的租赁设备的租金，经调整后得到被评估设备的预期收益，调整的因素可能包括时间、地点、规格和役龄等。当设备的收益为等额时，其计算公式为：

$$P=\frac{A}{r}\left[1-\frac{1}{(1+r)^n}\right]$$

公式中，P 表示机器设备评估值，A 表示被评估机器设备的预测收益，r 表示折现率，n 表示机器设备的收益年限。

【例 4—25】 运用收益法评估租赁设备价值。有关资料如下：

(1)被评估设备为租赁公司的一台机床，评估基准日以前的年租金净收入为 19 500 元。评估人员根据市场调查，与被评估设备规格型号相同、地点相同、新旧程度大致相同的设备的平均年净租金为 20 000 元。

(2)评估人员根据被评估设备的现状，确定该租赁设备的收益期为 10 年，假设收益期后该设备的残值忽略不计。

(3)评估人员通过对类似设备交易市场和租赁市场的调查，得到的市场数据如表 4—8 所示：

表 4—8

市场参照物	设备的使用寿命(年)	市场售价(元)	年净收益(元)	投资回报率(%)
A	10	84 610	21 000	24.82
B	10	83 700	20 000	23.89
C	8	76 500	19 000	24.84

根据 3 个市场参照物的投资回报率以及对 3 个参照物的分析，显示折现率在 23.89%～24.84%之间，平均值为 24.5%。

根据上述资料，该设备的评估值约为：

$$P=\frac{A}{r}\left[1-\frac{1}{(1+r)^n}\right]=\frac{20\ 000}{24.5\%}\times\left[1-\frac{1}{(1+24.5\%)^{10}}\right]\approx 72\ 509(\text{元})$$

需要说明的是，在采用成本法和市场法对机器设备评估时，往往不能测定经济性贬值的全部影响，因为采用成本法和市场法评估时都是把机器设备作为企业整体的一个部分来看待，以单台、单件的机器设备作为评估的具体对象，而收益途径及其方法估价却是把机器设备作为一个具有获利能力的整体来看待，是以盈利能力为基础的，反映的是经济有效地运用所有资产的结果。

资产价值的波动和差异，正是反映了如利率升降、通货膨胀、竞争、需求变化、市场热点转移、经营成本增加、利润率降低等因素，这些都是无法用成本法和市场法全面充分估测出来的。而要充分考虑到所有这些因素的最佳途径就是利用收益途径及其方法进行评估。

★★★ 应知考核 ★★★

一、单项选择题

1. 运用修复金额法估测成新率适用于(　　)。

A. 所有机器设备
B. 具有特殊结构及可补偿性有形损耗的设备
C. 具有特殊结构及在技术上可修复的有形损耗的设备
D. 具有特殊结构及不可补偿性有形损耗的设备

2. 进口设备的外贸手续费的计算基数是(　　)。
A. 到岸价　B. 到岸价+关税　C. 离岸价　D. 离岸价+海运费

3. 在同时计算某台机器设备的复原重置成本和更新重置成本时,两者相同的方面在于(　　)。
A. 工艺　B. 设计　C. 材料　D. 价格

4. 运用物价指数法估算设备的重置成本,只考虑了(　　)。
A. 时间因素　B. 地域因素　C. 功能因素　D. 技术因素

5. 复原重置成本与更新重置成本在金额大小上的关系为(　　)。
A. 前者大于后者　B. 前者小于后者
C. 前者等于后者　D. 前者与后者在金额大小上关系不确定

6. 机器设备评估中,采用的物价指数首选的是(　　)。
A. 整个工业设备的物价指数　B. 同一时期的定基物价指数
C. 同一大类设备的物价指数　D. 同一厂家设备的物价指数

7. 设备的实体性贬值率等于(　　)。
A. 1-成新率　B. 成新率-1　C. 1+成新率　D. 1÷成新率

8. 由于外部因素而不是设备内部因素所引起的,达不到原有设计生产能力而导致的贬值,称为(　　)。
A. 功能性贬值　B. 技术性贬值　C. 实体性贬值　D. 经济性贬值

9. 物价指数法一般只能用于确定设备的(　　)。
A. 复原重置成本　B. 更新重置成本　C. 实体贬值　D. 功能性贬值

10. 学校、专用机器设备等资产的价值评估,一般适宜选用(　　)。
A. 成本法　B. 收益法　C. 市场比较法　D. 残余法

二、多项选择题

1. 重置成本的估算方法有(　　)。
A. 物价指数法　B. 功能价值法
C. 规模经济效益指数法　D. 重置核算法

2. 运用市场法评估机器设备时,应对被评估机器设备与参照物进行比较,比较因素包括(　　)。
A. 个别因素　B. 交易因素　C. 地域因素　D. 时间因素

3. 设备成新率的估测通常采用(　　)进行。
A. 使用年限法　B. 修复金额法　C. 观测分析法　D. 功能价值法

4. 当利用参照物及比较法估测被评估机组的重置成本时,需调整的重要参数有(　　)。
A. 设备所在地与参照物所在地的地区因素,包括交通条件和周围环境等
B. 设备的生产能力因素,包括年产量、单位时间产量
C. 设备交易的时间差别因素

D. 被评估设备所在地与参照物所在地同设备供应地的距离和交通条件

5. 设备的功能性贬值通常表现为(　　)。

A. 超额重置成本　B. 超额投资成本　C. 超额运营成本　D. 超额更新成本

6. 能采用收益法评估的设备主要有(　　)。

A. 单台设备　B. 成套设备　C. 通用设备　D. 生产线

7. 价格指数法适用于(　　)设备重置成本的估测。

A. 无账面原值的　B. 无现行购置价的

C. 无财务核算资料的　D. 无参照物的

8. 采用市场观察法评估机器设备的实体性贬值时,应收集的信息包括(　　)。

A. 设备的现行技术状态　B. 设备的实际已使用时间

C. 设备的原始制作质量　D. 设备的工作环境和条件

9. 实体性贬值的估算方法有(　　)。

A. 观察法　B. 经济使用年限法　C. 使用年限法　D. 修复费用法

10. 复原重置成本与更新重置成本的相同之处在于运用(　　)。

A. 相同的功能效用　B. 相同的建造技术标准

C. 资产现时价格　D. 相同的设计

三、判断题

1. 机器设备的已提折旧年限就是机器设备的已使用年限。(　　)

2. 已提完折旧的设备的成新率为零。(　　)

3. 利用物价指数法评估设备的重置成本是有一定局限性的。(　　)

4. 进口设备的 FOB 价加上途中保险费等于进口设备的 CIP 价。(　　)

5. 各种机器设备原始成本的费用构成都是相同的。(　　)

6. 设备利用率小于 1,表明设备实际已使用年限小于名义已使用年限。(　　)

7. 设备的重置成本是指在评估时点再获取全新设备的取得成本。(　　)

8. 设备的有形损耗率=1/设备成新率。(　　)

9. 只要设备的利用率下降,设备就一定存在经济性贬值。(　　)

10. 以设备的更新重置成本作为评估的基础,可以不考虑设备因有超额投资成本形成的功能性贬值。(　　)

四、思考与讨论

1. 简述机器设备评估的特征。

2. 简述影响机器设备评估价值的基本因素。

3. 简述机器设备评估的程序。

4. 简述机器设备功能性贬值和经济性贬值如何估算。

5. 简述机器设备有形损耗(实体性贬值)的估算方法。

五、主要概念

机器设备　原始成本　重置全价　成新率　规模经济效益指数法　物价指数法　定基物价指数　环比物价指数　观察法　修复金额法

★★★ 应会考核 ★★★

一、案例题

1. 某企业欲将其拥有的一项设备与国外企业合资，需要对该设备的价值进行评估。评估基准日为2015年10月8日，具体资料如下：该设备账面原值为270万元，净值为108万元，年产量为10 000件，按财务制度规定该设备折旧年限为30年，已计折旧年限为20年。经调查分析确定：按现在市场材料价格和工资费用水平，新建造相似构造设备的全部支出为480万元，年产量为15 000件；统计数据表明该类设备的规模经济效益指数为0.7。经查询原始资料和企业记录，该设备截至评估基准日的法定利用时间为57 600小时，实际累计时间为50 400小时。经专业人员勘察估算，该设备还能使用8年。又知该设备由于设计不合理，造成耗电量大、维修费用高，与现在同类标准设备相比，每年多支出运营成本3万元。已知该企业所得税税率为25%，评估选定的折现率为5%。

案例思考

试根据上述资料，请采用成本法对该案例的设备进行评估分析。

2. 被评估对象为甲企业于2012年12月31日购入的一台设备，该设备生产能力为年产100万件，设计使用年限为10年，当时的设备价格为120万元。甲企业在购入该设备后一直未将该设备安装使用，并使设备保持在全新状态，评估基准日为2015年12月31日。

经评估人员调查获知，目前该设备已经改型，与改型后的设备相比，被评估设备在设计生产能力相同的条件下，需要增加操作工人2名，在达到设计生产能力的条件下，每年增加设备运转耗费4万元。同时，由于该设备生产的产品市场需求下降，要使产品不积压，每年只能生产80万件。经调查，根据有关规定，该种设备自投入使用之日起，10年必须报废；该类设备的规模经济效益指数为0.8；评估基准日之前5年内，该设备的价格指数每年递增4%；行业内操作工人的平均人工费用为每人每月2 200元（含工资、保险费、福利费），行业适用折现率为10%，企业所得税税率为25%。

案例思考

试根据上述资料，请对该设备于评估基准日的评估值进行分析。

3. 被评估机组为5年前购置，账面价值为20万元人民币，评估时该类型机组已不再生产，已经被新型机组所取代。经调查和咨询了解到，在评估时点，其他企业购置新型机组的取得价格为30万元人民币，专家认定被评估机组与新型机组的功能比为0.8，被评估机组尚可使用8年。假定其他费用可以忽略不计。

案例思考

试根据所给条件，请分析：

(1)估测该机组的现时全新价格；

(2)估算该机组的成新率；

(3)估算该机组的评估值。

二、专业技能题

1. 拟对某企业的一台外圆磨床进行评估，其购建于2005年，原始购置成本为100万元，评估基准日为 2014 年 11 月 11 日，已知 2005 年与 2014 年该类设备定基物价指数分别为 150%和 195%。试估算该设备的重置成本。

2. 某被评估化工设备，生产能力为月产 20 吨。评估时，市场上已没有相同生产能力的化工设备，但有新型同类化工设备，市场售价为 150 万元，生产能力为月产 30 吨；经测算，该类设备的规模经济指数为 0.65。求被评估化工设备的重置成本。

3. 欲评估某企业的一台万能车床，此车床按现行的市价每台为 78 000 元，运杂费为 800 元，安装调试费中原材料费为 520 元，人工费为 400 元。据统计，同类设备安装调试的间接费用为人工费的 80%。试估算该车床的重置成本。

4. 某进口设备，评估基准日时的 FOB 价为 105 万美元，美元兑人民币汇率为 6.81，安装费为 436 275 元，计算该设备的重置成本。

5. 某台车式电阻炉，政府规定的可比单耗指标为 650 千瓦小时/吨，该炉的实际可比单耗为 730 千瓦小时/吨，电阻炉的年产量为 1 500 吨，电单价为 1.2 元/千瓦小时，政府规定超限额 10%～20%的加价 2 倍，预计该电阻炉尚可使用 5 年，适用折现率为 10%。试计算因政府对超限额耗能加价收费而增加的年运营成本及相关经济性贬值额。

6. 某药品生产线原设计生产能力为 5 000 吨/年。目前，由于新产品出现，市场对老产品需求减少，造成设备开工不足，现在生产线实际年产量为 3 000 吨。统计数据表明，该类生产线的规模经济效益指数为 0.6。试求该生产线的经济性贬值率。

7. 某企业的一条空调生产线年产空调量为 3 000 000 台，由于第 2 年空调市场竞争激烈导致平均每台空调降价 350 元，经评估人员预测该生产线尚可使用 5 年，假设行业投资报酬率为 8%。试估测该生产线的经济性贬值额。

8. B 设备于 5 年前购置，账面价值为 30 万元。评估时该型号的设备已不再生产，被新型设备所取代。经调查了解，评估时其他公司购置新型设备的价格为 40 万元。评估人员从功能上鉴定：B 设备与新型设备生产能力之比约为 0.8；B 设备剩余使用年限为 8 年。其他费用忽略不计。要求(计算结果以万元为单位，小数点后保留两位)：

(1)估算 B 设备的重置成本；

(2)估算 B 设备的成新率；

(3)估算 B 设备的评估价值。

9. 评估对象为某企业 2012 年购进的一条生产线，账面原值为 150 万元。2015 年进行评估，经调查分析确定，该生产线的价格每年比上一年增长 10%，经专业人员估算认为，该资产还能使用 6 年。又知，目前市场上已出现功能更先进的此类设备并被普遍运用，新设备与评估对象相比，可节省人员 3 名，每人的月工资水平为 2 000 元。此外，由于市场竞争的加剧，使该生产线开工不足，由此造成收益损失额每年为 20 万元(所得税税率为 25%，假定折现率为 10%)。要求根据上述资料，采用成本法对该资产进行评估。

10. 现有一台与评估资产 X 设备生产能力相同的新设备 Y，使用 Y 设备比 X 设备每年可节约材料、能源消耗和劳动力等约 60 万元。X 设备的尚可使用年限为 5 年，假定年折现率为 10%，该企业的所得税税率为 40%。求 X 设备的超额运营成本。

三、综合题

1. 星海公司 2012 年 6 月 1 日购入挖掘机一台，评估人员准备对该挖掘机 2014 年 6 月 1 日的价值进行评估。通过对该设备考察，以及对市场同类设备交易情况的了解，选择了两个与被评估设备相类似的近期成交的设备作为参照物。参照物与被评估设备的有关资料如表4－9所示：

表 4－9　　参照物与被评估设备的有关资料

序号	经济技术参数	计量单位	参照物 A	参照物 B	被评估对象
1	交易价格	元	600 000	700 000	
2	销售条件		公开市场	公开市场	公开市场
3	交易时间		2014 年 12 月 1 日	2015 年 3 月 1 日	
4	生产能力	立方米/年	50 000	80 000	60 000
5	已使用年限	年	9	9	9
6	尚可使用年限	年	12	12	12
7	成新率	%	60	70	70

另据调查：自评估基准日前一年起，同类设备价格变化情况是每月上升 0.5%左右；设备的功能与其市场售价呈正比例关系。试用市场途径评估该挖掘机在 2015 年 6 月 1 日的价值。

2. 对星海公司一台通用机床进行评估，评估人员经过市场调查，选择本地区近几个月已经成交了 3 个交易实例作为参照物，被评估对象及参照物的有关资料如表 4－10 所示：

表 4－10　　被评估对象及参照物的有关资料

经济技术参数		参照物 A	参照物 B	参照物 C	被评估对象
交易价格		186	155	168	
因素修正	交易状况	105	98	103	100
	品牌因素	102	100	102	100
	功能因素	99	101	98	100
	价格指数	110%	112%	108%	125%
	成新率	80%	70%	75%	70%

要求：根据上述条件，计算参照物 A、B、C 的因素修正后价格，得出初评结果，确定该机床的评估值。

★★★ 实训操作 ★★★

【实训项目】

机器设备的评估。

【实训学时】

1 学时。

【实训内容】

机器设备评估的基本程序及评估方法的应用。

【实训目的】

掌握不同的评估方法在机器设备中的应用,并加以区别。

【实训反思】

1. 掌握机器设备评估的基本程序以及评估过程的不同阶段应注意的问题。
2. 掌握成本法在机器设备评估中的应用,实践重置成本在不同情况下的不同计算方法。
3. 机器设备的实体性贬值、功能性贬值和经济性贬值的区别与测算方法。
4. 市场法在机器设备评估应用中应注意的问题。
5. 收益法在机器设备评估应用中应注意的问题。

项目五　房地产评估

知识目标

理解：房地产评估的概念和特点、房地产评估的各种方法。

熟知：在评估房地产时的基本思路及方法的适用范围、计算公式、操作步骤。

掌握：市场法、成本法、收益法、路线价法、基准地价修正法在房地产评估中的应用。

能力目标

学生在掌握房地产评估基本方法理论的基础上，能够学会用合理的方法对房地产进行评估，并灵活地运用各种方法。

素质目标

通过本项目的学习，加强学生对房地产评估的基本认识，明确房地产评估的基本内容、特点，充分地理解和认识成本法、市场法、收益法与其他方法在房地产评估中的应用。

情境引入

2015 年 11 月评估人员对大连万达广场未名山房地产进行评估，可比实例房地产的交易价格为 20 000 元/平方米，经调查了解，其交易价格与正常交易价格相比偏高 5%，则修正后的正常交易价格为多少？如果可比实例房地产的交易价格比正常交易价格偏低 2%，则修正后的正常交易价格为多少？

上述提到的是房地产评估案例。那么，什么是房地产评估？房地产评估有什么特点？房地产评估的方法如何应用？需要使用哪些数学公式？通过本项目的学习，你将得到解答。

任务一　房地产评估概述

一、房地产的概念及其特征

（一）房地产的概念

房地产是土地和房屋财产的合称，通常又称不动产。房地产的概念有狭义和广义两种。

狭义的房地产是指土地、建筑物及其他地上附着物，包括物质实体和依托于物质实体的权益。其中，土地是指地球表面及其上下一定范围的空间；建筑物是指人工建筑而成，由建筑材料、建筑构配件和设备等组成的整体物；其他地上附着物是指固定在土地或建筑物上，与土地、建筑物不能分离，或者能够分离，但是分离不经济，或者分离后会破坏土地、建筑物的完整性；使用价值受到明显损害的植物或人工建筑等。

广义的房地产除上述内容外，还包括诸如水、矿藏、森林等自然资源。

（二）房地产的特征

1. 房地产的自然特征

房地产的自然特征源于土地的自然特性。土地是房屋的物质载体，土地的特性一定会通过房地产表现出来。房地产的自然特征表现如表5－1所示：

表5－1　房地产的自然特征

自然特征	说　明
位置固定性	房屋固着在土地上，相对位置固定不变
质量差异性	土地的位置不同，造成了土地之间的自然差异，同时也造成了房地产之间的效用差异
使用长期性	如果合理使用，土地可以永续利用，且建筑物的使用年限达数十年

2. 房地产的社会经济特征

房地产的社会经济特征表现如表5－2所示：

表5－2　房地产的社会经济特征

社会经济特征	说　明
供求区域性	土地位置的固定性决定了房地产具有区域性的特点
供给的相对垄断性	我国土地所有权和使用权的垄断性决定了房地产供给的相对垄断性
利用的多方向性	土地的用途是多样的，建筑物的用途在某种意义上也具有转换的可能性，因此，房地产利用的多方向性客观上要求在合法的前提下确定房地产的最佳用途
效益的级差性	土地质量的差异性使不同区位土地的生产力不同，房地产利用的多方向性使其在经济效益上具有级差性
政策限制性	房地产市场受国家和地区政策影响较大，城市规划、土地利用规划、土地用途管制、住房政策、房地产信贷政策、房地产税收政策等都会对房地产的价格产生直接或间接的影响

3. 房地产的价值特征

在我国，土地公有制使得国家在土地所有权和使用权上占据了垄断地位，进而房地产市场较其他国家也比较特殊，形成了土地和房产的两级市场，即一级市场和二级市场。

（1）土地的两级市场。土地使用权的一级市场是由政府主导的市场，政府的主导作用集中体现在一级土地市场上。我国国有土地使用权可以转让，因此，一级土地市场是政府土地使用权出让的市场。国有土地使用权出让是指国家以土地所有者的身份将国有土地使用权在一定年限内让与土地使用者，并由土地使用者向国家支付土地使用权出让金的行为。国有土地使用权出让可以采取协议、招标、拍卖和挂牌的方式。

土地使用权价格按照土地使用用途的不同和使用年限的长短区分为各种年限的使用权价格，其出让的最高年限由国务院按下列用途确定：居住用地70年（可以无限续展）；工业用地50年；教育、科技、文化、卫生、体育用地50年；商业、旅游、娱乐用地40年；综合或者其他用地50年。

土地使用权的二级市场是土地使用权的再转让市场，即已经从政府取得土地使用权的企业、单位和个人将土地使用权再转让的市场。

（2）房产的两级市场。房产也有两级市场，房产的一级市场是房产的建造市场，房产的二级市场是房产的交易市场。

既然房产存在着两级市场，房产的市场价格或价值就自然存在着两个级次：第一个级次包括一级土地市场价格或价值，以及房产建造价格或价值；第二个级次包括二级土地市场价格或价值，以及二级房产市场价格或价值。

由于房产评估立足于房产的二级市场，评估人员需要知晓存在一级土地市场价格或价值、一级房产建造价格或价值，不要混淆了房产的一级市场和二级市场，以及房产的一级市场价值和二级市场价值。

房产的二级市场是一个较为丰富的市场，房产的二级市场包括了转让市场、租赁市场、抵押市场、拍卖市场等。房产二级市场的多样性决定了房产价值的多样性，房产价值具有以下基本特征：房产价值是房产的权益价值；房产价值与其用途和效用相关；房产价值具有个别性和区域性。

二、房地产评估的概念、特点和目的

（一）房地产评估的概念

房地产评估是指专业评估人员，根据评估目的，遵循评估原则，按照评估程序，选用适宜的评估方法，并在综合分析影响房地产价格因素的基础上，对房地产在评估时点的价值进行分析、估算并发表专业意见的行为和过程。

房地产评估即房地产估价，是对房地产价值的评估，不包含房地产质量、等级评估，也不包含房地产制度政策评估、房地产企业资信评估等。

对于房地产评估，不同领域、不同国家有不同的称谓：我国资产评估领域称房地产评估，房地产领域称房地产估价；美国称 real estate appraisal；英国称 property valuation；日本和韩国称不动产鉴定评价，简称不动产鉴定；我国台湾地区称不动产评估，也有称不动产鉴定或不动产鉴价；我国香港地区通常称物业评估。

为正确理解房地产评估需要明确以下问题：①房地产评估是科学与艺术的有机结合；②房地产评估是房地产评估专业人员对客观存在的房地产价格的揭示和表达；③任何评估都是为一定的评估目的服务的；④价值类型必须与评估目的等相关条件符合；⑤科学的评估必须遵循一定的原则和程序；⑥必须选择科学而适当的评估方法；⑦充分占有与评估房地产相关的资料，深入分析影响房地产价格的因素；⑧评估结果是某一评估时点的结果。

（二）房地产评估的特点

房地产评估是专业评估人员根据评估目的和执业规范要求，对房地产在评估时点的价值进行估算和判定的活动。房地产自身的特点决定了房地产评估具有以下特点：

1. 房地合估

从房地产存在的形态来看，房地产是依托于一定的土地之上的，土地开发成本蕴含在房产价值之中，土地使用价值通过房地产来反映。房地产的价格很大程度上受房产环境质量的影响，但决定环境质量的不仅仅是房产建筑本身，还与地产的不可位移性相关。因此，尽管房产和地产是可以加以区分的评估对象，而且土地使用权可以独立于房产而存在，但是由于两者在使用价值上的相互依存和价格形成中的内在联系，要求在评估中把两者作为相互联系的对象进行综合评估。我国现行的法律也规定，土地和房屋应同时转让或抵押。

2. 以房地产最佳使用为评估前提

在充分活跃的市场条件下，通过竞争可以使房地产达到最佳使用，包括房地产的最佳用途、最佳使用强度和最佳效益。站在房地产权利人的角度考虑，希望获得房地产最大收益或达到最佳使用效果是合理的要求。在房地产评估过程中，评估人员应充分考虑房地产现时的用途和利用方式，以及房地产是否具有最佳使用的可能性、实现的途径，并以房地产最佳使用作为评估前提。房地产的最佳使用必须是在法律、法规允许的范围内，以及在城市规划的约束条件下进行。

3. 建筑物产权受到土地使用权年限的制约

建筑物存续期虽然不能说是永续的，但是建筑物一经建成，其寿命一般可达几十年甚至上百年。我国城镇土地使用权是有期限的，并且政府规定土地使用权期满，土地使用权及其地上建筑物、其他附着物所有权由国家无偿取得。因此，在评估建筑物时，必须注意建筑物的年限与土地使用权的吻合程度，当建筑物的剩余年限大于土地使用权的剩余年限时，只能以土地使用权剩余年限为准来评估建筑物的价值。

(三)房地产评估的目的

房地产评估的目的是指房地产评估结果的期望用途。通常分为一般目的和特定目的。

1. 房地产评估的一般目的

房地产评估的一般目的，可以理解为房地产评估的基本目标。如果撇开房地产评估结果的具体用途或引起评估的具体经济行为，其共性就是对房地产的客观合理价值进行判断或评定估算。评定估算出房地产在各种条件下的公允价值(客观合理价值)是房地产评估的一般目的。

2. 房地产评估的特定目的

房地产评估的特定目的，即引起房地产评估的经济行为，或房地产评估结果的具体用途。房地产评估的特定目的是房地产评估一般目的的具体化。

房地产评估目的主要有以下几个方面：①房地产交易；②房地产抵押、典当；③房地产保险和损害赔偿；④房地产课税；⑤房地产征用、拆迁、补偿；⑥房地产纠纷、涉案中鉴定相关涉案金额；⑦企业合资、合作、合并、兼并、分立、买卖、租赁经营、承包经营、改制、上市、破产清算等；⑧房地产投资；⑨为政府进行房地产管理提供相关房地产的价格信息。

三、房地产评估的原则

(一)预期原则

应根据房地产未来的预期指标(如收益等)，判定房地产现实状况(如价值等)。预期收益是对房地产将来所能产生收益的预期或对未来价格的预期。因此，房地产价格的评估需要的不是过去而是未来的收益。

(二)变动原则

影响房地产价格的因素是经常变动的，所以房地产的价格会伴随着价格形成因素的变化而不断变动。

对房地产价格变动的把握是否恰当，在很大程度上直接关系到对评估方法基本原理的理解，以及评估结果能否客观、准确地反映评估对象的市场价值。

(三)供需原则

房地产的价格最终是由市场上房地产的供给和需求状况决定的。房地产评估中，一定要充分注意房地产市场特别是土地市场的这种特殊供求关系及其发展趋势。

（四）替代原则

在市场上，往往会存在使用价值和质量相同的商品，由于它们的效用相近，在对消费者消费需要满足方面也存在相互替代性。在竞争规律的作用下，在同一市场上，它们的价格会趋向一致，效用有差异的商品也会形成相对稳定的比价关系。

房地产评估中，委估房地产的价格可以通过对市场上地域相近、类型相似、用途相同的交易实例价格进行比较修正后估定。

（五）竞争原则

对于市场上供给和需求双方来说，每一方都有多个主体，各方主体之间为销售商品或购买商品在市场上展开竞争，价格是经过竞争后确定的。因此，竞争方式及其程度等对商品的价格形成有着较大的影响。

房地产供给市场是非完全竞争市场，房地产的需求市场的竞争相对激烈，通过需求者之间的竞争，会使市场价格逐渐上升，最终达到均衡价格。

（六）贡献原则

房地产的某一部分对整体（如收益）的贡献程度，会对整体房地产的价值产生影响。

（七）均衡原则

该原则是以房地产内部构成要素的组合是否均衡，来判定房地产是否处于最高最佳使用状态。

（八）效用原则

能给消费者带来较高效用的房地产其价值也高，相同效用的房地产其价值也相同，房地产的价值与其所能带来的效用成正比。

（九）机会成本原则

房地产评估应选择其机会成本最小的使用方式，也就是选择其最高最佳的使用方式作为其评估时点的状态。

（十）外部影响原则

某一房地产的存在既可对其周围的房地产的价值产生影响，同时其价值又受周围房地产或其他因素的影响。评估房地产不仅要考虑其自身的条件，还要考虑外部其他因素对其产生的影响，合理估算其价值。

（十一）合法原则

房地产评估应以评估对象的合法产权、合法使用、合法处分为前提。

（十二）最高最佳使用原则

最高最佳使用原则是指房地产评估应以评估对象的最高最佳使用为前提，评估的结果是被评估房地产在最高最佳使用状态下的价值。因此，房地产评估应该是房地产在法律上许可、技术上可能、经济上可行，经过充分合理论证，能使评估对象的价值达到最大。

（十三）评估时点原则

房地产估价的试点就是指对估价的结论具有很强的时效性，即同一宗房地产，其价格随市场的变化在不同的时段是不一样的。为了使估价的结果与市场的变化在不同的时段上相关并一致，评估房地产必须将其限定在某一时点上。因此，房地产的评估结果应该是评估对象在评估时点上的客观合理价值。

四、影响房地产价格和评估价值的因素

影响房地产价格和评估价值的因素有很多，错综复杂。各种因素对房地产价格的影响是

不同的，有的有利于提高房地产的价格，有的则起相反的作用。影响房地产价格的因素，按照它们与房地产的关系，可以分为一般因素、区域因素和个别因素三个层次。

（一）一般因素

一般因素是指影响一定区域范围内所有房地产价格和评估价值的一般的、普遍的、共同的因素。这些因素通常会在较广泛的地区范围内，对各宗房地产的价格和评估价值产生全局性的影响。这类因素主要包括经济因素、社会因素和行政因素等。

（二）区域因素

区域因素是指某一特定区域内的自然条件与社会、经济、行政等因素相结合所产生的区域性特征。这些区域性特征具体表现为区域繁华程度、道路通达程度、交通便捷程度、基础设施和公共设施状况以及区域环境等。

（三）个别因素

个别因素分为土地的个别因素和建筑物的个别因素。其中，土地的个别因素也称宗地因素，是宗地自身的条件和特征对该地块价格的影响，具体包括区位、面积、临街深度、土地形状、地质、地形、地势、土地使用年限等；建筑物的个别因素，主要表现为建筑物的面积、结构、材料、设计、设备、施工质量，以及与周围环境的协调等。

任务二　市场法在房地产估价中的应用

一、市场法的概念

市场法又称市场售价类比法、市场比较法、交易案例比较法，是将估价对象与在估价时点的近期发生过交易的类似房地产进行比较，对这些类似房地产的成交价格做适当的处理来求取估价对象价值的方法。市场法的本质是以房地产的市场交易价格为导向求取估价对象的价值。该方法既可以对房地产（房地合一）价值进行评估，也可以单独对土地价值进行评估。

二、市场法适用的条件和对象

（一）市场法适用的条件

市场法适用的条件是具备发育完善的房地产市场，并且在市场上能够搜集到大量的与被评估房地产相类似的市场交易实例资料。如果房地产市场不发达或交易规模狭小，市场法就难以在房地产评估中应用。

（二）市场法适用的对象

市场法适用的对象是具有交易性的房地产，如房地产开发用地、普通商品住宅、高档公寓、别墅、写字楼、商场、标准工业厂房等。而对于那些很少发生交易的房地产，如特殊工业厂房、学校、古建筑、教堂、寺庙、纪念馆等，则难以采用市场法评估。

市场法依赖于活跃的房地产市场所提供的市场资料和交易实例，是以发育健全的房地产市场为基本条件，同时还应掌握充足的交易实例资料。具体来说，可选取的交易实例应数量充足，一般要求理想的交易实例有 10 个以上，其中最基本、与待估房地产状况最接近的实例要有 3～4 个。如果已成交的实例太少，则难以反映市场的真实情况，易产生主观性错误；如果成交的实例与待估房地产差异较大，则会加大比较的难度，进而影响比较的精度和准确性；同时，采用市场比较法，交易实例资料应完整、准确，各种因素对价格的影响易量化。因此，市场法对交易实例资料的数量和质量都有较高的要求。

三、市场法的操作步骤

一般来说，运用市场法估价可以分为下列七个步骤进行：搜集交易实例→选取可比实例→建立价格可比基础→交易情况修正→交易日期修正→房地产状况修正→综合修正计算。

四、搜集交易实例

搜集大量的房地产市场交易实例资料，是运用市场比较法评估房地产价格的基础和前提条件，只有拥有了大量的真实、可靠的交易实例，才能把握正常的市场价格行情，才能评估出客观合理的价格。作为一个专业估价人员，搜集交易实例不应等到采用市场比较法估价时才进行，而应注意在平时搜集和积累，这样才能保证在采用市场比较法估价时有足够的交易实例可供选用。

评估人员可以通过查阅政府有关部门的房地产交易资料、向房地产交易当事人了解有关交易情况、与房地产出售者洽谈、查阅报刊和网络资源上有关房地产交易信息、参加房地产交易展示会与同行之间相互交流等途径搜集交易实例。

搜集交易实例时应注意内容的完整性和统一性，以及资料归档的规范性。因此，在搜集交易实例时，估价人员应针对不同类型的房地产如居住房地产、商业房地产、工业房地产等，编制交易实例调查表，如表5—3所示：

表5—3　　交易实例调查表

房地产类型：

<table>
<tr><td colspan="2">名　称</td><td colspan="3"></td></tr>
<tr><td colspan="2">坐　落</td><td colspan="3"></td></tr>
<tr><td colspan="2">卖　方</td><td colspan="3"></td></tr>
<tr><td colspan="2">买　方</td><td colspan="3"></td></tr>
<tr><td colspan="2">成交价格</td><td></td><td>成交日期</td><td></td></tr>
<tr><td colspan="2">付款方式</td><td colspan="3"></td></tr>
<tr><td rowspan="3">房地产状况说明</td><td>区位状况说明</td><td colspan="3"></td></tr>
<tr><td>权益状况说明</td><td colspan="3"></td></tr>
<tr><td>实物状况说明</td><td colspan="3"></td></tr>
<tr><td colspan="2">交易情况说明</td><td colspan="3"></td></tr>
<tr><td colspan="2">坐落位置图</td><td></td><td>建筑平面图</td><td></td></tr>
</table>

调查人员：　　　　　　　　　　　　　　　　　　　　调查日期：　　年　　月　　日

交易实例及其内容的真实性、可行性是提高估价准确性的可靠保证。因此，应注意查询每个交易实例的每项内容，确认其准确性并输入计算机，建立资料库，估价时可方便查找、调用。

五、选取可比实例

估价时用于参照比较的实例称可比实例，可比实例的选取是针对具体的待估房地产而言的。对于某一待估房地产而言，平时积累的交易实例中，只有少数在估价目的、估价时点、房地产状况等方面与待估房地产相吻合或相近，才能作为可比实例。可比实例选择的合适与否，是运用市场比较法成功与否的重要因素。实际工作中，一般要求选取3个以上(含3个)10个以下(含10个)的可比实例，以保证估价结果的客观性、准确性。一般来说，可比实例应符合下列基本要求：

(一)与估价对象类似的房地产

与估价对象类似的房地产具体是指：

1. 与估价对象房地产的用途应相同

主要是指房地产的具体利用方式应相同，可按大类和小类划分。大类用途如商店、办公楼(写字楼)、酒楼、旅馆、住宅、工业厂房、仓库等。小类用途是在大类用途的基础上再细分，如住宅可细分为普通住宅、高档公寓、豪华别墅等。

2. 与估价对象房地产的建筑结构应相同

主要是指大类建筑结构应相同，一般分为钢结构、钢筋混凝土结构、砖混结构、砖木结构、简易结构。如果能在大类建筑结构下再细分出小类建筑结构则更好，如砖木结构进一步分为砖木一等、二等。

3. 与估价对象房地产所处地段应相同

主要是指可比实例与估价对象房地产应处于有相同特征的同一区域或临近地区，或处于同一供求圈内或同一等级土地内。

(二)成交日期与估价对象房地产的估价时点应相近

一般选取的可比实例房地产的成交日期距估价时点的间隔越短，进行交易日期修正后的准确性越高。因此，最好选择相近1年内成交的交易实例作为可比实例。如果房地产市场相对比较稳定，可适当延长间隔时间，但最长时间不宜超过2年。总之，选取哪一时点的交易实例作可比实例，必须以可比实例的交易日期经修正后能反映估价时点的市场实际价格为前提。

(三)与估价对象房地产的价格类型应相同

这要求交易实例与待估房地产的价格类型相同。这种价格类型主要指大类价格类型，如果小类价格类型也相同则更好。房地产大类价格类型主要是指买卖价格、租赁价格、抵押价格、入股价格、征用价格、典当价格、课税价格、投保价格等。

(四)成交价格为正常价格，或可修正为正常价格

所谓正常价格，是指在公开的房地产市场上，交易双方均充分了解市场信息，以平等自愿的方式达成的交易实例价格。这类交易实例应当首选为可比实例。如果市场上正常交易实例较少，不得不选择非正常交易实例作为可比实例时，也应选取交易情况明了且可修正的实例作为可比实例。

现举例说明如何选取合适的比较实例：

【例5—1】 有一幢砖混结构的住宅，建筑层数为七层，地区级别为七级，现空置。要求用市场比较法评估其出售价格，请从表5—4所给资料中选取合适的比较实例。

表5—4　　交易实例表

房屋性质	是否空置	估价时间、目的	地区级别	市场价格
A钢混结构七层综合楼	空置	近期/出售	7级	17 000元/平方米
B砖混结构七层住宅	空置	3年前/出售	10级	9 600元/平方米

续表

房屋性质	是否空置	估价时间、目的	地区级别	市场价格
C砖混结构七层住宅	空置	近期/出租	6级	6 900元/平方米
D砖混结构七层住宅	空置	1年前/抵押	7级	抵押价值1 100元/平方米
E砖混结构七层住宅	空置	近期/出售	7级	15 000元/平方米

解：确定可比实例：

实例A，不适合作比较实例。因其为钢混结构综合楼，房屋结构和使用性质与待估房地产不同。

实例B，不适合作比较实例。因为其出售时间是在3年前，距今相差太远，并且其地区级为10级，与待估房地产的地区级相差太大。

实例C，不适合作比较实例。因为其交易目的是出租而不是出售，在房地产的价格类型上与待估房地产不同。

实例D，不适合作比较实例。因为其评估的目的是为了抵押而不是出售，抵押价值不能作为买卖价格充当评估的比较依据。

实例E，适合作比较实例。其房地产使用性质、结构类型、地区等级、估价时间和价格类型等均与待估房地产的条件基本相符，是较为理想的评估实例。

结论：通过分析比较各实例情况，最后选取实例E作为待估房地产的可比实例之一。

六、建立价格可比基础

在对比较实例进行修正前，应先把各比较实例的成交价格调整为在比较实例之间、比较实例与待估房地产之间具有可比基础的价格。所谓具有可比基础，是指单价的概念统一、面积的内容统一、货币的单位统一。因为已选取的若干个可比实例之间及其与估价对象之间，可能在付款方式、成交单价、货币种类、货币单位、面积内涵和面积单位等方面存在不一致，无法进行直接的比较修正，因此，需要对它们进行统一换算处理，使其表述口径一致，以便进行比较修正，为后面进行交易情况、交易日期和房地产状况修正打下基础。

建立价格可比基础具体包括以下四个方面：

(一)统一付款方式

由于房地产具有价值高的特点。因此，房地产价格往往采用按揭贷款方式支付，因而出现了名义价格和实际价格的不同。同一名义价格，付款期限的长短不同，付款金额在付款期限内的分布不同，实际价格也不同，所以，要将按揭贷款可比实例的成交价格修正为在其成交日时一次付清的价格。

【例5－2】 星海公司一套建筑面积100平方米，每平方米3 000元的住房，成交价为30万元。双方约定，从成交日起分期付清，首付10万元，余款1年内分两期付清，每隔半年支付10万元。假设年利率为10%，则在其成交日一次付清的价格为：

$$10+10/(1+10\%)^{0.5}+10/(1+10\%)=28.626(\text{万元})$$

另外，在进行价格换算时，应注意利率要和对应的周期相一致。

(二)统一成交单价

土地除了单价外，还可表示为楼面地价(楼面地价＝土地单价/容积率)，特殊房地产如保龄球馆通常按球道为比较单位，停车场通常按车位为比较单位。

(三)统一货币种类和货币单位

不同币种间价格的换算,应采用该价格所对应日期的市场汇价。在通常情况下,是采用成交日的市场汇价,但如果先按原币种进行交易日期修正,则应对进行了交易日期修正后的价格采用估价时点的市场汇价。在货币单位方面,按使用习惯,人民币、美元、港币等,通常采用"元"。

(四)统一面积内涵和面积单位

面积内涵包括使用面积和建筑面积,进行价格换算的计算公式为:

$$建筑面积的价格=使用面积的价格\times\frac{使用面积}{建筑面积}$$

$$使用面积的价格=建筑面积的价格\times\frac{建筑面积}{使用面积}$$

【例5—3】 甲、乙两宗交易实例,甲交易实例的建筑面积200平方米,成交总价80万元人民币,分三期付款,首期付16万元人民币,第二期于半年后付32万元人民币,余款32元人民币于一年后付清。乙交易实例的使用面积2 500平方英尺,成交总价15万美元,于成交时一次付清。如果选取此两宗交易实例为可比实例,则一般在进行有关的修正之前应先做如下处理:

(1)统一付款方式

如果以在成交日一次付清为基准,假设当时人民币的年利率为8%,则:

$$甲总价=16+\frac{32}{(1+8\%)^{0.5}}+\frac{32}{1+8\%}=76.422(万元人民币)$$

乙总价=15(万美元)

(2)统一成交单价

$$甲单价=\frac{764\ 220}{200}=3\ 821.1(元人民币/平方米·建筑面积)$$

$$乙单价=\frac{150\ 000}{2\ 500}=60(美元/平方英尺·使用面积)$$

(3)统一货币种类和货币单位

如果以人民币元为基准,则需要将乙交易实例的美元换算为人民币。假设乙交易实例成交当时的人民币与美元的市场汇价为1美元=8.3元人民币,则:

甲单价=3 821.1(元人民币/平方米·建筑面积)

乙单价=60×8.3=498(美元/平方英尺·使用面积)

(4)统一面积内涵

如果以建筑面积为基准,另通过调查得知该类房地产的建筑面积与使用面积的关系为1平方米建筑面积=0.75平方米使用面积,则:

甲单价=3 821.1(元人民币/平方米·建筑面积)

乙单价=498×0.75=373.5(美元/平方英尺·使用面积)

(5)统一面积单位

如果以平方米为基准,由于1平方米=10.764平方英尺,则:

甲单价=3 821.1(元人民币/平方米·建筑面积)

乙单价=373.5×10.764=4 020.4(美元/平方英尺·使用面积)

七、交易情况修正

（一）交易情况修正的概念

交易情况修正是指排除交易行为中的特殊因素所造成的可比实例成交价格偏差，将可比实例的成交价格调整为正常价格。

能够造成成交价格偏离正常价格的特殊因素包括：有特殊利害关系人之间的交易、急于出售或急于购买的交易、受债权债务关系影响的交易、交易双方或一方对房地产市场信息了解不充分的交易、交易双方或者一方有特别动机或者偏好的交易、相邻房地产的合并交易、拍卖和招标等特殊方式的交易、交易税费非正常负担的交易等。

在选取比较参照交易实例时，一般对非正常交易实例已予以剔除。但由于与估价对象类似的交易实例较少，或者有特殊原因必须保留时，迫使相关人员不得不选用一些特殊情况下的交易实例。这样就需要对实例交易情况进行修正。

（二）交易情况修正的方法

在进行交易情况修正时，首先要测定每个特殊因素对房地产交易价格的影响程度，即分别分析在正常情况下和特殊情况下，房地产交易价格可能产生偏差的大小。测定方法可以根据已掌握的同类型房地产交易资料分析计算，确定修正比例或系数，也可以由估价人员根据长期的经验积累，判断确定修正比例或系数，然后利用百分率法和差额法进行交易情况修正，求得可比实例的正常价格。实际估价中常采用百分率法进行交易情况修正，其公式为：

正常价格＝可比实例的成交价格×交易情况修正系数

特别需要强调的是，交易情况修正系数应是以正常价格为基准来确定的。假设可比实例的成交价格比其正常市场价格高或低的百分率为$\pm S\%$（当可比实例的成交价格比正常市场价格高时为$+S\%$，反之为$-S\%$），则：

$$\text{正常价格}=\text{可比实例的成交价格}\times\frac{1}{1\pm S\%}$$

或

$$\text{正常价格}=\text{可比实例的成交价格}\times\frac{100}{100\pm S}$$

公式中，$\frac{1}{1\pm S\%}$或$\frac{100}{100\pm S}$为交易情况修正系数。

对于交易税费非正常负担的交易，修正时应将交易税费非正常负担情况下的价格，调整为依照政府有关规定（无规定的依照当地习惯）交易双方各自应负担的税费下的价格，关键应把握以下几个公式：

卖方实际得到的价格＝正常成交价格－应由卖方负担的税费

买方实际付出的价格＝正常成交价格＋应由买方负担的税费

其中：

应由买方负担的税费＝正常成交价格×应由买方缴纳的税费比率

应由卖方负担的税费＝正常成交价格×应由卖方缴纳的税费比率

【例5－4】　一宗房地产的正常成交价格为2 500元/平方米，卖方应缴纳的税费为正常成交价格的7%，买方应缴纳的税费为正常成交价格的5%，则：

卖方实际得到的价格＝2 500－2 500×7%＝2 325（元/平方米）

买方实际付出的价格＝2 500＋2 500×5%＝2 625（元/平方米）

【例5—5】 某宗房地产交易,买卖双方在合同中写明,买方付给卖方2 325元/平方米,买卖中涉及的税费均由买方负担。据悉,该地区房地产买卖中应由卖方缴纳的税费为正常成交价格的7%,应由买方缴纳的税费为正常成交价格的5%。则该宗房地产交易的正常成交价格为:

正常成交价格=卖方实际得到的价格+应由卖方负担的税费

其中,

应由卖方负担的税费=正常成交价格×应由卖方缴纳的税费比率

因此,正常成交价格=卖方实际得到的价格÷(1-应由卖方缴纳的税费比率)

=2 325÷(1-7%)

=2 500(元/平方米)

【例5—6】 某宗房地产交易,买卖双方在合同中写明,买方付给卖方2 625元/平方米,买卖中涉及的税费均由卖方负担。据悉,该地区房地产买卖中应由卖方缴纳的税费为正常成交价格的7%,应由买方缴纳的税费为正常成交价格的5%。则该宗房地产交易的正常成交价格为:

正常成交价格=买方实际付出的价格-应由买方负担的税费

其中, 应由买方负担的税费=正常成交价格×应由买方缴纳的税费比率

因此, 正常成交价格=买方实际付出的价格÷(1+应由买方缴纳的税费比率)

=2 625÷(1+5%)

=2 500(元/平方米)

八、交易日期修正

(一)交易日期修正的概念

房地产市场的状况决定了不同时期房地产的价格水平,评估要求的是估价对象在估价时点的价格,可比实例的交易时期与估价对象房地产的估价日期(估价时点)往往有一定的差异。因此,应将可比实例在其成交日的价格调整为在估价时点的价格,以符合估价时的市场行情,这种调整称为交易日期修正。经过交易日期修正就能将可比实例在其成交日的价格变成在估价时点的价格。

(二)交易日期修正的方法

实际估价中常采用百分率法进行交易日期修正,其公式为:

在估价时点的价格=可比实例在成交日的价格×交易日期修正系数

特别强调的是,交易日期修正系数应以成交日的价格为基础来确定。假设从成交日期到估价时点,可比实例价格涨跌的百分率为$\pm T\%$(从成交日期到估价时点,当可比实例价格上涨时为$+T\%$,下跌时为$-T\%$),则:

$$\text{可比实例在成交日的价格}\times(1\pm T\%)=\text{在估价时点的价格}$$

或:

$$\text{可比实例在成交日的价格}\times\frac{100\pm T}{100}=\text{在估价时点的价格}$$

上式中,$(1\pm T\%)$或$\frac{100\pm T}{100}$是交易日期修正系数。

交易日期修正的关键是要把握估价对象及类似房地产的价格随时间的变动规律,通过价格指数或价格变动率进行调整。在无类似房地产的价格变动率或指数的情况下,可根据当地

房地产价格的变动情况和趋势作出判断，给予调整，一般可以利用房地产价格指数进行修正、利用房地产价格变动率进行修正。另外，还有估价人员根据市场情况及自己的经验积累进行判断修正。

1. 房地产价格指数

房地产价格指数有定基价格指数和环比价格指数，在编制价格指数时，需要选择某个时期作为基期。如果是以某个固定时期作为基期的，称为定基价格指数；如果是以上一个时期作为基期的，称为环比价格指数。编制原理如表5—5所示：

表5—5 房地产价格指数的编制原理

时 间	价 格	定基价格指数	环比价格指数
1	P_1	$P_1/P_1=100$	P_1/P_0
2	P_2	P_2/P_1	P_2/P_1
3	P_3	P_3/P_1	P_3/P_2
⋮	⋮	⋮	⋮
n	P_n	P_n/P_1	P_n/P_{n-1}

(1)运用定基价格指数进行交易日期修正。如果能够获得本地区同类房地产的定基价格指数或定基价格变动指数，则房地产交易日期修正的公式为：

$$\text{交易日期修正后的房地产价格}=\text{参照物交易价格}\times\frac{\text{评估基准日同类房地产定基价格指数}}{\text{参照物交易日期同类房地产定基价格指数}}$$

或：

$$\text{交易日期修正后的房地产价格}=\text{参照物交易价格}\times\frac{1+\text{评估基准日同类房地产定基价格变动指数}}{1+\text{参照物交易日期同类房地产定基价格变动指数}}$$

$$\text{在估价时点时的价格}=\text{可比实例在成交日期时的价格}\times\frac{\text{估价时点的价格指数}}{\text{成交日的价格指数}}$$

【例5—7】 大连地区某类房地产，2015年4月至10月的价格指数分别为103.5%、105.4%、105.8%、107.6%、109.3%、110.5%、114.7%（以2015年1月为100%）。某宗房地产在2015年5月的价格为3 500元/平方米，对其进行交易日期修正，修正到2015年10月的价格为：

$$3\,500\times\frac{114.7\%}{105.4\%}=3\,809(\text{元/平方米})$$

【例5—8】 某地区某类房地产2015年上半年各月的价格同2014年底相比，分别上涨了2.5%、5.7%、6.8%、7.3%、9.6%、10.5%。某宗房地产在2015年3月的价格为3 800元/平方米，对其进行交易日期修正，修正到2015年6月的价格为：

$$3\,800\times\frac{1+10.5\%}{1+6.8\%}=3\,932(\text{元/平方米})$$

(2)运用环比价格指数修正。如果能够获得本地区同类房地产的环比价格指数或环比价格变动指数，房地产交易日期修正的公式为：

$$\text{交易日期修正后的房地产价格}=\text{参照物交易价格}\times\text{参照物交易日至评估基准日各期(年或月)环比价格指数}$$

或：

交易日期修正后的房地产价格 ＝参照物交易价格×参照物交易日至评估基准日各期(年或月)×(1＋环比价格变动指数)

【例5—9】 某宗房地产在2015年6月的价格为3 000元/平方米，该地区同类房地产2015年7月至10月的环比价格指数分别为103.6%、98.3%、103.5%、104.7%。对其进行交易日期修正，修正到2015年10月的价格为：

$$3\ 000\times103.6\%\times98.3\%\times103.5\%\times104.7\%=3\ 311(元/平方米)$$

【例5—10】 某宗房地产在2015年5月的价格为3 600元/平方米，该地区同类房地产2015年6月至10月的价格与上月相比的变动率分别为1.6%、2.3%、−1.5%、1.7%、2.1%。对其进行交易日期修正，修正到2015年10月的价格为：

$$3\ 600\times(1+1.6\%)\times(1+2.3\%)\times(1-1.5\%)\times(1+1.7\%)\times(1+2.1\%)=3\ 827(元/平方米)$$

2. 房地产价格变动率

房地产价格变动率有逐期递增或递减的价格变动率和期内平均上升或下降的价格变动率两种。

采用逐期递增或递减的价格变动率进行交易日期修正的公式为：

$$在估价时点时的价格=可比实例在成交日的价格\times(1\pm价格变动率)^{期数}$$

采用期内平均上升或下降的价格变动率进行交易日期修正的公式为：

$$在估价时点时的价格=可比实例在成交日的价格\times(1\pm价格变动率\times期数)$$

【例5—11】 某地区某类房地产2012年4月至10月的价格指数分别为79.6、74.7、76.7、85.0、89.2、92.5、98.1(以2012年1月为100)。某宗房地产在2012年6月的价格为1 800元/平方米，对其进行交易日期修正，修正到2012年10月的价格为：

$$1\ 800\times\frac{98.1}{76.7}=2\ 302.2(元/平方米)$$

【例5—12】 大连某类房地产2012年4月至10月的价格指数分别为99.6、94.7、96.7、105.0、109.2、112.5、118.1(均以上个月为100)。某宗房地产在2012年6月的价格为2 000元/平方米，对其进行交易日期修正，修正到2012年10月的价格为：

$$2\ 000\times1.05\times1.092\times1.125\times1.181=3\ 046.8(元/平方米)$$

【例5—13】 评估某宗房地产2012年9月末的价格，选取了下列可比实例：成交价格3 000元/平方米，成交日期为2011年10月末。另外，调查获知该类房地产价格自2011年10月末至2012年2月末平均每月比上月上涨1.5%，2012年2月末至2012年9月末平均每月比上月上涨2%。对该可比实例进行交易日期修正，修正到2012年9月末的价格为：

$$3\ 000\times(1+1.5\%)^4\times(1+2\%)^7=3\ 658(元/平方米)$$

【例5—14】 某个可比实例房地产2015年2月1日的价格为1 000美元/平方米，该类房地产以人民币为基准的价格变动，平均每月比上月上涨0.2%。假设人民币与美元的市场汇率报价2015年2月1日为1美元＝6.21元人民币，2015年10月1日为1美元＝6.21元人民币。对该可比实例进行交易日期修正，修正到2015年10月1日的价格为：

$$1\ 000\times6.21\times(1+0.2\%)^8=7\ 051(元人民币/平方米)$$

九、房地产状况修正

(一)房地产状况修正的概念

房地产状况修正，是将可比实例在其房地产状况下的价格调整为在估价对象房地产状况下的价格。经过房地产状况修正后，就将可比实例在其房地产状况下的价格变成了在估价对象房地产状况下的价格。

(二)房地产状况修正的内容

房地产状况修正包括区位状况修正、个别因素修正、权益状况修正和实物状况修正。

1. 区位状况修正

区位状况修正是将可比实例房地产在其区位状况下的价格调整为在估价对象房地产区位状况下的价格。区位状况比较修正的内容包括：繁华程度、交通便捷程度、环境景观、公共设施配套完备程度(指估价对象以外的部分)、临街状况、经济区位等。修正时应根据不同类型房地产分别选择有关因素。

进行区域因素修正的一般公式为：

评估对象房地产区域状态下的价格＝参照物交易价格×区域因素修正系数

公式中，区域因素修正系数主要采用参照物房地产与评估对象房地产直接比较，通过评分的办法确定，即直接比较修正。首先，以评估对象房地产区域状况为基准(通常定为100分)，将所选择的参照物房地产的各区域因素与其逐项比较打分，如果参照物房地产区域状况好于评估对象房地产状况，打的分数就高于100；相反，打的分数就低于100。其次，根据各区域因素对房地产价格的影响程度，分别给出不同的权重，再将各参照物对应的各具体区域因素的实际得分分别乘以对应的权重，得到各参照物的综合得分。最后，将评估对象区域因素值(100)比上各参照物的区域因素的综合得分，得出各参照物的区域因素修正系数。

2. 个别因素修正

个别因素修正的主要内容包括：参照物房地产与评估对象房地产在土地面积、土地形状、临街状态、基础设施状况、位置、地势、地形、土地使用年限、土地容积率等方面的差异，以及建筑物新旧程度、建筑规模、建筑结构、建筑式样、朝向、楼层、设备、装修、平面布置、工程质量等方面的差异。

个别因素修正的方法与区域因素修正的方法基本相同，通常也采用直接比较和打分的方法确定个别因素修正系数，然后通过计算将参照物房地产价格修正为评估对象房地产自身状态下的价格。

进行个别因素修正的一般公式为：

评估对象房地产自身状态下的价格＝参照物交易价格×个别因素修正系数

$$\text{个别因素修正系数}=\frac{100}{(\quad)}$$

括号内为填写的数字。

如果单独评估土地价值，在土地使用年限、容积率(建筑总面积与土地总面积的比值)等因素对地价影响较大的情况下，可单独进行土地使用权年限和容积率修正。

土地使用权年限修正系数的数学表达式为：

$$y=\left[1-\frac{1}{(1+r)^n}\right]\div\left[1-\frac{1}{(1+r)^N}\right]$$

公式中，y 表示年限修正系数，n 表示参照物土地使用权剩余年限，N 表示评估对象土地使用权剩余年限，r 表示折现率。

【例 5－15】 评估对象土地使用权剩余年限为30年，参照物土地使用权剩余年限为20年，假设折现率为8%，则土地使用权年限修正系数为：

$$y=\left[1-\frac{1}{(1+8\%)^{30}}\right]\div\left[1-\frac{1}{(1+8\%)^{20}}\right]=1.466$$

容积率修正系数的数学表达式为：

$$y'=\frac{\text{评估对象土地容积率地价指数}}{\text{参照物土地容积率地价指数}}$$

公式中，y'表示容积率修正系数。

【例5—16】 评估对象土地的容积率为7，参照物土地的容积率为4，根据容积率地价指数表(见表5—6)，试求土地容积率的修正系数。

表5—6　　容积率地价指数表

容积率	1	2	3	4	5
地价指数(%)	100	105	115	125	140

$$y'=\frac{105\%}{125\%}=84\%$$

3. 权益状况修正

权益状况是指对房地产价格有影响的房地产权益因素的状况。进行权益状况修正，是将可比实例房地产在其权益状况下的价格调整为在估价对象房地产权益状况下的价格。

权益状况比较修正的内容主要包括：土地使用权年限、城市规划限制条件(如建筑容积率)等。在实际估价中，遇到最多的是土地使用权年限修正。

4. 实物状况修正

实物状况修正是将可比实例房地产在其实物状况下的价格，调整为在估价对象房地产实物状况下的价格。实物状况修正的内容对于土地来说，主要包括：面积大小、形状、基础设施完备程度(属于估价对象以内的部分)、土地平整程度、地势、地质水文状况等；对于建筑物来说，主要包括：新旧程度、建筑规模、建筑结构、设备、装修、平面布置、工程质量等影响房地产价格的因素。

(三)房地产状况修正的方法

房地产状况修正的方法，有直接比较修正和间接比较修正两种。

1. 直接比较修正

直接比较修正一般是采用评分的办法，以估价对象的房地产状况为基准(通常定为100分)，将可比实例的房地产状况与它逐项比较打分。如果可比实例的房地产状况劣于估价对象的房地产状况，打的分数就低于100；相反，打的分数就高于100。然后，将所得的分数转化为修正价格的比率。如表5—7所示：

表5—7　　房地产状况直接比较表

房地产状况	权重	估价对象	可比实例A	可比实例B	可比实例C
因素1	F_1	100			
因素2	F_2	100			
因素3	F_3	100			
⋮	⋮	⋮			

续表

房地产状况	权重	估价对象	可比实例 A	可比实例 B	可比实例 C
因素 n	F_n	100			
综合	1	100			

采用直接比较进行房地产状况修正，则：

$$在估价对象房地产状况下的价格=可比实例在其房地产状况下的价格\times\frac{100}{(\quad)}$$

上式括号内应填写的数字，为可比实例房地产相对于估价对象房地产的得分。

2. 间接比较修正

间接比较修正是设想一个标准的房地产状况，以此标准的房地产状况为基准，将可比实例及估价对象的房地产状况均与它逐项比较打分，然后将所得的分数转化为修正价格的比率，如表 5－8 所示：

表 5－8　　房地产状况间接比较表

房地产状况	权重	标准状况	估价对象	实例 A	实例 B	实例 C
因素 1	F_1	100				
因素 2	F_2	100				
因素 3	F_3	100				
⋮	⋮	⋮				
因素 n	F_n	100				
综合	1	100				

如果采用间接比较进行房地产状况修正，则：

$$\begin{matrix}可比实例在其房地产\\状况下的价格\end{matrix}\times\overset{标准化修正}{\frac{100}{(\quad)}}\times\overset{房地产状况修正}{\frac{(\quad)}{100}}=\begin{matrix}在估价对象房地产\\状况下的价格\end{matrix}$$

上式位于分母的括号内应填写的数字，为可比实例房地产相对于标准房地产的得分；位于分子的括号内应填写的数字，为估价对象房地产相对于标准房地产的得分。

（四）房地产状况修正应注意的问题

估价对象房地产状况，必须是估价时点的房地产状况；可比实例房地产状况，必须是可比实例房地产在其成交日的状况，而不是在估价时点或其他时候可能发生了变化后的状况。

由于不同用途的房地产，影响其价格的区位因素和实物因素不同，因此，在进行区位状况和实物状况的比较修正时，具体比较修正的内容及权重应有所不同。例如，居住房地产讲究宁静、安全、舒适；商业房地产注重区域繁华程度、交通条件；工业房地产强调对外交通运输条件；农业房地产则重视土壤、排水和灌溉条件等。即使某些因素相同，但对价格的影响程度也不一定相同。

十、综合修正计算

(一)综合计算修正公式

运用市场比较法时，需要进行交易情况、交易日期、房地产状况三方面的修正。经过修正，就把可比实例房地产的实际成交价格变成了估价对象房地产在估价时点的客观合理价格。如果把这三大方面的修正综合起来，其计算公式如下：

估价对象价格=可比实例价格×交易情况修正系数×交易日期修正系数×房地产状况修正系数

根据房地产状况修正方法的不同，综合修正公式分为直接比较修正公式和间接比较修正公式。

1. 直接比较修正公式

$$估价对象价格=可比实例价格\times\underset{交易情况修正}{\frac{100}{(\quad)}}\times\underset{交易日期修正}{\frac{(\quad)}{100}}\times\underset{房地产状况修正}{\frac{100}{(\quad)}}$$

$$=可比实例价格\times\frac{正常市场价格}{实际成交价格}\times\frac{估价时点价格}{成交日期价格}\times\frac{对象状况价格}{实例状况价格}$$

上式中，交易情况修正以正常市场价格为基准，交易日期修正以成交日期价格为基准，房地产状况修正以估价对象的房地产状况为基准。

2. 间接比较修正公式

$$估价对象价格=\underset{交易情况修正}{\frac{100}{(\quad)}}\times\underset{交易日期修正}{\frac{(\quad)}{100}}\times\underset{标准化修正}{\frac{100}{(\quad)}}\times\underset{房地产状况修正}{\frac{(\quad)}{100}}$$

$$=可比实例价格\times\frac{正常市场价格}{实际成交价格}\times\frac{估价时点价格}{成交日期价格}\times\frac{标准状况价格}{实例状况价格}\times\frac{对象状况价格}{实例状况价格}$$

上式中，标准化修正分子为100，表示以标准房地产的状况为基准，分母是可比实例房地产相对于标准房地产所得的分数；房地产状况修正的分母为100，表示以标准房地产的状况为基准，分子是估价对象房地产状况相对于标准房地产所得的分数。

(二)求取综合结果的方法

所选取的若干个可比实例价格经过比较修正后，可选用下列方法之一计算综合结果：

1. 简单算术平均法

此方法是将多个参照物交易实例修正后的初步评估结果简单地算术平均后，作为评估对象房地产的最终评估价值。简单算术平均法的计算公式如下：

$$P=\frac{\sum_{i=1}^{n}P_i}{n}$$

公式中，P 表示评估对象房地产的评估价值，P_i 表示第 i 个参照物房地产的比准价值，n 表示参照物房地产实例个数。

【例 5—17】 对4个参照物房地产交易价格修正后得出的4个比准价值分别为4 500元/平方米、4 800元/平方米、4 200元/平方米、4 300元/平方米，则用简单算术平均法计算得出的评估对象房地产的评估值为：

(4 500＋4 800＋4 200＋4 300)÷4＝4 450(元/平方米)

2. 加权算术平均法

此方法是先判定各个初步评估结果(比准价值)与评估对象房地产的接近程度,并根据接近程度赋予每个初步评估结果以相应的权重,然后将加权平均后的比准价值作为评估对象房地产的评估价值。加权算术平均法的计算公式如下:

$$P=\sum_{i}^{n}P_i f_i(f_1+f_2+\cdots+f_n=1)$$

公式中,P 表示评估对象房地产的评估价值;P_i 表示第 i 个参照物房地产的比准价值;f_i 表示第 i 个参照物房地产比准价值 P_i 的权重;n 表示参照物房地产实例个数。

【例 5－18】 承【例 5－17】,如果赋予 4 个比准价值的权重分别为 0.4、0.1、0.2、0.3,则用加权算术平均法计算得出的评估对象房地产的评估值为:

4 500×0.4＋4 800×0.1＋4 200×0.2＋4 300×0.3＝4 410(元/平方米)

3. 中位数法

中位数法是指将多个可比实例经修正后的价格数额按大小顺序排列,当项数为奇数时,位于正中间位置的那个价格为综合价格;当项数为偶数时,位于正中间位置的那两个价格的简单算术平均数为综合价格的方法。

4. 众数法

众数法与中位数一样是一种位置平均数,是指将各总体单位按某一标准排序后整理成分布数列,如果其中有某一个值出现的次数最多,即为众数值。在房地产估价中,需要选择 10 个以上的可比实例,才可以用这个方法确定综合结果,目前较少采用。

5. 其他方法

除以上方法外,还可以采用其他方法将修正后的多个价格综合成一个价格,如分别去掉一个最高价格和一个最低价格,求余下价格的简单算术平均数作为综合价格。

十一、市场比较法的运用

【例 5－19】 为评估某写字楼 2015 年 10 月 1 日的正常市场价格,在该写字楼附近地区调查选取了 A、B、C 三宗类似写字楼的交易实例作为可比实例,有关资料如表 5－9 所示:

表 5－9　　可比实例情况表

	可比实例 A	可比实例 B	可比实例 C
成交价格	5 000(元人民币/平方米)	600(美元/平方米)	5 500(元人民币/平方米)
成交日期	2015 年 1 月 1 日	2015 年 3 月 1 日	2015 年 7 月 1 日
交易情况	＋2%	＋5%	－3%
房地产状况	－8%	－4%	－6%

在表 5－9 的交易情况中,正(负)值表示可比实例的成交价格高(低)于其正常价格的幅度;房地产状况中,正(负)值表示可比实例的房地产状况优(劣)于估价对象的房地产状况导致的价格差异幅度。另假设人民币与美元的市场汇价 2015 年 3 月 1 日为 1∶6.5,2015 年 10 月 1 日为 1∶6.3;该类写字楼以人民币为基准的市场价格 2015 年 1 月 1 日至 2 月 1 日基本保持不变,2015 年 2 月 1 日至 5 月 1 日平均每月比上月下降 1%,以后平均每月比上月上升 0.5%。

试利用上述资料估算该写字楼2015年10月1日的正常市场价格。

解:估算该写字楼2015年10月1日的正常市场价格如下:

(1)计算公式:

比准价格=可比实例价格×交易情况修正系数×交易日期修正系数×房地产状况修正系数

(2)比准价格 $A=5\,000\times\frac{100}{100+2}\times(1-1\%)^3\times(1+0.5\%)^5\times\frac{100}{100-8}$

$=5\,300.51$(元人民币/平方米)

(3)比准价格 $B=600\times6.5\times\frac{100}{100+5}\times(1-1\%)^2\times(1+0.5\%)^5\times\frac{100}{100-4}$

$=3\,887.81$(元人民币/平方米)

(4)比准价格 $C=5\,500\times\frac{100}{100-3}\times(1+0.5\%)^3\times\frac{100}{100-6}=6\,122.96$(元人民币/平方米)

(5)将上述每个比准价格的简单算术平均数作为比较法的估算结果,则:

估价对象价格(单价)=(5 300.51+3 887.81+6 122.96)÷3=5 103.76(元人民币/平方米)

【例5—20】 为评估某商品住宅2015年10月24日的正常市场价格,在该商品住宅附近地区调查选取了A、B、C三宗类似商品住宅的交易实例作为可比实例,有关资料如表5—10、表5—11、表5—12和表5—13所示。表5—11中,交易情况的分析判断是以正常价格为基准,正值表示可比实例的成交价格高于其正常价格的幅度,负值表示低于其正常价格的幅度。表5—12中的价格指数为定基价格指数。

表5—10　可比实例的成交价格

	可比实例A	可比实例B	可比实例C
成交价格(元/平方米)	3 700	4 200	3 900
成交日期	2015年5月24日	2015年8月24日	2015年9月24日

表5—11　交易情况的分析判断结果

	可比实例A	可比实例B	可比实例C
交易情况	−2%	0	+1%

表5—12　该类商品住宅2015年4月至10月的价格变动情况

月份	4	5	6	7	8	9	10
价格指数	100	92.4	98.3	98.6	100.3	109.0	106.8

表5—13　房地产状况的比较判断结果

房地产状况	权　重	估价对象	可比实例A	可比实例B	可比实例C
因素1	0.5	100	90	100	80
因素2	0.3	100	100	110	120
因素3	0.2	100	125	100	100

试利用上述资料估算该商品住宅2015年10月24日的正常市场价格。

解:估算该商品住宅2015年10月24日的正常市场价格如下:

(1)计算公式:

比准价格=可比实例价格×交易情况修正系数×交易日期修正系数×房地产状况修正系数

(2)交易情况修正系数:

可比实例A:$\frac{100}{100-2}=\frac{100}{98}$

可比实例B:$\frac{100}{100-0}=\frac{100}{100}$

可比实例C:$\frac{100}{100+1}=\frac{100}{101}$

(3)交易日期修正系数:

可比实例A:$\frac{106.8}{92.4}$

可比实例B:$\frac{106.8}{100.3}$

可比实例C:$\frac{106.8}{109.0}$

(4)房地产状况修正系数:

可比实例A:$\frac{100}{90\times0.5+100\times0.3+125\times0.2}=\frac{100}{100}$

可比实例B:$\frac{100}{100\times0.5+110\times0.3+100\times0.2}=\frac{100}{103}$

可比实例C:$\frac{100}{80\times0.5+120\times0.3+100\times0.2}=\frac{100}{96}$

(5)计算比准价格(单价):

比准价格A=$3\,700\times\frac{100}{98}\times\frac{106.8}{92.4}\times\frac{100}{100}=4\,363.90$(元/平方米)

比准价格B=$4\,200\times\frac{100}{100}\times\frac{106.8}{100.3}\times\frac{100}{103}=4\,341.93$(元/平方米)

比准价格C=$3\,900\times\frac{100}{101}\times\frac{106.8}{109.3}\times\frac{100}{96}=3\,941.09$(元/平方米)

(6)将上述三个比准价格的简单算术平均数作为市场比较法的估算结果,则:

估价对象价格(单价)=(4 363.90+4 341.93+3 941.09)÷3=4 215.64(元/平方米)

【例5—21】 估价对象房地产为“一品漫谷”居住区内别墅,宗地面积305.76平方米,建筑面积346.16平方米,建筑物层数为二层。批准国有土地使用权类型为划拨,土地及房屋用途为住宅。土地使用权年限为50年,从2007年5月起计。要求分析该宗房地产2015年5月的买卖价格的思路。因素条件说明如表5—14所示:

表 5—14　　　　因素条件说明表

比较因素 \ 估价对象及比较实例 (内容)		估价对象房地产（别墅）	可比实例 A	可比实例 B	可比实例 C
交易地点		××路	××生活区	××大道	××山庄
交易日期		2015.5.10(基准日)	2015.3	2015.2	2015.3
成交价格(万元)		待估	127.00	250.00	85.850 2
房产面积(平方米)		364.18	262.00	462.20	162.73
成交单价(元/平方米)		待估	4 847.33	5 408.91	5 275.82
交易情况		正常	正常	正常	正常
价格类型		转让	转让	转让	转让
用途		别墅	别墅	别墅	别墅
区域因素	商务服务业繁华度	有部分商务服务店面、繁华度稍好	有部分商务服务店面、繁华度较差	稍优	优
	交通条件	较优	稍优		
	基础设施及公用设施完备度	“五通一平”，有幼儿园，距中小学、菜市场等较近	“五通一平”，有幼儿园，但距中小学、菜市场等较远	“五通一平”，有幼儿园，距中小学、菜市场等较近	“五通一平”，有幼儿园，距中小学、菜市场等较近
	离市中心距离	近	较近	较近	近
个别因素	环境条件	稍好	较好	好	较好
	平面布置	较优	稍优	优	稍优
	建筑结构	砖混	砖混	砖混	砖混

解：估价过程

（一）选择估价方法

根据估价对象的特点和实际情况，该类房地产买卖转让实例较多，适合用市场比较法估价。

（二）采用市场比较法进行评估的测算过程

1. 市场比较法以替代原理为理论基础，其计算公式为：

估价对象房地产价格＝可比实例×交易情况修正系数×交易日期修正系数×房地产状况修正系数

2. 因素选择

根据所搜集到的资料进行分析，由于××市近期房地产价格水平比较平稳，因此不需做交易日期修正，如表 5—15 和表 5—16 所示。

表 5—15　　比较因素表

比较因素 \ 内容 \ 估价对象及比较实例		估价对象房地产	可比实例 A	可比实例 B	可比实例 C
成交单价(元/平方米)		待估	4 847.33	5 408.91	5 275.82
交易情况			100	100	100
交易时间			100	100	100
区域因素	商业繁华度		99	99	101
	交通条件		99	100	100
	基础设施及公用设施完备度		99	99	100
	离市中心距离		102	105	102
个别因素	环境条件		99	105	99
	平面布置		100	100	100

表 5—16　　比较因素修正表

比较因素 \ 内容 \ 估价对象及比较实例		估价对象房地产	可比实例 A	可比实例 B	可比实例 C
成交单价(元/平方米)		待估	4 847.43	5 408.91	5 275.82
交易情况			100/100	100/100	100/100
交易时间			100/100	100/100	100/100
区域因素	商业繁华度		100/99	100/100	100/101
	交通条件		100/199	100/99	100/100
	基础设施及公用设施完备度		100/199	100/100	100/100
	离市中心距离		100/99	100/99	100/100
个别因素	环境条件		100/102	100/105	100/102
	平面布置		100/99	100/105	100/99
比准价格			4 997.20	5 005.65	5 121.67

3. 比较实例选取

因为估价对象为别墅，分别选取 A、B、C 三宗别墅房地产作为可比实例分别与估价对象进行比较，可求得其比准价格。

任务三　成本法在房地产估价中的应用

一、成本法的概念

成本法是先求取估价对象房地产在估价时点的重新购建价格(重置价格或重建价格),再扣除折旧,以此估算估价对象房地产的客观合理价格或价值的方法。它实际上是以房地产价格构成部分的累加来估算房地产价格的方法。采用成本法求得的价格,称为积算价格。

二、成本法适用的对象和条件

(一)成本法适用的对象

成本法一般用于既无收益又很少发生交易的房地产的评估,如住宅、学校、图书馆、医院、政府办公楼、军队营房、公园等公用或公益房地产,以及特殊工业厂房、油库、发电站、码头、油田等有独特设计或只针对个别用户的特殊服务体系而建的房地产的估价。单纯的建筑物的估价基本上也是采用成本法。另外,成本法也适用于市场不完善或狭小市场上无法运用比较法进行估价的房地产。此外,由于成本法应用简便,也广泛应用于一些特殊目的的估价,如在房地产的征税工作中,法庭为解决房地产权益纠纷经常采用成本法估价。在房地产保险及赔偿中通常也采用成本法估价,因为涉及的往往是局部损毁,从而必须使其恢复到原有的设计、布置或者完全重置。

(二)成本法适用的条件

运用成本法估价一是要区分实际成本和客观成本,估价中采用的应是客观成本,而不是实际成本;二是要结合供求分析确定最终的房地产价格,当市场供大于求时,价格低于成本;供不应求时,价格高于成本。

成本法估价比较费时费力,估算重新购建价格和折旧也有相当的难度,尤其是那些较老的建筑物,往往需要估价人员针对建筑物进行实地勘察,依靠其主观判断。因此,成本法估价要求估价人员有丰富的经验,特别是要具有良好的建筑、材料和设备等方面的知识。

三、成本法估价的程序

运用成本法估价一般分为下列步骤:搜集有关成本、税费、开发利润等资料→估算重新购建价格→估算折旧→求取积算价格。

四、成本法的基本公式

(一)最基本的公式

成本法最基本的公式为:

$$积算价格=重新购建价格-折旧$$

上述公式可针对下列三类估价对象而具体化:①新开发的土地;②新建的房地产(此处指房地、建筑物两种情况);③旧的房地产(此处指房地、建筑物两种情况)。

新开发的土地和新建的房地产采用成本法估价一般不扣除折旧,但应考虑其工程质量、规划设计、周围环境、房地产市场状况等方面对价格的影响而给予适当的增减修正。

求取新开发土地的价格、新建房地产的价格和旧房地产的重新购建价格的基本步骤是:

①清楚房地产价格构成；②估算各构成部分的金额；③将各构成部分的金额累加。

(二)适用于新开发土地的基本公式

新开发土地包括填海造地、开山造地、征用农地后进行“三通一平”①、“五通一平”②、“七通一平”③等开发的土地，在旧城区中拆除旧建筑物等开发的土地。在这些情况下成本法的基本公式为：

新开发土地价格＝取得待开发土地的成本＋土地开发成本＋管理费用＋投资利息＋销售税费＋开发利润

其中：①取得待开发土地的成本是指取得待开发土地的成本是取得开发用地所需的费用、税金等。②开发成本是指在取得开发用地后进行土地开发和房屋建设所需的直接费用、税金等。③管理费用是指包括开发商的人员工资、办公费、差旅费等。④投资利息是指包括土地取得成本、开发成本和管理费用的利息，无论它们的来源是借贷资金还是自有资金都应计算利息。⑤销售税费是指销售开发完成后的房地产应由开发商缴纳的税费。⑥开发利润是指由销售收入减去各种成本、费用和税金的余额。

【例5—22】 某成片荒地面积为2平方公里，取得该荒地的代价为1.2亿元，将其开发成“五通一平”熟地的开发成本和管理费用为2.5亿元，开发期为3年，贷款年利率为10%，销售税费和开发利润分别为可转让熟地价格的5.5%和9.5%，开发完成后可转让土地面积的比率为60%。试求该荒地开发完成后可转让熟地的平均单价。

该荒地开发完成后可转让熟地的总价＝取得该荒地的总成本＋土地开发总成本＋总管理费用＋总投资利息＋总销售税费＋总开发利润

＝取得该荒地的总代价＋土地开发总成本＋总管理费用＋总投资利息＋可转让熟地的总价×(销售税费率＋销售利润率)

得出：

该荒地开发完成后可转让熟地的总价＝(取得该荒地的总成本＋土地开发总成本＋总管理费用＋总投资利息)÷(1－销售税费率＋销售利润率)

该荒地开发完成后可转让熟地的平均单价＝(取得该荒地的总代价＋土地开发总成本＋总管理费用＋总投资利息)÷(1－销售税费率＋开发利润率)÷可转让熟地总面积

＝(取得该荒地的总代价＋土地开发总成本＋总管理费用＋总投资利息)÷[1－(销售税费率＋开发利润率)]÷(该荒地总面积×可转让土地面积的比率)

$=[(120\ 000\ 000\times(1+10\%)^{3}+250\ 000\ 000\times(1+10\%)^{1.5})\div[1-(5.5\%+9.5\%)]\div(2\ 000\ 000\times60\%)$

＝439.4(元/平方米)

(三)适用于新建房地产的基本公式

在新建房地的情况下，成本法的基本公式为：

新建房地价格＝土地取得成本＋土地开发成本＋建筑物建造成本＋管理费用＋投资利息＋销售税费＋开发利润

在新建建筑物的情况下，上述公式中不含土地取得成本、土地开发成本及应归属于土地的

① 通水、通电、通路、平整土地。

② 通水、通电、通路、通气、通信、平整土地。

③ 通水、通电、通路、通邮、通信、通暖气、通天燃气或煤气、平整土地。

管理费用、投资利息、销售税费和开发利润，即：

新建建筑物价格＝建筑物建造成本＋管理费用＋投资利息＋销售税费＋开发利润

在实际估价中应根据估价对象和当地的实际情况，对上述公式进行具体化。

（四）旧有房地产的成本法公式

旧有房地产估价的成本法基本公式为：

旧有房地产价格＝土地的重新取得价格＋建筑物的重新购建价格－建筑物的折旧

其中：土地的重新取得价格＝重新取得土地的费用＋重新开发土地的费用＋正常利税

建筑物的重新购建价格＝重新建造建筑物的直接费用＋重新建造建筑物的间接费用＋正常利税

必要时还应扣除由于旧有建筑物的存在而导致的土地价值损失。

对于旧有建筑物，成本法基本公式为：

旧有建筑物价格＝建筑物的重新购建价格－建筑物的折旧

旧有房地产运用成本法估价是一种典型情况。

五、重新购建价格

（一）重新购建价格的概念

重新购建价格是假设在估价时点重新取得、重新开发或重新建造全新状况的估价对象，所需的一切合理、必要的费用、税金与应得的利润之和。

（二）重新购建价格的特点

1. 重新购建价格是估价时点的

估价时点并非总是"现在"，也可能为"过去"。如房地产纠纷案件，通常是以过去为估价时点。

2. 重新购建价格是客观的

重新购建价格不是个别企业或个人的实际耗费，而是社会一般的公平耗费，即客观成本，而不是实际成本。如果超出了社会一般的平均耗费，超出的部分不仅不能形成价格，而且造成一种浪费；而低于社会一般平均耗费的部分，不会降低价格，只会形成个别企业或个人的超额利润。

3. 建筑物和土地的重新购建价格不同

建筑物的重新购建价格是全新状况下的价格，未扣除折旧；土地的重新购建价格（重新取得价格或重新开发成本）是在估价时点的价格。

（三）重新购建价格的构成

下面以取得土地、建成房屋销售这种典型的房地产开发类型为例，来划分房地产重新购建价格的构成如下：

1. 土地取得费用

土地取得费用是取得开发地所需的费用、税费等。在完善的市场经济下，土地取得费用一般是由购置土地的价款和在购置时应由开发商（买方）缴纳的税费构成。在目前情况下，土地取得费用的构成，根据房地产开发取得土地的途径分为下列3种：

（1）通过征用农地取得的，土地取得费用包括农地征用费和土地使用权出让金等。

（2）通过在城市中进行房屋拆迁取得的，土地取得费用包括城市房屋拆迁补偿安置费和土地使用权出让金等。

(3)通过在市场上“购买”取得的，如购买政府出让或其他开发商转让的已完成征用拆迁的熟地，土地取得费用包括购买土地的价款和在购买时应由买方缴纳的税金(如交易手续费、契税等)。

2. 开发成本

开发成本是在取得开发用地后进行土地开发和房屋建设所需用的直接费用、税金等。在实践中，主要包括以下几项：①勘察设计和前期工程费；②基础设施建设费；③房屋建筑安装工程费；④公共配套设施建设费；⑤开发过程的税费。

3. 管理费用

管理费用是为管理和组织房地产开发经营活动所发生的各种费用，包括开发商的人员工资及福利费、办公费、差旅费等。在估价时，管理费用通常可按土地取得成本与开发成本之和乘以一定比率来测算。

4. 销售费用

销售费用是指开发完成后销售房地产所必需的费用，包括广告宣传费、销售代理费等。销售费用通常按照售价乘以一定比率来测算。

5. 投资利息

此处的投资利息包括土地取得费用、开发成本、管理费用和销售费用的利息，无论它们的来源是借贷资金还是自有资金，都应计算利息，这显然与会计上的财务费用不同。

6. 销售税费

销售税费是指销售完成后针对房地产应由房地产开发商(此时作为卖方)缴纳的税费，可分为下列两类：销售税金及附加，包括营业税、城市维护建设税和教育费附加(通常简称为“两税一费”)；其他销售税费，包括应由卖方负担的交易手续费等。

销售税费通常可由售价的一定比率得到，因此，在估价时通常按照售价乘以这一比率来测算。

7. 开发利润

开发利润的计算基数和相应的利润率有下列几种：

(1)计算基数＝土地取得成本＋开发成本，相应的利润率可称为直接成本利润率。

直接成本利润率＝开发利润/(土地取得成本＋开发成本)

(2)计算基数＝土地取得成本＋开发成本＋管理费用＋销售费用，相应的利润率可称为投资利润率。

投资利润率＝开发利润/(土地取得成本＋开发成本＋管理费用＋销售费用)

(3)计算基数＝土地取得成本＋开发成本＋管理费用＋投资利息＋销售费用，相应的利润率可称为成本利润率。

成本利润率＝开发利润/土地取得成本＋开发成本＋管理费用＋投资利息＋销售费用

(4)计算基数＝开发完成后的房地产价值(售价)，相应的利润率可称为销售利润率。

销售利润率＝开发利润/开发完成后的房地产价值

在测算开发利润时，要注意计算基数与利润率的匹配，即采用不同的计算基数时，应选用相对应的利润率；反之，选用不同的利润率，应采用相对应的计算基数，不能混淆。从理论上讲，同一个房地产开发项目的开发利润，无论是采用哪种计算基数与其相对应的利润率来测算，所得的结果都是相同的。

测算开发利润应掌握下列几点：①开发利润是所得税前的；②开发利润是在正常条件下开发商所能获得的平均利润，而不是个别开发商最终获得的实际利润，也不是个别开发商所期望获得的利润;③开发利润是按一定基数乘以同一市场上类似房地产开发项目所要求的相应平均利润率来计算的。

(四)重新购建价格的求取

1. 土地重置价格的求取

求取土地的重置价格,应直接求取其在估价时点的重置价格。评估土地的重置价格,要特别注意估价对象在估价时点的状况,便于准确确定其价格构成。当不便采用成本法时,可以酌情选用市场比较法、基准地价修正法等方法评估土地的价格。

以成本法求取土地的重置价格时,还应当注意土地的剩余使用年限,并进行年限修正。例如,以有偿出让方式取得的土地使用权,在以成本法得出重置价格后,还应当扣除至估价时点已使用年限的价格,得出剩余年限的土地使用权价格。

2. 建筑物重新购建价格的求取

求取建筑物的重新购建价格,是假设建筑承包商根据发包人的要求完成新的建筑工程后,发包人支付的全部费用,该费用就是建筑物的重新购建价格。如果建筑物是自己建造的,也应假设全部费用与支付给承包商的相同。

若从投资的角度出发,建筑物的重新购建价格还应在上述费用的基础上加上合理的投资利润;若从市场的角度出发,还应加上正常的销售税费。

建筑物的重新购建价格可采用成本法、市场比较法求取,或通过政府公布确定的房屋重新购建价格扣除土地价格后的比较修正法来求取,也可按工程造价估算的方法具体计算。

采用成本法、市场比较法求取建筑物重新购建价格的具体方法有:

(1)单位比较法,包括单位面积法和单位体积法。

①单位面积法:根据近期建成的类似建筑物的单位面积成本(造价)来估算。即用近期建成的类似建筑物的单位面积成本乘以估价对象建筑物的总面积来估算。这是一种最常用、简便迅速的方法,但比较粗略。

②单位体积法:与单位面积法相似,是根据近期建成的类似建筑物的单位体积成本来估算。即用近期建成的类似建筑物的单位体积成本乘以估价对象建筑物的总体积来估算。这种方法适用于成本与体积关系较密切的建筑物。

(2)分步分项法是基于建筑物的各个独立构件或工程的单位成本来估算,即先估算各个独立构件或工程的单位成本,再乘以相应数量,然后相加。值得注意的是,要结合各构件或工程的特点使用计量单位,有的要用面积,有的要用体积,有的要用特定单位(如千瓦、千伏安)。

(3)工料测量法是先估算建筑物所需各种材料、设备的数量和人工时数,然后逐一乘以估价时点各同样材料、设备的单价和人工费标准,再将其加总。这种方法与编制建筑概算或预算的方法相似,即先估算工程量,再配上概(预)算定额的单价和取费标准来估算。工料测量法的优点是内容详实,缺点是费时费力并需委托专家参与办理。工料测量法主要用于具有历史价值的建筑物的估价。

(4)指数调整法是运用建筑成本(造价)指数或变动率,将估价对象建筑物的原始成本调整到估价时点的现行成本的方法。指数调整法主要用于检验其他方法的估算结果。

六、建筑物折旧

(一)建筑物折旧概念

建筑物折旧是指建筑物的价值减损。建筑物的价值减损是由物质因素、功能因素和经济因素共同造成的。因此，在实际估价中，考虑建筑物的折旧时，必须同时考虑：

1. 物质折旧

物质折旧又称物质磨损、有形损耗，是建筑物在实体方面的损耗所造成的价值损失。进一步可以归纳为 4 个方面：①自然经过的老朽；②正常使用的磨损；③意外的破坏损毁；④延迟维修的损坏残存。

2. 功能折旧

功能折旧又称精神磨损、无形损耗，是指由于消费观念变更、规划设计更新、技术进步等原因导致建筑物在功能方面的相对残缺、落后或不适用所造成的价值损失。

3. 经济折旧

经济折旧是指建筑物以外的各种不利因素所造成的建筑物价值的损失。如在一栋高级住宅的附近建造一家工厂，该建筑物价值就会降低。

(二)建筑物折旧的求取方法

建筑物折旧的求取方法有多种，主要有耐用年限法、实际观察法、成新折扣法和综合法。

1. 耐用年限法

耐用年限法是把建筑物的折旧建立在建筑物的寿命、经过年数或剩余寿命之间关系的基础上。建筑物的寿命有自然寿命和经济寿命之分。前者是指建筑物从建成之日起到不堪使用时所经历的年数，后者是指建筑物从建成之日起预期产生的收入大于运营费用的持续年数。建筑物的经济寿命短于其自然寿命。

建筑物的经过年数分为实际经过年数和有效经过年数。实际经过年数是指建筑物从建成之日起到估价时点的日历年数。有效经过年数可能短于也可能长于实际经过年数。当建筑物的维修保养属于正常时，有效经过年数与实际经过年数相当；当建筑物的维修保养比正常维修保养好或经过了更新改造时，有效经过年数短于实际经过年数，剩余经济寿命相应较长；当建筑物的维修保养比正常维修保养差时，有效经过年数长于实际经过年数，剩余经济寿命相应较短。

在成本法求取折旧中，建筑物的寿命应为经济寿命，经过年数应为有效经过年数，剩余寿命应为剩余经济寿命。

运用耐用年限法求取建筑物折旧的方法有直线折旧法、余额递减折旧法、年金法、年数合计法和偿清基金法等。下面简单介绍直线折旧法和年金法。

(1)直线折旧法是最简单的和应用最普遍的一种折旧方法，简称直线法。它以建筑物的经济寿命期间每年的折旧额相等为基础。直线折旧法的年折旧额的计算公式为：

$$D_i=D=\frac{C-S}{N}=\frac{C(1-R)}{N}$$

公式中，D_i 表示第 i 年的折旧额，或称作第 i 年的折旧，在直线法情况下，每年的折旧额 D_i 是一个常数 D；C 表示建筑物的重新购建价格；S 表示预计的建筑物的净残值，简称残值，是预计的建筑物达到经济寿命，不宜继续使用，经拆除后可以收回的残余价值减去拆除清理费用后的数额；N 表示建筑物的经济寿命；R 表示预计的建筑物的残值率，是净残值与重新购建价格的比率，即：

$$R=\frac{S}{C}\times 100\%$$

另外，$(C-S)$ 称为折旧基数；每年的折旧额与重新购建价格的比率称为折旧率，如果用 d

来表示，即：

$$d=\frac{D}{C}\times 100\%$$
$$=\frac{C-S}{C\times N}\times 100\%$$
$$=\frac{1-R}{N}\times 100\%$$

有效经过年数为 t 年的建筑物折旧总额的计算公式为：

$$E_t=D\times t$$
$$=(C-S)\frac{t}{N}$$
$$=C(1-R)\frac{t}{N}$$

公式中，E_t 表示建筑物的折旧总额。

采用直线法折旧的建筑物现值的计算公式为：

$$V=C-E_t$$
$$=C-(C-S)\frac{t}{N}$$
$$=C\left[1-(1-R)\frac{t}{N}\right]$$

公式中，V 表示建筑物的现值。

【例 5－23】 有一建筑物，建筑总面积为 500 平方米，已使用 10 年，重置价格为 600 元/平方米，耐用年限为 40 年，残值率为 5%。试用直线折旧法计算其年折旧额、折旧总额，并估计其现值。

解：已知 $t=10$ 年，$N=40$ 年，则 $n=40-10=30$ 年，$R=5\%$，$C=600\times 500=300\ 000$（元），$S=C\times R=15\ 000$（元），则：

(1)年折旧额 $D=\frac{C-S}{N}=\frac{300\ 000-300\ 000\times 5\%}{40}=7\ 125$（元）

(2)折旧总额 $E_{10}=D\times t=7\ 125\times 10=71\ 250$（元）

(3)现值 $V=C-E_{10}=300\ 000-71\ 250=228\ 750$（元）

(2)年金法是指应用资金等值中的年金现值公式来确定建筑物的年折旧额的方法。虽然使用这种方法，每年的折旧额相同，但它与直线折旧法并不相同。直线折旧法不考虑资金的时间价值，而年金法则考虑资金的时间价值。因此，在年金法中，各年数值相等折旧额对于分摊建筑物的重新建造成本的意义是不同的。

根据资金等值的概念，年折旧额的现值之和应等于建筑物的重新建造成本减去残值。因此，有如下等式成立：

$$C-S=D\frac{(1+i)^N-1}{i(1+i)^N}$$

经变换即可得出年折旧额 D 的计算公式：

$$D=(C-S)\frac{i(1+i)^N}{(1+i)^N-1}$$

建筑物的现值应等于成本 C 减去 t 年的折旧额现值，即：

$$V=C-D\frac{(1+i)^n-1}{i(1+i)^n}$$

【例 5—24】 承【例 5—23】建筑物，若按年金法折旧，则其年折旧额、折旧总额以及建筑物的现值为多少？（假设折现率 $i=10\%$）

解：已知：$t=10$ 年，$N=40$ 年，$R=5\%$，$C=600\times500=300\ 000$（元），$S=C\times R=15\ 000$（元），则：

(1)年折旧额 $D=(C-S)\times\frac{i(1+i)^N}{(1+i)^N-1}=(300\ 000-15\ 000)\times\frac{10\%\times(1+10\%)^{40}}{(1+10\%)^{40}-1}=29\ 144$（元）

(2)折旧总额 $=D\times\frac{(1+i)^n-1}{i(1+i)^n}=29\ 144\times\frac{(1+10\%)^{10}-1}{10\%\times(1+10\%)^{10}}=179\ 077$（元）

(3)建筑物的现值 $=300\ 000-179\ 077=120\ 923$（元）

2. 实际观察法

实际观察法不是直接以建筑物的有关年限（特别是实际经过年数）来求取建筑物的折旧，而是注重建筑物的实际损耗程度。因为早建成的建筑物未必损坏严重，从而价值未必低；而新近建造的建筑物未必维护良好，特别是施工质量、设计等方面可能存在缺陷，从而价值未必高。这样，实际观察法是由估价人员亲临现场，直接观察、估算建筑物在物质、功能及经济等方面的折旧因素所造成的折旧总额。

利用实际观察法也可判定建筑物的成新率，或推测其有效经过年数、剩余经济寿命；在此基础上，再利用其他方法计算建筑物的折旧或直接计算建筑物的现值。

3. 成新折扣法

成新折扣法是根据建筑物的建成年代、新旧程度等，确定建筑物的成新率，直接求取建筑物的现值。其计算公式为：

$$V=C\times q$$

公式中，q 表示建筑物的成新率（%）。

成新折扣法适用于同时需要对大量建筑物进行估价的情形，尤其是进行建筑物现值调查统计，但比较粗略。在实际估价中，成新率是一个综合指标，其求取可以采用“先定量、后定性、再定量”的方式按下列 3 个步骤进行：

(1)用年限法计算成新率。用年限法计算成新率的公式为：

$$q=\left[1-(1-R)\frac{t}{N}\right]\times100\%=\left[1-(1-R)\frac{N-n}{N}\right]\times100\%=\left[1-(1-R)\frac{t}{t+n}\right]\times100\%$$

当 $R=0$ 时，

$$q=\left(1-\frac{t}{N}\right)\times100\%=\frac{n}{N}\times100\%=\frac{n}{t+n}\times100\%$$

【例 5—25】 10 年前建成交付使用的建筑物，经估价人员实地观察判定其剩余经济寿命为 30 年，该建筑物的残值率为零。试用直线法计算该建筑物的成新率。

解：已知：$t=10$ 年，$n=30$ 年，$R=0$，则：

$$\text{建筑物的成新率 } q=\frac{n}{t+n}\times100\%=\frac{30}{10+30}\times100\%=75\%$$

(2)根据建筑物的建成年代对上述计算结果作初步判断，看其是否吻合。

(3)采用实际观察法对上述结果作进一步的调整修正,并说明调整修正的理由。当建筑物的维修保养属于正常时,实际成新率与直线法计算出的成新率相当;当建筑物的维修保养比正常维修保养好或经过了更新改造时,实际成新率应大于直线法计算出的成新率;当建筑物的维修保养比正常维修保养差时,实际成新率应小于直线法计算出的成新率。

4. 综合法

针对以上各种折旧方法所存在的优缺点,估价人员有时同时采用几种折旧方法确定建筑物的折旧额。对于采用不同方法所得出的折旧结果,通过简单算术平均或加权算术平均等综合出一个统筹兼顾的结果,并以此作为陈旧贬值的最后判定,这就是综合法。

在估价实务上往往采用综合法,即先以耐用年限为基准计算折旧额,然后再依实际观察法进行修正,从而确定出折旧额。通过这样的综合方法,能有效地克服各种方法所存在的缺点,并使其优点得以发挥。

【例5-26】 某建筑物的重置价格为180万元,经济寿命为50年,有效经过年数为10年。门窗等损坏的修复费用为2万元;装修的重置价格为30万元,平均寿命为5年,已使用3年;设备的重置价格为60万元,平均寿命为15年,已使用10年。残值率假设为0。试求其折旧总额。

解:(1)门窗等损坏的折旧额=其修复费用=2(万元)

(2)装修的折旧额$=30\times\frac{1}{5}\times3=18$(万元)

(3)设备的折旧额$=60\times\frac{1}{15}\times10=40$(万元)

(4)长寿命项目的折旧额$=(180-2-30-60)\times\frac{1}{50}\times10=17.6$(万元)

(5)该建筑物的折旧总额$=2+18+40+17.6=77.6$(万元)

(三)求取建筑物折旧应注意的事项

1. 估价折旧与会计折旧的区别

(1)估价折旧注意的是市场价值的真实减损,科学地说,不是折旧,而是"减价修正";会计折旧注重的是原始价值的分摊、补偿或回收。

(2)在会计上,C为资产原值,不随时间的变化而变化;在估价上,C为重新购建价格,而且是估价时点的,因此,估价时点不同,C的值也不同。

(3)在房地产估价中,并非所有的建筑物折旧总量都是估价折旧,如在收益法中,需要扣除的建筑物折旧费和土地摊提费(土地取得费用的摊销)就属于会计折旧。

2. 土地使用年限对建筑物经济寿命的影响

(1)建筑物的经济寿命应从建筑物竣工验收合格之日起计,建造期不应计入。

(2)建筑物的经济寿命早于土地使用年限而结束的,应按建筑物的经济寿命计算折旧。

(3)建筑物的经济寿命晚于土地使用年限而结束的,应按建筑物的实际经过年数加上土地使用权的剩余年限计算折旧。

七、房屋完损等级评定标准与建筑物的耐用年限及残值率

(一)房屋完损等级评定标准

房屋完损等级是用来检查房屋维修保养情况的一个标准,是确定房屋实际新旧程度和估

算陈旧贬值额的重要依据。房屋的完损等级是根据房屋的结构、设备、装修三个组成部分的完好、损坏程度来划分的。我国现行的房屋完损等级分为如下5类：

1. 完好房

结构构件完好，基础未出现不均匀沉降；装修和设备齐全、完好，使用正常；或虽个别分项有轻微损坏，但经过小修就能修复的。

2. 基本完好房

结构基本完好，少量构部件有轻微损坏，基础出现不均匀沉降但已稳定；装修基本完好，油漆缺乏保养；设备、管道现状基本良好，能正常使用。

3. 一般损坏房

结构一般性损坏，部分构件有损坏或变形，屋面局部漏雨；装修局部破损、油漆老化；设备、管道不够畅通，水卫、电照管线、器具和零件有部分老化、损坏或残缺。这类房屋需要进行中修或局部大修、更换部件。

4. 严重损坏房

房屋年久失修，结构有明显变形或损坏，屋面严重漏雨；装修严重破损、油漆老化见底；设备陈旧不全，管道严重堵塞，水卫、电照管线、器具和零部件残缺及严重损坏。这种房屋需进行大修或翻修、改建。

5. 危险房

承重构件已属危险构件，结构丧失稳定及承载能力，随时有倒塌可能。这类房屋不能确保住用安全。

房屋的完损等级对应着成新率，完好房的成新率为十、九、八成；基本完好房的成新率为七、六成；一般损坏房的成新率为五、四成；严重损坏房及危险房的成新率为三成及以下。

（二）建筑物的耐用年限及残值率

建筑物的耐用年限有自然耐用年限与经济耐用年限之分。在房地产估价上，所采用的耐用年限应为经济耐用年限。

建筑物残值是指建筑物达到使用年限，不能继续使用，经拆除后的旧料价值；该价值减去拆除清理费用即为净残值；净残值与建筑物重新购建价格的比率称为残值率。现将房屋和评估中经常遇到的构筑物的耐用年限和残值率分列成表，如表5－17和表5－18所示：

表5－17　　部分构筑物的耐用年限

名　称	耐用年限(年)	名　称	耐用年限
管道	30	露天库	20
冷却塔	30	冷藏库	30
蓄水池	30	储油缸	20
污水池	20	大坝	60
水井	30	其他	30

表 5－18　　房屋的耐用年限与残值率

类别等级	使用情况	耐用年限(年)	残值率(%)
钢筋混凝土	非生产用房 生产用房 一般腐蚀性生产用房 强腐蚀性生产用房	60 50 35 15	0
砖混一等	非生产用房 生产用房 一般腐蚀性生产用房 强腐蚀性生产用房	50 40 30 15	2
砖混二等	非生产用房 生产用房 一般腐蚀性生产用房 强腐蚀性生产用房	50 40 30 15	2
砖木一等	非生产用房 生产用房 一般腐蚀性生产用房 强腐蚀性生产用房	40 30 20 5	6
砖木二等	非生产用房 生产用房 一般腐蚀性生产用房 强腐蚀性生产用房	40 30 20 5	4
砖木三等	非生产用房 生产用房 一般腐蚀性生产用房 强腐蚀性生产用房	40 30 20 5	3
简易结构		10	0

八、成本法的应用

【例 5－27】 某地产的土地总面积为 1 000 平方米，是 10 年前通过征收农地取得的，当时的取得费用为 18 万元/亩，现时重新取得该类土地需要的费用为 620 元/平方米；地上建筑物总建筑面积为 2 000 平方米，是 8 年前建成交付使用的，当时的建筑造价为每平方米建筑面积 600 元，现时建造类似建筑物的建筑造价为每平方米建筑面积 1 200 元，该建筑物有八成新。试选用所给资料测算该宗房地产的现时总价和单价。

本题主要是注重重新购建价格应为估价时点的价格。在搞清楚此问题的基础上，该宗房地产的价格测算如下：

土地现值＝620×1 000＝620 000(元)

建筑物现值＝1 200× 2 000×80%＝1 920 000(元)

估价对象的现时总价＝620 000＋1 920 000＝2 540 000(元)

估价对象的现时单价＝2 540 000÷2 000＝1 270(元/平方米)

【例 5－28】 本估价对象是一个专用仓库，坐落在某城市建成区内。土地总面积为 2 500 平方米，总建筑面积为 8 500 平方米，土地权利性质为出让土地使用权；建筑物建成于 1995 年

7 月底，建筑结构为钢筋混凝土结构。

估价要求：需要评估该专用仓库 2015 年 7 月 30 日的价值。

估价过程：

(1)选择估价方法。本估价对象为专用仓库，很少出现买卖，也无直接、稳定的经济收益，故选用成本法进行估价。

(2)选择计算公式。该宗房地产估价属于成本法中的旧房地产估价，需要评估的价值包含土地和建筑物的价值，故选择的计算公式为：

旧房地价格＝土地的重新购建价格＋建筑物的重新购建价格－建筑物的折旧

(3)求取土地的重新购建价格。由于该土地坐落在城市建成区内，直接求取其重新开发成本很难。政府尚未公布基准地价，故拟通过如下两个途径求取该土地的重新购建价格：①采用市场法，利用当地类似出让土地使用权的出让或转让价格来求取；②采用成本法，具体是利用征收农地的费用加土地开发费和土地使用权出让金等，再加上地段差价部分调整的办法来求取。

首先，采用市场法求取土地价格。调查选取了 A、B、C 三个可比实例并进行相应修正、调整如下：

可比实例 A：土地面积 2 300 平方米；成交日期为 2014 年 5 月；成交价格为 605 元/平方米。

修正与调整计算：$605\times\frac{100}{100}\times\frac{107}{100}\times\frac{100}{95}=681.4$(元/平方米)

可比实例 B：土地面积 3 000 平方米；成交日期为 2014 年 12 月；成交价格为 633 元/平方米。

修正与调整计算：$710\times\frac{100}{100}\times\frac{103}{100}\times\frac{100}{106}=689.9$(元/平方米)

可比实例 C：土地面积 2 500 平方米；成交日期为 2015 年 5 月；成交价格为 633 元/平方米。

修正与调整计算：$633\times\frac{100}{100}\times\frac{101}{100}\times\frac{100}{99}=679.8$(元/平方米)

故：估价对象土地的单价＝(681.4＋689.9＋679.8)÷3＝684(元/平方米)

其次，利用征收农地的费用加上土地开发费和土地使用权出让金等，再加上地段差价调整部分的办法来求取土地价格：在估价时点(2015 年 7 月 30 日)，对征收郊区农地平均每亩需要支付 10 万元的征地补偿、安置等费用，约合 150 元/平方米；向政府交付土地使用权出让金等费用 30 元/平方米；将土地开发成能直接在其上面进行房屋建设的土地，需要"五通一平"，为此，每平方米还需要投资(含开发土地的费用、税金和利润)110 元。以上合计为 290 元/平方米，可视为城市边缘熟地的价格。

该城市土地分为 10 个级别，城市边缘熟地被列为最差级，即处于第 10 级土地，而估价对象房地产处于第 7 级土地，因此，还需要进行土地级别对价格影响的调整。各级土地之间的价格差异如表 5—19 所示。

表 5—19　　某城市各级土地之间的价格差异

土地级别	1	2	3	4	5	6	7	8	9	10
地价是次级土地的倍数	1.30	1.30	1.30	1.30	1.30	1.30	1.30	1.30	1.30	1.00
地价是最差级土地的倍数	10.60	8.16	6.27	4.83	3.71	2.86	2.20	1.69	1.30	1.00

估价对象土地的单价＝290×2.20＝638(元/平方米)

由以上两个途径求得估价对象土地的单价分别为 684 元/平方米和 638 元/平方米。

该房地产估价主要是以前者为基础，但对于后者也加以了充分考虑，并斟酌熟悉当地房地产市场行情者的意见，确定土地的单价为 680 元/平方米。

$$估价对象土地的总价=680\times2\,500=170(万元)$$

(4)求取建筑物的重新购建价格。现时(在估价时点 2015 年 7 月 30 日)与估价对象建筑物类似的不包括土地价格在内的建筑物的重置价格(含合理利润、税费等)为 1 000 元/平方米。故：

$$估价对象建筑物的重新购建总价=1\,000\times8\,500=850(万元)$$

(5)求取建筑物的折旧。采用直线法求取折旧额。参照规定并根据估价人员的判断，该专用仓库建筑物的经济寿命为 60 年，残值率为 0。故：

$$估价对象建筑物的折旧总额=850\times\frac{20}{60}=283.3(万元)$$

估价人员到现场观察，认为该专用仓库建筑物的折旧程度为三成，即将近七成新，与上述计算结果基本吻合。

(6)求取积算价格。

$$\begin{aligned}旧房地价格&=土地的重新购建价格+建筑物的重新购建价格-建筑物的折旧\\&=170+850-283.3\\&=736.7(万元)\end{aligned}$$

估价结果：根据上述计算结果并参考估价人员的经验，将本估价对象专用仓库 2015 年 7 月 30 日的价值总额评估为 737 万元，折合每平方米建筑面积 867 元。

任务四　收益法在房地产估价中的应用

一、收益法的概念

收益法是预计估价对象未来的正常净收益，选用适当的资本化率将其折现到估价时点后累加，以此估算估价对象的客观合理价格或价值的方法。采用收益法估价求得的价格称为收益价格。

二、收益法的适用范围

收益法适用于有收益或有潜在收益，并且收益和风险都能够量化的房地产，如旅馆、餐饮、写字楼、公寓、游乐场、厂房、农地等房地产；而对于收益或潜在收益难以量化的房地产价格的评估则不适用，如政府办公楼、学校、公园、图书馆、博物馆等公用或公益房地产的估价。

三、收益法的操作步骤

运用收益法估价一般分为下列七个步骤进行：搜集有关房地产收入和费用的资料→估算潜在毛收入→估算有效毛收入→估算运营费用→估算净收益→选用适当的资本化率→选用适宜的计算公式求出收益价格。其中，潜在毛收入、有效毛收入、运营费用、净收益均以年度计。

四、收益法的计算公式

(一)基本计算公式

$$V=\sum_{i=1}^{n}\frac{a_i}{(1+r)^i}=\frac{a_1}{(1+r)}+\frac{a_2}{(1+r)^2}+\frac{a_3}{(1+r)^3}+\cdots+\frac{a_{n-1}}{(1+r)^{n-1}}+\frac{a_n}{(1+r)^n}$$

公式中，V 表示房地产收益价格，a_i 表示房地产第 i 年净收益，r 表示房地产的资本化率，n 表示房地产自估价时点起至未来可获收益时的年限。

使用现金流量图的方法将公式形象化，如图 5—1 所示：

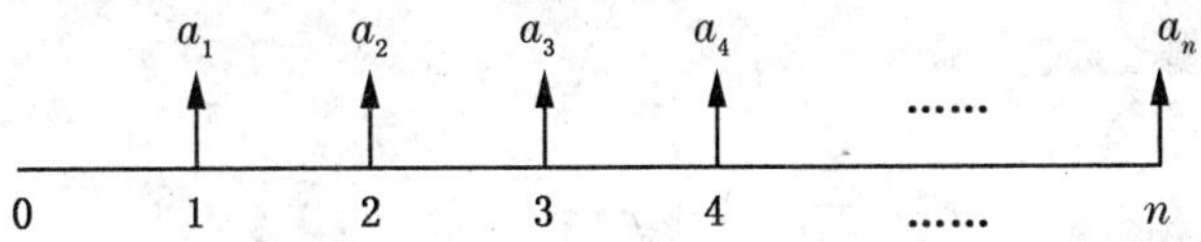

图 5—1

因未来各年度的净收益无法准确预测，因此，该公式只有理论上的意义，在现时中难以操作。根据房地产未来获取净收益流量的类型，我们可以推导出下述各种公式。

(二)净收益及其他因素不变的计算公式

净收益及其他因素不变的计算公式有无限年期和有限年期两种。

1. 无限年期

$$V=\frac{a}{r}$$

此公式的假设条件是：①净收益每年不变为 a；②资本化率 r 每年不变且大于 0；③收益年限 n 为无限年。

该公式可直接用于估价土地的收益价格，因为土地的收益是无限期的；对于“房地合一”的房地产，当对建筑物提取折旧时，其收益价格也可运用该公式。

【例 5—29】 某房地产正常情况下的年纯收益为 20 万元、资本化率为 10%，其经济耐用年限为无限年。则该房地产的收益价格为：

$$V=\frac{a}{r}=\frac{20}{10\%}=200(\text{万元})$$

2. 有限年期

$$V=\frac{a}{r}\left[1-\frac{1}{(1+r)^n}\right]$$

该公式的假设和限制条件为：①房地产的收益年限为 n 年；②资本化率 r 每年不变且大于 0(当 $r=0$ 时，$V=a\times n$)；③待估房地产的净收益为 a，每年均相等。

使用现金流量图的方法将公式形象化，如图 5—2 所示。

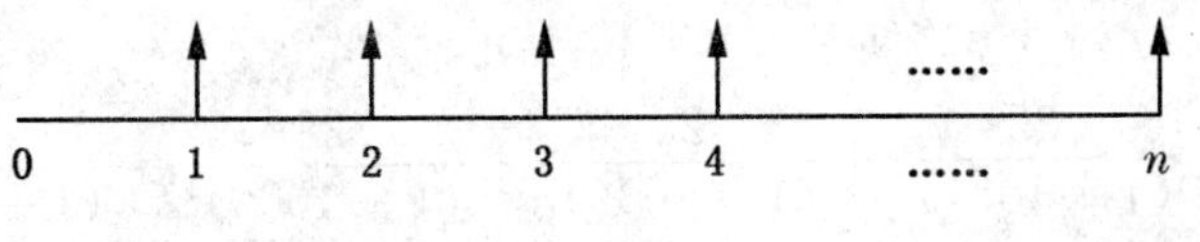

图 5—2

【例 5—30】 某房地产是在政府有偿出让的土地上开发建造的，土地出让年限为 50 年，现已使用了 10 年；该房地产正常情况下的年净收益为 20 万元，资本化率为 10%。则该房地产的收益价格为：

$$V=\frac{a}{r}\left[1-\frac{1}{(1+r)^n}\right]=\frac{20}{10\%}\times\left[1-\frac{1}{(1+10\%)^{50-10}}\right]=195.58(\text{万元})$$

(三)净收益在前若干年有变化的计算公式

净收益在前若干年有变化的计算公式具体有两种情况：一是无限年期，二是有限年期。

1. 无限年期的计算公式

$$V=\sum_{i=1}^{t}\frac{a_i}{(1+r)^i}+\frac{a}{r(1+r)^t}$$

公式中，i 表示年份，a_i 表示未来第 i 年的净收益，t 表示净收益有变化的年限。

该公式的假设前提是：①净收益在前 t 年(含第 t 年)有变化，在 t 年以后无变化，为 a；②资本化率 r 大于 0；③收益年限 n 为无限年。

2. 有限年期的计算公式

$$V=\sum_{i=1}^{t}\frac{a_i}{(1+r)^i}+\frac{a}{r}\left[1-\frac{1}{(1+r)^{n-t}}\right]\times\frac{1}{(1+r)^t}$$

公式中，i 表示年份，a_i 表示未来第 i 年的净收益，t 表示净收益有变化的年限。

该公式的假设前提是：①净收益在未来前 t 年(含第 t 年)有变化，在 t 年以后无变化，为 a；②资本化率不等于 0 为 r；③收益年限为有限年 n。

使用现金流量图的方法将公式形象化，如图 5—3 所示：

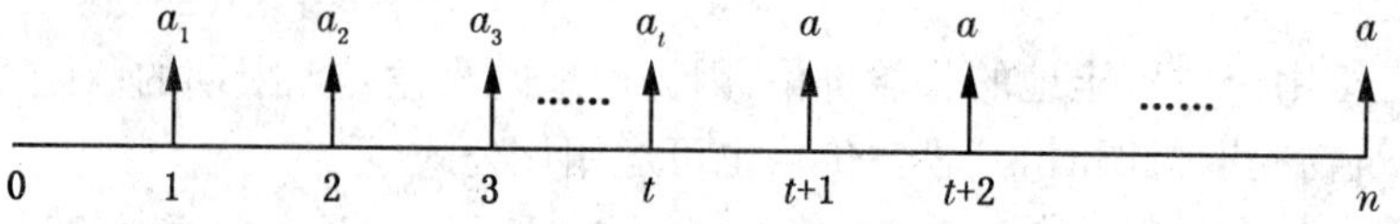

图 5—3

该公式有重要的实用价值，在实际估价中，一般很难准确预测在房地产的整个使用周期内每年的净收益，但可以根据估价对象的经营状况和市场环境，对其在未来 3～5 年或更长时期的净收益作出估计，并且假设从此以后的净收益将不变，然后对这两部分净收益进行折现处理，计算出房地产的价格。

【例 5—31】 某宗房地产，通过预测得到其未来 5 年的净收益分别为 20 万元、22 万元、25 万元、28 万元、30 万元，从第 6 年到未来无限期，每年的净收益将稳定在 35 万元，该类房地产的资本化率为 10%。该宗房地产的收益价格为：

$$\begin{aligned}V&=\sum_{i=1}^{t}\frac{a_i}{(1+r)^i}+\frac{a}{r(1+r)^t}\\&=\frac{20}{(1+10\%)}+\frac{22}{(1+10\%)^2}+\frac{25}{(1+10\%)^3}+\frac{28}{(1+10\%)^4}+\frac{30}{(1+10\%)^5}\\&\quad+\frac{35}{10\%(1+10\%)^5}\\&=310.2(\text{万元})\end{aligned}$$

(四)预测未来若干年后房地产价格的计算公式

预测房地产未来 t 年的净收益为 a、a_1、a_2、a_3、…、a_t；第 t 年末的价格为 V_t，则其现值的计算公式为：

$$V=\sum_{i=1}^{t}\frac{a_i}{(1+r)^i}+\frac{V_t}{(1+r)^t}$$

此公式的假设前提是:①已知房地产在未来第 t 年末的价格为 V_t;②房地产在未来前 t 年(含第 t 年)的净收益有变化且已知。

使用现金流量图的方法将公式形象化,如图 5—4 所示:

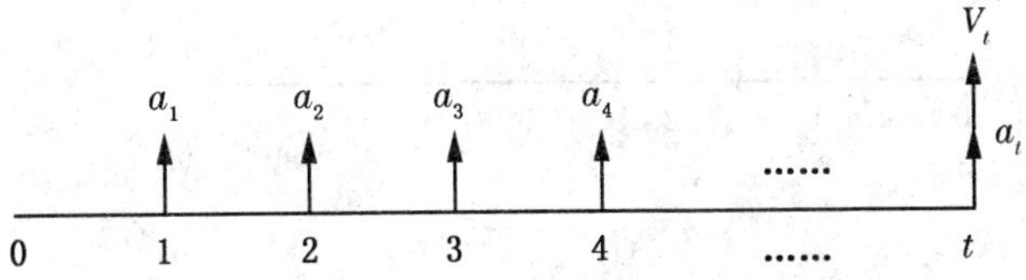

图 5—4

如果 a_i 每年相同均为 a,则公式简化为

$$V=\frac{a}{r}\left[1-\frac{1}{(1+r)^t}\right]+\frac{V_t}{(1+r)^t}$$

实际估价中,对于待估房地产目前的价格难以确定,但根据城市规划的发展前景,或由于社会经济地理位置的改变,能够比较容易地预测待估房地产未来某一时期的房地产价格水平的,适宜采用该公式,特别是某地区在若干年后将会出现可以预见的较大改观的情况下。

【例 5—32】 目前的房地产市场不景气,但预测 3 年后会回升,现有一幢用于出租的写字楼需要估价。该写字楼现行市场租金较低,年出租净收益为 500 万元,预计未来 3 年内仍然维持在该水平,但等到 3 年后市场回暖时,将其转卖的售价会高达 7 950 万元,销售税费为售价的 6%。如果投资者要求该类投资的收益率为 10%,则该写字楼目前的价值为:

$$V=\frac{a}{r}\left[1-\frac{1}{(1+r)^t}\right]+\frac{V_t}{(1+r)^t}=\frac{500}{10\%}\times\left[1-\frac{1}{(1+10\%)^3}\right]+\frac{7\,950\times(1-6\%)}{(1+10\%)^3}=6\,858(\text{万元})$$

(五)净收益按等差级数递增的计算公式

净收益按等差级数递增的计算公式具体有两种情况:一是无限年期,二是有限年期。

1. 无限年期的公式

$$V=\frac{a}{r}+\frac{b}{r^2}$$

公式中,b 表示净收益逐年递增的数额,如净收益第一年为 a,则第二年为 $a+b$,第三年为 $a+2b$,第 n 年为 $a+(n-1)b$。

此公式的假设前提是:①净收益按等差级数递增;②资本化率大于 0,为 r;③收益年限 n 为无限年。

【例 5—33】 某宗房地产预计未来第一年的净收益为 16 万元,此后每年的净收益会在上一年的基础上增加 2 万元,收益年限可视为无限年,该类房地产的资本化率为 9%。则该宗房地产的收益价格为:

$$V=\frac{a}{r}+\frac{b}{r^2}=\frac{16}{10\%}+\frac{2}{(10\%)^2}=360(\text{万元})$$

2. 有限年期的公式

$$V=\left(\frac{a}{r}+\frac{b}{r^2}\right)\left[1-\frac{1}{(1+r)^n}\right]-\frac{b}{r}\times\frac{n}{(1+r)^n}$$

此公式的假设前提是:①净收益按等差级数递增;②资本化率不等于0,为r;③收益年限n为有限年。

使用现金流量图的方法将公式形象化,如图5—5所示:

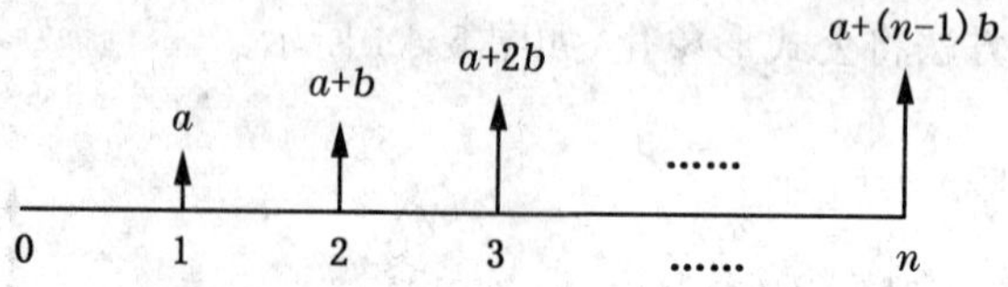

图5—5

(六)净收益按等差级数递减的计算公式

净收益按等差级数递减的计算公式只有收益年限为有限年期一种,公式为:

$$V=\left(\frac{a}{r}-\frac{b}{r^2}\right)\left[1-\frac{1}{(1+r)^n}\right]+\frac{b}{r}\times\frac{n}{(1+r)^n}$$

公式中,b表示净收益逐年递减的数额,如净收益第一年为a,则第二年为$a-b$,第三年为$a-2b$,第n年为$a-(n-1)b$。

此公式的假设前提是:①净收益按等差级数递减;②资本化率不等于0,为r;③收益年限为有限年n,且$n\leqslant a/b$(当$n=a/b$时,第$n+1$年的净收益为0,以后各年的净收益均为负值,任何一个"理性经营者"在a/b年后都不会再经营)。

使用现金流量图的方法将公式形象化,如图5—6所示:

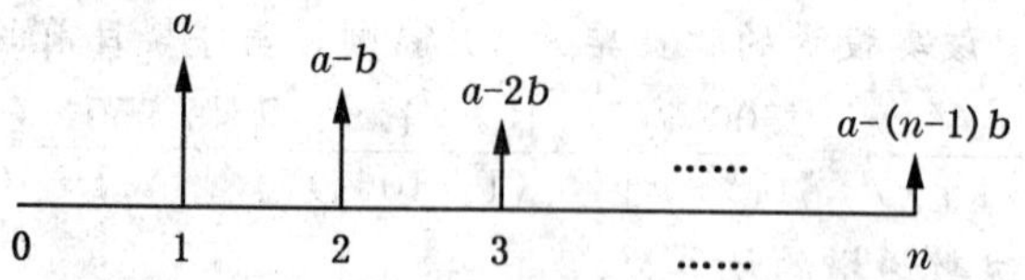

图5—6

(七)净收益按等比级数递增的计算公式

净收益按等比级数递增的计算公式有两种情况:一是无限年期,二是有限年期。

1. 无限年期的公式

$$V=\frac{a}{r-g}$$

公式中,g表示净收益逐年递增的比率,如净收益第一年为a,则第二年为$a(1+g)$,第三年为$a(1+g)^2$,第n年为$a(1+g)^{n-1}$。

使用现金流量图的方法将公式形象化,如图5—7所示。

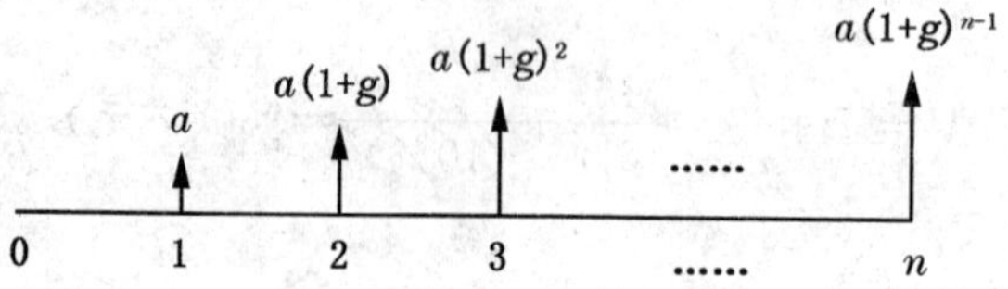

图5—7

此公式的假设前提是：①净收益按等比级数递增；②资本比率 r 大于净收益逐年递增的比率 g；③收益年限 n 为无限年。

【例 5－34】 某宗房地产预计未来第一年的净收益为 16 万元，此后每年的净收益会在上一年的基础上增长 10%，收益年限可视为无限年，该类房地产的资本化率为 9%。则该宗房地产的收益价格为：

$$V=\frac{a}{r-g}=\frac{16}{10\%-2\%}=200(\text{万元})$$

2. 有限年期的公式

$$V=\begin{cases}\dfrac{a}{r-g}\left[1-\left(\dfrac{1+g}{1+r}\right)^{n}\right] & r\neq g\\[2ex] \dfrac{a\times n}{1+r} & r=g\end{cases}$$

此公式的假设前提是：①净收益按等比级数递增；②收益年限 n 为有限年。

【例 5－35】 某宗房地产是在政府有偿出让的土地上建造的，土地使用权的剩余年限为 50 年；预计该房地产未来第一年的净收益为 16 万元，此后每年的净收益会在上一年的基础上增长 2%；该类房地产的资本化率为 10%。则该宗房地产的收益价格为：

$$V=\frac{a}{r-g}\left[1-\left(\frac{1+g}{1+r}\right)^{n}\right]=\frac{16}{10\%-2\%}\left[1-\left(\frac{1+2\%}{1+10\%}\right)^{50}\right]=195.41(\text{万元})$$

（八）净收益按一定比率递减的计算公式

净收益按一定比率递减的计算公式有两种情况：一是无限年期，二是有限年期。

1. 无限年期的公式

$$V=\frac{a}{r+g}$$

公式中，g 表示净收益逐年递减的比率，如净收益第一年为 a，则第二年为 $a(1-g)$，第三年为 $a(1-g)^2$，第 n 年为 $a(1-g)^{n-1}$。

此公式的假设前提是：①净收益按等比级数递减；②资本化率大于 0，为 r；③收益年限 n 为无限年。

使用现金流量图的方法将公式形象化，如图 5－8 所示：

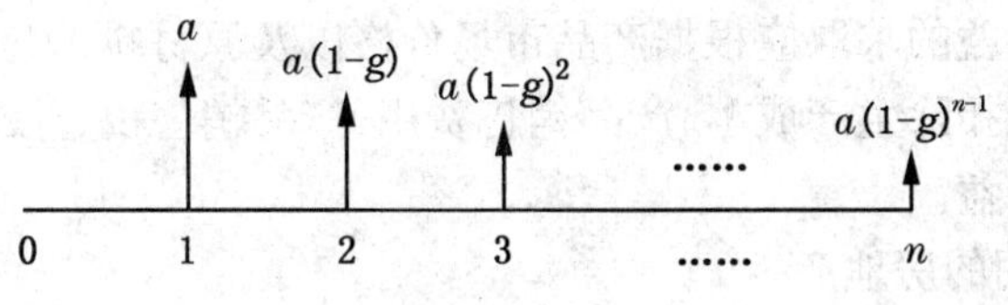

图 5－8

2. 有限年限的公式

$$V=\frac{a}{r+g}\left[1-\left(\frac{1-g}{1+r}\right)^{n}\right]$$

此公式的假设前提是：①净收益按等比级数递减；②资本化率不等于 0，为 r；③收益年限 n 为有限年。

五、净收益的求取

净收益是由有效毛收入扣除运营费用后得到的归属于房地产的纯收益。净收益的大小是决定房地产价格的一个重要因素。在实际估价中，只有全面了解有关收益性房地产的各种收益情况，才能客观地求取房地产的净收益，准确地估价房地产。

(一)净收益的计算公式

计算净收益的基本公式为：

净收益＝潜在毛收入－空置等造成的收入损失－运营费用＝有效毛收入－运营费用

根据公式，净收益是指由有效毛收入扣除合理运营费用后得到的归属于房地产的收益。潜在毛收入是指假定房地产在充分利用、无空置状态下可获得的收入。有效毛收入是指由潜在毛收入扣除正常的空置、拖欠租金以及其他原因造成的收入损失后所得到的收入。运营费用是指维持房地产正常生产、经营或使用必须支出的费用及归属于其他资本或经营的收益，运营费用与有效毛收入之比称为运营费用率。

潜在毛收入、有效毛收入、运营费用、净收益通常以年度计算。

(二)不同类型房地产净收益的求取

净收益应根据估价对象的具体情况，按下列规定求取。

1. 出租型房地产

出租型房地产净收益的求取，应根据租赁资料计算净收益，净收益为租赁收入扣除维修费、管理费、保险费和税金后的纯收益。

租赁收入包括有效毛租金收入和租赁保证金、押金等的利息收入。

维修费、管理费、保险费和税金应根据租赁契约规定的租金含义决定取舍。若保证合法、安全、正常使用所需的费用都由出租方承担，应将四项费用全部扣除；若维修、管理等费用全部或部分由承租方承担，应对四项费用中的部分项目作相应调整。

2. 商业经营型房地产

商业经营型房地产净收益的求取应根据经营资料计算净收益，净收益为商品销售收入扣除商品销售成本、经营费用、商品销售税金及附加、管理费用、财务费用和商业利润后的纯收益。

3. 生产型房地产

生产型房地产净收益的求取应根据产品市场价格以及原材料、人工费用等资料计算收益，净收益为产品销售收入扣除生产成本、产品销售费用、产品销售税金及附加、管理费用、财务费用和厂商利润后的纯收益。

4. 尚未使用或自用的房地产

尚未使用或自用的房地产净收益的求取可比照有收益的类似房地产的有关资料，按上述相应的方式计算净收益，或直接比较得出净收益。

5. 混合型房地产净收益的求取

对于现实中包含上述多种类型的房地产净收益的求取，可以把它看作是各种单一类型房地产的组合，先分别求取，然后进行综合。

(三)求取净收益应注意的事项

在实际估价中，由于经营管理水平等原因，某一具体估价对象的实际毛收入和运营费用因其自身原因而具有个别性；而估价要求评估的是客观合理价格，因而应该参照市场上类似房地产的一般收入和费用水平，对估价对象的实际收入和费用进行调整，得出具有代表性的客观收入和客观费用作为估价依据。因此，在实际估价中，净收益的求取应注意以下几点：

(1)房地产的净收益是指房地产本身所带来的净收益，包括有形收益和无形收益。

(2)运营费用包括两部分内容：①维持房地产正常生产、经营或使用所必须支出的费用，如维修费、管理费等；②归属于其他资本的收益，或非房地产本身所创造的收益，如货币资金的利息和利润等。

(3)由有效毛收入扣除合理运营费用，实际上是在有效毛收入中扣除非房地产本身所创造的收益，剩余的就是房地产本身所带来的收益，也即房地产的净收益。

【例5－36】 有一建筑面积为1 000平方米的写字楼，其每月毛租金水平为100元/平方米，空置率为13%，租金损失为毛租金收入的2%，合理运营费用为有效租金收入的30%。则该写字楼：

潜在毛收入＝1 000平方米×100元/平方米×12个月＝120(万元)

有效毛收入＝120×(1－13%)×(1－2%)＝102.3(万元)

合理运营费用＝102.3×30%＝30.7(万元)

净收益＝102.3－30.7＝71.6(万元)

(4)实际估价中的潜在毛收入、有效毛收入和合理运营费用都应采用正常客观的数据，如果利用估价对象本身的资料推算出的潜在毛收入、有效毛收入、合理运营费用或净收益与正常客观的情况不符，则应将其调整为正常客观的数据。

(5)房地产有租约限制的，必须考虑租约对房地产价格的影响。租约期内的租金，宜采用租约所确定的租金，租约期外的租金应采用正常客观的租金。

【例5－37】 某商店的土地使用年限为40年，从2011年10月1日起计。该商店共有两层，每层出租面积为200平方米。一层于2012年10月1日出租，租期为5年，可出租面积的月租金为180元/平方米，且每年不变；二层现暂空置。附近类似商场一、二层可出租面积的正常月租金分别为200元/平方米和120元/平方米，运营费用率为25%。该类房地产的资本化率为9%。试估算该商场2015年10月1日带租约出售时的正常价格。

解：商店一层价格的估算：

$$\text{租约期内年净收益}=200\times180\times(1-25\%)\times12=32.40(\text{万元})$$

$$\text{租约期外年净收益}=200\times200\times(1-25\%)\times12=36.00(\text{万元})$$

$$V=\frac{32.40}{(1+9\%)}+\frac{32.40}{(1+9\%)^2}+\frac{36.00}{9\%\times(1+9\%)^2}\times\left[1-\frac{1}{(1+9\%)^{40-4-2}}\right]=375.69(\text{万元})$$

商店二层价格的估算：

$$\text{年净收益}=200\times120\times(1-25\%)\times12=21.60(\text{万元})$$

$$V=\frac{21.60}{9\%}\times\left[1-\frac{1}{(1+9\%)^{40-4}}\right]=229.21(\text{万元})$$

该商店的正常价格＝商店一层的价格＋商店二层的价格＝375.69＋229.21＝604.90(万元)

(四)净收益流量的类型

求取净收益时，应根据净收益过去、现在、未来的变动情况及可获净收益的年限，确定未来净收益流量，并判断该未来净收益流量属于下列哪种类型：每年基本上固定不变；每年基本上按某个固定的数额递增或递减；每年基本上按某个固定的比率递增或递减；其他有规则的变动情形。

六、收益年限的确定

对于单独土地和单独建筑物的估价，应分别根据土地使用权年限和建筑物经济寿命确定未来可获收益的年限，并选用对应的有限年期的收益法计算公式，净收益中不扣除建筑物折旧费和土地摊提费。

对于土地与建筑物合成体的估价对象，如果是建筑物的经济寿命晚于或与土地使用年限一起结束的，则根据土地使用年限确定未来可获收益的年限，并选用对应的有限年期的收益法计算公式，净收益中不扣除建筑物折旧费和土地摊提费。

对于土地与建筑物合成体的估价对象，如果是建筑物的经济寿命早于土地使用年限而结束的，可采用下列方式之一处理：①先根据建筑物的经济寿命确定未来可获收益的年限，并选用对应的有限年期的收益法计算公式，净收益中不扣除建筑物折旧费和土地摊提费；然后再加上土地使用年限超出建筑物经济寿命的土地剩余使用年限价值的折现值；②将未来可获收益的年限设定为无限年，选用无限年期的收益法计算公式，净收益中应扣除建筑物折旧费和土地摊提费，即：

$$V=\frac{a-D_B-D_L}{r}$$

或：

$$V=\frac{a}{r+d_B+d_L}$$

公式中，D_B 表示建筑物折旧费，D_L 表示土地摊提费，d_B 表示建筑物折旧率，d_L 表示土地摊提率。

扣除建筑物折旧费和土地摊提费，相当于在每次建筑物经济寿命结束和土地使用年限到期时，能分别累积一笔资金，利用该资金可对建筑物和土地进行不断地“复制”，最终使房地产的收益年限延展为无限年。

七、资本化率的确定

(一)资本化率的概念

资本化率是将房地产的净收益转换成价值的比率。

如果将购买房地产看作是一种投资行为，这种投资所需投入的资本额就是房地产的价格，这笔投资在将来获得的收益就是房地产每年产生的净收益，因此，资本化率的本质是投资的收益率。简单来说，资本化率就是前述各种收益还原法公式中的 r，如：当净收益每年不变且收益年限为无限年时，公式为：$V=a/r$；当净收益每年不变而收益年限为有限年 n 时，公式为：$V=\frac{a}{r}\left[1-\frac{1}{(1+r)^n}\right]$；当净收益每年按等比级数递增且为无限年时，公式为：$V=\frac{a}{r-g}$。

从市场投资和统计角度而论，资本投资收益率的大小与项目投资的风险、大小直接相关，即某类项目投资风险越大，其收益率越高；风险越小，其收益率越低。因此，选用资本化率时，应将其等同于与估价对象的净收益具有同等风险的收益率。

由于房地产具有位置固定性等特点，其风险因不同地区而异，而且与房地产的类型或用途、投资者进入房地产市场的时机等因素相关。因此,不同地区、不同时期、不同用途的房地产,投资的风险不同,其资本化率也不相同。选用资本化率时,这一点应特别注意。

(二)资本化率求取的基本方法

合理确定资本化率是科学、准确地确定估价结果的关键,在房地产估价实践中,主要运用下列方法确定资本化率。

1. 市场提取法

市场提取法又称实例法,是利用收益还原法公式,通过搜集市场上相类似房地产的净收益、价格等资料,推导出资本化率的方法。如果房地产市场比较发达,容易获得可靠的房地产交易资料,则市场提取法是一种有效而实用的方法。运用市场提取法求取资本化率时,所选取的实例必须是与待估房地产相类似的实例;为了避免偶然性所带来的误差,需要抽取多宗类似房地产交易实例来求取。具体要求是,选择近期发生的三宗以上与估价对象房地产相似的交易实例,通过搜集的类似房地产的价格、净收益等资料,分析净收益的现金流量,并选用相应的收益法计算公式,求出资本化率。

(1)在 $V=a/r$ 的情况下,通过 $r=a/V$ 直接求取。如表 5－20 所示:

表 5－20　　选取的可比实例及相关资料

可比实例	净收益(万元/年)	价格(万元)	资本化率(%)
1	12	102	11.8
2	23	190	12.1
3	10	88	11.4
4	65	542	12.0
5	90	720	12.5

表 5－20 中的 5 个可比实例的资本化率的简单算术平均数为:(11.8%＋12.1%＋11.4%＋12.0%＋12.5%)÷5＝11.96%。

(2)在 $V=\frac{a}{r}\left[1-\frac{1}{(1+r)^n}\right]$ 的情况下,是通过 $V-\frac{a}{r}\left[1-\frac{1}{(1+r)^n}\right]=0$ 来求取 r。

具体是采用试错法,计算到一定精度后,再采用线性内插法来求取,即 r 是通过试错法与线性内插法相结合的方法来求取,可通过计算机来完成。

(3)在 $V=\frac{a}{r-g}$ 的情况下,是通过 $r=\frac{a}{V}+g$ 来求取。

2. 安全利率加风险调整值法

安全利率加风险调整值法又称累加法,是以安全利率加上风险调整值作为资本化率的方法,其基本公式为:

资本化率＝安全利率＋投资风险补偿＋管理负担补偿＋缺乏流动性补偿－投资带来的优惠

该方法主要是从投资者获取期望目标收益的角度考虑,其技术关键是风险调整值的确定。风险调整值是根据估价对象所在地区的经济现状与未来预测,以及估价对象的用途及新旧程度等各种风险因素,确定增大或减小的风险利率。在不考虑时间和地域范围差异的情况下,风险调整值主要与房地产的类型相关。通常情况下,商业零售用房、写字楼、住宅和工业用房的投资风险依次降低,风险调整值也相应下降。

该方法的具体操作过程是首先找出安全利率。安全利率又称无风险投资的收益率，通常可选用同一时期的一年期国债利率或中国人民银行公布的一年期定期存款利率；其次，确定在安全利率基础上对投资风险、管理负担和投入资金缺乏流动性的各项补偿。

3. 复合投资收益率法

复合投资收益率是将购买房地产的抵押贷款收益率与自有资本收益率的加权平均数作为资本化率。其计算公式为：

$$R=M\times R_M+(1-M)\times R_E$$

公式中，R 表示资本化率；M 表示贷款价值比率，即抵押贷款额占房地产价值的比率；R_M 表示抵押贷款资本化率，即第一年还本付息额与抵押贷款额的比率；R_E 表示自有资本要求的正常收益率。

下列几点有助于理解上述公式：

(1)可以把购买房地产视作一种投资行为：房地产价格为投资额，房地产净收益为投资收益。

(2)购买房地产的资金来源可分为抵押贷款和自有资金两部分，特别是在房地产与金融紧密联系的现代社会，所以有：

房地产价格＝抵押贷款额＋自有资金额

(3)房地产的收益相应地也由这两部分来分享，即：

房地产净收益＝抵押贷款收益＋自有资金收益

于是有：

房地产价格×资本化率＝抵押贷款额×抵押贷款利率＋自有资金额×自有资金收益率

于是有：

$$资本化率=\frac{抵押贷款额}{房地产价格}\times 抵押贷款利率+\frac{自有资金额}{房地产价格}\times 自有资金收益率$$

$$=贷款价值比率\times 抵押贷款利率+(1-贷款价值比率)\times 自有资金收益率$$

【例5－38】 某类房地产，在其销售中通常抵押贷款占七成，抵押贷款的年利率为8%，自有资金要求的年收益率为15%。则该类房地产的资本化率为：

$$\begin{aligned}R&=M\times R_M+(1-M)-R_E\\&=70\%\times 8\%+(1-70\%)\times 15\%\\&=10.1\%\end{aligned}$$

4. 投资收益率排序插入法

投资收益率排序插入法是指先找出相关投资类型及其收益率、风险程序，按风险大小排序，然后将估价对象与投资的风险程序进行比较判断来确定资本比率。具体步骤如下：

(1)调查、搜集估价对象所在地区的房地产投资、相关投资及其收益率和风险程度的资料，如各种类型的银行存款、贷款、政府债券、保险、企业债券、股票以及有关领域的投资收益率等。

(2)将所搜集到的不同类型投资的收益率按由低到高的顺序排列(见图5－9)。

(3)将估价对象与这些投资类型的风险程度进行分析比较，考虑投资的流动性、管理的难易程度以及作为资产的安全性等，判断出同等风险的投资，确定估价对象风险程度应落的位置。

(4)根据估价对象风险程度所落的位置，在图中找出对应的收益率，从而就确定出了所要求的资本化率。

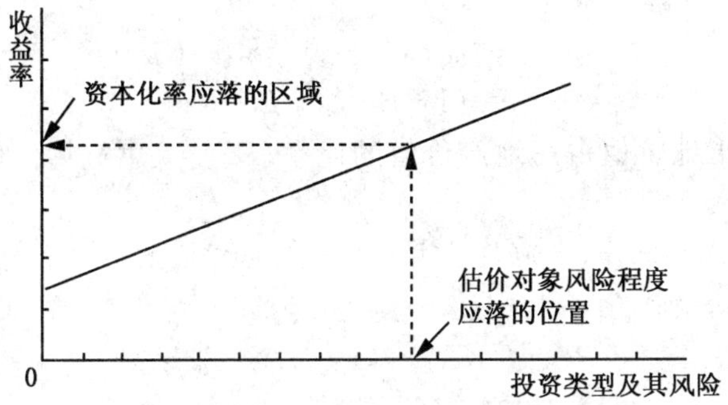

图 5—9

(三)资本化率的种类

在房地产估价中应用最广泛的三种资本化率是综合资本化率、建筑物资本化率和土地资本化率,这是与房地产估价对象的三种实物存在形态相对应的。

1. 综合资本化率

综合资本化率是评估复合房地产时所采用的资本化率。采用综合资本化率估算复合房地产的收益价格时,所对应的净收益也是复合房地产的净收益,即土地和建筑物产生的年净收益之和。

2. 建筑物资本化率

建筑物资本化率是运用收益还原法评估建筑物时所采用的资本化率。采用建筑物资本化率估算建筑物的收益价格时,所对应的净收益也是建筑物的年净收益,即从房地产的总年净收益中分离出建筑物的收益。

3. 土地资本化率

土地资本化率是运用收益还原法评估土地时所采用的资本化率。采用土地资本化率估算土地的收益价格时,所对应的净收益是土地的年净收益,这个净收益不应包括其他方面带来的部分。如果在求取土地的价值时选用的资本化率不是土地资本化率,即使得出了一个结果,这个结果也难以说是土地价值。

综合资本化率、建筑物资本化率、土地资本化率三者既有区别,也有联系。

如果知道了其中的两种资本化率,便可求出另外一种资本化率。此三种资本化率相联系的公式如下:

$$R_L=\frac{R_O(V_L+V_B)-R_BV_B}{V_L}$$

$$R_O=\frac{R_LV_L+R_BV_B}{V_B+V_L}$$

$$R_B=\frac{R_O(V_L+V_B)-R_LV_L}{V_B}$$

公式中,R_B 表示建筑物资本化率,R_O 表示综合资本化率,V_L 表示土地价值,V_B 表示建筑物价值,R_L 表示土地资本化率。

运用上述公式时,必须确切地知道土地价值和建筑物价值是多少,这有时难以做到。但如果知道了土地价值占房地产价值的比率、建筑物价值占房地产价值的比率,就可以找出综合资本化率、建筑物资本化率和土地资本化率三者的关系。其公式如下:

$$R_O=L\cdot R_L+B\cdot R_B$$
$$=L\cdot R_L+(1-L)\cdot R_B$$
$$=(1-B)R_L+B\cdot R_B$$

公式中，L 表示土地价值占房地产价值的比率，B 表示建筑物价值占房地价值的比率；$L+B=100\%$。

【例5—39】 某宗房地产，土地价值占总价值的40%，土地资本化率为6%，建筑物资本化率为8%。试求综合资本化率。

$$R_O=L\times R_L+(1-L)\times R_B$$
$$=40\%\times6\%+(1-40\%)\times8\%$$
$$=7.2\%$$

八、收益法的应用

【例5—40】 某宗房地产在正常情况下每年可获得收益55万元，年支出总费用30万元。在该房地产附近选取了A、B、C、D四宗类似房地产，其价格及净收益如表5—21所示。试用所给资料估计该宗房地产的价格（如需计算平均值，请采用简单算术平均法）。

表5—21

类似房地产	价格（万元）	净收益（万元/年）
A	252	30
B	294	35
C	238	28
D	166	20

解：该题关键是利用类似房地产的净收益和价格资料求取资本化率。

（1）年纯收益＝55－30＝25（万元）

（2）资本化率：

A房地产资本化率$=\dfrac{30}{252}=11.90\%$

B房地产资本化率$=\dfrac{35}{294}=11.90\%$

C房地产资本化率$=\dfrac{28}{238}=11.76\%$

D房地产资本化率$=\dfrac{20}{166}=12.05\%$

资本化率$=(11.90\%+11.90\%+11.76\%+12.05\%)\div4=11.90\%$

（3）房地产价格$=\dfrac{25}{11.90\%}=210$（万元）

【例5—41】 星海旅馆需要估价，据调查，该旅馆共有300张床位，平均每张床位每天向客人实收50元，年平均空房率为30%，该旅馆营业平均每月花费14万元；当地同档次旅馆一般床价为每床每天45元，年平均空房率为20%，正常营业时每月总费用平均占每月总收入的30%；该类房地产的资本化率为10%。试运用所给资料估算该旅馆的价值。

解:本题主要是注意实际收益与客观收益区分的问题:除了有租约限制的以外,其他的应采用客观收益。在清楚了此问题的基础上,该旅馆的价值估算如下:

(1)年有效毛收入=300×45×365×(1－20%)=394.20(万元)

(2)年运营费用=394.2×30%=118.26(万元)

(3)年净收益=394.2－118.26=275.94(万元)

(4)旅馆价值=275.94÷10%=2 759.4(万元)

【例 5－42】 某房地产建成于 2011 年 12 月 30 日,收益年限为 50 年;2012 年 12 月 30 日至 2015 年 12 月 30 日分别获得净收益 85 万元、90 万元、95 万元;预计 2016 年 12 月 30 日至 2018 年 12 月 30 日要分别获得净收益 95 万元、92 万元、94 万元,从 2019 年 12 月 30 日起,每年可获得的净收益将稳定在 95 万元;购买该类房地产通常可得到银行 70%的抵押贷款,抵押贷款的年利率为 6%,自有资本要求的收益率为 10%。试利用上述资料估算该房地产 2015 年 12 月 30 日的收益价格。

解:本题主要是注意过去收益与未来收益区分的问题:收益价格是未来的净收益折现到估价时点的价值之和。在清楚了此问题的基础上,该房地产 2015 年底的收益价格估算如下:

(1)计算公式为:

$$V=\sum_{i=1}^{t}\frac{a_i}{(1+r)^i}+\frac{a}{r(1+r)^t}\times\left[1-\frac{1}{(1+r)^{n-t}}\right]$$

(2)a_1=94(万元)

a_2=93(万元)

a_3=96(万元)

a=95(万元)

(3)$R=M\cdot R_M+(1-M)\times R_E$

$=80\%\times8\%+(1-80\%)\times13\%$

$=9\%$

(4)n=48－4=44(年)

(5)t=3(年)

(6)将上述数字代入公式中计算如下:

$$V=\frac{94}{(1+9\%)}+\frac{93}{(1+9\%)^2}+\frac{96}{(1+9\%)^3}+\frac{95}{9\%\times(1+9\%)^3}\times\left[1-\frac{1}{(1+9\%)^{44-3}}\right]$$

=1 029.92(万元)

【例 5－43】 待估房地产位于大连市高尔基路××号,总用地面积为 4 752.00 平方米,总建筑面积如下:厂房建筑面积 1 023.68 平方米,办公楼建筑面积 626.96 平方米。土地性质是划拨用地,土地使用期限自 1999 年 8 月至 2049 年 8 月。要求评估该房地产 1999 年 8 月 25 日的价值。

解:估价方法选用及测算

根据估价对象的特点和实际情况,认为该房地产同类市场出现较多,采用收益还原法进行估价。

计算公式:

1. 在资本化率不变、年收益不变、收益年期有限的情况下

$$V=\frac{a}{r}\left[1-\frac{1}{(1+r)^n}\right]$$

公式中,V 表示房地产价格,a 表示房地产年净收益,r 表示资本化率,n 表示房地产收益年限。

2. 计算过程(按每平方米单位面积计算)

(1)确定租金价格

根据该区类似估价对象房地产租赁市场的调查和租赁案例的搜集资料显示,其月租金水平厂房一般为10～18元/平方米、厂区内办公楼为20～35元/平方米,现根据对估价对象地理位置及装修情况等因素的综合考虑,确定估价对象的月租金厂房为13元/平方米·月、办公楼为20元/平方米·月。

(2)确定资本化率

通过安全利率加风险调整值的方法来求取综合资本化率,安全利率取银行一年期存款利率2.25%,再根据估价对象所处地区社会经济环境及比较投资估价对象与其他经济行为的风险后,认为风险调整值取6%比较合理,所以,综合资本化率为8.25%。

(3)确定有效收益年期

根据估价规范,委托评估建筑物出现于补办土地使用权出让手续之前,其耐用年限早于土地使用权年限而结束时,应按建筑物耐用年限计算折旧。厂房耐用年限为50年,办公楼耐用年限为60年。

(4)计算年租金收益

年租金:厂房:13×12×1 023.68=159 694.08(元)

办公楼:20×12×626.9=150 470.40(元)

(5)计算年租赁成本

①房产税:按租金的12%,则:

厂房:159 694.08×12%=19 163.29(元)

办公楼:150 470.40×12%=18 056.45(元)

②营业税附加:按租金的5.875%,则:

厂房:159 694.08×5.875%=9 382.03(元)

办公楼:150 470.40×5.875%=8 840.14(元)

③管理费:按租金的1.5%,则:

厂房:159 694.08×1.5%=2 395.41(元)

办公楼:150 470.40×1.5%=2 257.06(元)

④维修费:按建筑物重置价格的2.0%,根据大连市建设安装工程定额和取费标准,参考类似工程的造价,确定该工程的造价为920元/平方米,则:

厂房:920×1 023.68×2%=18 835.71(元)

办公楼:920×626.96×2%=11 536.06(元)

⑤保险费:按建筑物重置价格的1.5‰,则:

厂房:920×1 023.68×1.5‰=1 412.68(元)

办公楼:920×626.96×1.5‰=865.20(元)

⑥年租金损失:按半个月租金计算,折算为:

厂房:13×12×1 023.68×(1÷24)=6 547.46(元)

办公楼:20×12×626.96×(1÷24)=6 269.60(元)

年租金成本合计:

厂房:57 843.04 元

办公楼:47 824.51 元

(6)计算年纯收益:年纯收益=年总收益－成本

厂房:101 851.04 元

办公楼:102 645.89 元

(7)利用还原公式计算评估标的物现值

厂房:$V=\frac{101\ 851.04}{8.25\%}\times\left[1-\frac{1}{(1+8.25\%)^{33}}\right]=1\ 144\ 319.81$(元)

办公楼:$V=\frac{102\ 645.89}{8.25\%}\times\left[1-\frac{1}{(1+8.25\%)^{43}}\right]=1\ 203\ 031.44$(元)

【例 5－44】 某宗房地产建成于 2011 年底,此后收益期限为 48 年;2012 年底至 2015 年底分别获得净收益 83 万元、85 万元、90 万元、94 万元;预计 2016 年底至 2018 年底可分别获得净收益 94 万元、93 万元、96 万元,从 2019 年底起每年可获得的净收益将稳定在 95 万元;该类房地产的报酬率为 9%。试利用上述资料测算该宗房地产 2015 年底的收益价格。

解:本题主要是注意区分过去收益与未来收益的问题:价格是从估价时点来看的未来净收益的现值之和。在弄清了此问题的基础上,该宗房地产在 2015 年底的收益价格测算如下:

计算公式为:

$$V=\sum_{i=1}^{t}\frac{A_i}{(1+Y)^i}+\frac{A}{Y(1+Y)^t}\times\left[1-\frac{1}{(1+Y)^{n-t}}\right]$$

已知 $A_1=94$(万元),$A_2=93$(万元),$A_3=96$(万元),$A=95$(万元),$n=48-4=44$(年),$t=3$(年)。

将上述数字代入公式中,计算如下:

$$V=\frac{94}{1+9\%}+\frac{93}{(1+9\%)^2}+\frac{96}{(1+9\%)^3}+\frac{95}{9\%\times(1+9\%)^3}\times\left[1-\frac{1}{(1+9\%)^{44-3}}\right]$$

$=1\ 029.92$(万元)

【例 5－45】 6 年前,甲提供一宗土地面积为 1 000 平方米、使用年限为 50 年的土地,乙出资 300 万元人民币,合作建设 3 000 平方米建筑面积的房屋。房屋建设期为 2 年,建成后,其中 1 000 平方米建筑面积归甲所有,2 000 平方米建筑面积由乙使用 20 年,期满后无偿归甲所有。现今,乙有意将其现在使用的房地产使用期满后的剩余年限购买下来,甲也乐意出售。但双方对价格把握不准并有争议,协商请一家房地产估价机构进行估价。

解:本题的估价对象是未来 16 年后(乙的整个使用期限为 20 年,扣除已使用 4 年,剩余使用期限为 16 年)的 28 年土地使用权(土地使用年限 50 年,扣除乙的使用期限 20 年和建设期 2 年,剩余 28 年)和房屋所有权目前的价值。估价思路之一是采用市场法,寻找市场上类似房地产 44 年的价值和 16 年的价值,然后求其差额即可。估价思路之二是采用收益法(未来净收益的现值之和),其中,又有两种求法:一是先求取未来 44 年的净收益的现值之和及未来 16 年的净收益的现值之和,然后两者相减即可;二是直接求取未来 16 年后的 28 年的净收益的现值之和。

以下采用收益法的第一种求法。

据调查得知,现时该类房屋每平方米建筑面积的月租金平均为 80 元,出租率为 85%,年运营费用约占年租赁有效毛收入的 35%,报酬率为 10%。

(1)求取未来44年的净收益的现值之和：

年净收益=80×2 000×85%×(1−35%)×12=106.08(万元)

$$V_{44}=\frac{A}{Y}\left[1-\frac{1}{(1+Y)^n}\right]=\frac{106.08}{10\%}\times\left[1-\frac{1}{(1+10\%)^{44}}\right]=1\ 044.79(\text{万元})$$

(2)求取未来16年的净收益的现值之和：

$$V_{16}=\frac{A}{Y}\left[1-\frac{1}{(1+Y)^n}\right]=\frac{106.08}{10\%}\times\left[1-\frac{1}{(1+10\%)^{16}}\right]=829.94(\text{万元})$$

(3)求取未来16年后的28年土地使用权和房屋所有权目前的价值：

1 044.79−829.94=214.85(万元)

【例5−46】 估价对象概况：本估价对象是一幢用于出租的写字楼；土地总面积为12 000平方米，总建筑面积为52 000平方米；建筑层数为地上22层、地下2层，建筑结构为钢筋混凝土结构；土地使用年限为50年，从2010年5月15日起计。

估价要求：需要评估该写字楼2015年5月15日的购买价格估价过程。

解：(1)选择估价方法。该宗房地产是用于出租的写字楼，为收益性房地产，适用收益法估价，故选用收益法。具体是选用收益法中的报酬资本化法。公式为：

$$V=\sum_{i=1}^{t}\frac{A_i}{(1+Y)^i}$$

(2)搜集有关资料。通过调查了解，搜集到的有关资料和情况如下：

①租金按净使用面积计。可供出租的净使用面积总计为31 200平方米，占总建筑面积的60%，其余部分为大厅、公共过道、楼梯、电梯、公共卫生间、大楼管理人员用房、设备用房等占用的面积。

②租金平均为35元/平方米·月。

③空房率年平均为10%，即出租率年平均为90%。

④经常费平均每月为10万元，包括人员工资、水、电、空调、维修、清洁、保安等费用。

⑤房产税以房产租金收入为计税依据，税率为12%。

⑥其他税费(包括城镇土地使用税、营业税等)为租金收入的6%。

(3)测算年有效毛收入：

年有效毛收入=31 200×35×12×90%=1 179.36(万元)

(4)测算年运营费用：

①经常费：年经常费=10×12=120(万元)

②房产税：年房产税=1 179.36×12%=141.52(万元)

③其他税费：年其他税费=1 179.36×6%=70.76(万元)

④年运营费用：年运营费用=①+②+③=120.00+141.52+70.76=332.28(万元)

(5)计算年净收益：

年净收益=年有效毛收入−年运营费用=1 179.36−332.28=847.08(万元)

(6)确定报酬率：在调查市场上相似风险的投资所要求的报酬率的基础上，确定报酬率为10%。

(7)计算房地产价格：根据过去的收益变动情况，判断未来的净收益基本上每年不变，且因收益期限为有限年，故选用的具体计算公式为：

$$V=\frac{A}{Y}\left[1-\frac{1}{(1+Y)^n}\right]$$

上述公式中的收益期限 n 等于45年(土地使用年限为50年,2010年5月15日到2015年5月15日为5年,此后的收益年限为45年),因此:

$$V=\frac{847.08}{10\%}\times\left[1-\frac{1}{(1+10\%)^{45}}\right]=8\ 354.59(\text{万元})$$

估价结果:根据计算结果,并结合估价人员的经验,确定本估价对象于2015年5月15日的购买总价为8 355万元,约合每平方米建筑面积1 606.73元。

★★★ 应知考核 ★★★

一、单项选择题

1. 运用最佳使用原则评估地产的前提条件是(　　)。

A. 土地的非再生性　B. 土地位置固定性　C. 土地用途广泛性　D. 土地利用永续性

2. 若要反映宗地地价水平,(　　)指标更具说服力。

A. $\frac{\text{建筑总价格}}{\text{土地总面积}}$　B. $\frac{\text{土地总价格}}{\text{土地总面积}}$

C. $\frac{\text{房地总价格}}{\text{土地总面积}}$　D. $\frac{\text{土地总价格}}{\text{建筑总面积}}$

3. 最佳使用是(　　)必须考虑的评估前提。

A. 地产　B. 房屋建筑物　C. 企业资产　D. 资产

4. 在房地产估价中,需要选择10个以上的可比实例,才可能用这种方法确定综合结果,目前采用较少的一种方法是(　　)。

A. 简单算术平均法　B. 加权算术平均法　C. 中位数法　D. 众数法

5. 运用市场法评估建筑物价格时,个别因素修正的方法主要采用(　　)。

A. 经验判断法　B. 售价调整法　C. 价格指数调整法　D. 环境成熟度修正法

6. 对于商业房地产来说,决定其价格的根本区域因素是(　　)。

A. 风景好坏　B. 交通设施条件　C. 地段　D. 居民的职业构成

7. 下列关于国家规定的土地使用权出让最高年限的表述,正确的是(　　)。

A. 旅游业用地30年　B. 商业用地40年　C. 居住用地50年　D. 教育用地70年

8. 在房地产评估中,当无参照物和无法预测未来收益时,则运用(　　)进行评估较为合理。

A. 成本法　B. 市场比较法　C. 残余估价法　D. 收益法

9 在运用市场法评估房地产价值时,通过交易日期修正,将可比交易实例价格修正为(　　)的价格。

A. 评估时间　B. 评估基准日　C. 过去时点　D. 未来时点

10. 按照估价时点的价格水平,重新建造与估价对象建筑物具有同等效用的新建筑物的正常价格是(　　)。

A. 重置价格　B. 重建价格　C. 积算价格　D. 比准价格

二、多项选择题

1. 引起建筑物功能性贬值的因素主要有(　　)。

A. 政策变化　　B. 建筑物使用强度不够
C. 建筑物用途不合理　　D. 建筑物设计不合理

2. 房地产评估目的主要有(　　)。
A. 房地产交易　　B. 房地产抵押、典当
C. 房地产保险和损害赔偿　　D. 房地产课税

3. 影响房地产价格的一般因素包括(　　)。
A. 房地产价格政策　　B. 城市发展战略
C. 国民经济发展状况　　D. 社会发展状况、物价水平

4. 影响地价的一般因素有(　　)。
A. 行政因素　　B. 区域因素　　C. 社会因素　　D. 经济因素

5. 影响地价的社会因素主要包括(　　)方面。
A. 政治安定状况　　B. 社会治安程度　　C. 税收政策　　D. 房地产投机

6. 影响地价的个别因素主要有(　　)。
A. 位置因素　　B. 地形地质因素　　C. 面积因素　　D. 地块形状因素

7. 房地产评估遵循的原则有(　　)。
A. 最有效使用原则　　B. 合法原则　　C. 替代原则　　D. 供求原则

8. 我国房地产评估的标的物一般包括(　　)。
A. 土地使用权　　B. 土地所有权
C. 建筑物及其权益　　D. 建筑物中的水暖设施

9. 运用基准地价评估宗地价格时,需修正的因素包括(　　)。
A. 土地出让金　　B. 土地使用年限　　C. 容积率　　D. 土地等级

10. 房地产大类价格类型主要是指(　　)。
A. 买卖价格　　B. 抵押价格　　C. 入股价格　　D. 课税价格

三、判断题

1. 一个地区房地产价格总水平与该地区的经济发展状况成正比。(　　)

2. 贡献原则是房地产评估中收益法和剩余法的基础。(　　)

3. 评定估算出房地产在各种条件下的公允价值(客观合理价值)是房地产评估的特定目的。(　　)

4. 最有效使用原则是房地产评估的最高原则。(　　)

5. 收益法适合于有收益的房地产评估,如商场、写字楼、公寓、学校、公园等。(　　)

6. 供需原则是房地产评估中市场法的理论基础。(　　)

7. 用市场法评估地产价格时,土地使用年限修正公式 $K=[1-1/(1+r)^m]/[1-1/(1+r)^n]$中,$r$ 为土地的还原利率,m 为估价对象的使用年限,n 为可比实例的使用年限。(　　)

8. 土地使用权出让合同约定的使用年限届满,土地使用者未申请续期或者申请未获批准的,由原土地登记机关注销登记,土地使用权由国家无偿收回。(　　)

9. 用成本法评估房地产价格,计算投资利息时,计息期应为整个开发期。(　　)

10. 在确定基准地价评估的区域范围时,评估的区域范围大小,主要是根据实际需要和可投入评估的人力、财力、物力等情况来定。(　　)

四、思考与讨论

1. 房地产评估应遵循哪些原则?

2. 市场法中如何选择可比实例?如何建立价格可比基础?

3. 不同类型房地产净收益如何求取?

4. 成本法评估中如何确定各项参数?

5. 资本化率求取的基本方法有哪些?

五、主要概念

房地产　房地产评估　可比实例　交易日期修正　房地产状况修正　简单算术平均法　加权算术平均法　中位数法　众数法　重新购建价格　单位面积法　分步分项法　工料测量法　指数调整法　直线折旧法　年金法　实际观察法　市场提取法

★★★ 应会考核 ★★★

一、案例题

1. 待估对象为一新开发土地,因无收益记录和市场参照物,只得采用成本法进行评估,有关数据如下:拆迁补偿、安置费 5 万元/亩,其他费用(含税费)3 万元/亩,开发费用 1.5 亿元/平方公里,当地银行一年期贷款利率为 9%,两年期贷款利率为 10%,土地开发周期为两年,第一年投资占总投资的 3/4,利润率为 10%,土地所有权收益为土地成本的 10%。请根据上述案例背景,试估算该房地产的市场价值。

2. 某商业用房地产,按国家规定其土地使用权最高年限为 40 年,现该房地产拟出租,出租期为 10 年,按租赁双方的租赁合同规定,前 5 年租金是以第一年租金 8 万元为基础,每年按等比级数递增,每年递增比率为 2%;后 5 年租金按每年 15 万元固定不变。假定资本化率(折现率)为 10%。如按上述租赁合同条件为依据,该房地产 10 年租期内的收益现值是多少?

案例思考

要求:

(1)按分段法计算并写出公式,其中,后 5 年预期收益现值必须使用年金法计算;

(2)写出计算过程;

(3)写出正确结论。

二、专业技能题

1. 投资者面对甲、乙两幅土地。甲地容积率为 5,单价为 1 000 元/平方米,乙地容积率为 3,单价为 800 元/平方米,两幅土地其他条件相同。问投资者应选择哪一幅土地进行投资更为经济?

2. 某房屋建筑面积为 1 200 平方米,同类型房屋标准新建单价为 970 元/平方米,但该房屋刚装修好,调整增加 1%;设备配置齐全,增加 2%;地段、层次、朝向增加 1.5%,其他情况同标准房屋。经现场评定,该房屋为 7 成新。根据上述情况,评估房屋价格。

3. 某商业用房地产,按照国家的规定其土地使用权最高使用年限为 40 年,现该房屋拟出租,出租期 10 年。按租赁双方合同规定,前 5 年租金是以第一年租金 8 万元为基础,每年比上年递增 2%,后 5 年按每年 15 万元固定不变。假定资本化率为 10%,该房地产 10 年租期内的收益现值为多少?

4. 房地产的总使用面积为1万平方米,月租金为7元/平方米。预计年房租损失费为年预期租金总收入的5%,房产税为年预期租金总收入的12%,管理费、修缮费为年预期租金总收入的6%,房屋财产保险费为0.3万元/年。预计该房地产尚可以使用10年,折现率为12%。计算该房地产的评估值。

5. 假定某市政府将于2015年8月1日公开拍卖一宗土地,规划用途为住宅,土地面积为5 000平方米,容积率限定为4,土地使用权70年。某开发商欲购买此地,准备取得土地后即投资开发,施工期为2年,建筑投资均匀投入。建筑成本为1 500元/平方米,专业费为建筑成本的6%,开发商的目标利润为成本的15%,有关税费为楼价的5%,折现率为10%,工程完工后每平方米售价5 500元,估计1年内售完。开发商委托你评估该宗土地价格,试计算分析。

6. 某房地产2015年10月的年净收益为300万元,预测未来3年的年净收益仍然保持这一水平;2018年10月转售时的价格预计比2015年10月上涨10%,转售时卖方应缴纳的税费为售价的6%。若该类房地产的投资收益率为9%,试测算该房地产2015年10月的价格。

三、综合题

1. 有一待估宗地G需评估,现收集到与待估宗地条件类似的6宗地,具体情况如表5—23和表5—24所示。

表5—23　宗地交易修正表

宗地	成交价(元/平方米)	交易时间	交易情况	容积率	区域因素	个别因素
A	680	2012年	+1%	1.3	0	+1%
B	610	2012年	0	1.1	0	−1%
C	700	2011年	+5%	1.4	0	−2%
D	680	2013年	0	1.0	−1%	−1%
E	750	2014年	−1%	1.6	0	+2%
F	700	2015年	0	1.3	+1%	0
G		2015年	0	1.1	0	0

表5—24　城市地价指数表

时间	2009年	2010年	2011年	2012年	2013年	2014年	2015年
指数	100	103	107	110	108	107	112

据调查,该市此类用地容积率与地价的关系为:当容积率在1~1.5之间时,容积率每增加0.1,宗地单位地价比容积率为1.0时的地价增加5%;超过1.5时,超出部分的容积率每增长0.1,单位地价比容积率为1.0时的地价增加3%。对交易情况、区域因素、个别因素的修正,都是案例宗地与待估宗地比较,表5—23中负号表示案例条件劣于待估宗地,正号表示案例宗地条件优于待估宗地,数值大小代表对宗地地价的修正幅度。试根据以上条件,评估该宗土地2015年的价值。

2. 待估地块为一商业用途的空地,面积为600平方米,要求评估其2015年5月的市场价

值。评估人员通过搜集有关数据资料(过程略),选出 3 个交易实例作为比较参照物,交易实例有关情况见表 5—25 所示:

表 5—25

项　目		A	B	C	待估对象
坐落		略	略	略	略
所处地区		繁华区	非繁华区	非繁华区	非繁华区
用地性质		商业	商业	商业	商业
土地类型		空地	空地	空地	空地
价格	总价	25.2 万元	49 万元	43.5 万元	
	单价	1 500 元/平方米	1 400 元/平方米	1 450 元/平方米	
交易日期		2014.10	2014.12	2015.1	2015.5
面积		168 平方米	350 平方米	300 平方米	600 平方米
形状		长方形	长方形	长方形	长方形
地势		平坦	平坦	平坦	平坦
地质		普通	普通	普通	普通
基础设施		完备	较好	较好	较好
交通通信状况		很好	很好	很好	很好
剩余使用年限		35 年	30 年	35 年	30 年

已知以下条件:

(1)交易情况正常。

(2)自 2014 年以来,土地价格每月上涨 1%。

(3)交易实例 A 与待估对象处于同一地区,B、C 的区域因素修正系数情况可参照表5—26 进行判断:

表 5—26

项　目	B	分　值	C	分　值
自然条件	相同	10	相同	10
社会环境	相同	10	相同	10
街道条件	稍差	8	相同	10
繁华程度	稍差	7	稍差	7
交通便捷程度	稍差	8	稍差	8
规划限制	相同	10	相同	10
交通管制	相同	10	相同	10
离公交车站	稍远	7	相同	10
交通流量	稍少	8	稍少	8
周围环境	较差	8	相同	10
综合打分		86		93

注:比较标准以待估地块的各区域因素标准,即待估地块的区域因素分值为 100。

(4)待估地块面积因素对价格的影响较各交易实例高 3%。

(5)折现率为8%。

请对该商业空地进行价值评估。

3. 某城市某用途土地容积率修正系数如表5—27所示：

表5—27

容积率	0.1	0.4	0.7	1.0	1.1	1.3	1.7	2.0	2.1	2.5
修正系数	0.5	0.6	0.8	1.0	1.1	1.2	1.6	1.8	1.9	2.1

如果确定可比案例宗地地价每平方米为1 000元，容积率为1.3，被评估宗地规划容积率为2.0。试对被评估宗地的价格根据容积率因素作出修正。

★★★ 实训操作 ★★★

【实训项目】

房地产评估。

【实训学时】

1学时。

【实训内容】

房地产评估的基本程序及评估方法的应用。

【实训目的】

掌握不同的评估方法在房地产中的应用，并加以区别。

【实训反思】

1. 掌握房地产评估的基本程序以及评估过程的不同阶段应注意的问题。
2. 掌握房地产评估的收益法的思路、适用范围和应用。
3. 掌握市场法在房地产评估中的应用，掌握其适用范围。
4. 掌握新建房地产和旧建筑物采用成本法评估的区别和测算方法。

项目六　无形资产评估

知识目标

理解：无形资产的概念及其特征。

熟知：无形资产评估的概念及影响无形资产评估价值的因素。

掌握：收益法、市场法和成本法在无形资产评估中的应用。

能力目标

学生在掌握无形资产评估基本方法理论的基础上，能够学会使用合理的方法对无形资产进行评估，并灵活地运用各种方法。

素质目标

通过本项目的学习，加强对无形资产评估的认识，能够用适当的方法评估无形资产的价值。

情境引入

甲企业将一项专利使用权转让给乙公司，拟采用对利润分成的方法。该专利3年前从外部购入，账面成本80万元，3年间物价累计上升25%。该专利法律保护期10年，已过4年，尚可保护6年。经专业人员测算，该专利成本利润率为400%。乙企业资产重置成本为4 000万元，成本利润率为12.5%，通过对该专利的技术论证和发展趋势分析，技术人员认为该专利剩余使用寿命为5年。另外，通过对市场供求状况及有关会计资料分析得知，乙企业实际生产能力为年产某型号产品20万台，成本费用每台约为400元，未来5年间产量与成本费用变动不大。该产品由于采用了专利技术，性能有较大幅度提高，未来第1、第2年每台售价可达500元，在竞争的作用下，为维护市场占有率，第3、第4年售价将降为每台450元，第5年降为每台430元，折现率确定为10%。要求：根据上述资料确定该专利评估值（不考虑流转税因素）。

上述提到的是一项无形资产的评估案例。那么，什么是无形资产评估？无形资产评估的程序是怎样的？通过本项目的学习，你将得到解答。

任务一　无形资产评估概述

一、无形资产的概念、特性和分类

（一）无形资产的概念

我国2001年颁布的《资产评估准则——无形资产》指出，无形资产是指特定主体所控制的，不具有实物形态，对生产经营长期发挥作用且能带来经济利益的资源。把握无形资产的概

念,应了解以下几个方面:

1. 非实体性

无形资产没有具体的物质实体形态,是隐形存在的资产,但是无形资产也有其一定的有形表现形式,如专利证书、商标标记、技术图纸、工艺文件等。无形资产与有形资产的根本区别在于:有形资产的价值取决于有形要素的贡献,无形资产的价值则取决于无形要素的贡献。

2. 排他性

排他性又称可控性。无形资产往往是由特定主体所控制、排他占有,凡不能排他或者不需要任何代价即能获得的,都不是无形资产。无形资产的这种排他性有的是通过企业自身保护取得,有的则是以适当公开其内容作为代价来取得广泛而普遍的法律保护,还有的是借助法律保护并以长期生产经营服务中的信誉取得社会的公认。

3. 效益性

并非任何无形的事物都是无形资产,成为无形资产的前提是其必须能够以一定的方式,直接或间接地为其控制主体(所有者、使用者或投资者)创造效益,而且必须能够在较长时期内持续产生经济效益。

(二)无形资产的特性

无形资产发挥作用的方式明显区别于有形资产,因而在评估时需牢牢把握其固有的特性。

1. 附着性

附着性是指无形资产往往附着于有形资产而发挥其固有功能。例如,制造某产品的专有技术要体现在专用机械生产线、工艺设计上。各种知识性的资产一般要物化在一定的实体之中。

2. 共益性

无形资产区别于有形资产的一个重要特点是,它可以作为共同财富,由不同的主体同时共享。通过合法的程序,一项无形资产可以为不同的权利主体共同享用,也可以在其所有者继续使用的前提下,多次转让其使用权。例如,一项先进技术可以使一系列企业提高产品质量、降低产品成本;一项技术专利在一个企业使用的同时,并不影响转让给其他企业使用。

3. 积累性

无形资产的积累性体现在两个方面:一是无形资产的形成基于其他无形资产的发展,二是无形资产自身的发展也是一个不断积累和演进的过程。

4. 替代性

在承认无形资产具有积累性的同时,还要考虑到其替代性。例如,一种技术取代另一种技术,一种工艺替代另一种工艺等,其特性不是共存或积累,而是替代、更新。

(三)无形资产的分类

无形资产种类有很多,可以按不同标准进行分类。

1. 按企业取得无形资产的方式分类

按企业取得无形资产的方式分类,无形资产可分为企业自创的无形资产和外购的无形资产。前者是由企业自己研制创造获得的以及由于客观原因形成的,如自创专利、非专利技术、商标权、商誉等;后者则是企业以一定代价从其他单位购入的,如外购专利权、商标权等。

2. 按无形资产有无专门法律保护分类

按有无专门法律保护分类,无形资产可以分为有专门法律保护的无形资产和无专门法律保护的无形资产。专利权、商标权等均受到国家专门法律保护,无专门法律保护的无形资产有非专利技术等。

3. 按无形资产能否独立存在分类

按能否独立存在分类，无形资产可以分为可确指无形资产和不可确指无形资产。那些具有专门名称，可单独取得、转让或出售的无形资产，称为可确指的无形资产，如专利权、商标权等；那些不可辨认、不可单独取得，离开企业整体就不复存在的无形资产，称为不可确指的无形资产，如商誉。国际评估准则委员会在其颁布的《无形资产评估指南》中，将无形资产分为权利型无形资产（如租赁权）、关系型无形资产（如顾客关系、客户名单等）、组合型无形资产（如商誉）和知识产权（包括专利权、商标权和版权等）。

二、无形资产评估的概念及影响无形资产评估价值的因素

（一）无形资产评估的概念

无形资产评估是以无形资产价值形成理论为基础，考虑影响无形资产价值变动的各种因素，选用适当的评估方法，对无形资产在一定时点上的价值进行量化的过程。

（二）影响无形资产评估价值的因素

进行无形资产评估，首先要明确影响无形资产评估价值的因素。一般来说，影响无形资产评估价值的因素主要有以下方面：

1. 无形资产的取得成本

无形资产与有形资产一样，其取得也有成本。只是相对于有形资产而言，其成本的确定不是十分明晰和易于计量的。对企业无形资产来说，外购无形资产较易确定成本，自创无形资产的成本计量较为困难。同时，无形资产的创造与对其的投入、研发失败等密切相关，但这部分成本的确定是很困难的。一般来说，这些成本项目包括创造发明成本、法律保护成本、发行推广成本等。

2. 机会成本

无形资产的机会成本是指因将无形资产用于某一确定用途后，所导致的将无形资产用于其他用途所获收益的最大损失。

3. 效益因素

成本是从对无形资产补偿角度考虑的，但无形资产更重要的特征是其创造收益的能力。一项无形资产在环境、制度允许的条件下，获利能力越强，其评估值越高；获利能力越弱，评估值越低。有的无形资产尽管其创造成本很高，但不为市场所需求，或收益能力低微，其评估值就很低。

4. 使用期限

每一项无形资产，一般有一定的使用期限。无形资产的使用期限，除了应考虑法律保护期限外，更主要的是考虑其具有实际超额收益的期限。比如，某项发明专利保护期 20 年，但由于无形损耗较大，拥有该项专利实际能获超额收益期限为 10 年，则这 10 年即为评估该项专利时所应考虑的期限。

5. 技术成熟程度

一般科技成果有一个发展—成熟—衰退的过程，这是竞争规律作用的结果。科技成果的成熟程度如何，直接影响到评估值高低。其开发程度越高，技术越成熟，运用该技术成果的风险性就越小，评估值就会越高。

6. 转让内容因素

从转让内容看，无形资产转让有完全产权转让和部分产权转让。在转让过程中，有关条款的规定会直接影响其评估值。同一无形资产的完全产权转让的评估值高于部分产权转让的评估值。

7. 国内外该种无形资产的发展趋势、更新换代情况和速度

无形资产的更新换代越快，无形损耗越大，其评估值就越低。无形资产价值的损耗和贬值，不取决于自身的使用损耗，而取决于本身以外同类或替代无形资产变化的情况。

8. 市场供需状况

市场供需状况，一般反映在两个方面：一是无形资产市场需求情况，二是无形资产的适用程度。对于可出售、转让的无形资产，其价值随市场需求的变动而变动。市场需求大，则价值就高；市场需求小，且有同类无形资产替代，则其价值就低。同样，无形资产的适用范围越广，适用程度越高，需求量越大，价值就越高。

9. 同行业同类无形资产的价格水平

无形资产评估值的高低，取决于无形资产交易、转让的价款支付方式，以及各种支付方式的提成基数、提成比例等。在评估无形资产时应综合考虑。

三、无形资产评估的程序

无形资产评估程序是评估无形资产的操作规程。评估程序既是评估工作规律的体现，也是提高评估工作效率、确保评估结果科学有效的保证。无形资产评估一般按下列程序进行：

（一）明确评估目的

无形资产因其评估目的不同，其评估的价值类型和选择的方法也不一样，评估结果也会不同。评估目的由发生的经济行为决定，一般来说，无形资产评估以产权利益主体变动为前提。从目前所发生的情况看，以下述资产业务居多：无形资产的转让、无形资产的投资、股份制改造中无形资产的作价、合资与合作中无形资产的计价、法律诉讼、其他目的。

在明确目的的同时，还需了解被评估无形资产的转让内容及转让过程中的有关条款，这样评估人员才能正确确定无形资产的评估范围、基础数据及参数的选取。

（二）鉴定无形资产

对无形资产进行评估时，评估人员首先应对被评估的无形资产进行鉴定。这是进行无形资产评估的基础工作，会直接影响到评估范围和评估价值的科学性。通过对无形资产的鉴定，可以解决以下问题：一是确认无形资产存在，二是鉴别无形资产种类，三是确定无形资产有效期限。

1. 确认无形资产存在

主要是验证无形资产来源是否合法，产权是否明确，经济行为是否合法、有效。可以从以下几方面进行：

第一，查询被评估无形资产的内容、国家有关规定、专业人员评价情况、法律文书（如专利证书、技术鉴定书等），核实有关资料的真实性、可靠性和权威性。

第二，分析无形资产使用所要求的与之相适应的特定技术条件和经济条件，鉴定其应用能力。

第三，确定无形资产的归属是否为委托者所拥有，要考虑其存在的条件和要求，对于剽窃、仿造的无形资产要加以鉴别，对于部分特殊的无形资产要分析其历史渊源，看其是否符合国家的有关规定。

2. 鉴别无形资产种类

主要是确定无形资产的种类、具体名称、存在形式。有些无形资产是由若干项无形资产综合构成，应加以确认和分离，避免重复评估和遗漏评估。

3. 确定无形资产有效期限

无形资产有效期限是其存在的前提。某项专利权，如超过法律保护期限，就不能作为专利权评估。有效期限对无形资产评估值具有很大影响，比如，有的商标，历史越悠久，价值越高；有的商标历史并不悠久，但也可能具有较高价值。

(三)搜集相关资料

无形资产评估所需的相关资料一般通过委托人提供和评估人员调查获得。这些资料主要包括以下内容：

(1)无形资产的法律文件或其他证明材料，如专利证书、商标注册证、有关机构和专家的鉴定材料等。

(2)无形资产的研发成本和外购成本的费用与价格资料。

(3)无形资产的技术资料，如反映技术先进性、可靠性、成熟度和适用性等方面的资料。

(4)无形资产转让的内容和条件。转让内容主要应考虑无形资产转让的是所有权还是使用权，以及使用权的不同方式等；转让条件包括转让方式、已转让次数、已转让地区与范围、转让时的附带条件及转让费支付方式等。

(5)无形资产盈利能力资料，包括运用无形资产的生产能力、产品的销售状况、市场占有率、价格水平、行业盈利水平及风险等。

(6)使用期限。使用期限主要考虑无形资产的存续期、法定期限、收益年限、合同约定期限、技术寿命期等。

(7)无形资产的市场供求状况。主要考虑评估对象及同类无形资产的供给、需求、范围、活跃程度、变动情况等。

(8)其他所需资料。无形资产评估的前期基础工作还应包括与委托方签订委托合同和制订评估计划等事项，完成这些工作后，就可以选择适当的方法对无形资产进行评估。

(四)确定评估方法

应根据所评估无形资产的具体类型、特点、评估目的及外部市场环境等具体情况，选用合适的评估方法。无形资产的评估方法主要包括市场法、收益法和成本法。

采用市场法评估无形资产，特别要注意被评估的无形资产必须确实符合运用市场法的前提，确定具有合理比较基础的类似无形资产交易参照对象，搜集类似无形资产交易的市场信息和被评估无形资产以往的交易信息。当类似无形资产之间具有可比性时，根据宏观经济、行业和无形资产变化情况，考虑交易条件、时间因素和影响价值的各种因素的差异，调整确定评估值。

(五)整理并撰写报告，做出评估结论

无形资产评估报告，是对无形资产评估过程的总结，也是评估者承担法律责任的依据。评估报告要简洁、明确、避免误导。

无形资产的评估报告基本要求应符合《资产评估准则——无形资产》的要求。应当强调的是，无形资产评估报告中要注重评估推理过程的陈述，明确阐释评估结论产生的前提、假设及限定条件，各种参数的选用依据，评估方法使用的理由及逻辑推理方式。一般要根据评估对象进行三个方面的陈述：①描述性陈述；②分析性陈述；③综合性陈述。

四、无形资产评估的前提及对象

(一)无形资产评估一般应以产权变动为前提

《资产评估准则——无形资产》中指出:当出现无形资产转让和投资、企业整体或部分资产收购处置及类似经济活动时,注册资产评估师可以接受委托,执行无形资产评估业务。这里要强调无形资产评估业务发生的两种常态:一是无形资产的拥有者或控制者以无形资产的完全产权或部分产权进行转让交易或对外投资,需要对无形资产进行评估,这种情况一般表现为对单项无形资产的评估;二是在企业整体或部分发生变动时,如企业股份制改革、合作、兼并等,对企业资产中包括的无形资产进行评估,这种情况可能复杂一些。对于以无形资产进行成本核算摊销为目的的评估,因受到现行财务会计制度和税收制度的限制与约束,除非得到有关部门的批准,通常不能开展。因此,无形资产评估应主要以产权变动为前提。

(二)无形资产评估是以其获利能力为对象的评估

无形资产的价值从本质上来说,是能为特定持有主体带来经济利益的能力,即无形资产的获利能力。在通常情况下,这种获利能力表现为企业的超常收益能力,或者表现为能够给企业带来超额收益。因此,无形资产评估就是对获利能力的评估。无形资产只有能给购买者带来新增收益,才能根据带来的新增收益确定无形资产的价值。

任务二　收益法在无形资产评估中的应用

一、收益法在无形资产评估中的应用形式

根据无形资产转让计价方式不同,收益法在应用上可以表示为下面两种方式:

$$\text{无形资产评估值}=\sum_{t=1}^{n}\frac{K\cdot R_t}{(1+r)^t} \qquad (6-1)$$

$$\text{无形资产评估值}=Y+\sum_{t=1}^{n}\frac{K\cdot R_t}{(1+r)^t} \qquad (6-2)$$

其中,K 表示无形资产分成率,R_t表示第 t 年分成基数(超额收益),t 表示收益期限,r 表示折现率,Y 表示最低收费额。

上述两个公式不同之处在于式(6−2)多一项最低收费额,然而在后一项计算无形资产的分成率时,是按扣除最低收费额后测算的,本质上与式(6−1)是一致的。

通常称式(6−1)为收益模式,式(6−2)为成本—收益模式。

式(6−2)中的最低收费额,是指在无形资产转让中,视购买方实际生产和销售情况收取的“旱涝保收”收入,并在确定比例收费时预先扣除,有时称之为“入门费”。在某些无形资产转让中,转让方按固定额收费时把最低收费规定为转让最低价,也可作为无形资产竞卖的底价。

二、最低收费额的确定

由于无形资产具有垄断性,当该项无形资产是购买方必不可少的生产经营条件,或者购买方运用无形资产所增加的效益具有足够的支付能力时,无形资产转让的最低收费额由以下因素决定。

(一)重置成本净值

购买方使用无形资产,就应由购买方补偿成本费用。当购买方与转让方共同使用该项无

形资产时，则由双方按运用规模、受益范围等来分摊。

(二)机会成本

由于无形资产的转让，可能会因停业而使由该项无形资产支撑的营业收益减少，也可能会因为企业自己制造了竞争对手而减少利润或是增加开发支出。这些构成无形资产转让的机会成本，应由无形资产购买方来补偿。

综合考虑以上两大因素评估最低收费额，可得到如下一组公式：

无形资产最低收费额＝重置成本净值×转让成本分摊率＋无形资产转让的机会成本

其中：

$$转让成本分摊率=\frac{购买方运用无形资产的设计能力}{运用无形资产的总设计能力}\times100\%$$

无形资产转让的机会成本＝无形资产转出的净减收益＋无形资产再开发净增费用

公式中，“购买方运用无形资产的设计能力”，可根据设计产量或按设计产量计算的销售收入确定。“运用无形资产的总设计能力”是指运用无形资产的各方汇总的设计能力，由于是分摊无形资产的重置成本净值，因而不是按照实际运用无形资产的规模，而是按照设计规模来确定权重。当购买方独家使用该无形资产时，转让成本分摊率为1。“无形资产转出的净减收益”和“无形资产再开发净增费用”是运用边际分析的方法测算的。“无形资产转出的净减收益”一般指在无形资产尚能发挥作用期间减少的净现金流量。“无形资产再开发净增费用”包括为了保护和维持该无形资产而追加的科研费用与其他费用、员工培训费用等。以上各项经过认真细致的分析测算是可以确定的。

【例6－1】 星海公司转让浮法玻璃生产全套技术，经收集和初步测算已知如下资料：

(1)该公司与购买企业共同享用浮法玻璃生产技术，双方设计能力分别为600万和400万标箱。

(2)浮法玻璃生产全套技术系国外引进，账面价格为200万元，已使用2年，尚可使用8年，2年通货膨胀率累计为10%。

(3)该项技术转出对该企业生产经营有较大影响。由于市场竞争加剧，产品价格下降，在以后8年减少销售收入按折现值计算为80万元，增加开发费用以提高质量、保住市场的追加成本按现值计算为20万元。试评估该项无形资产转让的最低收费额。

解：(1)2年通货膨胀率为10%，对外购无形资产的重置成本可按物价指数法调整，并根据成新率确定净值，可得浮法玻璃生产全套技术的重置成本净值为：

$$200\times(1+10\%)\times\frac{8}{2+8}=176(万元)$$

(2)因转让双方共同使用该无形资产，设计能力分别为600万和400万标箱。评估重置成本净值分摊率为：

$$\frac{400}{600+400}\times100\%=40\%$$

(3)由于无形资产转让后加剧了市场竞争，在该无形资产的寿命期间，销售收入减少和费用增加的折现值是转让无形资产的机会成本，根据以上所给资料为：

$$80+20=100(万元)$$

故该无形资产转让的最低收费额评估值为：

$$176\times40\%+100=170.4(万元)$$

三、收益法应用中各项参数指标的确定

(一)无形资产评估中超额收益的确定

1. 直接估算法

通过未使用无形资产与使用无形资产的前后收益情况对比分析,可确定无形资产带来的收益额。在许多情况下,从无形资产为特定持有主体带来的经济利益上看,可以划分为收入增长型无形资产和费用节约型无形资产。

(1)收入增长型无形资产,是指无形资产应用于生产经营过程,能够使得产品的销售收入大幅度增加。增加的原因在于:

第一,无形资产应用于生产经营过程,使生产的产品能够以高出同类产品的价格出售,从而获得超额收益。假设在销售量和单位成本不变、不考虑销售税金的情况下,无形资产形成的超额收益的计算公式为:

$$R=(P_2-P_1)\times Q\times(1-T) \tag{6-3}$$

公式中,R 表示超额收益,P_2 表示使用无形资产后单位产品的价格,P_I 表示未使用无形资产时单位产品的价格,Q 表示产品销售量(此处假定销售量不变),T 表示所得税税率。

第二,生产的产品在与同类产品相同价格的情况下,销售数量大幅度增加,市场占有率扩大,从而获得超额收益。假设在单位价格和单位成本不变、不考虑销售税金的情况下,无形资产形成的超额收益的计算公式为:

$$R=(Q_2-Q_1)\times(P-C)\times(1-T) \tag{6-4}$$

公式中,R 表示超额收益,Q_2 表示使用无形资产产品的销售量,Q_1 表示未使用无形资产前产品的销售量,P 表示产品价格(此处假定价格不变),C 表示产品的单位成本,T 表示所得税税率。

(2)费用节约型无形资产,是指无形资产的应用,使得生产产品中的成本费用降低,从而形成超额收益。可用下列公式计算为投资者带来的超额收益。

$$R=(C_1-C_2)\times Q\times(1-T) \tag{6-5}$$

公式中,R 表示超额收益,C_1 表示未使用无形资产前的产品单位成本,C_2 表示使用无形资产后产品的单位成本,Q 表示产品销售量(此处假定销售量不变),T 表示所得税税率。

2. 差额法

当无法将使用了无形资产和没有使用无形资产的收益情况进行对比时,采用无形资产和其他类型资产在经济活动中的综合收益与行业平均水平进行比较,可得到无形资产获利能力,即超额收益。

(1)收集有关使用无形资产的产品生产经营活动财务资料,进行盈利分析,得到经营利润和销售利润率等基本数据。

(2)对上述生产经营活动中的资金占用情况(固定资产、流动资产和已有账面价值的其他无形资产)进行统计。

(3)收集行业平均资金利润率等指标。

(4)计算无形资产带来的超额收益。

$$\text{无形资产带来的超额收益}=\text{经营利润}-\text{资产总额}\times\text{行业平均资金利润率}$$

或

$$\text{无形资产带来的超额收益}=\text{销售收入}\times\text{销售利润率}-\text{销售收入}\times\frac{\text{每元销售收入}}{\text{平均占用资金}}\times\text{行业平均资金利润率}$$

使用这种方法，应注意这样计算出来的超额收益有时不完全由被评估无形资产带来（除非能够认定只有这种无形资产存在），往往是一种无形资产组合超额收益，还需进行分解处理。

3. 分成率法

评估无形资产转让的利润分成率有多种方法，这里主要介绍如下几种：

(1)边际分析法。该方法是选择两种不同的生产经营方式进行比较：一种是运用普通生产技术或企业原有技术进行经营；另一种是运用转让得到的无形资产进行经营。后者的利润大于前者利润的差额，就是投资于无形资产所带来的追加利润。然后，测算各年度追加利润占总利润的比重，并按各年度利润现值的权重，求出无形资产经济寿命期间追加利润占总利润的比重，即评估的利润分成率。这种方法的关键是科学分析追加无形资产投入可以带来的净追加利润，这也是购买无形资产所必须进行决策分析的内容。

边际分析法的步骤是：

首先，对无形资产的边际贡献因素进行分析，包括新市场的开辟、销售量提高，消耗量的降低、成本费用节省，产品质量改进、功能增加、价格提高等。

其次，测算使用无形资产后受让方可以实现的总利润和无形资产带来的新增利润。

再次，根据无形资产的剩余经济寿命或设定年限，将各年的新增利润和利润总额分别折现累加，得到剩余经济寿命或设定年限内的新增利润现值之和与利润总额现值之和。

最后，用新增的利润现值之和（追加利润现值）与利润总额现值之和的比率作为无形资产销售利润分成率。其数学表达式为：

$$K=\sum_{i}^{n}\frac{R'_i}{(1+r)^n}\div\sum_{i}^{n}\frac{R_i}{(1+r)^n}$$

公式中，K 表示销售利润分成率；R'_i 表示第 i 年无形资产带来的新增利润；R_i 表示第 i 年受让方运用无形资产后的利润总额；r 表示折现率；n 表示无形资产的剩余经济寿命。

利润分成率＝∑追加利润现值÷∑利润总额现值

【例 6—2】 企业转让彩电显像管新技术，购买方用于改造 10 万只彩电显像管生产线。经对无形资产边际贡献因素的分析，测算在其寿命期间各年度分别可带来追加利润 100 万元、120 万元、90 万元、70 万元，分别占当年利润总额的 40%、30%、20%、15%。试评估无形资产利润分成率。

解：本题所给条件已经完成了边际分析法第一步的工作。只需计算出各年限的利润总额，并与追加利润一同折现即可得出利润分成率。

各年度利润总额现值之和（折现率为 10%）为：

$$\frac{100\div40\%}{1+10\%}+\frac{120\div30\%}{(1+10\%)^2}+\frac{90\div20\%}{(1+10\%)^3}+\frac{70\div15\%}{(1+10\%)^4}$$

$=250\times0.9091+400\times0.8264+450\times0.7513+467\times0.6830$

$=227.275+330.56+338.085+318.961$

$=1\,214.881$（万元）

追加利润现值之和为：

$$\frac{100}{1+10\%}+\frac{120}{(1+10\%)^2}+\frac{90}{(1+10\%)^3}+\frac{70}{(1+10\%)^4}$$

$=100\times0.9091+120\times0.8264+90\times0.7513+70\times0.6830$

$=90.91+99.168+67.617+47.81$

=305.505(万元)

$$无形资产利润分成率=\frac{305.505}{1\ 214.881}\times 100\%=25\%$$

(2)约当投资分成法。边际分析法是根据各种生产要素对提高生产率的贡献来计算的，道理明了，易于接受。但是，由于无形资产与有形资产的作用往往互为条件，在许多场合下较难确定购置的无形资产贡献率。因此，还需寻求其他途径。由于利润往往是无形资产与其他资产共同作用的结果，而无形资产通常具有较高的成本利润率，因此可以考虑采取在成本的基础上附加相应的成本利润率，转换成约当投资的办法，按无形资产的折合约当投资与购买方投入资产的约当投资的比例确定利润分成率。其计算公式为：

$$无形资产利润分成率=\frac{无形资产约当投资量}{购买方约当投资量+无形资产约当投资量}\times 100\%$$

其中：　无形资产约当投资量=无形资产的重置成本×(1+适用的成本利润率)

购买方约当投资量=购买方投入总资产的重置成本×(1+适用的成本利润率)

确定无形资产约当投资量时，适用成本利润率按转让方无形资产带来的利润与其成本之比计算。没有企业的实际数时，按社会平均水平确定。确定购买方约当投资量时，适用的成本利润率按购买方的现有水平测算。

【例6—3】 甲企业以制造四轮驱动汽车的技术向乙企业投资，该技术的重置成本为100万元，乙企业拟投入合营的资产重置成本为8 000万元。甲企业无形资产成本利润率为500%，乙企业拟合作的资产原利润率为12.5%。试评估无形资产投资的利润分成率。

解：如果按投资双方的投资品的成本价格折算利润分成率，就不能体现无形资产作为知识密集型资产的较高生产率。因此，应采用约当投资分成法评估利润分成率。据题意，

(1)无形资产的约当投资量为：

100×(1+500%)=600(万元)

(2)企业约当投资量为：

8 000×(1+12.5%)=9 000(万元)

(3)甲企业投资无形资产的利润的分成率为：

600/(9 000+600)=6.25%

应该指出的是，在国内外技术交易中，提成率不是一个固定值，它会随着受让与使用无形资产生产的产品产量的增加而递减，表6—1就是提成率递减的一个例子。

表6—1　**我国某技术转让规定的提成递减率**

年产量(万套)	占规定提成率(%)
1～10	100
10～20	75
20～50	25

评估人员在利用提成率法确定无形资产收益额时要根据实际情况分析，合理确定提成收益。

(3)分成率换算法。该方法是通过对已知的销售收入分成率和销售利润率指标的计算求得销售利润分成率。其计算公式为：

销售利润分成率=销售收入分成率÷销售利润率

【例 6－4】 如果社会平均销售利润率为 10%，当技术转让费为销售收入的 3%时，则无形资产转让的销售利润分成率为：

$$3\% \div 10\% = 30\%$$

4. 要素贡献法

有些无形资产已经成为了生产经营的必要条件，由于某些原因不可能或很难确定其带来的超额收益，这时可以根据构成生产经营的要素在生产经营活动中的贡献，从正常利润中粗略估计出无形资产带来的收益。我国资产评估理论界通常采用"三分法"，即主要考虑生产经营活动中的三大要素：资金、技术和管理。这三种要素的贡献在不同行业是不一样的。

（二）无形资产评估中折现率的确定

折现率是将无形资产带来的超额收益换算成现值的比率。它本质上是从无形资产受让方的角度，考虑投资无形资产的投资报酬率。折现率的高低取决于无形资产投资的风险和社会正常的投资收益率。

从理论上讲，无形资产评估中的折现率是社会正常投资报酬率与无形资产的投资风险报酬率之和。其计算公式为：

无形资产评估中的折现率＝无风险报酬率＋无形资产投资风险报酬率

关于无风险报酬率，在市场经济比较发达的国家，无风险报酬率大多选择政府债券利率。无风险报酬率突出了投资回报的安全性和可靠性。无形资产投资风险报酬率的选择和量化主要取决于无形资产本身的状况，以及运用和实施无形资产的外部环境。

（三）无形资产评估中收益期限的确定

无形资产收益期限又称有效期限，是指无形资产发挥作用并具有超额获利能力的时间。资产评估实践中，预计和确定无形资产的有效期限，可依照下列方法确定：

（1）法律或合同、企业申请书分别规定有法定有效期限和受益年限的，可按照法定有效期限与受益年限中的短者确定。

（2）法律未规定有效期限，企业合同或企业申请书中规定有受益年限的，可按照规定的受益年限确定。

（3）法律和企业合同或申请书均未规定有效期限和受益年限的，按预计受益期限确定。预计受益期限可以采用统计分析或与同类资产比较得出。

四、无形资产价值的估测

在确定了无形资产的超额收益、折现率和收益期限后，便可按照"将利求本"的思路，运用收益折现法将无形资产在其发挥效用的年限内的超额收益折现累加求得评估值。其计算公式为：

$$P = \sum_{i}^{n} \frac{R_i}{(1+r)^i}$$

其中，P 表示评估值，R_i 表示第 i 年无形资产带来的预期超额收益，R 表示折现率，n 表示收益持续的年限数。

【例 6－5】 甲啤酒厂将该厂知名的注册商标使用权通过许可使用合同允许乙啤酒厂使用，使用期限为 5 年。双方约定由乙啤酒厂每年按使用该商标新增利润的 25%支付给甲啤酒厂，作为商标使用费。经预测，在未来 5 年中，乙啤酒厂使用甲啤酒厂的商标后每年新增净利润分别为 300 万元、320 万元、350 万元、370 万元和 390 万元。假设折现率为 12%，则该商标使用权的价值为：

$$\frac{300\times25\%}{(1+12\%)}+\frac{320\times25\%}{(1+12\%)^2}+\frac{350\times25\%}{(1+12\%)^3}+\frac{370\times25\%}{(1+12\%)^4}+\frac{390\times25\%}{(1+12\%)^5}$$
$$=66.964+63.776+62.281+58.785+55.324$$
$$=307.13(\text{万元})$$

任务三　成本法在无形资产评估中的应用

一、无形资产的成本特性

无形资产成本包括研制或取得、持有期间的全部物化劳动和活劳动的费用支出。其成本特性，尤其就研制、形成费用而言，明显区别于有形资产。具体来说，包括以下方面：

（一）不完整性

与购买、创建无形资产相对应的各项费用是否计入无形资产的成本，是以费用支出资本化为条件的。在企业生产经营过程中，科研费用一般是比较均衡地发生的，并且比较稳定地为生产经营服务，因而我国现行财务制度一般把科研费用从当期生产经营费用中列支，而不是先对科研成果进行费用资本化处理，再按无形资产折旧或摊销的办法从生产经营费用中补偿。这种办法简便易行，大体上符合实际，并不影响无形资产的再生产。但这样一来，企业账簿上反映的无形资产成本就是不完整的，大量账外无形资产的存在是不可忽视的客观事实。同时，即便是按国家规定进行费用支出资本化的无形资产的成本核算一般也是不完整的。

因为无形资产的创建具有特殊性，有大量的前期费用，如培训、基础开发或相关试验等往往不计入该无形资产的成本，而是通过其他途径进行补偿。

（二）弱对应性

无形资产的创建要经历基础研究、应用研究和工艺生产开发等漫长过程，成果的出现带有较大的随机性和偶然性，其价值并不与其开发费用和时间产生某种既定的关系。如果在一系列的研究失败后偶尔出现一些成果，由这些成果承担所有的研究费用显然不够合理。而在大量的先行研究（无论是成功还是失败）成果的积累之上，往往可能产生一系列的无形资产，然而，继起的这些研究成果是否应该以及如何承担先行研究的费用也很难明断。

（三）虚拟性

既然无形资产的成本具有不完整性、弱对应性的特点，因而无形资产的成本往往是相对的。特别是一些无形资产的内涵已经远远超出了其外在形式的含义，这种无形资产的成本只具有象征意义。例如商标，其成本核算的是商标设计费、登记注册费、广告费等，而商标的内涵是标示商品内在质量信誉。这种无形资产实际上包括了该商品使用的特种技术、配方和多年的经验积累，而商标形式本身所花费的成本只具有象征性或称虚拟性。

二、成本法在无形资产评估中的应用

（一）自创无形资产重置成本的估算

自创无形资产的成本是由创制该资产所消耗的物化劳动和活劳动费用构成的，自创无形资产如果已有账面价格，由于它在全部资产中的比重一般不大，可以按照定基物价指数作相应调整，即得到重置成本。在实务上，自创无形资产往往无账面价格，需要进行评估。其方法主要有两种：

1. 核算法

核算法，是指将以现行价格水平和费用标准计算的无形资产研发过程中的全部成本费用（包括直接成本和间接成本）加上合理的利润、税费确定无形资产的重置成本。

核算法的基本计算公式为：

$$\text{无形资产重置成本}=\text{直接成本}+\text{间接成本}+\text{资金成本}+\text{合理利润}$$

直接成本按无形资产创制过程中实际发生的材料、工时消耗量，结合现行价格和费用标准进行估算。即：

$$\begin{matrix}\text{无形资产}\\\text{直接成本}\end{matrix}=\sum\left(\begin{matrix}\text{物质资料}\\\text{实际耗费量}\end{matrix}\times\begin{matrix}\text{现行}\\\text{价格}\end{matrix}\right)+\sum\left(\begin{matrix}\text{实耗}\\\text{工时}\end{matrix}\times\begin{matrix}\text{现行费}\\\text{用标准}\end{matrix}\right)$$

这里，评估无形资产直接成本不是按现行消耗量而是按实际消耗量来计算的。究其原因有二：一是因为无形资产是创造性的成果，一般不能原样复制，从而不能模拟在现有生产条件下再生产的消耗量。二是无形资产生产过程是创造性智力劳动过程，技术进步的作用最为明显，如果按模拟现有条件下的复制消耗量来估算重置成本，必然影响到对无形资产的价值形态的补偿，从而影响到无形资产的创制。从评估实务来说，由于无形资产开发的各项支出均有原始会计记录，只要按国家规定的范围计算消耗量，并按现行价格和费用标准计价就可以了。

2. 倍加系数法

对于投入智力比较多的技术型无形资产，考虑到科研劳动的复杂性和风险，可用以下公式估算无形资产重置成本：

$$\text{无形资产重置成本}=\frac{C+\beta_1 V}{1-\beta_2}\times(1+L)$$

式中，C 表示无形资产研制开发中的物化劳动消耗；V 表示无形资产研制开发中活劳动消耗；β_1 表示科研人员创造性劳动倍加系数；β_2 表示科研的平均风险系数；L 表示无形资产投资报酬率。

（二）外购无形资产重置成本的估算

外购无形资产一般有购置费用的原始记录，也可能有可以参照的现行交易价格，评估相对比较容易。外购无形资产的重置成本包括购买价和购置费用两部分，一般可以采用以下两种方法：

1. 市价类比法

在无形资产交易市场中先选择类似的参照物，再根据功能和技术先进性、适用性对其进行调整，从而确定其现行购买价格，购置费用可根据现行标准和实际情况核定。

2.物价指数法

它是以无形资产的账面历史成本为依据，用物价指数进行调整，进而估算其重置成本。其计算公式为：

$$\text{无形资产重置成本}=\text{无形资产账面成本}\times\frac{\text{评估时物价指数}}{\text{购置时物价指数}}$$

【例 6－6】 某企业 2013 年外购的一项无形资产账面价值为 80 万元，2015 年进行评估，试按物价指数法估算其重置完全成本。

解：经鉴定，该无形资产系运用现代先进的实验仪器经反复试验研制而成，物化劳动耗费的比重较大，可适用生产资料物价指数。根据资料，此项无形资产购置时物价指数和评估时物价指数分别为 120%和 150%，故该项无形资产的重置成本为：

$$80\times\frac{150\%}{120\%}=100(\text{万元})$$

(三)无形资产贬值的估算

无形资产本身没有有形损耗,它的贬值主要体现在其功能性和经济性贬值方面,而无形资产的功能性和经济性贬值又会通过其经济寿命的减少与缩短体现出来。

评估时,可以把无形资产的贬值以其剩余经济寿命的减少来表示。这样,利用使用年限法就能较为客观地反映无形资产的贬值。其计算公式为:

$$\text{贬值率}=\frac{\text{已使用年限}}{\text{已使用年限}+\text{尚可使用年限}}\times100\%$$

运用使用年限法确定无形资产的贬值率,关键的问题是如何确定无形资产的尚可使用年限。无形资产尚可使用年限可以根据无形资产法律保护期限或合同期限减去已使用年限确定,或通过有关专家对无形资产的先进性、适用性、同类无形资产的状况以及国家有关政策等方面的综合分析,判定其剩余经济寿命。

此外,还应注意分析无形资产的使用效用与无形资产的使用年限是否呈线性关系,以此来确定上述公式的适用性。

(四)无形资产成新率的估算

通常,无形资产成新率的确定,可以采用专家鉴定法和剩余经济寿命预测法进行。

1. 专家鉴定法

专家鉴定法是指邀请有关技术领域的专家,对被评估无形资产的先进性、适用性作出判断,从而确定其成新率的方法。

2. 剩余经济寿命预测法

剩余经济寿命预测法是由评估人员通过对无形资产剩余经济寿命的预测和判断,从而确定其成新率的方法。其计算公式为:

$$\text{成新率}=\frac{\text{剩余使用年限}}{\text{已使用年限}+\text{剩余使用年限}}\times100\%$$

公式中,已使用年限比较容易确定,剩余使用年限应由评估人员根据无形资产的特征分析判断获得。

任务四 市场法在无形资产评估中的应用

虽然无形资产具有的非标准性和唯一性特征限制了市场法在无形资产评估中的使用,但这并不排除在评估实践中仍有应用市场法的必要性和可能性。如果有充分的源于市场的交易案例,可以从中取得用于比较分析的参照物,并能对评估对象与可比参照物之间的差异作出合适的调整,就可应用市场法。在使用市场法评估无形资产时,评估人员应注意以下事项:

一、具有合理比较基础的类似的无形资产

作为参照物的无形资产与被评估无形资产至少要满足形式相似、功能相似、载体相似及交易条件相似的要求。所谓形式相似,是指参照物与被评估资产按照无形资产分类原则,可以归并为同一类。所谓功能相似,是指尽管参照物与被评估资产的设计和结构不可避免地存在差异,但它们的功能和效用应该相同与近似。所谓载体相似,是指参照物与被评估资产所依附的

产品或服务应满足同质性要求，所依附的企业则应满足同行业与同规模的要求。所谓交易条件相似，是指参照物的成交条件与被评估资产模拟的成交条件在宏观、中观和微观层面上应大体接近。关于上述要求，国际资产评估准则委员会颁布的《无形资产评估指南》中指出："使用市场法必须具备合理的比较依据和可进行比较的类似的无形资产。参照物与被评估无形资产必须处于同一行业，或处于对相同经济变量有类似反应的行业。这种比较必须具有意义，并且不能引起误解。"

二、收集类似的无形资产交易的市场信息是为横向比较提供依据，而收集被评估无形资产以往的交易信息则是为纵向比较提供依据

关于横向比较，评估人员在参照物与被评估无形资产在形式、功能和载体方面满足可比性的基础上，应尽量收集促使交易达成的市场信息，即要涉及供求关系、产业政策、市场结构、企业行为和市场绩效方面的内容。其中，对市场结构的分析尤为重要，即需要分析卖方之间、买方之间、买卖双方、市场内已有的买方和卖方与正在进入或可能进入市场的买方和卖方之间的关系。评估人员应熟悉经济学中对市场结构作出的完全竞争、完全垄断、垄断竞争和寡头垄断的分类。对于纵向比较，评估人员既要看到无形资产具有依法实施多元和多次授权经营的特征，使得过去交易的案例成为未来交易的参照依据；同时也应看到，时间、地点、交易主体和条件的变化也会影响被评估无形资产的未来交易价格。

三、作为市场法应用基础的价格信息应满足相关、合理、可靠和有效的要求

在这里，相关是指所收集的价格信息与需要作出判断的被评估无形资产的价值有较强的关联性；合理是指所收集的价格信息能反映被评估无形资产载体结构和市场结构特征，不能简单地用行业或社会平均价格信息推理具有明显结构异质特征的被评估无形资产的价值；可靠是指所收集的价格信息经过对信息来源和收集过程的质量控制，具有较高的置信度；有效是指所收集的价格信息能够有效地反映评估基准日的被评估资产在模拟条件下的可能的价格水平。

四、根据具体差异作出调整

无论是横向比较还是纵向比较，参照物与被评估无形资产会因时间、空间和条件的变化而产生差异，评估人员应对此作出言之有理、持之有据的调整。国际评估准则委员会颁布的《无形资产评估指南》中强调指出："当以被评估无形资产以往的交易记录作为评估的参照依据时，则可能需要根据时间的推移、经济、行业和无形资产的环境变化进行调整。"

任务五　专利权和非专利技术的评估

一、专利权的特点及转让

（一）专利权的特点

专利权是国家专利机关依法批准的发明人或其权利受让人对其发明成果，在一定期间内享有的独占权或专有权，任何人如果要利用该项专利进行生产经营活动或出售使用该项专利制造的产品，需事先征得专利权所有者的许可，并付给报酬。专利权具有以下特点：

1. 独占性

独占性也称排他性。对于同一内容的技术发明只授予一次专利，对于已取得专利权的技术，任何人未经许可不得进行营利性实施。

2. 地域性

任何一项专利只在其授权范围内才有法律效力，在其他地域范围内不具有法律效力。

3. 时间性

依法取得的专利权在法定期限内有效，受法律保护。期满后，专利权人的权利自行终止。我国《专利法》规定，发明专利的保护期限为20年，实用新型和外观设计保护期限为10年。

4. 可转让性

专利权可以转让，由当事人订立合同，并经原专利登记机关或相应机构登记和公告后生效，专利权一经转让，原发明者不再拥有专利权，购入者继承专利权。

(二)专利权的转让

专利权的转让形式有多种，但总的来说，可以分为全权转让和使用权转让。使用权转让往往通过技术许可贸易形式进行，这种使用权的权限、地域范围、时间期限、法律和仲裁程序都是在许可证合同中加以确认的。

1. 使用权限

按技术使用权限的大小，可分为：

(1)独家使用权，是指在许可证合同所规定的时间和地域范围内卖方只把技术转让给某一特定买主，买方不得卖给第二家买主；同时，卖主自己也不得在合同规定范围内使用该技术和销售该技术生产的产品。显然，这种转让的卖方索价会比较高。

(2)排他使用权，是指卖方在合同规定的时间和地域范围内只把技术授予买方使用；同时，卖方自己保留使用权和产品销售权，不再将该技术转让给第三者。

(3)普通使用权，是指卖方在合同规定的时间和地域范围内可以向多家买主转让技术；同时，卖方自己也保留技术使用权和产品销售权。

(4)回馈转让权，是指卖方要求买方在使用过程中将对转让技术的改进和发展反馈给卖方的权利。

2. 地域范围

技术许可证大多明确规定地域范围，如某个国家或地区，买方的使用权不得超过这个地域范围。

3. 时间期限

技术许可证合同一般规定有效期限，时间的长短因技术而异。一项专利技术的许可期限一般要与该专利的法律保护期相适应。

4. 法律和仲裁程序

技术许可证合同是法律文件，是依照参与双方所在国的法律来制定的，因此受法律保护。当一方违约时，另一方可遵循法律程序追回损失的权益。

二、专利权的评估程序

资产评估机构接受委托者委托之后，一般按下列程序进行评估：

(一)证明和鉴定专利权的存在

一般应搜集的证明专利权存在的资料有：专利说明书、权利要求书、专利证书、有关法律性文件、当年度缴费证明等。另外，应由有关专家鉴定该项专利的有效性和可用性。专利检索是实施鉴定的重要部分。

(二)确定评估方法，搜集相关资料，常用收益法

收益法的运算过程在前面已经详述，重要的任务是搜集相关资料，分析并确定应用中的各项技术参数和指标。这些分析包括：

1. 技术状况分析

技术状况分析包括对技术先进性确认、技术成熟程度与寿命周期分析等。

2. 收益能力分析

收益能力分析包括是否具有获利能力、获利表现为收入增长型或费用降低型等分析。

3. 市场分析

市场分析包括应用该专利技术的产品市场需求总量分析、市场占有率分析、风险分析等。

4. 投资可行性分析

通过分析确定各有关技术参数、指标，最后进行评定估算，确定评估值。

(三)完成评估报告，并加以详尽说明

评估报告是专利权评估结果的最终反映，但这种结果是建立在各种分析、假设基础上的，为了说明评估结果的有效性和适用性，评估报告中应详尽说明评估中的各有关内容。这些内容包括：

1. 专利技术成熟度

如该专利技术已经付诸实施，应说明其实施运用情况、技术本身先进程度、有无转让记录等；如该专利尚未实施，应说明评估值测定中的依托条件，包括技术本身、受让方条件、市场预测等。

2. 接受方可受度的分析

成熟的专利技术对接受方的要求，即可受度，包括对接受方基础设施、技术素质、投资规模、资金需求等方面的要求。

这些分析不仅有助于说明评估结果的有效性和适用性，还可以说明报告者承担法律责任和义务的区间，同时也为买卖双方提供分析的依据。

三、专利权的评估方法

专利权评估主要采用收益法，一些特殊情况下也可以采用成本法。

(一)收益法

专利权的收益额是指直接由专利权带来的预期收益。对于收益额的测算，通常可以通过直接测算超额收益或通过利润分成率测算获得。由于专利权收益的来源不同，我们可以将专利权划分为收入增长型专利和费用节约型专利来测算，也可以用分成率方法来测算。

采用利润分成率测算专利技术收益额，即以专利技术投资产生的收益为基础，按一定比例(利润分成率)分成确定专利技术的收益。利润分成率反映专利技术对整个利润额的贡献程度。利润分成率确定为多少合适，据联合国工业发展组织对印度等发展中国家引进技术价格的分析，认为利润分成率在16%～27%之间是合理的；1972年在挪威召开的许可贸易执行协会上，多数代表提出利润分成率为25%左右较为合理。我国理论工作者和评估人员通常认为利润分成率在25%～33%之间较合适。这些基本分析在实际评估业务过程中具有参考价值，但更重要的是对被评估专利技术进行符合实际的分析，确定合理的、准确的利润分成率。

下面通过案例说明专利权评估过程。

【例 6—7】 北京某科技发展公司 5 年前自行开发了一项大功率电热转换器及其处理技术，并获得发明专利证书，专利保护期 20 年。现在，该公司准备将该专利技术出售给北京郊区某乡镇企业，现需要对该项专利技术进行评估。

评估分析和计算过程如下：

(1)评估对象和评估目的。由于北京某科技发展公司系出售该项专利，因此，转让的是专利技术的所有权。

(2)专利技术鉴定。该项技术已申请专利，该技术所具备的基本功能可以从专利说明书以及有关专家鉴定书中得到。此外，该项技术已在北京某科技发展公司使用了 5 年，产品已进入市场，并深受消费者欢迎，市场潜力较大。因此，该项专利技术的有效功能较好。

(3)评估方法选择。该项专利技术具有较强的获利能力，而且同类型技术在市场上被授权使用情况较多，分成率容易获得，从而为测算收益额提供了保证。因此，决定采用收益法进行评估。

(4)判断确定评估参数。根据对该类专利技术的更新周期以及市场上产品更新周期的分析，确定该专利技术的剩余使用期限为 4 年。根据对该类技术的交易实例的分析，以及该技术对产品生产的贡献性分析，采用对销售收入的分成率为 3%。

根据过去经营绩效以及对未来市场需求的分析，评估人员对未来 4 年的销售收入进行预测，结果见表 6—2。

表 6—2　　预期销售收入测算结果

年　份	销售收入(万元)
2011	600
2012	750
2013	900
2014	900

根据当期的市场投资收益率，确定该专利技术评估中采用的折现率为 15%。

(5)计算评估值。得出的结论见表 6—3。

表 6—3　　评估值计算表　　单位：万元

年　份	销售收入①	分成额②=①×3%	税后净额 ③=②×(1−33%)	收益总额 (r=15%)
2011	600	18	12.06	10.487
2012	750	22.5	15.075	11.398
2013	900	27	18.09	11.894
2014	900	27	18.09	10.344
合　计				44.123

因此，该专利技术的评估值为 44.123 万元。

(二)成本法

将成本法应用于专利技术的评估，重要之处在于分析计算其重置完全成本构成、数额以及相应的成新率。专利分为外购和自创两种，外购专利技术的重置成本确定比较容易。自创专利技术的成本一般由下列因素组成：

1. 研制成本

研制成本包括直接成本和间接成本两大类。直接成本是指研制过程中直接投入发生的费用，间接成本是指与研制开发有关的费用。

（1）直接成本。直接成本一般包括：材料费用，即为完成技术研制所耗费的各种材料费用；工资费用，即参与研制技术的科研人员和相关人员的费用；专用设备费，即为研制开发技术所购置的专用设备的摊销；资料费，即研制开发技术所需的图书、资料、文献、印刷等费用；咨询鉴定费，即为完成该项目所发生的技术咨询、技术鉴定费用；协作费，即项目研制开发过程中某些零部件的外加工费以及使用外单位资源的费用；培训费，即为完成本项目，委派有关人员接受技术培训的各项费用；差旅费，即为完成本项目发生的差旅费用；其他费用。

（2）间接成本。间接成本主要包括：管理费，即为管理、组织本项目开发所负担的管理费用；非专用设备折旧费，即采用通用设备、其他设备所负担的折旧费；应分摊的公共费用及能源费用。

2. 交易成本

发生在交易过程中的费用支出，主要包括：技术服务费，即卖方为买方提供专家指导、技术培训、设备仪器安装调试及市场开拓费；交易过程中的差旅费及管理费，即谈判人员和管理人员参加技术洽谈会及在交易过程中发生的食宿及交通费等；手续费，即有关的公证费、审查注册费、法律咨询费等；税金，即无形资产交易、转让过程中应缴纳的营业税。由于评估目的不同，其成本构成内涵也不一样，在评估时应视不同情形考虑以上成本的全部或一部分。

专利技术评估中成新率的估算方法，详见本项目任务三的内容。下面举例说明成本法用于专利技术评估的过程。

【例6－8】　星海公司由于经营管理不善，经济效益不佳，亏损严重，将要被同行业的大华公司兼并，需要对星海公司全部资产进行评估。星海公司有一项专利技术（实用新型），两年前自行研制开发并获得专利证书。现需要对该专利技术进行评估。

评估分析和计算过程如下：

（1）确定评估对象。该项专利技术系星海公司自行研制开发并申请了专利权。被兼并企业资产中包括该项专利技术，因此，确定的评估对象是专利技术的完全产权。

（2）技术功能鉴定。该专利技术的专利权证书、技术检验报告书均齐全。根据专家鉴定和现场勘察，该项专利技术在应用中对于提高产品质量、降低产品成本有很大作用，效果良好，与同行业同类技术相比较，处于领先水平。经分析，企业经济效益不佳，产品滞销为企业管理人员素质较低、管理混乱所致。

（3）评估方法选择。由于星海公司经济效益欠佳，很难确切地预计该项专利技术的超额收益；同类技术在市场上尚未发现有交易案例，因此，决定选用成本法。

（4）各项评估参数的估算。首先，分析测算其重置完全成本。该项专利技术系自创形成，其开发形成过程中的成本资料可从企业中获得。具体如下：

材料费用	45 000元
工资费用	10 000元
专用设备费	6 000元
资料费	1 000元

咨询鉴定费	5 000 元
专利申请费	3 600 元
培训费	2 500 元
差旅费	3 100 元
管理费分摊	2 000 元
非专用设备折旧费分摊	9 600 元
合　计	87 800 元

首先，因为专利技术难以复制，各类消耗仍按过去实际发生定额计算，对其价格可按现行价格计算。根据考察、分析和测算，近两年生产资料价格上涨指数分别为5%和8%。由于生活资料物价指数资料难以获得，该专利技术开发中工资费用所占份额很少，因此，可以将全部成本按生产资料价格指数调整，即可估算出重置完全成本。

$$重置完全成本=87\ 800\times(1+5\%)\times(1+8\%)=99\ 565(元)$$

其次，确定该项专利技术的贬值率。该项实用新型专利技术，法律保护期限为10年，尽管还有8年保护期限，但根据专家鉴定分析和预测，该项专利技术的剩余使用期限仅为6年，由此可以计算出贬值率为：

$$贬值率=(8-6)/8\times100\%=25\%$$

(5)计算评估值，得出结论。

评估值：　　$99\ 565\times(1-25\%)=74\ 673.75(元)$

最后，确定该项专利技术的评估值为74 674元。

四、非专利技术的概念与特性

(一)非专利技术的概念

非专利技术又称专有技术、技术秘密，是指未经公开、未申请专利的知识和技巧，主要包括设计资料、技术规范、工艺流程、材料配方、经营诀窍和图纸、数据等技术资料。非专利技术与专利权不同，从法律角度讲，它不是一种法定的权利，而仅仅是一种自然的权利，是一项收益性无形资产。从这一角度来说，进行非专利技术的评估，首先应该鉴定非专利技术，分析、判断其存在的客观性。这一判断要比专利权的判断略显复杂些。

(二)非专利技术的特性

一般来说，企业中的某些设计资料、技术规范、工艺流程、配方等之所以能作为非专利技术存在，是根据以下特性：

1. 实用性

非专利技术的价值取决于其是否能够在生产实践过程中操作，不能应用的技术不能称为非专利技术。

2. 新颖性

非专利技术所要求的新颖性并非要具备独一无二的特性，但它也绝不能是任何人都可以随意得到的东西。

3. 获利性

非专利技术必须有价值，表现在它能为企业带来超额利润。有价值是非专利技术能够转让的基础。

4. 保密性

保密性是非专利技术的最主要特性。如前所述,非专利技术不是一种法定的权利,其自我保护是通过保密性进行的。

五、非专利技术评估值的影响因素及其评估方法

(一)非专利技术评估值的影响因素

在非专利技术评估中,应注意研究影响非专利技术评估值各项因素。这些因素包括:

1. 非专利技术的使用期限

非专利技术依靠保密手段进行自我保护,没有法定保护期限。但是,非专利技术作为一种知识和技巧,会因技术进步、市场变化等原因被先进技术所替代。作为非专利技术本身,一旦成为一项公认的使用技术,它就不存在价值了。因此,非专利技术的使用期限应由评估者根据本领域的技术发展情况、市场需求情况及技术保密情况进行估算,也可以根据双方合同的规定期限、协议情况估算。

2. 非专利技术的预期获利能力

非专利技术具有使用价值和价值,使用价值是非专利技术本身应具有的,而非专利技术的价值则在于非专利技术的使用所能产生的超额获利能力。因此,评估时应充分研究分析非专利技术的直接和间接获利能力,这是确定非专利技术评估值的关键,也是评估过程中的困难所在。

3. 分析非专利技术的市场情况

技术商品的价格也取决于市场供求情况。市场需求越大,其价格越高,反之则越低。从非专利技术本身来说,一项非专利技术的价值高低取决于其技术水平在同类技术中的领先程度。在科学技术高速发展的情况下,技术的更新换代的速度加快,无形损耗加大,一项非专利技术很难持久处于领先水平;另外,非专利技术的成熟程度和可靠程度对其价值量也有很大的影响。技术越成熟、可靠,其获利能力越强,风险越小,卖价就越高。

4. 非专利技术的开发成本

非专利技术取得的成本,也是影响非专利技术价值的因素。评估中应根据不同的技术特点,研究开发成本与其获利能力的关系。

(二)非专利技术的评估方法

非专利技术的评估方法与专利技术评估方法基本相同,下面分别介绍非专利技术评估中几种方法的应用。

1. 运用成本法对非专利技术评估

【例6—9】 某企业现有不同类型的设计工艺图纸8万张,需进行评估,以确定该设计工艺图纸的价值。估算过程如下:

第一步,分析鉴定图纸的使用状况。评估人员根据这些图纸的尺寸和所涉及产品的种类、产品的周期进行分析整理。根据分析,将这些图纸分成以下四种类型(这也是一般用于确定图纸类型的标准):

(1)活跃/当前型:6.2万张。是指现正在生产,可随时订货的产品零部件、组合件的工程图纸及其他工艺文件。

(2)半活跃/当前型:0.9万张。是指目前已不再成批生产但仍可订货的产品零部件、组合件的工程图纸及其他工艺文件。

(3)活跃/陈旧型:0.7万张。是指计划停止生产但目前仍可供销售的产品零部件、组合件

的工程图纸及其他工艺文件。

(4)停止生产而且不再销售的产品零部件、组合件的工程图纸及其他工艺文件，计0.2万张。

根据分析确定，继续有效使用的图纸计7.1万张。

第二步，估算图纸的重置完全成本。根据图纸设计、制作耗费及其现行价格分析确定，这批图纸每张的重置成本为120元。

由此可以计算出这批图纸的重置完全成本为：

图纸的重置完全成本=71 000×120=8 520 000(元)

第三步，估算图纸的贬值。对重置完全成本总额还需按其产品的剩余使用年限与总使用年限的比较百分比(也称条件百分比)进行调整，即：

条件百分比=(剩余使用年限/总使用年限)×100%

假如由活跃/当前型图纸控制产品的剩余使用年限为5年，总使用年限为12年，则其条件百分比为：

条件百分比=(5/12)×100%=41.67%

由此确定的贬值率则为58.33%。依这种做法，可以分别计算每种类型图纸的条件百分比。为了简化估算，假定估算出综合条件百分比为40%。

第四步，估算这些图纸的价值。即：

8 520 000×40%=3 408 000(元)

2. 运用收益法对非专利技术评估

【例6-10】 某评估公司对星海公司准备投入中外合资企业的一项非专利技术进行评估。根据双方协议，确定该非专利技术收益期限为5年，试根据有关资料确定该非专利技术评估值。

评估过程如下：

(1)预测、计算未来5年的收益(假定评估基准日为20××年12月31日)。预测结果如表6-4所示。

表6-4 **未来5年非专利技术收益预测**

项目	第1年	第2年	第3年	第4年	第5年	合计
销售量(件)	35	45	45	45	45	215
销售单价(万元)	2.2	2.2	2.2	2.2	2.2	—
销售收入(万元)	77	99	99	99	99	473
减:成本、费用(万元)	21.84	27.935	27.935	27.935	27.935	133.58
利润总额(万元)	55.16	71.065	71.065	71.065	71.065	339.42
减:所得税(万元)	0	0	0	12.442 5	12.442 5	24.885
税后利润(万元)	55.16	71.065	71.065	58.622 5	58.622 5	314.535
非专利技术分成率(%)	40	40	40	40	40	—
非专利技术收益(万元)	22.064	28.426	28.426	23.449	23.449	125.814

(2)确定折现率。根据银行利率确定安全利率为6%，再根据技术所属行业及市场表现确

定风险率为14%，由此确定折现率为20%(即6%+14%)。

(3)计算确定评估值。

$$\begin{aligned}非专利技术评估值 &= \sum_{t=1}^{5} 各年非专利技术收益/(1+r)^t \\ &= 22.064\times0.8333+28.426\times0.6944+28.426\times0.5787+23.449\times0.4823+23.449\times0.4019 \\ &= 75.3086(万元)\end{aligned}$$

任务六　商标权评估

一、商标和商标权

(一)商标的概念、作用和种类

1. 商标的概念

商标是商品的标记，是商品生产者或经营者为了把自己的商品区别于他人的同类商品，在商品上使用的一种特殊标记。这种标记一般由文字、图案或两者组合而成。

2. 商标的作用

商标的作用表现在：商标表明商品或劳务的来源，说明该商品或劳务来自何企业；商标能把一个企业提供的商品或劳务与其他企业的同一类商品或劳务相区别；商标标志着一定的商品或劳务的质量；商标反映向市场提供某种商品或劳务的特定企业的声誉。消费者通过商标可以了解相关企业的形象，企业也可以通过商标宣传自己的商品，提高企业的知名度。

从经济学角度，商标的这些作用最终能为企业带来超额收益。从法律角度，保护商标也就是保护企业获取超额收益的权利。

3. 商标的种类

商标的种类有很多，可以依照不同标准予以分类。

(1)按商标是否具有法律保护的专用权，可以分为注册商标和未注册商标。我国《商标法》规定："经商标局核准注册的商标为注册商标，包括商品商标、服务商标和集体商标、证明商标；商标注册人享有商标专用权，受法律保护。"我们所说的商标权评估，指的是注册商标专用权的评估。

(2)按商标的构成，可以分为文字商标、图形商标、符号商标、文字图形组合商标、色彩商标、三维标志商标等。

(3)按商标的不同作用，可以分为商品商标、服务商标、集体商标和证明商标等。其中，集体商标是指以团体、协会或者其他组织名义注册，供该组织成员在商事活动中使用，以表明使用者在该组织中的成员资格的标志。证明商标，是指由对某种商品或者服务具有监督能力的组织所控制，而由该组织以外的单位或者个人用于其商品或者服务，用以证明该商品或者服务的原产地、原料、制造方法、质量或者其他特定品质的标志。

(二)商标权

商标权是商标注册后，商标所有者依法享有的权益，它受到法律保护，未注册商标不受法律保护。商标权是以申请注册的时间先后为审批依据，而不以使用时间先后为审批依据。商标权一般包括排他专用权(或独占权)、转让权、许可使用权、继承权等。排他专用权是指注册商标的所有者享有禁止他人未经其许可而在同一种商品劳务或类似商品劳务上使用其商标的权利。转让权是商标所有者作为商标权人，享有将其拥有的商标转让给他人的权利。我国《商标法》规定："转让注册商标的，转让人和受让人应当签订转让协议，并共同向商标局提出申请。受让人应当保证使用该注册商标的商品质量"，"转让注册商标经核准后，予以公告"。许可使用权是指商标权人依法通过商标使用许可合同允许他人使用其注册商标。商标权人通过使用许可合同，转让的是注册商标的使用权。继承权是指商标权人将自己的注册商标交给指定的继承人继承的权利，但这种继承必须依法办理有关手续。

需要指出的是，2013 年 8 月 30 日第十二届全国人民代表大会常务委员会第四次会议通过了《关于修改〈中华人民共和国商标法〉的决定》，评估人员对经过重大修改的《商标法》的内容应有所了解。例如，为遏制恶意抢注行为，修订后的《商标法》放弃了"申请在先"原则，强调诚实信用。

二、商标权评估的程序

（一）明确评估目的

商标权评估目的即商标权发生的经济行为。从商标权转让方式来说，可以分为商标权转让和商标权许可使用。商标权转让是指转让方放弃商标权，转给受让方所有，实际上是商标所有权出售。商标权许可使用则是拥有商标权的商标权人在不放弃商标所有权的前提下，特许他人按照许可合同规定的条款使用商标。商标权转让方式不同，评估价值也不一样。一般来说，商标所有权转让的评估值高于商标权许可使用的评估值。从股份制企业商标权评估情况来说，一般包括：以商标权投资入股、商标权许可使用、商标权转让等。在股份制改造或股份公司上市时，出于股本结构、出资要求等原因，往往将商标权许可使用，这样做既可以保证股份制企业正常生产经营，又不影响其股权结构和出资规定。在这种情况下，不仅要对商标权进行评估，还应评估出年许可使用费标准，作为签订许可使用合同的依据。

（二）向委托方收集有关资料

收集的资料包括：

（1）委托方概况。包括经营历史、现状以及经营业绩（包括前 3～5 年财务报表）。

（2）商标概况。包括商标注册有关的法律性证件、注册时间、注册地点、注册证书号、保护内容、商标的适用范围、商标的种类、商标的法律诉讼情况、商标的知名度、商标有无其他协议等。

（3）商标产品的历史、现状与展望。包括市场环境、同行业情况、商标产品的信誉、市场占有率情况等。

（4）商标的广告宣传等情况。

（5）委托方未来经营规划。

（6）未来财务数据预测。包括生产和销售预测、成本费用预测、损益预测。

（7）相关产业政策、财税政策等宏观经济政策对其的影响。

（三）市场调研和分析

主要内容包括：产品市场需求量的调研和分析；商标现状和前景的分析；商标产品在客户中的信誉、竞争情况的分析；商标产品市场占有率的分析；财务状况分析（主要分析判断商标产品现有获利能力，为未来收益发展趋势预测提供依据）；市场环境变化的风险分析；其他相关信息资料的分析。

（四）确定评估方法，收集确定有关指标

商标权评估较多采用收益法，但也不排斥采用市场法和成本法。由于商标的单一性，同类商标价格获取的难度，使得市场法应用受到限制。商标权的投入与产出具有弱对应性，有时设计创造商标的成本费用较低，其带来的收益却很大；而有时为设计、创造某种商标成本费用较高，比如为宣传商标投入了巨额的广告费，但带来的收益却不高。因此，采用成本法评估商标权时必须慎重。

收益法评估商标权主要有分析测算收益额、折现率和收益期限三项指标。收益额、折现率的分析测算前面已经述及，不再赘述。收益期限的确定是商标权评估时十分重要的问题。按照《商标法》的规定，商标权法律保护期限（注册）是10年，到期后可以续展。

（五）计算、分析、得出结论，完成评估报告

这是最后一步，标志着整个商标权评估程序的结束。

三、商标权评估的方法

商标权评估采用的方法一般为收益法，下面主要介绍说明收益法在商标权评估中的应用。

【例6－11】　星海公司将一种已经使用了50年的注册商标转让。根据历史资料，该公司近5年使用这一商标的产品比同类产品的价格每件高0.7元，该公司每年生产100万件。该商标目前在市场上有良好的口碑，产品基本上供不应求。根据预测估计，如果在生产能力足够的情况下，这种商标产品每年生产150万件，每件可获超额利润0.5元，预计该商标能够继续获取超额利润的时间是10年。前5年保持目前超额利润水平，后5年每年可获取的超额利润为32万元，请评估该项商标权的价值。

（1）首先计算其预测期内前5年中每年的超额利润：

$$150\times0.5=75（万元）$$

（2）根据公司的资金成本率及相应的风险率，确定其折现率为10%。

（3）确定该项商标权价值：

商标权价值：

$$\begin{aligned}&75\times[(1+10\%)^5-1]\div[10\%\times(1+10\%)^5]+32\times[(1+10\%)^5-1]\\&\div[10\%\times(1+10\%)^5]\times1\div(1+10\%)^5\\&\quad=75\times3.790\,7+32\times3.790\,7\times0.620\,9\\&\quad=284.3+75.316\,7\\&\quad=359.616\,7（万元）\end{aligned}$$

由此确定商标权转让评估值为359万元。

【例6－12】　甲自行车厂将红鸟牌自行车的注册商标使用权通过许可使用合同允许给乙厂使用，使用时间为5年。双方约定由乙厂每年按使用该商标新增利润的27%支付给甲厂，作为商标使用费。试评估该商标使用权价值。

评估过程如下：

首先，使用期限内新增利润总额取决于每辆车的新增利润和预计产量。对于产量的预测，应根据许可合同的有关规定及市场情况进行。如果许可合同中规定有地域界限，在预测时必须予以考虑，否则就可能导致预测量过大，引致评估值失实。根据评估人员预测，每辆车可新增净利润5元，第1年至第5年生产的自行车分别是40万辆、45万辆、55万辆、60万辆、65万辆。

由此确定每年新增净利润为：

第一年:40×5=200(万元)

第二年:45×5=225(万元)

第三年:55×5=275(万元)

第四年:60×5=300(万元)

第五年:65×5=325(万元)

其次,确定分成率。按许可合同中确定的27%作为分成率。

再次,确定折现率。假设折现率为14%。

由此,可以计算出每年新增净利润的折现值(见表6—5)。

表6—5 每年新增净利润的折现值

年 份	新增净利润额(万元)	折现系数	折现值(万元)
1	200	0.877 2	175.44
2	225	0.769 5	173.14
3	275	0.675 0	185.63
4	300	0.592 1	177.63
5	325	0.519 4	168.81
合 计			880.65

最后,按27%的分成率计算确定商标使用权的评估值为:

$$880.65\times27\%\times(1-33\%)=159.31(\text{万元})$$

四、商标权评估案例

【例6—13】 AB商标评估说明

背景:××(集团)公司拟发起设立股份有限公司,其主要产品和经营性资产均进入拟设立的股份公司。

(一)商标及企业概况

××(集团)公司是全国生产农用运输车的企业,是国家农用车重点发展的大集团之一。主要产品商标为AB牌注册商标,由文字和图案构成,注册日期2002年10月1日,注册号为××,核定使用商品为第12类,即农用运输车、客车、轿车和摩托车。目前使用AB商标的主要产品有三轮和四轮农用运输车,其产量居全国同行业前茅,知名度高,在用户中享有较高的声誉,为企业带来了良好的经济效益。

(二)评估依据

(1)AB牌商标注册证书。

(2)企业前3年及评估基准日财务报表及相关资料。

(3)主要客户及市场概况。

(4)国家科委中国科技促进发展研究中心“关于农用车走俏的启示”调研报告。

(5)“农用运输车市场需求与产品结构构成研究”调研报告。

(6)国家对农用车产业的有关政策。

(7)企业发展规划。

(8)其他。

(三)产品及市场状况

1. 产品

AB牌主导产品有五种型号的三轮农用车和三种型号的四轮农用车，产品质量较高，平均故障里程均在2 500公里以上，优于国家标准，居同行业领先地位。该系列三轮车、四轮车均为国家主管部门质量评定一等品，AB牌商标的农用车曾获中国质量管理协会“2014年全国用户满意产品”等荣誉称号。

2. 市场

AB集团具有生产规模优势，三轮农用车的产量在2014年前居同行业第三，市场遍及全国，市场占有率近15%，并在非洲若干国家建厂生产、销售。

随着农用车市场高速发展期的结束，市场竞争更趋激烈，不少企业生产难以为继，而该集团公司生产仍具良好发展态势，在同行业中位居前列。2011～2014年的农用车销售量和销售收入如表6—6和表6—7所示：

表6—6 前4年销售量统计

年份	2011		2012		2013		2014	
品种	销量(辆)	增长率(%)	销量(辆)	增长率(%)	销量(辆)	增长率(%)	销量(辆)	增长率(%)
三轮	120 002	—	126 811	5.67	123 825	—2.35	132 371	6.90
四轮	6 779	—	6 876	1.43	6 390	—7.05	6 946	8.70
合计	126 781	—	133 687	5.45	130 215	—2.60	139 317	6.99

表6—7 前4年销售收入统计

年份	2011		2012		2013		2014	
品种	销量收入(万元)	增长率(%)	销量收入(万元)	增长率(%)	销量收入(万元)	增长率(%)	销量收入(万元)	增长率(%)
三轮	54 501	—	56 180	7.01	51 048	—9.13	58 172	15.01
四轮	7 623	—	6 966	—8.62	7 031	0.93	7 652	8.83
合计	60 124	—	63 146	4.99	58 179	—7.87	66 364	14.07

(四)评估方法

采用超额收益现值法，即根据商标产品单位售价超过同行业平均售价的部分，按一定的期限和折现率计算现值。其计算公式为：

$$P=\sum_{t=1}^{n}R_t(1+r)^t$$

式中，P表示商标评估值，n表示收益年限，R_t表示第t年商标产品的超额收益，r表示折现率。

1. 收益年限

农用车结构相对简单，易于生产，行业整体技术水平不高，竞争激烈，综合考虑企业在行业中的地位和技术水平，确定商标带来超额收益的年限为5年。

2. 折现率

折现率可根据1年期银行存款利率5.67%和风险报酬率共同确定。风险报酬率主要考虑企业所处行业的风险因素。

农用车是由农机改造而发展起来的，相对汽车而言其结构简单、技术含量低、易生产，市场竞争激烈。尽管国家已限制建设新厂,但现有企业的生产规模在扩大,特别是原汽车制造业的介入,使市场竞争更加激烈。目前,农用车的价格低,适合农民使用,但其性能也较差;由于国家对农用车的定位不甚明确,管理较薄弱,易发生交通事故,产生不良社会影响;或由于农民的收入提高、道路条件的改善等,促使用户追求性能更优越的汽车,而使整个产业萎缩、衰落。同时,该集团公司三轮、四轮农用车的销售收入占公司总销售收入的95%以上,一旦产品开发滞后或决策失误,企业将面临险境。

鉴于上述因素综合考虑,确定风险报酬率为6%,折现率为:

$$r=5.67\%+6\%=11.67\%$$

因此,折现率可按12%计算。

3. 超额收益

截至2014年底,全国登记在“目录”上的农用运输车的企业共200多家,AB牌三轮车产量居同行业的前6位。

根据近期AB牌农用车主要销售市场资料,将AB牌农用车与其他厂家生产的相同规格产品进行比较。四轮车售价与其他商标产品基本一致,三轮车的售价如表6—8所示:

表6—8　　主要销售市场售价比较表

主要销售市场	安徽	河南	江苏	山东	河北	其他
占全部销售量比重	21.8%	29.5%	16.3%	12.5%	10.5%	9.4%
单位售价平均差异	60	40	50	0	50	40

$$\begin{aligned}\text{加权平均超额数售价} &= 60\times21.8\%+40\times29.5\%+50\times16.3\%+0\times12.5\% \\ &\quad +50\times10.5\%+40\times9.4\% \\ &= 42(\text{元})\end{aligned}$$

依据企业前3年的实际产销情况、财务状况和企业发展规划,同时考虑目前同行业的竞争和中国加入世界贸易组织后带来的对本行业不利的影响,对企业未来收益年限的超额收益进行预测(见表6—9)。

表6—9　　超额收益预测　　单位:万元

年　份	2015	2016	2017	2018	2019
销量(辆)	134 708	138 749	142 911	147 198	151 614
销售收入	64 271	66 199	68 185	70 230	72 337
单车超额收益(元)	42	42	40	35	30
超额收益	565.77	582.75	571.64	515.19	454.84
扣所得税后收益	379.07	390.44	383	345.18	304.74
折现系数	0.89	0.80	0.71	0.64	0.57
超额收益现值	337.37	312.35	271.93	220.92	173.70
合　计	1 316.27				

(五)评估结果

经评估计算,AB牌商标权价值评估为1 316.27万元。

任务七　商誉评估

一、商誉的概念和特性

(一)商誉的概念

商誉通常是指企业在一定条件下,能获取高于正常投资报酬率的收益所形成的价值。这是企业由于所处地理位置的优势,或由于经营效率高、管理基础好、生产历史悠久、人员素质高等多种原因,与同行业企业相比较,可获得超额利润。

从历史渊源考察,20世纪60年代以前所称的无形资产是一个综合体,商誉则是这个综合体的总称。20世纪70年代以后,随着对无形资产确认、计量的需要,无形资产以不同的划分标准,形成为各项独立的无形资产。现在所称的商誉,是指企业所有无形资产扣除各单项可确指无形资产以后的剩余部分。因此,商誉是不可确指的无形资产。

(二)商誉的特性

商誉具有如下特性:首先,商誉不能离开企业而单独存在,不能与企业可确指的资产分开出售。其次,商誉是多项因素作用形成的结果,但形成商誉的个别因素,不能以任何方法单独计价。再次,商誉本身不是一项单独的、能产生收益的无形资产,而只是超过企业可确指的各单项资产价值之和的价值。最后,商誉是企业长期积累起来的一项价值。

二、商誉评估的方法

(一)割差法

割差法是根据企业整体评估价值与各单项资产评估值之和进行比较,确定商誉评估的方法。其基本公式是:

$$\text{企业整体评估值}=\text{企业整体资产评估值}-\text{企业的各单项资产评估值之和含可确指无形资产}$$

企业整体资产评估值可以通过预测企业未来预期收益并进行折现或资本化获取;对于上市公司,也可以按股票市价总额确定。采取上述评估方法的理论依据是,企业价值与企业可确指的各单项资产价值之和是两个不同的概念。如果有两个企业,企业可确指的各单项资产价值之和大体相当,但由于经营业绩悬殊,预期收益悬殊,其企业价值自然相去甚远。企业中的各项资产,包括有形资产和可确指的无形资产,由于其可以独立存在和转让,评估价值在不同企业中趋同;但它们由于不同的组合、不同的使用情况和管理方式,使之运行效果不同,导致其组合的企业价值不同,会使各类资产组合后产生超过各单项资产价值之和的价值,即为商誉。商誉的评估值可能是正值,也可能是负值。当商誉为负值时,有两种可能:一种是亏损企业,另一种是收益水平低于行业或社会平均收益水平的企业。

【例6—14】 星海公司进行股份制改组,根据公司过去经营情况和未来市场形势,预测其未来5年的净利润分别是13万元、14万元、11万元、12万元和15万元,并假定从第6年开始,以后各年净利润均为15万元。根据银行利率及企业经营风险情况确定的折现率和本金化率均为10%,并且,采用单项资产评估方法,评估确定该公司各单项资产评估价值之和(包括有形资产和可确指的无形资产)为90万元。试确定该公司的商誉评估值。

首先,采用收益法确定该公司整体评估值。

企业整体评估值＝13×0.909 1＋14×0.826 4＋11×0.751 3＋12×0.683 0＋15×0.620 9
＋15÷10％×0.620 9
＝49.161 7＋93.135
＝142.296 7(万元)

因为该公司各单项资产评估值之和为 90 万元，由此可以确定商誉评估值，即：

商誉的价值＝142.296 7－90＝52.296 7(万元)

(二)超额收益法

商誉评估值指的是企业超额收益的本金化价格。把企业超额收益作为评估对象进行商誉评估的方法称为超额收益法。超额收益法视被评估企业的不同，又可分为超额收益本金化价格法和超额收益折现法两种方法。

1. 超额收益本金化价格法

超额收益本金化价格法是把被评估企业的超额收益经本金化还原来确定该企业商誉价值的一种方法。其计算公式为：

$$\text{商誉的价值}=\frac{\text{企业预期年收益额}-\text{行业平均收益率}\times\text{该企业的单项资产评估之和}}{\text{适用本金化率}}$$

或：

$$\text{商誉的价值}=\frac{\text{被评估企业单项资产评估价值之和}\times(\text{被评估企业预期收益率}\times\text{行业平均收益率})}{\text{适用本金化率}}$$

公式中，
$$\text{被评估企业预期收益率}=\frac{\text{企业预期年收益额}}{\text{企业单项资产评估价值之和}}\times 100\%$$

【例 6－15】 星海公司的预期年收益额为 20 万元，该公司的各单项资产的评估价值之和为 80 万元，公司所在行业的平均收益率为 20％，并以此作为适用资产收益率。试求其商誉的价值。

商誉的价值＝(200 000－800 000×20％)÷20％
＝40 000÷20％
＝200 000(元)

或：

商誉的价值＝800 000×(200 000/800 000－20％)÷20％
＝800 000×(25％－20％)÷20％
＝200 000(元)

超额收益本金化价格法主要适用于经营状况一直较好、超额收益比较稳定的企业。如果在预测企业预期收益时，发现企业的超额收益能维持若干年，这类企业的商誉评估就不宜采用超额收益本金化价格法，而应改按超额收益折现法进行评估。

2. 超额收益折现法

超额收益折现法是把企业可预测的若干年预期超额收益进行折现，将其折现值确定为企业商誉价值的一种方法。其计算公式为：

$$\text{商誉的价值}=\sum_{t=1}^{n}R_t(1+r)^{-t}$$

公式中，R_t 表示第 t 年企业预期超额收益，r 表示折现率，n 表示收益年限，$(1+r)^{-t}$ 表示折现系数。

【例 6—16】 星海公司预计将在今后 5 年内保持其具有超额收益的经营态势。估计预期年超额收益额保持在 22 500 元的水平上,该公司所在行业的平均收益率为 12%,则:

商誉的价值=22 500×0.892 9+22 500×0.797 2+22 500×0.711 8+22 500×0.635 5+22 500×0.567 4

=81 108(元)

或:

商誉的价值=22 500×3.604 8=81 108(元)

★★★ 应知考核 ★★★

一、单项选择题

1. 无形资产可以分为有专门法律保护的无形资产和无专门法律保护的无形资产,这种分类是按(　　)标准进行的。

A. 可辨识程度　　B. 取得渠道　　C. 有无法律保护　　D. 内容构成

2. 在下列无形资产中,不可确指的无形资产是(　　)。

A. 商标权　　B. 土地使用权　　C. 专营权　　D. 商誉

3. 某企业 5 年前获得一项专利,法定寿命为 10 年,现对其价值进行评估。经专家估算,至评估基准日,其重置成本为 120 万元,尚可使用 3 年,则该项专利的评估价值为(　　)。

A. 45 万元　　B. 50 万元　　C. 36 万元　　D. 72 万元

4. 对无形资产进行转让,投资评估的前提条件是无形资产(　　)。

A. 可以确指　　B. 附着于有形资产　　C. 技术成熟度高　　D. 可带来超额利润

5. 对占有单位外购的无形资产,可以根据(　　)及该项资产具有的获利能力评定重估价值。

A. 购入成本　　B. 形成时所需实际成本

C. 市场价格　　D. 平均价格

6. (　　)是评估无形资产时使用频率最高的方法。

A. 成本法　　B. 市场法　　C. 收益法　　D. 市场法和成本法

7. 从资产评估角度,驰名商标权一般能为企业带来(　　)。

A. 正常利润　　B. 超额利润　　C. 垄断利润　　D. 超额垄断利润

8. 从本质上讲,商标权的价值主要取决于(　　)。

A. 取得成本　　B. 设计和宣传费用

C. 商标所能带来的收益　　D. 新颖性和创造性

9. 下列选项中,不属于无形资产的是(　　)。

A. 债权性质的应收及预付账款　　B. 土地使用权

C. 计算机软件　　D. 非专利技术

10. 下列选项中,不影响无形资产评估价值的因素是(　　)。

A. 寿命期限　　B. 机会成本　　C. 市场供求状况　　D. 评估方法

二、多项选择题

1. 非专利技术的特点是(　　)。

A. 新颖性　B. 实用性　C. 获利性　D. 保密性

2. 无形资产能存在于其载体的前提是(　　)。

A. 能带来正常的利润　B. 能带来超额利润

C. 能带来垄断利润　D. 能带来潜在利润

3. 无形资产评估的目的有以下类型(　　)。

A. 无形资产转让　B. 无形资产投资　C. 无形资产摊销　D. 无形资产纳税

4. 适用于无形资产评估的方法有(　　)。

A. 市场法　B. 成本法　C. 收益法　D. 路线价法

5. 商誉的特点包括(　　)。

A. 形成商誉的特别因素不能单独计价

B. 商誉是企业整体价值扣除全部有形资产以后的差额

C. 商誉不能与企业可确指的资产分开出售

D. 商誉是企业长期积累起来的一项价值

6. 无形资产的功能特性有(　　)。

A. 不完整性　B. 共益性　C. 积累性　D. 替代性

7. 专利权的特点是(　　)。

A. 独占性　B. 地域性　C. 通用性　D. 可转让性

8. 商标权的特点是(　　)。

A. 独占性　B. 按照申请时间先后注册

C. 地域性　D. 可转让性

9. 影响无形资产评估价值的因素有(　　)。

A. 效益因素　B. 机会成本　C. 技术成熟因素　D. 市场供需状况

10. 无形资产转让时的最低费用额的决定因素包括(　　)。

A. 重置成本　B. 历史成本　C. 机会成本　D. 生产产品的成本

三、判断题

1. 无形资产只存在无形损耗,不存在有形损耗。(　　)

2. 采用成本法评估无形资产时,不需要扣除其功能性贬值和经济性贬值。(　　)

3. 考虑无形资产的共益性,就要求在资产评估时考虑机会成本的补偿问题。(　　)

4. 无形资产单独不能创造收益,必须附着于有形资产才能产生收益。(　　)

5. 无形资产评估一般只能采用收益法,这是由无形资产的特征决定的。(　　)

6. 商誉评估值是企业中全部商标评估值之和。(　　)

7. 销售收入分成率=销售利润分成率×销售利润率。(　　)

8. 商标未必有价值,但注册商标肯定有价值,必须予以评估。(　　)

9. 由于无形资产具有替代性,因此在评估时必须要考虑无形资产的经济寿命,尤其是尚可使用年限。(　　)

10. 若无形资产形成时间较短,并且存在另一种类似无形资产可以替代,则成本法较为适用。(　　)

四、思考与讨论

1. 简述影响无形资产评估价值的因素。

2. 简述无形资产评估的程序。

3. 简述无形资产评估的前提及对象。

4. 运用成本法评估无形资产时,如何选择无形资产重置成本的估算方法?

5. 运用成本法评估无形资产时,如何选择无形资产超额收益的估算方法?

五、主要概念

无形资产　无形资产评估　无形资产收益期限　核算法　专家鉴定法　剩余经济寿命预测法　专利权　收益法　非专利技术　商标　商誉　割差法

★★★ 应会考核 ★★★

一、案例题

1. 某企业转让制药生产技术,经收集和初步测算已知下列资料:

(1)该企业与购买企业共同享受该制药生产技术,双方设计能力分别为600万箱和400万箱;

(2)该制药生产技术系国外引进,账面价格500万元,已使用3年,尚可使用9年,3年通货膨胀率累计为10%;

(3)该项技术转让对该企业生产经营有较大影响,由于市场竞争,产品价格下降,在以后9年中减少的销售收入按现值计算为100万元,增加开发费以保住市场的追加成本按现值计算为30万元。

案例思考

根据上述资料,计算确定:

(1)该制药生产全套技术的重置成本净值;

(2)该无形资产转让的最低收费额评估值。

2. 企业转让彩电显像管新技术,购买方用于改造年产10万只彩电显像管生产线。经对无形资产边际贡献因素的分析,测算在其寿命期间各年度分别可带来追加利润100万元、120万元、90万元、70万元,分别占当年利润总额的40%、30%、20%、15%,假定折现率为10%。试评估无形资产利润分成率。

二、专业技能题

1. 某项技术为一项新产品设计及工艺技术,已使用3年,证明技术可靠,产品比同类产品性能优越。经了解,同类产品平均价格为250元/件,该产品价格为280元/件。目前,该产品年销量为2万件。经分析,产品寿命还可以维持8年,但竞争者将会介入。由于该企业已经较稳固地占领了市场,估计竞争者将采取扩大市场范围的市场策略,预计该企业将会维持目前的市场占有,但价格将呈下降趋势。产品价格预计为:今后1～3年维持现价;4～5年降为270元/件;6～8年降为260元/件,估计成本变化不大,故不考虑其变化。若折现率为10%,所得税率为33%,试用超额收益法评估该项新产品设计及工艺技术的价值(计算结果保留两位小数)。

2. 甲企业将一项专利使用权转让给乙公司，拟采用利润分成的方法，该专利是3年前从外部购入，账面成本为100万元，3年间物价累计上升50%；该专利法律保护期10年，已过3年，尚可保护7年。经专业人士测算，该专利成本利润率为400%，乙企业资产重置成本为5 000万元，成本利润率为10%。通过对该专利的分析，技术人员认为该专利剩余使用寿命为5年。另外，通过对市场供求状况及有关会计资料分析得知，乙企业实际生产能力为年产某型号产品20万台，成本费用每年约为400元，未来5年间产量与成本费用变动不大。该产品由于采用了专利技术，性能有较大幅度提高，未来第1、第2年每台售价要达500元，在竞争的作用下，为维护市场占有率，第3、第4年售价将下降到每台450元，第5年下降到每台420元，折现率确定为10%。要求根据上述资料确定该专利的评估值(不考虑流转税因素，计算结果保留两位小数)。

3. A企业被B企业兼并，需要对A企业自创的一项技术进行评估。据资料可知：该技术研发时发生原材料费10 000元，辅助材料费4 000元，燃料动力费1 100元，有关人员工资和津贴5 000元，专用设备费1 000元，旅差费500元，管理费1 200元，固定资产的折旧费3 500元，人员培训费和资料费等1 300元，专利申请费800元。该技术的创造性劳动倍加系数为3，科研平均风险率为6%，无形资产的贬值率为20%。据预测，该技术使用后，B企业每年可新增利润90 000元。该专利技术剩余有效期限为5年。若提成率为20%，贴现率为10%，求该专利技术的重置价值(计算结果保留两位小数)。

4. A企业转让显像管新技术，购买方用于改造年产30万只显像管的生产线。经对无形资产边际贡献因素的分析，测算在其寿命期间各年度分别可带来追加利润100万元、110万元、90万元、80万元，分别占当年利润总额的35%、30%、25%、20%。若折现率为10%，试评估该无形资产的利润分成率。

5. 某企业拟转让其拥有的某产品的商标使用权，该商标产品单位市场售价为1 000元/台，比普通商标同类产品单位售价高100元/台，拟购买商标企业年生产能力100 000台，双方商定商标使用许可期为3年，被许可方按使用该商标的产品年销售利润的30%作为商标特许权使用费，每年支付一次，3年支付完价款。被许可方的正常销售利润率为10%，折现率按10%计算。要求：根据上述条件计算该商标使用权的价格。

三、综合题

1. 某企业为了整体资产转让，需进行评估。经预测，该企业未来5年净利润分别为100万元、110万元、120万元、150万元、160万元，从第6年起，每年收益处于稳定状态，即每年均为160万元。该企业一直没有负债，其有形资产只有货币资金和固定资产，且其评估值分别为100万元和500万元。该企业有一项可确指无形资产，即一项尚有5年剩余经济寿命的非专利技术，借助该技术产品每件可获超额净利润10元。目前，该企业每年生产产品8万件。经综合生产能力和市场分析预测，在未来5年，每年可生产10万件，经预测折现率和资本化率均为6%。试评估该企业的商誉价值。

2. 由于产品结构调整，甲企业准备将其饮料生产的专有配方转让给A公司。根据双方协商，该专有技术的收益期限为4年，且按销售收入的4%分成。评估人员经测算，未来4年饮料的销售分别是80吨、90吨、95吨、95吨，每吨售价10万元。根据技术所属行业和市场情况，评估人员确定的风险报酬率为6%，企业适用的所得税率为25%，银行存款利率为4%。

要求：请帮助评估人员计算确定：

(1)专有技术的折现率；

(2)专有技术各年的净收益；

(3)专有技术的评估价值(计算结果以万元为单位,小数点后保留两位)。

★★★ 实训操作 ★★★

【实训项目】

无形资产评估。

【实训学时】

1学时。

【实训内容】

无形资产评估的基本程序及评估方法的应用。

【实训目的】

掌握不同的评估方法在无形资产中的应用,并加以区别。

【实训反思】

1. 掌握无形资产以及无形资产评估的特点。
2. 掌握无形资产评估的基本程序以及评估过程的不同阶段应注意的问题。
3. 掌握无形资产评估的收益法的思路、适用范围和应用。
4. 掌握专利权和非专利技术、商标权、商誉的评估方法与过程。

项目七　长期投资性资产评估

知识目标

理解：长期投资性资产的概念、长期投资性资产评估的特点及程序。

熟知：其他长期投资和递延资产的评估。

掌握：债券投资评估和股票投资评估的方法及应用。

能力目标

学生在掌握长期投资性资产评估基本理论方法的基础上，能够学会用合理的方法对债券、股票进行评估，并灵活地运用各种方法。

素质目标

通过本项目的学习，加强对长期投资性资产评估的认识，能够用适当的方法评估债券、股票的价值。

情境引入

被评估企业大华公司拥有A公司面值共90万元的非上市股票，从持股期间来看，每年股利分派相当于票面值的10%。评估人员通过调查了解到A公司只把税后利润的80%用于股利分配，另外20%用于公司扩大再生产。公司有很强的发展后劲，公司的股本利润率能保持在15%的水平上，折现率设定为12%。试运用红利增长模型评估被评估企业拥有的A公司股票。

上述提到的只是一项长期投资性资产中的一个评估案例。那么，什么是长期投资性资产？债券投资和股票投资的评估方法有哪些？通过本项目的学习，你将得到解答。

任务一　长期投资性资产评估概述

一、长期投资性资产的概念

《国际会计准则第25号》指出："投资是指企业为了通过分配（如利息、使用费、股利和租金等）增加财富，为了资本增值，或者为了给投资企业带来诸如通过贸易关系所能获得的其他利益而持有资产。"

长期投资性资产是指不准备随时变现、持有时间超过1年以上的投资性资产。长期投资性资产按其投资的性质，可分为长期股权性投资（股票）、持有至到期投资（债券）和混合性投资（优先股、可转换公司债）。长期股权性投资是指为了获取其他企业的权益或净资产所进行的投资，如对其他企业的股票投资、为了获取其他企业股权的联营投资。持有至到期投资是指企业的长期债权，如购买其他企业的债券、购买国库券、购买金融债券等。混合性投资是兼有股权和债权双重性质的投资，如购买优先股股票、购买可转换公司债券等。

二、长期投资性资产的分类

（一）按长期投资性资产的性质分类

长期投资性资产按投资的性质，可以分为权益性投资、债权性投资和混合性投资。

(1)权益性投资，是指为了获取其他企业的权益或净资产而进行的投资，如对其他企业的股票投资、联营投资等。

(2)债权性投资，是指为了取得债权而进行的投资，如购买国库券、公司债券等。

(3)混合性投资，这种投资通常兼有权益性投资和债权性投资的性质，如企业购买优先股股票、购买可转换公司债券等。

（二）按长期投资性资产的形式分类

长期投资性资产按投资的形式，可以分为实物资产投资、无形资产投资和证券资产投资。

(1)实物资产投资，主要包括投资方以厂房、机器设备、材料等作为资本金的投资。

(2)无形资产投资，是指企业以专利权、专有技术、土地使用权等作为资本金进行的投资。

(3)证券资产投资，是指通过证券市场购买其他企业的股票和债券等进行的投资。

三、长期投资性资产评估的特点

长期投资性资产是以对其他企业享有的权益而存在的，所以长期投资性资产评估主要是对长期投资性资产所代表的权益进行评估。它的特点主要有以下几点：

（一）长期投资性资产评估是对投资资本的评估

从长期投资中的股权投资来看，尽管出资可能是实物资产、无形资产或货币资金，但是，如果将这些资产作为长期投资投入到其他企业，相对于被投资者来讲，它们将不再被当作实物资产、无形资产或货币资金来看待，而是被作为资本来看待，发挥资本的作用。从这点来讲，对长期投资的评估实际上是对资本的评估。

（二）长期投资性资产评估是对被投资企业获利能力的评估

长期投资性资产中的长期股权性投资是投资者不准备随时变现、持有时间超过 1 年的对外投资，其根本目的是为了获取投资收益和实现投资增值。因此，被投资企业的获利能力就成为长期股权投资评估的决定因素。

（三）长期投资性资产评估是对被投资企业偿债能力的评估

由于长期投资性资产中的持有至到期投资到期要收回本息，被投资企业偿债能力的大小直接影响着投资企业债权到期收回本息的可能性。因此，被投资企业的偿债能力就成为持有至到期投资评估的决定因素。

四、长期投资性资产评估的程序

长期投资性资产评估一般按以下程序进行：

首先，明确长期投资性资产项目的有关详细内容。如投资种类、原始投资额、评估基准日余额、投资收益计算方法和历史收益额，长期投资性资产占被投资企业实收资本的比例和所有者权益的比例，以及相关会计核算方法等。

其次，判断长期投资性资产投入和收回金额计算的正确性与合理性，判断被投资企业资产负债表的准确性。

再次，根据长期投资性资产的特点选择合适的评估方法。可上市交易的债券和股票一般采用现行市价法进行评估，按评估基准日的收盘价确定评估值；非上市交易及不能采用现行市价法评估的债券和股票一般采用收益现值法，根据综合因素选择适宜的折现率，确定评估值。

最后，评定测算长期投资性资产的价值，得出评估结论。根据长期投资性资产不同的种类，选择相应的评估方法，得出相应的评估结论并分析其合理性。

任务二 债券投资评估

一、债券的概念和特点

(一)债券的概念

债券是指政府、企业、银行等债务人为了筹集资金，按照法定程序发行的，并向债权人承诺于指定日期还本付息的有价证券。

(二)债券的特点

债券投资和股权投资相比，具有以下特点：

1. 投资风险小

与股权投资相比，债券投资的风险比较小，安全性较高。因为无论是政府、企业还是银行等发行债券主体，都对其进行了严格的规定，如政府发行的债券由国家财政担保；银行发行债券要以其信誉及实力作保证；企业发行债券也有严格的条件，企业实力及发展前景一般较好。而且即使债券发行者出现财务困难，或者出现企业破产，在破产清算时债券持有者也拥有优先受偿权，比股权投资的安全性高。

2. 收益稳定

债券的收益主要是由债券的面值和债券的票面利率决定的，对二者在发行时就进行了约定，以后不随市场的变化而变化。一般情况下，为了吸引投资，债券的票面利率比同期的银行存款利率高。所以，只要债券发行主体不发生较大的变故，债券的收益是比较稳定的。

3. 流动性强

我国目前发行的债券中，有相当部分是可流通债券，这种债券随时可以在证券市场上变现，变现能力较好，流动性较强。

二、债券投资的评估

债券作为有价证券的一种，从理论上讲，它的价格是收益现值的市场体现。当债券可以在市场上自由买卖、贴现时，债券的现行市价就是债券的评估值。当债券不能在市场上自由交易，其价格就需要通过一定的途径和方法进行评估。下面就按债券能否上市流通分别叙述。

(一)上市交易债券的评估

上市交易的债券是可以在市场上流通交易、自由买卖的债券，一般用现行市价法进行评估，按照评估基准日的收盘价确定评估值。如果在特殊情况下市场价格严重扭曲，不能代表实际价格，就应该按非上市债券进行评估。

采用现行市价法进行评估，应在评估报告中说明所用评估方法和结论与评估基准日的关系，并申明该评估结果应随市场价格变化而予以调整。

市场法下债券评估值的计算公式如下：

债券评估价值＝债券数量×评估基准日债券的市价(收盘价)

【例7—1】 评估公司对某企业的持有至到期投资进行评估，该持有至到期投资是5年期的国库券1 000张，每张面值100元，年利率为8%。该债券已上市交易，评估基准日的收盘价为120元/张。评估人员经分析调查认为该价格比较合理，则：

持有至到期投资价值＝1 000×120＝120 000(元)

(二)非上市交易债券的评估

根据债券付息方式的不同，分为到期一次性还本付息债券和分次付息、到期一次性还本债券，评估时要采用不同的方法计算。

1. 到期一次性还本付息债券的评估

到期一次性还本付息债券是指平时不支付利息，到期后连本带利一次性返还的债券。该类债券评估值的计算可以采用下列公式：

$$P=F/(1+r)^n$$

公式中，P 表示债券的评估值，F 表示债券到期时本利和，r 表示折现率，n 表示从评估基准日到债券到期日的时间间隔(以年或月为单位)。

债券到期本利和的计算要分单利计息和复利计息两种情况。

(1)债券本利和 F 用单利计算，其计算公式为：

$$F=A\times(1+m\times i)$$

(2)债券本利和 F 用复利计算，其计算公式为：

$$F=A\times(1+i)^m$$

公式中，A 表示债券面值，i 表示债券利率，m 表示计息期限。

【例7—2】 评估人员对某企业持有的作为可供出售金融资产入账的东丰化工厂发行的4年期债券进行价值评估。该债券是一次性还本的债券100 000元，年利率8%，不计复利，评估时债券持有已满3年，当时的国库券利率为5%。评估人员经对东丰化工厂调查了解，认为该债券投资风险不大，取2%作为风险报酬率。国库券的利率作为无风险报酬率，折现率定为7%。则债券的评估值为：

$$F=A\times(1+m\times i)=100\ 000\times(1+4\times 8\%)=132\ 000(\text{元})$$

$$P=F/(1+r)^n=\frac{13\ 200}{1+7\%}=123\ 364.49(\text{元})$$

2. 分次付息、到期一次性还本债券的评估

$$P=\sum_{t=1}^{n}\frac{R_t}{(1+r)^t}+\frac{A}{(1+r)^n}$$

公式中，P 表示债券的评估值，t 表示评估基准日距收到利息日期限，n 表示评估基准日距到期还本日期限，R_t 表示债券第 t 年的预期利息收益，r 表示折现率，A 表示债券面值。

【例7—3】 承【例7—2】，若该债券每年付一次利息，则债券的评估值为：

$$P=\sum_{t=1}^{n}\frac{R_t}{(1+r)^t}+\frac{A}{(1+r)^n}=\frac{100\ 000\times 8\%}{1+7\%}+\frac{100\ 000}{1+7\%}$$

$$=7\ 476.64+93\ 457.94$$

$$=100\ 934.58(\text{元})$$

任务三　股票投资评估

一、股票投资的评估

(一)股票投资的概念、股票的种类和价格形式

1. 股票投资的概念

股票投资是指企业通过购买等方式取得被投资企业的股票而实现的投资行为。股票是由股份公司发行的,用以证明投资者股东身份及权益,并据以获得股息和红利的有价证券。股票表明股东与公司的约定关系,它其实是一种特殊的信用工具,所以股票投资虽然收益较高,但风险也大,如果被投资企业破产,投资人可能血本无归。

2. 股票的种类

股票的种类有很多种,按不同的分类标准,有以下几类:按股票有无票面金额,分为有面值股票和无面值股票;按票面是否记名,分为记名股票和非记名股票;按股票所得权益的不同,分为普通股和优先股;按股票是否上市,分为上市股票和非上市股票。

3. 股票的价格形式

股票的价格有很多种表现形式,包括:

(1)票面价格,是股份有限公司在发行股票时标明的每股股票的票面金额。

(2)发行价格,是指股份有限公司在发行股票时的出售价格,一般同一股票只能有一种发行价格。

(3)账面价格,是指股东持有的每一股股票在公司账面上所表现出来的净值。

(4)清算价格,是指公司清算时,每股股票所代表的真实价格。它是公司净资产与公司股票总数的比值。

(5)内在价值,是指一种理论价值或模拟市场价值。它是根据评估人员对股票未来收益的预测经过折现后得到的股票价格。股票的内在价值主要取决于公司的经营状况和发展前景等因素。

(6)市场价格,是指股票在证券市场上买卖的价格。在市场比较完善的情况下,股票的市场价格基本上能反映其内在价值;但在市场发育不健全的情况下,股票的市场价格与其内在价值会部分脱离。

在以上几种股票价格中,与股票的价值评估有密切联系的是股票的清算价格、内在价值、市场价格,而另外三种价格与评估的联系并不大。

(二)上市股票投资的评估

上市股票是企业公开发行的、可以在证券交易所上市、自由交易的股票。

正常交易的股票随时都有市场价格。对上市股票的评估,在正常情况下一般可以采用现行市价法,按照评估基准日的收盘价确定评估值。所谓正常情况,是指股市发育正常,股票自由交易,没有非法炒作现象,这样市场价格就可以代表评估时点股票价值;否则,市场价格就不能作为评估的依据,而应与非上市股票相同,以股票的内在价值为依据,通过股票发行企业的经营业绩、财务状况及获利能力,综合判断股票内在价值。另外,以控股为目的持有的上市公司股票,一般采用收益现值法进行评估。

上市股票评估值=股票股数×评估基准日该股票市场收盘价

【例 7—4】 评估人员对某企业持有的作为可供出售金融资产入账的东丰化工厂发行的、并已上市的 10 000 股股票进行价值评估，评估基准日股票收盘价为 16 元。则：

$$股票评估值=10\ 000\times 16=160\ 000(元)$$

依据市场价格得出的评估值，应在评估报告中说明所用方法，并申明该评估结果应随市场价格变化而予以调整。

（三）非上市股票的评估

非上市交易的股票，一般采用收益现值法评估，即综合分析股票发行主体的经营状况及风险、历史利润水平和分红情况、行业收益等因素，合理预测股票投资的未来收益，并选择合理的折现率确定评估值。

非上市股票按股东权利的不同，可分为普通股和优先股。普通股是在股东权利上没有任何限制的标准性股票，它没有固定的股利，完全取决于企业的经营状况和盈利水平；优先股是在股利分配和剩余财产分配上优先于普通股的股票。优先股的股利是固定的，一般情况下，要按事先确定的股利率支付股利，这一点与债券很相似。二者的区别是：债券的利息是在所得税前支付，而优先股的股利是在所得税后支付。所以，普通股的投资风险要大于优先股。

1. 普通股的评估

普通股是在股东权利上没有任何限制的标准性股票，它没有固定的股利，完全取决于企业的经营状况和盈利水平。

对非上市普通股的评估，主要是预测普通股的预期收益并折算到评估基准日，所以最重要的是确定普通股的预期收益和折现率。为此，要对股票发行企业有一个客观、全面、准确的了解与分析。具体包括：第一，股票发行企业的经营历史，包括盈利水平、收益分配情况等；第二，股票发行企业的发展前景，包括资产负债结构状况、资产质量、创利能力、市场竞争力、管理人员素质和创新能力等；第三，股票发行企业所在行业和宏观经济的现状、前景、经营风险，这有助于折现率的确定；第四，股票发行企业的股利分配政策。

股票发行企业的股利分配政策通常划分为固定红利型、红利增长型和分段型三种，股利分配政策直接影响着被评估股票的价值，不同类型的分配政策的具体评估方法也不相同。

（1）固定红利模型。该模型是假定股票发行企业每年分配的股利是固定的，并且在今后也能保持原有水平。在这种假设前提下，普通股股票评估值的计算公式为：

$$P=R/i$$

公式中，P 表示股票的评估值；R 表示股票下一年的红利额；i 表示折现率。

【例 7—5】 被评估企业拥有非上市普通股 20 000 股，每股面值 1 元。在持股期间，每年红利一直很稳定，收益率保持在 20% 左右。经评估人员了解分析，股票发行企业经营比较稳定，管理人员素质及能力较强，对今后收益预测，保持 15% 的红利收益是有把握的。对折现率的确定，评估人员根据发行企业行业特点及宏观经济情况，确定无风险利率为 8%（国库券利率），风险利率为 4%。则折现率为 12%。根据上述资料，计算非上市股票评估值为：

$$P=R/i=20\ 000\times 1\times 15\%/12\%=25\ 000(元)$$

（2）红利增长模型。该模型适用于成长型企业股票评估。成长型企业发展潜力大，收益逐步提高。该模型的假设条件是发行企业并未将剩余收益分配给股东，而是追加投资扩大再生产，因此，红利呈增长趋势。在这种假设前提下，普通股股票评估值的计算公式为：

$$P=\frac{R}{r-g}$$

公式中，P 表示股票的评估值，R 表示股票未来收益额，r 表示折现率，g 表示股利增长率。

股利增长率 g 的计算方法：一是历史数据分析法，它是在对历年红利分析的基础上，利用统计学方法计算出的历史平均增长速度，以此确定股利增长率；二是发展趋势分析法，主要依据发行企业股利分配政策，以企业剩余收益中用于再投资的比率与企业净资产利润率相乘确定股利增长率。

【例 7—6】 某企业进行评估，其拥有非上市普通股股票 30 万股，每股面值 1 元，持有股票期间，每年股票收益率均在 15%左右。据调查了解，股票发行单位每年以净利润的 60%发放股利，其他 40%用于追加投资。根据评估人员对企业经营状况的调查分析，认为该行业具有发展前途，该企业具有进一步发展的潜力。经发展趋势分析，认为其将保持每年 3%的发展速度，净资产利润率将保持在 18%的水平上，无风险报酬率为 10%（国库券利率），风险报酬率为 4%。则该股票评估值为：

$$P=\frac{R}{r-g}=\frac{300\ 000\times1\times15\%}{10\%+4\%-40\%\times15\%}=5\ 625\ 000(\text{元})$$

(3)分段模型。前两种模型一种是股利固定，另一种是增长率固定，过于模式化，很难适用所有的股票评估。针对实际情况，采用分段模型就比较客观。其计算方法是，第一段为能客观预测的股票收益期间或股票发行企业某一经营周期；第二段是以不易预测收益的时间为起点，将两段收益现值相加，得出评估值。实际计算时，第一段以预测收益直接折现，第二段可以采用固定红利模型或红利增长模型，收益额采用趋势分析法或客观假定。

【例 7—7】 某公司进行评估，其拥有另一股份公司非上市普通股股票 20 万股，每股面值 1 元。在持有期间，每年股利收益率均在 15%左右。评估人员对该股份公司进行调查分析，认为前 3 年保持 15%收益率是有把握的；第 4 年将进行技术改造，可使收益率提高 5 个百分点，并将持续下去。评估时国库券利率为 10%，因为该股份公司是公用事业企业，所以风险利率确定为 2%，折现率为 10%。则该股票评估值为：

$$\begin{aligned}P&=\text{前 3 年折现值}+\text{第 4 年起折现值}\\&=\frac{200\ 000\times1\times15\%}{12\%}\times\left[1-\frac{1}{(1+12\%)^3}\right]+\frac{200\ 000\times1\times20\%}{12\%(1+12\%)^3}=309\ 315(\text{元})\end{aligned}$$

2. 优先股的评估

在正常情况下，优先股在发行时就已规定了股息率。评估优先股主要是判断股票发行主体是否有足够税后利润用于优先股的股息分配。这种判断是建立在对股票发行企业的全面了解和分析的基础上，包括股票发行企业生产经营情况、利润实现情况、股本构成中优先股所占的比重、股息率的高低以及股票发行企业负债情况等。如果股票发行企业资本构成合理、实现利润可观、具有很强的支付能力，那么优先股就基本上具备了“准企业债券”的性质，优先股的评估就变得不复杂了。评估人员可以事先确定的股息率，计算出优先股的年收益额，然后进行折现或资本化处理，即可得出评估值。其计算公式为：

$$P=\sum_{t=1}^{\infty}\left[\frac{R_t}{(1+r)^t}\right]=\frac{A}{r}$$

公式中，P 表示优先股的评估值，R_t 表示第 t 年的优先股收益，r 表示折现率，A 表示优先股的年等额股息收益。

【例 7—8】 甲企业拥有乙企业 1 000 股优先股，每股面值 100 元，股息率为年息 17%。

评估时,国库券利率为10%。评估人员在对乙企业进行调查过程中,了解到乙企业的资本构成不尽合理,负债率较高,可能会对优先股股息的分配产生消极影响。因此,评估人员对甲企业拥有的乙企业的优先股票的风险报酬率定为5%,加上无风险报酬率10%,该优先股的折现率(资本化率)为15%。根据上述数据,该优先股评估值如下:

$$P=\frac{A}{i}=\frac{1\ 000\times 100\times 17\%}{15\%}=113\ 333(\text{元})$$

如果非上市优先股有上市的可能,持有人又有转售的意向,这类优先股可参照下列公式评估:

$$P=\sum_{t=1}^{n}\left[\frac{R_t}{(1+r)^t}\right]+\frac{F}{(1+i)^n}$$

公式中,F 表示优先股的预期变现价格,n 表示优先股的持有年限,其他变量的概念同前。

二、股权投资的评估

股权投资是投资主体以现金、实物资产或无形资产等直接投入到被投资企业,取得被投资企业的股权,投资方不仅享有收益分配权,同时享有对经营管理的一定参与权,乃至控制权。投资双方的权利和义务,特别是投资方投资收益的分配形式和投资本金的处理方式都是由投资协议明确规定的。

股权投资按投资期限可分为有限期股权投资和无限期股权投资两大类。

(一)有限期股权投资的评估

有限期股权投资,一般在有关协议、合同或章程中,规定了投资期限。在投资期限内,投资方按投资收益的分配方式获取收益、分担风险;投资期满,按协议约定的方式处理所投入的本金。

对有限期股权投资的评估,要了解具体投资形式、收益获取方式及投资期满后投入资产的处置方式,用收益法进行评估。

1. 投资收益的分配形式

比较常见的分配形式有:①按投资方投资额占被投资企业实收资本的比例,参与被投资企业净利润的分配;②按被投资企业销售收入或利润的一定比例提成;③按投资方出资额的一定比例支付资金使用报酬等。

2. 投资期满时投入资本的处理方式

比较常见的方式有:①按投资时的作价金额以现金返还;②返还实际投入资产;③按期满时的实投资产的变现价格或续用价格作价以现金返还。

3. 评估方法

对于有限期股权投资的评估,一般采用收益法,其计算公式为:

$$P=\sum_{t=1}^{n}\left[\frac{R_t}{(1+r)^t}\right]+\frac{M}{(1+i)^n}$$

公式中,P 表示股权投资的评估值,R_i 表示第 i 年的投资收益,M 表示收回的投资额,r 表示折现率,n 表示投资期限。

【例7—9】　甲企业以10万元的现金、20万元的厂房向乙企业投资,占乙企业总资本的20%,协议约定投资期10年,按投资比例分配利润,期满时返还厂房,房屋年折旧率为5%,估计厂房收回时的价值为10.5万元。目前,乙企业生产已经稳定,有把握每年实现利润30万元，经分析，折现率定为15%。则甲企业长期股权投资的评估值为：

$$P=300\ 000\times 20\%\times(P/A,15\%,8)+\frac{105\ 000}{(1+15\%)^{8}}=303\ 562.5(\text{元})$$

(二)无限期股权投资的评估

无限期股权投资是指没有约定投资期限的股权投资。对这类投资的评估，就是对投资者在被投资企业的股权价值的评估，其股权价值的高低，取决于被投资企业的净资产余额和获利能力。

对于无限期股权投资，可以按非控股和控股两种类型分别处理：一是对于非控股的股权投资评估，基本上采用收益现值法，即根据历史上收益情况和被投资企业的未来经营情况及风险，预测未来收益，再用适当折现率折算为现值得出评估值。二是控股型股权投资的评估，对于控股的股权投资，应对被投资企业进行整体评估，将通过整体评估确定的企业价值按照投资方股权份额计算该投资的评估值。整体评估以收益法为主，对被投资企业整体评估，基准日与投资方的评估基准日相同。

【例7—10】 甲企业以600万元厂房向乙企业投资，占乙公司股权份额为70%。现对甲企业的这笔长期股权投资进行评估。由于对乙公司的投资占控股地位，所以评估人员先对乙公司进行了整体评估，评估值为6 000万元。则甲企业股权投资的评估值为：

股权投资的评估值＝6 000×70%＝4 200(万元)

任务四　其他长期投资性资产和递延资产的评估

一、其他长期投资性资产的评估

其他长期投资性资产是指不能包括在流动资产、长期股权投资、持有至到期投资、固定资产、无形资产等内的资产，主要包括具有长期性质的待摊费用和其他长期资产。

其他长期投资性资产评估，首先需了解具体投资形式、收益获取方式和投资额占被投资单位资本的比重，再根据不同情况进行评估。对于合同、协议明确约定了投资报酬的长期投资，可将按规定获得的收益折为现值作为评估值。对到期收回资产的实物投资，可按约定或预测的收益折为现值再加上到期收回资产价值的现值计算评估值。对于不是直接获取资金收入，而是取得某种权利或其他间接经济利益的，可尝试测算相应的经济收益折现计算评估值，或根据剩余的权利或利益所对应的重置价值确定评估值。明显没有经济利益、也不能形成任何经济权利的，应按零值计算评估值。

对控股的长期投资，应对被投资企业进行整体评估，评估人员到现场实地核查其资产和负债，全面进行评估。评估方法以收益现值法为主，特殊情况下也可以单独采用加和法或现行市价法。

对于非控股的长期投资，一般应采用收益现值法进行评估，即根据历史上的投资收益情况和被投资企业的未来经营情况及风险，预测长期投资的未来收益，再用适当折现率折算为现值得出评估值。在未来收益难以确定的情况下，也可以采用重置成本法进行评估，即通过对被投资企业进行整体评估，确定净资产数额，再根据投资方应占的份额确定长期投资的评估值。如果该项投资发生时间不长，被投资企业资产账实基本相符，则可根据核实后的被投资企业资产负债表上净资产数额，按投资方应占的份额确定评估值。

二、递延资产的评估

递延资产在会计核算上是指不能全部计入当年损益、应在以后年度内分期摊销的各项费用，包括开办费、经营性租入固定资产的改良支出及其他递延资产（如固定资产大修理费）等。递延资产本质上是一种费用，这些费用的效益要期待于将来实现，而且这些费用支出的金额较大。递延资产一般没有物质实体，因而也不能单独对外交易转让，只有当企业发生整体产权变动时，才可能涉及递延资产的评估。递延资产的发生形成了某些新的资产或权利，其中对于评估目的实现后仍然存在的部分资产和权利就是评估对象的，这部分尚存资产和权利的价值就是评估值。

在评估递延资产时，要了解其合法性、合理性、真实性和准确性，了解费用支出和摊余情况，了解形成的新资产和权利及尚存情况。递延资产评估价值要根据评估目的实现后还存在的、且与其他评估对象没有重复的资产和权利的价值确定。按此原则，对于尚存资产或权利的价值难以准确计算的某些预付性质和性质特殊的开办费、租入固定资产的改良支出等，可按其账面余额计算评估值；对于没有尚存资产或权利对应的递延资产不计算评估值；对于在其他类型资产中已计算过的，也不计算评估值，如固定资产的大修理支出，其对固定资产成新率的影响已在固定资产评估价值中得到体现，因此不能重复评估。由于递延资产涉及的期限较长，有时会涉及货币的时间价值问题，对此一般取决于新的产权主体在未来受益时间的长短，并结合递延资产的内容、市场行情的变化情况等具体处理。

★★★ 应知考核 ★★★

一、单项选择题

1. 股票的内在价值属于股票的（　　）。

A. 账面价值　　B. 理论价格　　C. 无面额价值　　D. 发行价格

2. A 评估公司对某企业的长期债权投资进行评估，长期债权投资账面余额为 115 万元（购买债券 11 500 张，面值为 100 元/张），年利率为 12%，期限为 5 年，已上市交易。在评估前，该债券未计提减值准备。根据市场调查，评估基准日的开盘价为 155 元/张，收盘价为 165 元/张。则该长期债权的评估价值为（　　）元。

A. 1 782 500　　B. 1 150 000　　C. 1 840 000　　D. 1 897 500

3. 上市公司股票的清算价格是（　　）。

A. 资产总额与总股数的比值　　B. 资产总额与流通股数的比值

C. 净资产与总股数的比值　　D. 净资产与上市流通股数的比值

4. 被评估债券为非上市企业债券，期限为 3 年期，年利率为 17%，计息按单利计算，按年付息到期还本，面值 100 元，共 1 000 张。评估时债券购入已满 1 年，第 1 年利息已经支付，若折现率为 10%，该被估企业债券的评估值最接近于（　　）元。

A. 112 159　　B. 117 000　　C. 134 000　　D. 115 470

5. 固定红利模型是评估人员对被评估股票（　　）。

A. 预期收益的一种假设　　B. 预期收益的客观认定

C. 历史收益的一种客观认定　　D. 预期收益的一种估计

6. 对到期一次性还本付息债券的评估，其评估的标的是（　　）。

A. 债券本金　　B. 债券本金加利息　　C. 债券利息　　D. 债券本金减利息

7. 股票的内在价值是由(　　)决定的。

A. 股票的净资产额　　B. 股票的总资产额

C. 股票未来收益折现值　　D. 股票的利润总额

8. 从资产评估的角度来说，在股市发育不健全、交易不规范的情况下，股票的评估值应以股票的(　　)为基本依据。

A. 市场价格　　B. 发行价格　　C. 内在价值　　D. 票面价格

9. 下列融资工具按风险由小到大排列，正确的排列顺序是(　　)。

A. 股票、国家债券、金融债券、企业债券　　B. 国家债券、金融债券、企业债券、股票

C. 企业债券、股票、国家债券、金融债券　　D. 股票、企业债券、金融债券、国家债券

10. 被评估债券为4年期一次性还本付息债券10 000元，年利率18%，不计复利，评估时债券的购入时间已满3年，当年的国库券利率为10%，评估人员通过对债券发行企业了解，认为应该考虑2%的风险报酬率，则该被评估债券的评估值最有可能是(　　)元。

A. 15 400　　B. 17 200　　C. 11 800　　D. 15 338

二、多项选择题

1. 非上市债券的评估类型可分为(　　)。

A. 固定红利模型　　B. 红利增长模型

C. 每年支付利息、到期还本型　　D. 到期一次性还本付息型

2. 按股票持有人享有的权利和承担责任的角度，股票可分为(　　)。

A. 无面额股票　　B. 面额股票　　C. 优先股　　D. 普通股

3. 债权投资与股权投资相比较，其具有(　　)特点。

A. 收益相对稳定　　B. 收益相对较高

C. 具有较强的流动性　　D. 投资风险较小、安全性较强

4. 非上市普通股票评估的类型有(　　)。

A. 到期一次还本型　B. 红利增长型　　C. 固定红利型　　D. 分段型

5. 股票的价值评估通常与股票的(　　)有较密切的联系。

A. 发行价格　　B. 内在价值　　C. 清算价格　　D. 市场价格

6. 下列(　　)因素会影响到债券的评估价值。

A. 票面价值　　B. 票面利率　　C. 折现率　　D. 付息方式

7. 债券评估时的风险报酬率高低与(　　)有关。

A. 投资者的竞争能力　　B. 发行者的竞争能力

C. 投资者的财务状况　　D. 发行者的竞争状况

8. 债券具有(　　)的特点。

A. 流动性强　　B. 安全性　　C. 盈利性　　D. 投资风险小

9. 上市债券的评估类型可以分为(　　)。

A. 固定红利模型　　B. 红利增长模型

C. 每年支付利息、到期还本型　　D. 到期后一次还本型

10. 股票评估与股票的(　　)有关。

A. 内在价值　　B. 账面价值　　C. 市场价值　　D. 清算价格

三、判断题

1. 债券评估是对投资企业偿债能力的评估。（　）

2. 在市场利率高于票面利率时，债券的发行价格大于其面值。（　）

3. 由于优先股在分配公司盈利、剩余财产权等方面有优先权，所以一般来说，其收益要高于普通股。（　）

4. 收益法是评估非上市股票和债券的主要评估方法。（　）

5. 如果不考虑影响股价的其他因素，零成长股票的价值与市场利率成反比，与预期股利成正比。（　）

6. 上市交易的证券可按现行市价法以其在评估基准日证券市场的中间价确定评估值。（　）

7. 某股票的未来股利不变，当股票市价低于股票价值时，则预期报酬率高于投资人要求的最低报酬率。（　）

8. 投资者要求的报酬率是进行股票评价的重要标准，而市场利率由于其无风险性，所以可作为投资者要求的报酬率。（　）

9. 债券的评估价值取决于债券的面值、债券的预期收益、债券的持有年限。（　）

10. 递延资产评估价值要根据评估目的实现后还存在的、且与其他评估对象没有重复的资产和权利的价值确定。（　）

四、思考与讨论

1. 简述长期投资性资产评估的特点。

2. 简述长期投资性资产评估的程序。

3. 简述上市交易债券评估和非上市交易债券评估的区别。

4. 简述上市股票评估和非上市股票评估的区别。

5. 简述有限期股权投资评估和无限期股权投资评估的区别。

五、主要概念

长期投资性资产　债券　股票投资　股权投资　其他长期性资产　递延资产

★★★ 应会考核 ★★★

一、案例题

甲企业持有乙企业发行的优先股 200 股，每股面值 500 元，股息率为 12%。当前的国库券市场利率为 8%，乙企业的风险报酬率为 2%。甲企业打算 3 年后将这些优先股出售，预计出售时市场利率将上升 2 个百分点。

案例思考

试评估该批优先股的价值。

二、专业技能题

1. 被评估债券为 2012 年发行，面值 100 元，年利率为 10%，3 年期。2014 年评估时，债券市场上同种同期债券交易价，面值为 100 元的交易价为 110 元。试问该债券的评估值应为多少？

2. 被评估债券为 4 年期一次性还本付息债券 10 000 元，年利率 18%，不计复利，评估时债券的购入时间已满 3 年，当年的国库券利率为 10%，评估人员通过对债券发行企业了解认为应该考虑 2%的风险报酬率。试评估该债券的评估值。

3. 假设被评估企业拥有 C 公司的非上市普通股 10 000 股，每股面值 1 元。在持有期间，每年的收益率一直保持在 20%左右。经评估人员了解分析，股票发行企业经营比较稳定，管理人员素质高、管理能力强。在预测该公司以后的收益能力时，按稳健的估计，今后若干年内，其最低的收益率仍然可以保持在 16%左右。评估人员根据该企业的行业特点及当时宏观经济运行情况，确定无风险报酬率为 4%(国库券利率)，风险报酬率为 4%，则确定的折现率为 8%。根据上述资料，计算评估值。

4. 某评估公司受托对 D 企业进行资产评估。D 企业拥有某非上市公司的普通股股票 20 万股，每股面值 1 元，在持有股票期间，每年股票收益率(每股股利/每股面值)在 12%左右。股票发行企业每年以净利润的 60%用于发放股利，其余 40%用于追加投资。根据评估人员对企业经营状况的调查分析，认为该行业具有发展前途，该企业具有较强的发展潜力。经过分析后认为，股票发行企业至少可保持 3%的发展速度，净资产收益率将保持在 16%的水平，无风险报酬率为 4%，风险报酬率为 4%，则确定的折现率为 8%。计算该股票评估值。

三、综合题

评估机构于 2015 年 1 月 1 日对某公司进行评估，该公司拥有甲企业发行的非上市普通股票 100 万股，每股面值 1 元。经调查，由于甲企业产品老化，评估基准日以前的几年内，该股票的收益率每年都在前一年的基础上下降 2%，2014 年度的收益率为 10%，如果甲企业没有新产品投放市场，预计该股票的收益率仍将保持每年在前一年的基础上下降 2%。已知甲企业正在研制一种新产品，预计 2 年后新产品即可投放市场，并从投产当年起可使收益率提高并保持在 15%左右，而且从投产后第 3 年起，甲企业将以净利润的 75%发放股利，其余的 25%用于企业追加投资，净资产利润率将保持在 20%的水平。假设折现率为 15%。

要求：计算被评估公司所持甲企业股票 2015 年 1 月 1 日的评估值。

★★★ 实训操作 ★★★

【实训项目】

长期投资性资产的评估。

【实训学时】

1 学时。

【实训内容】

长期投资性资产评估的基本程序及评估方法的应用。

【实训目的】

掌握不同的评估方法在长期投资性资产中的应用，并加以区别。

【实训反思】

1. 掌握长期投资性资产以及长期投资性资产评估的特点。
2. 掌握长期投资性资产评估的基本程序。
3. 掌握股票投资的评估、债券投资的评估、股票投资评估的应用。

项目八　流动资产评估

知识目标

理解:流动资产的概念及特点、流动资产评估的特点。

熟知:其他流动资产的评估。

掌握:实物类流动资产的评估。

能力目标

学生在掌握流动性资产评估基本方法理论的基础上,能够学会用合理的方法对实物类、其他流动资产进行评估,并灵活地运用各种方法。

素质目标

通过本项目的学习,加强对流动资产评估的认识,能够用适当的方法评估各类流动资产的价值。

情境引入

星海公司产成品实有数量80台,每台实际成本为94元,该产品的材料费与工资、其他费用的比例为70∶30。根据目前有关资料,得出材料费用综合调整系数为1.20,工资、其他费用综合调整系数为1.08。该产品的评估值应为多少?

上述提到的只是一项流动资产的评估案例。那么,什么是流动资产?流动资产如何进行分类?企业如何进行流动资产评估?通过本项目的学习,你将得到解答。

任务一　流动资产评估概述

一、流动资产的概念、类型和特点

(一)流动资产的概念

流动资产是指企业在生产经营活动中,可以在1年或超过1年的一个经营周期内变现或者耗用的资产。它是企业资产的重要组成部分,在企业资产评估中占有着重要的地位。

(二)流动资产的类型

流动资产有多种分类方法,在实际评估工作中,一般将流动资产分为以下3种类型:

1. 实物类流动资产

实物类流动资产是指企业在生产经营过程中为销售或耗用而储备的具有实物形态的资产,主要包括各种材料、在产品、半成品、低值易耗品、包装物等。实物类流动资产评估是流动资产评估的重要内容。

2. 货币类流动资产

货币类流动资产是指现金和各项存款等具有现金等价物性质的流动资产，主要包括现金、银行存款和短期内准备变现的短期投资。

3. 债权类流动资产

债权类流动资产是指没有一定的实物形态的具有债权性质的流动资产，主要包括各种应收款项、预付款项、待摊费用等。

（三）流动资产的特点

与固定资产相比，流动资产的特点主要表现在以下几个方面：

1. 周转速度快

周转速度快是流动资产最主要的特点，流动资产在使用中只经历一个生产经营周期就改变其实物形态，并将其全部价值转移到所形成的产品中去，构成成本费用的一个组成部分，然后从营业收入中得到补偿。判断一项资产是否是流动资产，关键看其周转情况。

2. 变现能力强

变现能力强是流动资产的一个显著的特点。各种形态的流动资产都可以在较短的时间内出售或变卖，具有较强的变现能力，是企业对外支付和偿还债务的物质基础。当然，不同形态的流动资产，其变现速度是有区别的，按变现能力强弱排序，首先是货币资产，其次是短期投资，然后是较易变现的应收账款，最后是存货。

3. 形态多样性

流动资产存在的形态呈现多样性的特点。不同行业流动资产的存在形态千差万别，即使在同一行业的不同部门，流动资产的存在形态也有很大的差别。但总的来说，流动资产总是处于储备形态、生产形态、成品形态、货币资金形态及结算资金形态。流动资产按其存在形态，可以归结为四种类型：货币类流动资产，包括现金、各项存款及短期投资等；债权类流动资产，包括各种应收款项、预付款项；实物类流动资产，包括各种材料、产成品、在产品、商品等；其他流动资产。

二、流动资产评估的特点

（一）流动资产评估是单项评估

流动资产评估是以单项资产为评估对象，根据其自身的特点进行评估，不需要以其综合获利能力进行综合价值评估。

（二）流动资产评估要合理确定评估基准日

资产评估是确定资产在某一时点上的价值，而流动资产由于其流动性，使得不同形态的流动资产随时都在变化，不可能人为地停止流动资产的运转。因此，流动资产评估对时点的要求比较严格，所选评估基准日应尽可能在会计期末，或尽可能与资产评估结论利用的时间相一致，并在规定的时间进行盘点和清查，确定流动资产的数量和账面价值，防止重复和遗漏。

（三）评估要分清主次，遵循重要性原则

在流动资产评估之前必须认真进行资产清查，这直接影响着评估质量的好坏。由于流动资产往往数量较大、种类较多，清查工作量很大，因此，需要同时考虑评估的时间要求和评估成本。流动资产评估往往需要根据不同企业的生产经营特点和流动资产分布的特点，对其分清主次轻重，选择不同的方法进行清查和评估。清查采用的方法可以是抽查、重点清查和全面盘点。当在抽查核实中发现原始资料或清查盘点工作可靠性较差时，要扩大抽查范围，直至核查全部流动资产。

（四）流动资产的账面价值基本上可以反映其现值

由于流动资产周转速度快、变现能力强，无需考虑资产的功能性贬值因素（资产的实体性损耗的计算也只适用于低值易耗品、包装物以及滞留、积压物资的评估），在价格变化不大的情况下，资产的账面价值基本上可以反映流动资产的现值。因此，在特定的情况下，对流动资产较适合采用历史成本法评估。这就必然会使流动资产的评估对企业会计核算资料的依赖性比较强。

任务二　实物类流动资产的评估

实物类流动资产主要包括各种材料、在产品、产成品和低值易耗品。

一、材料的评估

（一）材料评估的内容

企业中的材料按其存放地点，可以分为库存材料和在用材料。在用材料在生产过程中已经形成产品或半成品，不再作为单独的材料存在，因此这里所说的材料评估是对库存材料的评估。库存材料包括各种主要材料、辅助材料、燃料、修理用备件、包装物等。

（二）库存材料的评估

对库存材料进行评估时，可以根据材料购进情况的不同选择合适的评估方法。

1. 近期购进库存材料的评估

近期购进库存材料的库存时间较短，在市场价格变化不大的情况下，其账面价值与现行市价基本接近，评估时可以采用市场法或成本法，这两种评估方法得出的评估结果相差不大。

【例 8—1】　被评估企业中 A 材料系两个月前从外地购进，材料明细账的记载为：数量 6 000千克，单价 500 元/千克，运杂费为 600 元。根据材料消耗的原始记录和清查盘点，评估时库存尚有 1 000 千克。根据以上资料，可以确定材料的评估值为：

$$材料评估值=1\ 000\times500+600\times\frac{1\ 000}{6\ 000}=500\ 100（元）$$

2. 购进批次间隔时间长、价格变化较大的库存材料的评估

这种库存材料的评估可以采用以下两种方法：一种是以最接近市场价格的那批材料的价格作为评估的计价基础；另一种是直接以评估基准日的市场价格作为评估的计价基础。

【例 8—2】　要对被评估企业的库存 B 材料进行评估，评估基准日为 2014 年 12 月 31 日。该材料分两批购进，第一批购进时间为 2013 年 1 月，购进 1 500 吨，单价为 450 元/吨，第二批购进时间为 2014 年 11 月，购进 2 000 吨，单价为 300 元/吨。截至评估基准日，2013 年购入的还剩 100 吨，2014 年购入的还没有使用。因此，尚需评估的材料数量为 2 100 吨，应按照现行的市场价格 300 元/吨计算评估值如下：

$$材料评估值=300\times(100+2\ 000)=630\ 000（元）$$

3. 购进时间较早，市场上已脱销，没有现行市价的库存材料的评估

这类库存材料无法直接从市场上找到它的现行价格，只能采用其他方法来确定：通过寻找替代品的价格变动资料来修正该材料的价格；通过分析该材料在市场上的供需情况的变化来修正该材料的价格；通过市场上同类材料的平均物价指数来修正该材料的价格。

4. 滞留材料价值的评估

滞留材料是指企业从库存材料中清理出来需要进行处理的材料。这部分材料由于长期积压或保管不善等问题导致使用价值下降。对这类材料的评估，首先是对其数量和质量进行核查与鉴定，然后区别不同情况进行评估。

5. 盘盈、盘亏材料的评估

对此，分别进行盘盈和盘亏处理：一是盘盈材料的评估。因为盘盈材料并没有历史成本资料，应采用现行市价法或重置成本法进行评估。二是盘亏材料的评估。盘亏材料并无实物，不存在评估的问题，应直接从待估材料申报中剔除。

二、在产品的评估

企业的在产品包括产品生产过程中尚未加工完毕的在制品和已加工完毕但不能单独对外销售的半成品。在此，外购的半成品视同材料评估，可直接对外销售的自制半成品视同产成品评估。由于在产品的数量不太容易核查清楚，而且对其进行评估还需要估计其完工程度，所以对在产品的评估应结合其特点，采用成本法或市场法。

(一)成本法

成本法是指根据清查核实、技术鉴定和质量检测的结果，按评估时的相关市场价格及费用水平重置同等级在产品所需要的合理的料、工、费来确定在产品的评估值。成本法中的具体方法有以下三种：

1. 价格变动系数调整法

价格变动系数调整法是指以产成品实际发生的成本为基础，根据评估基准日的市场价格变动情况进行调整，得出产成品的重置成本的方法。这种方法主要适用于生产经营正常、会计核算水平较高的企业。

用价格变动系数调整法对产成品进行评估：一是对被评估在产品进行技术鉴定，将不合格在产品的成本从总成本中剔除；二是分析原来成本的构成，将不合理的费用从总成本中剔除；三是分析构成在产品的材料从开始生产到评估基准日的价格变动情况，测算出价格变动系数；四是分析在产品中的工资、燃料、动力及制造费用等从开始生产到评估基准日的变动情况，测算出调整系数；五是根据原始成本的构成和组成部分的调整系数进行调整，确定评估值。计算公式如下：

在产品的评估值＝原合理材料成本×(1＋价格变动系数)＋原合理工资和费用×(1＋合理工资和费用变动系数)

公式中，工资虽为直接费用，但在实际计算中较难确定，所以把它和费用等合并作为费用来计算。

2. 社会平均消耗定额和现行市价法

这种方法是指按照重置同类资产的社会平均成本来确定被评估资产的价值。在用此方法之前，先要掌握以下几点：被评估在产品的完工程度、被评估在产品有关工序的工艺定额、被评估在产品耗用材料的近期市场价格、被评估在产品的合理工时费用标准。

此方法的基本计算公式如下：

在产品的评估值＝在产品实有数量×(该工序单件材料工艺定额×单位材料现行市价＋该工序单件工时定额×正常工资费用)

对于工艺定额的选取，首先考虑行业统一标准，没有行业统一标准的，按照企业的现行标准。

【例 8—3】 某企业处于某一生产阶段的在产品 300 件，已知每件的铝材消耗 50 千克，每千克市场单价 5 元；在产品累计单位工时定额 20 小时，每定额小时的燃料和动力费用定额 0.45 元、工资及附加费定额 10 元、车间经费定额 2 元，企业管理费用定额 4 元，该在产品不存在变现风险。则该在产品的评估值计算如下：

原材料成本＝300×50×5＝75 000(元)

工资成本＝300×20×10＝60 000(元)

费用成本＝300×20×(2＋4)＝36 000(元)

燃料和动力成本＝300×20×0.45＝2 700(元)

该在产品评估值＝75 000＋60 000＋36 000＋2 700＝173 700(元)

(3)约当产量法

约当产量法是指将在产品的数量，按其完工程度折算为相当于完工产品的数量(即约当产量)，然后根据产成品的重置成本和约当产量计算在产品评估值的方法。其计算公式为：

在产品评估值＝产成品重置成本×在产品约当产量

在产品约当产量＝在产品数量×在产品完工程度

其中，在产品的完工程度有多种确定方法，可以根据已完成工序(工时)与全部工序(工时)的比例来确定，也可根据生产完成时间与生产周期的比例来确定。

【例 8—4】 某工厂在评估时，有在产品 20 件，材料随生产过程陆续投入。已知这批在产品的材料投入量为 75%，完工程度为 60%。该产品的单位定额成本为：材料定额 3 800 元、工资定额为 400 元、费用定额为 620 元。现确定该批在产品的评估值如下：

在产品材料约当产量＝20×75%＝15(件)

在产品工资、费用约当产量＝20×60%＝12(件)

在产品评估值＝15×3 800＋12×(400＋620)＝69 240(元)

(二)市场法

市场法是用同类在产品的市场销售价格，扣除销售过程中预计发生的费用后，确定在产品评估值的方法。这种方法适用于因产品下线，在产品不能进一步加工，只能对外销售情况的评估。一般来说，在产品的通用性强，能用于产品配件更换或用于维修等情况，其评估价值也较高；若在产品属于很难通过市场出售或调剂出去的专用配件等，则只能按废料回收价格进行评估。其基本计算公式如下：

在产品评估值＝在产品数量×市场可接受的不含税价格－预计销售过程中发生的税费

报废在产品的评估值＝可回收废料的数量×废料的单位现行回收价格

三、产成品的评估

产成品包括企业已经完工入库和已经完工并经过质量检验、但尚未办理入库手续的产成品和商品流通企业的库存商品。产成品可以直接对外销售，依据其变现的可能和市场接受的价格，通常可采用成本法和市场法进行评估。

(一)成本法

用成本法进行评估，主要根据生产、制造该项产成品全过程中发生的成本费用来确定产成品评估值。具体可分为以下两种情况进行：

1. 评估基准日与产成品完工时间较接近，且物价变动不大时

这时可以直接按产成品账面成本确定。其计算公式为：

产成品评估值＝产成品数量×产成品账面单位成本

2. 评估基准日与产成品完工时间相距较长，成本费用变化较大时

这时的产成品评估值可按下面两种方法进行：

产成品评估值＝产成品实有数量×(合理材料工艺定额×材料单位现行价格＋合理工时定额×单位工时合理工资及费用开支)

产成品评估值＝产成品实际成本×(材料成本比率×材料综合调整系数＋工资费用成本比率×工资费用综合调整系数)

【例 8—5】 某企业评估时产成品实有数量为 100 台，每台实际成本 500 元。根据会计核算资料，该产品生产成本中材料与工资、其他费用的比例为 3∶2。根据目前价格变动情况和其他相关资料，确定材料综合调整系数为 1.20，工资、费用综合调整系数为 1.10，由此可以确定该产品评估值为：

产成品评估值＝100×500×(60%×1.2＋40%×1.1)＝58 000(元)

(二)市场法

市场法是指按不含税的可接受市场价格，扣除相关费用后确定产成品评估价值的方法。在应用市场法时应注意以下几点：

首先，产成品的使用价值。评估人员要对产品本身的技术水平和内在质量进行鉴定，明确产品的使用价值及技术等级，进而确定合理的市场价格。

其次，分析产品的市场供求关系和被评估产品的前景。这样有利于产品的合理市场价格的确定。

再次，市场价格的选择应以公开市场上形成的产品近期交易价格为准，非正常交易情况下的交易价格不能作为评估的依据。

最后，对于产成品的实体性损耗，如表面的残缺等可以根据其损坏程度，确定适当的调整系数来进行调整。

采用市场法进行评估时，市场价格中包含了成本、税金、利润因素，对这部分利润和税金的处理应视产成品评估的不同目的和评估性质而定。如果产成品的评估是为了销售，应直接以现行的市场价格作为评估值，不需要考虑销售费用和税金的问题；如果产成品的评估是为了投资等，这时税金要流出企业，销售费用也可得到补偿，应从市价中扣除各种税金作为产成品的评估值。

【例 8—6】 生产的产品，评估基准日的账面价值为 392 500.54 元，评估中，根据厂方提供的年度会计报表及评估人员的清查得知，评估基准日该产品的库存数量为 50 000 件，单位成本 50 元/件，出厂价 60 元/件(含增值税)，该产品的销售费用率为 3%，销售税金及附加占销售收入的 2%，利润率为 15%，该厂的增值税税率为 17%。计算过程如下：

产品的评估值＝50 000×(60/1.17)×(1－3%－2%－15%)
＝50 000×51.28×0.8
＝2 051 200(元)

四、低值易耗品的评估

(一)低值易耗品评估的内容

低值易耗品是指虽不构成固定资产，但能多次使用而基本保持其实物形态的劳动资料。一方面，低值易耗品能多次使用并基本保持其实物形态，在使用过程中需要进行维修，报废时

也有一定的残值，这与固定资产相类似；另一方面，因为低值易耗品的价值较低，常作为材料进行管理。可见，低值易耗品是一种特殊的劳动资料。不同行业对固定资产和低值易耗品的划分标准是不完全相同的，在评估过程中，判断劳动资料是否是低值易耗品，应视其在企业中的作用来定。

（二）低值易耗品的评估方法

1. 在库低值易耗品的评估

在库低值易耗品的评估可以根据具体情况，采用与库存材料评估相同的方法。库存材料评估的方法前面已进行了介绍，这里不再赘述。

2. 在用低值易耗品的评估

在用低值易耗品的评估，可以采用成本法进行评估。其计算公式为：

在用低值易耗品评估值＝全新低值易耗品的成本价值×成新率

全新低值易耗品的成本价值可按以下方法进行确定：在物价变动很小的情况下，直接采用低值易耗品的账面价值；在物价变动较大的情况下，可直接用评估基准日的市场价格，还可以用账面价值乘以物价变动指数来确定。

由于低值易耗品的使用期限比较短，一般不考虑其功能性损耗和经济性损耗。在确定成新率时，应根据其实际损耗确定，一般不能按照其摊销方法（一次摊销或分次摊销）确定。成新率的计算公式为：

成新率＝（1－实际已使用月份/可使用月份）×100%

【例 8－7】 某企业的某项低值易耗品原价为 800 元，预计使用期限为 1 年，截至评估基准日已使用了 9 个月，该低值易耗品的现行市场价格为 1 000 元。则该项低值易耗品的评估值为：

低值易耗品的评估值＝1 000×（1－9/12）＝250（元）

任务三　其他流动资产的评估

其他流动资产的评估主要包括货币性资产、应收款项、待摊及预付款项的评估。

一、货币性资产的评估

货币性资产是指以货币形态存在的资产，包括现金、银行存款和短期内准备变现的短期投资。

（一）现金、银行存款的评估

资产评估主要是对非货币性资产而言，而货币性资产由于不会因时间的变化而发生差异，因此对于货币资金的评估，尤其是对现金、银行存款的评估，主要是对数额的清查确认。要对现金进行盘点，并与现金日记账和现金总账核对，实现账实相符；对银行存款要进行函证，核实其实有数额。评估时要以核实后的实有值作为评估值，如有外汇存款，应按评估基准日的国家外汇牌价折算成人民币计算。

（二）短期内准备变现的短期投资的评估

短期投资主要是企业为了利用正常营运中暂时多余的资金，购入一些可随时变现的有价证券。这样做可以在一定程度上提高资金的使用效益。对于在证券市场上公开交易的有价证券，可按评估基准日的收盘价计算确定评估值；对于不能公开交易的有价证券，可按其本金加持有期利息计算评估值。

二、应收款项的评估

应收款项主要包括应收账款、预付账款、应收票据等。由于预付账款也是企业的一项资产，这里与应收账款合并进行介绍。

(一)应收账款和预付账款的评估

应收账款和预付账款是指企业在经营过程中，由于赊销等原因形成的尚未收回的款项及根据合同规定预付给供货单位的货款等。由于应收账款存在回收风险，因此评估时需要判断估计坏账损失，然后确定应收账款的评估值。基本计算公式为：

应收账款评估值=评估时应收账款额-已确认坏账损失-预计坏账损失

1. 应收账款额的确定

对应收账款进行评估时，要进行清查核实，确定应收账款的数额。评估人员要进行账证核对、账表核对，还要尽可能地按客户名单发询证函，查明每项应收账款的发生时间、金额，债务人单位的基本情况等，为预计坏账损失提供依据。对机构内部独立核算单位间的往来账款要进行双向核对，以避免重记、漏记。

2. 已确认坏账损失的确认

已确认坏账损失是指在评估时可以确认不能收回的应收账款。按照我国有关规定符合下列条件之一的，应确认为坏账损失：

(1)债务人死亡，以其遗产清偿后仍无法收回的应收账款。

(2)债务人破产，以其破产财产清偿后仍无法收回的应收账款。

(3)债务人在较长时间内未履行其偿债义务，并有足够证据表明应收账款无法收回或收回的可能性极小。

对于已确认的坏账损失，在评估其价值时，必须从应收账款价值中扣除。

3. 预计坏账损失的确认

确定预计坏账损失，即判断应收账款回收的可能性。影响其回收可能性的因素主要有：业务往来的密切程度及依存关系；债务人的偿债能力及其信用；被评估单位的索债能力及相互拖欠的“三角债”等的影响等。

对预计坏账损失的估计方法主要有：

(1)坏账比例法。是指根据被评估企业评估前若干年(一般为3～5年)的实际坏账损失额和应收账款发生额确定坏账的发生比例，然后根据这一比例和全部应收账款的数额来确定其预计坏账损失。

坏账比例的计算公式为：

坏账比例=评估前若干年发生的坏账数额/评估前若干年应收账款余额

【例8-8】 对某企业的应收账款进行评估时，根据账面的记载，截至评估基准日应收账款的账面余额为500万元，前4年的应收账款发生情况及坏账损失情况如表8-1所示：

表8-1　　前4年的应收账款发生情况及坏账损失　　单位：万元

	应收账款余额	处理坏账金额
第1年	150	20
第2年	245	7.2

续表

	应收账款余额	处理坏账金额
第3年	250	12
第4年	355	10.8
合　计	1 000	50

计算前4年坏账比例为：

坏账比例＝(50/1 000)×100％＝5％

预计坏账损失额＝500×5％＝25(万元)

当然，如果企业的应收账款多年未清理，账面上找不到坏账的处理金额，这时坏账比例法就不适用了，要寻求其他的方法。

(2)账龄分析法。是指按应收账款拖欠时间的长短，分析应收账款预计可收回的金额及其产生坏账的可能性。应收账款能否顺利回收，与应收账款拖欠的时间长短有很大关系。一般来说，应收账款的账龄越长，产生坏账的可能性越大，可收回的金额就越低。因此，这种方法主要是将应收账款按账龄分类，对各类应收账款分别估计其坏账损失的可能性，从而估计坏账损失的金额。

【例8—9】 星海公司以2015年12月31日为评估基准日，经核实其应收账款的实有数额为35 000元。具体情况如表8—2所示：

表8—2　　**应收账款及坏账情况**　　单位：元

应收账款账龄	余　额	估计坏账损失率	坏账损失额
未到期	18 000	1％	180
过期1个月	10 000	3％	300
过期2个月	4 350	10％	435
过期3个月	1 000	20％	200
过期3个月以上	1 650	50％	825
合　计	35 000		1 940

应收账款评估值＝35 000－1 940＝33 060(元)

对应收账款评估以后，账面上的“坏账准备”科目按零值计。因为“坏账准备”科目是应收账款的备抵账户，其金额是按会计制度规定的一定比例计提的，而对应收账款进行评估时，是按照应收账款实际可收回的可能性进行的，这时已经考虑了坏账损失的因素，因此，应收账款评估值就不应再包括坏账准备数额。

预付账款评估可参照应收账款的评估方法进行。

(二)应收票据的评估

应收票据是由付款人或收款人签发的，由付款人承诺到期无条件付款的一种书面凭证。我国的应收票据主要指商业汇票。商业汇票既可以依法背书转让，也可以向银行申请贴现。应收票据按承兑人的不同分为商业承兑汇票和银行承兑汇票；按其是否带息，可分为带息商业汇票和不带息商业汇票。

应收票据的评估可采用下列两种方法进行：

1. 按票据的本利和计算

商业汇票有带息和不带息之分，对于不带息的商业汇票，其票面金额即为评估值；对于带息商业汇票的评估值，则是本金和利息的和。其计算公式为：

无息票据评估值＝票面金额

有息票据评估值＝票面金额×(1＋利息率×时间)

【例8－10】 星海公司拥有一张期限为1年的票据，票面金额为6万元，月利息率为10‰，截至评估基准日离付款期尚差3个月的时间，由此确定票据的评估值为：

评估值＝6×(1＋10‰×9)＝6.054(万元)

2. 按票据的贴现值计算

这种方法下应收票据的评估值，即为按评估基准日到银行贴现可获得的贴现额。其计算公式为：

应收票据评估值＝票据到期价值－贴现息

其中，不带息票据的到期价值为票据的面值；带息票据的到期价值则为票据到期时的本利和金额。

贴现息＝票据到期价值×贴现率×贴现期

【例8－11】 承【例8－10】的数据，假定银行的贴现率为月息12‰，则应收票据的评估值为：

贴现息＝6×(1＋10‰×12)×12‰×3＝0.24(万元)

应收票据评估值＝6×(1＋1％×12)－0.24＝6.48(万元)

三、待摊及预付款项的评估

(一)待摊费用的评估

待摊费用是指企业已经支付或发生，但是应由本月和以后各个月份负担的费用。待摊费用本身不是资产，它是已耗用资产的反映，但是它的支出可以形成一定形态的资产。所以，对待摊费用的评估，应按其形成的具体资产的价值来确定。

(二)预付款项的评估

预付费用是在评估日之前企业已经支出，但在评估日之后才能产生效益的特殊资产，如预付租金、预付保险费等。它是一种未来可取得服务的权利，所以预付费用的评估也就是对未来可取得服务的权利价值进行评估，其依据主要是未来可产生效益的时间。如果预付费用的效益已在评估日前全部体现，只因发生的数额过大而采取分期摊销的方法，这种预付费用不应在评估中作价，只有那些在评估日之后仍将发挥作用的预付费用，才是评估的真正对象。

【例8－12】 星海公司评估基准日为2015年6月30日，经核实发现评估基准日待摊和预付费用情况如下：预付1年的保险金60万元；尚待摊销的低值易耗品余额为15.9元；预付的房租为45万元，租期5年，尚有3年的使用权。评估过程如下：

(1)预付保险金的评估

根据保险金全年支付金额计算每月的分摊数额为：

分摊数额＝60/120＝0.5(万元)

保险金评估值＝6×0.5＝30(万元)

(2)低值易耗品的评估

低值易耗品根据实有数量和现行市场价格，确定其评估值为13万元。

(3)房屋租金的评估

按总租金数额和合约规定的租期计算得出每年的租金为9万元,房屋的租期还有3年。

房租评估值=9×3=27(万元)

该企业在评估基准日的待摊和预付费用的评估值=30+13+27=70(万元)

★★★ 应知考核 ★★★

一、单项选择题

1. 企业的应收账款评估值的一般计算公式为(　　)。

A. 应收账款账面值-已确定坏账损失-预计坏账损失

B. 应收账款账面值

C. 应收账款账面值-已确定坏账损失

D. 应收账款账面值-预计坏账损失

2. 与其他长期资产不同的是,评估流动资产时无需考虑资产的(　　)因素。

A. 功能性贬值　　B. 经济性贬值

C. 实体性贬值　　D. 功能性贬值和实体性贬值

3. 在采用市场法评估产成品及库存商品时,其中工业企业的产成品评估一般以(　　)为依据。

A. 卖出价　　B. 买入价　　C. 中间价　　D. 成本价

4. 对流动资产评估时,功能性贬值一般应(　　)。

A. 无须考虑　　B. 必须考虑　　C. 考虑一部分　　D. 各种贬值

5. 采用成本法对在用低值易耗品评估时,成新率的确定应依据(　　)。

A. 已使用月数　　B. 已摊销数额　　C. 实际损耗程度　　D. 尚未摊销数额

6. 企业中A材料为一个月前从外地购进,数量为5 000千克,单价为200元,当时付运杂费500元。评估时清查盘点尚有1 500千克A材料。则该材料评估值为(　　)元。

A. 30 000　　B. 300 150　　C. 300 500　　D. 以上都不对

7. 某低值易耗品原价700元,预计可使用1年,现已使用6个月。据调查,该低值易耗品的现行市价为1 100元。则其评估值为(　　)元。

A. 1 100　　B. 1 000　　C. 800　　D. 550

8. 一般来说,应收账款评估后,账面上的"坏账准备"科目应为(　　)。

A. 0　　B. 应收账款的3‰～5‰

C. 按账龄分析确定　　D. 评估确定的坏账数字

9. 某企业前三年发生的坏账损失分别为120万元、110万元、120万元;前三年的应收账款余额分别为2 000万元、2 200万元、2 200万元。则该企业的坏账比例为(　　)。

A. 5.00%　　B. 5.38%　　C. 5.47%　　D. 5.25%

10. 流动资产评估无需考虑功能性贬值是因为(　　)。

A. 周转速度快　　B. 流动性强　　C. 形态多样化　　D. 库存数量少

二、多项选择题

1. 产成品及库存商品的评估,一般可采用(　　)。

A. 年金法　　B. 成本法　　C. 市场法　　D. 分段法

2. 评估应收账款时，其坏账的确定方法是(　　)。

A. 坏账比例法　　B. 账龄分析法

C. 财务制度规定的3‰～5‰　　D. 账面分析法

3. 在产品的评估一般可以采用(　　)。

A. 成本法　　B. 市场法　　C. 收益法　　D. 清算价格法

4. 流动资产具有(　　)特点。

A. 周转速度快　　B. 变现能力强　　C. 形态多样化　　D. 占用数量固定

5. 适用于按债权类流动资产进行评估的具体内容包括(　　)。

A. 应收账款　　B. 预收账款　　C. 各项存款　　D. 待摊费用

6. 对流动资产评估无需考虑功能性贬值是因为(　　)。

A. 周转速度快　　B. 变现能力强　　C. 形态多样化　　D. 库存数量少

7. 关于流动资产的评估，下列说法中正确的有(　　)。

A. 实物类流动资产的评估方法通常采用市场法和成本法

B. 通常情况下，货币类流动资产以账面原值作为评估值最为合理

C. 债权类流动资产按可变现净值进行评估

D. 评估流动资产一般无需考虑资产的功能性贬值因素

8. 应列入流动资产评估范围的有(　　)。

A. 存放于其他企业委托加工的材料　　B. 企业中存放的外单位委托加工的材料

C. 存放于其他企业代保管的存货　　D. 存放于其他企业寄售的存货

9. 流动资产包括(　　)。

A. 现金　　B. 应收账款　　C. 股权性投资　　D. 在产品

10. 应收账款评估时，对预计坏账损失定量确定的方法主要有(　　)。

A. 坏账估计法　　B. 分类分析法　　C. 账龄分析法　　D. 计提坏账准备法

三、判断题

1. 流动资产是指企业在生产经营活动中，必须在1年内变现或耗用的资产。(　　)

2. 对流动资产评估要考虑其综合获利能力进行综合性价值评估。(　　)

3. 对近期购进的库存材料进行评估时，既可以采用成本法，也可以采用市场法。(　　)

4. 评估时采用的市场法主要适用于价格基本保持不变的某类存货。(　　)

5. 评估时采用的成本法主要适用于价格基本保持不变的某类存货。(　　)

6. 评估流动资产时一般无需考虑资产的功能性贬值因素。(　　)

7. 流动性资产由于其周转速度快、变现能力强、形态多样化等原因，一般不考虑其功能性贬值。(　　)

8. 由于流动资产的形态多样性，因此在资产评估时，应对其综合获利能力进行综合性的价值评估。(　　)

9. 对于商业企业的库存商品一般以可变现净值作为评估值。(　　)

10. 资产的实体性贬值的计算只适用于低值易耗品以及滞留、积压流动资产的评估，而在其他流动性资产中一般不计算。(　　)

四、思考与讨论

1. 流动资产评估有何特点？
2. 成本法对在用低值易耗品如何评估？
3. 应收账款的评估方法有哪些？
4. 简述坏账损失估计方法中的坏账比例法和账龄分析法。
5. 如何进行库存材料、在产品、产成品等实物类流动资产的评估？

五、主要概念

流动资产　滞留材料　价格变动系数调整法　低值易耗品　坏账比例法　账龄分析法　应收票据　待摊费用

★★★ 应会考核 ★★★

一、案例题

某评估公司对甲公司进行评估。在评估基准日，甲公司应收账款余额合计为 256 万元，坏账准备余额为 12.8 万元。应收账款总金额中包括未到期的应收账款 60 万元，1 年以上的应收账款 75 万元，2 年以上的应收账款 80 万元，3 年以上的应收账款 41 万元。根据相关资料分析，预计未到期的应收账款的坏账损失率为 2%，1 年以上的坏账损失率为 13%，2 年以上的坏账损失率为 18%，3 年以上的坏账损失率为 51%。

案例思考

要求：该应收账款的评估值为多少？

二、专业技能题

1. A 公司因销售货物，于 2014 年 2 月 5 日收到甲公司开出的一张带息商业汇票，面值为 120 万元，期限为 6 个月，票面利率为 8%，贴现率为 9%。2014 年 5 月 10 日，某评估公司接受委托对 A 公司进行评估(每月按 30 天算)。试估算该商业汇票的评估值。

2. 评估某企业化工类库存材料，经核实材料库存量为 100 吨，原始购入成本为 200 万元。根据进货情况，材料的平均库存期为 3 个月，经技术鉴定，其中的一种材料已全部报废，数量为 2.5 吨，购进单价为 2 万元，无回收价值。此外，根据该企业生产用该类材料的实际月耗量计算，库存的该材料有 25%为超额储存，这部分超储的材料比原材料多支付利息费用、占地租金费用及保管费用等平均每吨 400 元。根据有关权威部门公布的信息，该类材料每月价格上涨系数为 2%。试确定该类化工原料的评估值。

3. 评估某企业某项低值易耗品，原价 700 元，预计使用 1 年，现已使用 6 个月，会计账面上已摊销 300 元。经调查了解，该种低值易耗品全新状态的现行市价为 1 100 元。试估算该低值易耗品的评估值。

三、综合题

现有某企业的产成品、库存材料和低值易耗品资料如下：

(1)评估基准日前一个月从外地购进产成品材料 50 千克，单价 200 元，当时支付运杂费 500 元，根据原始记录和清查盘点，评估时库存材料尚存 15 千克。

(2)截至评估基准日,企业库存商品实有数 30 件,每件实际成本 200 元,该库存商品的材料费与工资、其他费用的比例为 80%和 20%。根据目前有关资料,材料费用的综合调整系数是 1.36,工资、其他费用的综合调整系数是 1.05。

(3)截至评估基准日,在用低值易耗品原价 1 300 元,预计使用 1 年,现已使用 4 个月,该低值易耗品现行市价 900 元。

根据以上资料,评估该企业的产成品、库存材料和低值易耗品的价值。

★★★ 实训操作 ★★★

【实训项目】

流动资产的评估。

【实训学时】

1 学时。

【实训内容】

实物类和其他流动资产的评估方法和应用。

【实训目的】

掌握不同的评估方法在实物类和其他流动资产中的应用,并加以区别。

【实训反思】

1. 掌握各类流动资产评估的特点及评估具体方法。

2. 掌握实物类流动资产中在产品的评估。

项目九　企业价值评估

知识目标

理解:企业、企业价值及企业价值评估的概念;企业价值评估的特点。

熟知:企业价值评估中一般范围和具体范围的界定;风险累加法、β 系数法、不同收益口径的选择方法、年金法、分段法。

掌握:企业价值评估收益法、市场法、成本法的应用条件和具体应用。

能力目标

学生在掌握企业价值评估方法的基础上,能够在具体的案例操作中,灵活地运用企业价值评估的基本方法,对企业价值进行科学、合理的估算。

素质目标

通过本项目的学习,学生能够加强对企业价值评估的基本认识,明确企业价值评估的基本概念和相关内容,为企业资产评估报告的编写打下基础。

情境引入

待估企业预计未来 5 年的预期收益为 100 万元、120 万元、150 万元、160 万元、200 万元,假定本金化率为 10%,试采用年金法估测企业的整体价值。另外,假定待估企业从未来第 6 年开始,企业的年收益率维持在 200 万元水平。试采用分段法估测企业整体价值。

上述提到的是企业价值的评估案例。那么,什么是企业价值评估?企业价值评估的方法有哪些?在企业价值评估中如何应用这些方法?通过本项目的学习,你将得到解答。

任务一　企业价值评估概述

一、企业的概念及其特点

(一)企业的概念

从资产评估和企业价值评估的角度看,企业是以盈利为目的,按照法律程序建立起来的经济实体;从形式上看,企业体现为在固定地点的相关资产的有序组合;从功能上和本质上看,企业是由构成它的各个要素资产围绕着一个系统目标,保持有机联系,发挥各自特定功能,共同构成一个有机的生产经营能力载体和获利能力载体,以及由此产生的相关权益的集合。而现代企业不仅是一个经营能力和获利能力的载体,以及由此产生的相关权益的集合,而且是按照法律程序建立起来的并接受法律法规约束的经济组织。

(二)企业的特点

1. 盈利性

企业作为一类特殊的资产，其存在的目的就是盈利。为了达到盈利的目的，企业需具备相应的功能。企业的功能是以企业的生产经营范围为依据，以其生产经营活动为主线，将若干要素资产有机组合起来形成的。

2. 合法性

企业首先是依法建立起来的经济组织，它的存在必须接受法律法规的约束。对企业的判断和界定必须首先从法律法规的角度，从合法性、产权状况等方面进行界定。

3. 整体性

构成企业的各个要素资产虽然各具不同性能，但它们是在服从特定系统目标前提下构成企业整体。也许构成企业的各个要素资产并非完整无缺，但它们可以综合在一起成为具有良好整体功能的资产综合体。从企业作为生产经营能力和获利能力载体的角度，企业具有整体性的特点。当然，即使构成企业的各个要素资产的个体功能良好，但如果它们之间的功能不匹配，它们组合而成的企业整体功能也未必很好。

4. 持续经营与环境适应性

企业要实现其盈利目的，就必须保持持续经营，在持续经营中不断地创造收入、降低成本。而企业要在持续经营中实现盈利目的，企业的要素资产不仅要有良好的匹配性和整体性，还必须能适应不断变化的外部环境及市场结构，适时地作出调整，包括生产经营方向、生产经营规模，即保持企业生产结构、产品结构与市场结构的协调。

5. 权益的可分性

虽然企业是由若干要素资产组成，但作为一个整体企业，从作为经营能力和获利能力载体的角度，企业的要素资产是不能随意拆分的。然而，与企业经营能力和获利能力载体相关的权益却是可分的。因此，企业的权益可划分为股东(投资者)全部权益和股东(投资者)部分权益。

二、企业价值的概念、表现形式和类型

(一)企业价值的概念

1. 企业的价值是企业的公允价值

这不仅是由企业作为资产评估的对象所决定的，而且是由对企业进行价值评估的目的所决定的。企业价值评估的主要目的是为企业产权交易提供服务，使交易双方对拟交易企业的价值有一个较为清晰的认识。所以，企业价值评估应建立在公允市场假设之上，其揭示的是企业的公允价值。

2. 企业价值基于企业的盈利能力

人们创立企业或收购企业的目的不在于获得企业本身具有的物质资产或企业生产的具体产品，而在于获得企业生产利润(现金流)的能力并从中受益。因此，企业之所以能够存在价值并且能够进行交易是由于其具有产生利润(现金流)的能力。

3. 资产评估中的企业价值有别于账面价值、公司市值

企业的账面价值是一个以历史成本为基础进行计量的会计概念，可以通过企业的资产负债表获得；公司市值是指上市公司全流通股股票的市场价格(市场价值之和)。在发达的资本市场上，由于信息相对充分，市场机制相对完善，公司市值与企业价值具有一致性。中国尚处在经济转型中，证券市场有待进一步规范、成熟，上市公司存在大量非流通股，因而不宜将公司流通股市值直接作为企业价值评估的依据。

（二）企业价值的表现形式

在资产评估实务中，企业价值可以进一步分为企业总资产价值、企业整体价值、企业投资资本价值、企业股东全部权益价值和企业股东部分权益价值。

1. 企业总资产价值

这是指企业流动资产价值加上固定资产价值、无形资产价值和其他资产价值之和。

2. 企业整体价值

这是指企业总资产价值（有形资产和无形资产的价值总和）减去企业负债中的非付息债务价值后的余值，或用企业所有者权益价值加上企业的全部付息债务价值表示。

3. 企业投资资本价值

这是指企业总资产价值减去企业流动负债价值后的余值，或用企业所有者权益价值加上企业的长期付息债务价值表示。

4. 企业股东全部权益价值

习惯上也称作企业的净资产价值，相当于企业的整体价值减去企业的所有债务价值。

5. 企业股东部分权益价值

这是企业一部分股权的价值，或股东全部权益价值的一部分。由于存在着控股权溢价和少数股权折价因素，股东部分权益价值并不必然等于股东全部权益价值与股权比例的乘积。在资产评估实务中，股东部分权益价值的评估通常是在取得股东全部权益价值后再来评定。同时，应当在评估报告中披露是否考虑了控股权和少数股权等因素产生的溢价或折价。

（三）企业价值的类型

从企业价值评估的目的、评估条件和委托方对评估报告使用的需求等对价值类型要求的角度，企业价值可分为市场价值和非市场价值两类。

1. 企业价值评估中的市场价值

从价值属性的角度，市场价值是指企业在评估基准日在公开市场上正常经营状态下最有可能实现的交换价值的估计值。

2. 企业价值评估中的非市场价值（市场价值以外的价值）

它是一系列不符合企业价值评估中的市场价值概念条件的价值形式的总称或组合，并不是一种具体的企业价值存在形式。非市场价值只适合价值类型分类使用，它并不直接出现在评估报告中。非市场价值又主要包括投资价值、持续经营价值、在用价值、保险价值和清算价值。

（1）投资价值，指企业对于具有明确投资目标的特定投资者或某一类投资者所具有的价值。

（2）持续经营价值，指被评估企业按照评估基准日的用途、经营方式、管理模式等继续经营下去所能实现的预期收益（现金流量）的折现值。

（3）在用价值，指作为企业组成部分的特定资产对其所属企业能够带来的价值，而并不考虑该资产的最佳用途或资产变现的情况。

（4）保险价值，指根据企业的保险合同或协议中规定的价值概念所确定的价值。

（5）清算价值，从性质上讲，是指企业处于清算、迫售、快速变现等非正常市场条件下所具有的价值，或假定企业处于清算、迫售、快速变现等非正常市场条件下所具有的价值。

对破产清算企业进行价值评估，实际上是对该企业的单项资产的变现价值之和进行判断与估计。

三、企业价值评估

(一)企业价值评估的概念

中国资产评估协会于2011年12月30日发布了《资产评估准则——企业价值》,并于2012年7月1日起施行。该准则规定:"企业价值评估,是指注册资产评估师对评估基准日特定目的下企业整体价值、股东全部权益价值或部分权益价值进行分析、估算并发表专业意见的行为和过程。"因此,企业价值评估是指由评估机构的专业人员,按照一定的目的,遵循客观经济规律,依据国家制定的规范与程序,运用科学的方法对企业整体价值、股东全部权益价值或部分权益价值进行评定和估算,并公正地发表评估意见的过程。

(二)企业价值评估的特点

企业价值评估具有以下特点:评估对象是由多个或多种单项资产组成的资产综合体;决定企业价值高低的因素,是企业的整体获利能力;企业价值评估是一种整体性评估。

四、企业价值评估的范围界定

评估的范围界定是任何一项资产评估必须做的工作。就绝大部分有形、可确指的单项资产评估而言,其评估范围的界定相对比较容易,而对于企业来讲,情况可能会复杂一些。企业评估的范围至少包括以下两个层次:其一是企业资产范围的界定;其二是企业有效资产的界定。我们把上述两个层次的评估范围称为企业价值评估的一般范围和企业价值评估的具体范围。

(一)企业价值评估的一般范围

企业价值评估的一般范围即企业的资产范围。从产权的角度界定,企业评估的范围应该是企业的全部资产。它包括企业产权主体自身占用及经营的部分,企业产权权力所能控制的部分,如全资子公司、控股子公司,以及非控股公司中的投资部分。在具体界定企业评估的资产范围时,应根据以下有关数据资料进行:①企业的资产评估申请报告及上级主管部门批复文件所规定的评估范围;②企业有关产权转让或产权变动的协议、合同、章程中规定的企业资产变动的范围;③涉及国有资产的企业评估,可参照其评估立项书中划定的范围。

(二)企业价值评估的具体范围

企业价值评估的具体范围,是指评估人员具体实施评估的资产范围,即有效资产范围。它是在评估的一般范围的基础上,经合理必要的重组后的评估范围。前面已经提到,企业的价值及其高低取决于企业的获利能力,而企业的获利能力是企业中有效资产共同作用的结果。将企业中的有效资产与非有效资产进行合理必要的划分,是进行企业价值评估的重要前提。

五、企业价值评估的程序

企业价值评估大致要经历明确评估基本事项、选择评估途径及其方法、搜集相关资料、运用评估技术分析判断企业价值、撰写企业价值评估报告。

(一)明确评估基本事项

根据企业、企业价值及企业价值评估的特点,评估人员在进行企业价值评估时,应当明确下列事项:委托方的基本情况;被评估企业的基本情况;评估目的;评估对象及其相关权益状况;价值类型及其概念;评估基准日;评估假设及限定条件。

(二)选择评估途径及其方法

评估人员进行企业价值评估时,应当根据评估目的、被评估企业的情况、评估时的限定条件和评估的价值类型以及预计可搜集到的信息资料和相关条件,分析收益途径及方法、市场途径及方法和成本途径及方法的适用性,恰当选择一种或多种资产评估途径和方法。

由于企业价值评估的特殊性和复杂性,一般情况下,不宜单独使用成本途径及其方法评估企业价值。因此,在评估途径及其方法选择过程中尽可能选择多种评估途径及其方法。如果确实受条件限制,只能选择成本途径及其方法,则应在企业价值评估报告中作出说明。

(三)搜集相关资料

评估人员在进行企业价值评估时,应当根据评估途径和方法等相关条件,搜集与被评估企业相关的信息资料。就一般情况而言,这些资料主要包括:企业性质、相关资产的权益状况等信息资料;企业经营历史、现状和发展前景资料;企业的财务资料,包括历史的、当前的和预期的;企业价值评估涉及的具体资产的详细情况资料;影响企业价值判断的国民经济情况和地区经济状况;被评估企业所在行业及相关行业的状况和发展前景;资本市场上与被评估企业相关的行业及企业的价格信息、可比财务数据等;被评估企业中具体资产的市场价格资料和技术资料;与企业价值评估有关的其他信息资料。

(四)运用评估技术分析判断企业价值

应根据评估目的对被评估企业在评估时点经营状况和面临的市场条件的影响,以及对企业价值评估结果的价值类型的影响,利用所选择的多种评估途径及其方法和所搜集到的信息资料,对影响企业价值的各种因素进行全面的分析,在充分分析的基础上,综合判定企业价值。

(五)撰写企业价值评估报告

评估人员在完成上述企业价值评估程序后,可根据评估项目的性质、评估过程以及委托方和相关当事人的要求,选择恰当的报告形式出具企业价值评估报告。同时,在评估报告中披露评估结果的价值类型和定义,在评估过程中是否考虑了控股权和少数股权等因素产生的溢价或折价,以及流动性对评估对象价值的影响。

六、企业价值评估在经济活动中的作用

企业价值评估是市场经济和现代企业制度相结合的产物。在发达国家经过长期发展,已形成多种模式的企业价值评估,并日趋成熟。目前我国正处于经济转型期,企业价值评估在对外开放和企业改革中的作用越来越突出。

(一)企业价值评估是利用资本市场实现产权转让的基础性专业服务

公司上市需要专业评估机构按照有关规定,制订合理的评估方案,运用科学的评估方法,评估企业的盈利能力及现金流量状况,对企业价值作出专业判断。与此同时,为企业的兼并和收购活动提供企业价值评估服务也已成为许多资产评估机构的核心业务之一。

由于战略性并购决策着眼于经济利益最大化,所以并购中对目标企业的价值评估非常重要。评估人员应在详细了解目标企业的情况,分析影响目标企业盈利能力和发展前景的基础上,评估目标企业的价值。

(二)企业价值评估在企业评价和管理中发挥着重要作用

以开发企业潜在价值为主要目的的价值管理正在成为当代企业管理的新潮流。管理人员的业绩越来越多地取决于他们在提高企业价值方面的贡献。企业价值管理强调对企业整体获利能力的分析和评估,通过制定和实施合适的发展战略及行动计划以保证企业的经营决策,有

利于增加企业股东的财富价值。

企业价值管理将使习惯于运用基于会计核算的财务数据的企业管理人员的工作发生重大变化，使其不再满足于要求财务数据反映企业的历史，而是运用企业价值评估的信息展望企业的未来，并形成和提高利用企业当前资产在未来创造财富的能力。

任务二 收益法在企业价值评估中的应用

一、收益途径及其方法评估企业价值的核心问题

（一）要对企业的收益予以界定

企业的收益能以多种形式出现，包括净利润、净现金流、息前净利润和息前净现金流。选择以何种形式的收益作为收益法中的企业收益，会直接影响对企业价值的最终判断。

（二）要对企业的收益进行合理的预测

要求评估人员对企业的将来收益进行精确预测是不可能的。由于企业收益的预测直接影响着对企业盈利能力的判断，是决定企业最终评估值的关键因素，所以，在评估中应全面考虑影响企业盈利能力的因素，客观、公正地对企业的收益作出合理的预测。

（三）在对企业的收益作出合理的预测后，要选择合适的折现率

合适的折现率的选择直接关系到对企业未来收益风险的判断。由于不确定因素的客观存在，对企业未来收益的风险进行判断至关重要。能否对企业未来收益的风险作出恰当的判断，从而选择合适的折现率，对企业的最终评估值具有较大影响。

二、收益途径中具体方法的说明

（一）企业永续经营假设前提下的具体方法

1. 年金法

年金法是评价企业价值的一种具体技术方法，适用于未来收益相对稳定、所在行业发展相对稳定的企业价值评估。其公式为：

$$P=A/r$$

公式中，P 表示企业评估价值，A 表示企业每年的年金收益，r 表示资本化率。

用于企业价值评估的年金法，是将已处于均衡状态、其未来收益具有充分的稳定性和可预测性的企业的收益进行年金化处理，然后再把已年金化的企业预期收益进行还原，估测企业的价值。因此，上式又可以写成：

$$P=\sum_{i=1}^{n}[R_i\times(1+r)^{-i}]\div\sum_{i=1}^{n}[(1+r)^{-i}]\div r$$

公式中，$\sum_{i=1}^{n}[R_i\times(1+r)^{-i}]$ 表示企业前 n 年预期收益折现值之和，$\sum_{i=1}^{n}[(1+r)^{-i}]$ 表示年金现值系数，r 表示资本化率。

【例 9—1】 待估企业预计未来 5 年的预期收益额分别为 100 万元、120 万元、110 万元、130 万元、120 万元，假定资本化率为 10%。试用年金法估测待估企业价值。

$$P=\sum_{i=1}^{n}[R_i\times(1+r)^{-i}]\div\sum_{i=1}^{n}[(1+r)^{-i}]\div r$$

$=(100\times0.909\,1+120\times0.826\,4+110\times0.751\,3+130\times0.683\,0+120\times0.620\,9)$
$\div(0.909\,1+0.826\,4+0.751\,3+0.683\,0+0.620\,9)\div10\%$
$=(91+99+83+89+75)\div3.7907\div10\%$
$=1\,153$(万元)

2. 分段法

分段法是将持续经营的企业的收益预测分为前后两段，其理由在于：

(1)在企业发展的前一个期间，企业处于不稳定状态，因此企业的收益是不稳定的；而在该期间之后，企业处于均衡状态，其收益是稳定的或按某种规律进行变化。

(2)对于前段企业的预期收益采取逐年预测，并折现累加的方法；而对于后段的企业预期收益，针对企业具体情况并按企业收益的变化规律，进行折现和还原处理。

(3)将企业前后两段收益现值加在一起便构成企业的收益现值。假设以前段最后一年的收益作为后段各年的年金收益，分段法的公式可写成：

$$P=\sum_{i=1}^{n}[R_i\times(1+r)^{-i}]+\frac{R_n}{r}\times(1+r)^{-n}$$

假设从$(n+1)$年起的后段，企业预期年收益将按固定比率(g)增长，则分段法的公式可写成：

$$P=\sum_{i=1}^{n}[R_i\times(1+r)^{-i}]+\frac{R_n(1+g)}{r-g}\times(1+r)^{-n}$$

【例 9－2】 待估企业预计未来 5 年的预期收益额分别为 100 万元、120 万元、150 万元、160 万元、200 万元，并根据企业的实际情况推断，从第 6 年开始，企业的年收益额将维持在 200 万元水平上，假定资本化率为 10%，使用分段法估测企业的价值。

$$P=\sum_{i=1}^{n}[R_i\times(1+r)^{-i}]+\frac{R_n}{r}\times(1+r)^{-n}$$
$=(100\times0.909\,1+120\times0.826\,4+150\times0.751\,3+160\times0.683+200\times0.620\,9)$
$+200/10\%\times0.620\,9$
$=536+2\,000\times0.620\,9$
$=1\,778$(万元)

【例 9－3】 承【例 9－2】，假如评估人员根据企业的实际情况推断，企业从第 6 年起，收益额将在第 5 年的水平上以 2% 的增长率保持增长，其他条件不变。试估测待估企业的价值。

$$P=\sum_{i=1}^{n}[R_i\times(1+r)^{-i}]+\frac{R_n(1+g)}{r-g}\times(1+r)^{-n}$$
$=(100\times0.909\,1+120\times0.826\,4+150\times0.751\,3+160\times0.683+200\times0.620\,9)$
$+200(1+2\%)\div(10\%-2\%)\times0.620\,9$
$=536+204\div8\%\times0.620\,9$
$=536+2\,550\times0.620\,9$
$=2\,119$(万元)

(二)企业有限持续经营假设前提下的具体方法

首先，关于企业有限持续经营假设的应用。对企业而言，它的价值在于其所具有的持续盈利能力。一般来说，对企业价值的评估应该在持续经营前提下进行。只有在特殊的情况下，才能在有限持续经营假设前提下对企业价值进行评估，如企业章程已对企业经营期限作出规定，而企业的所有者无意逾期继续经营企业,则可在该假设前提下对企业进行价值评估。评估人员在运用该假设对企业价值进行评估时,应对企业能否适用该假设作出合理判断。

其次,企业有限持续经营假设是从最有利于回收企业投资的角度,争取在不追加资本性投资的前提下,充分利用企业现有的资源,最大限度地获取投资收益,直至企业无法持续经营为止。

最后,对于有限持续经营假设前提下企业价值评估具体方法,其评估思路与分段法类似:将企业在可预期的经营期限内的收益加以估测并折现;将企业在经营期限后的残余资产的价值加以估测及折现;将两者相加。其数学表达式为:

$$P=\sum_{i=1}^{n}[R_i\times(1+r)^{-i}]+P_n\times(1+r)^{-n}$$

其中,P_n 为第 n 年企业资产的变现值,其他变量概念同前。

三、企业收益额及收益预测

(一)企业收益额

收益额是运用收益法评估整体企业的基本参数之一。在资产评估中,收益是根据投资回报的原理,得出的资产在正常情况下所能得到的归产权主体的所得额。在企业价值评估中,收益额具体是指企业在正常条件下获得的归企业所有的所得额。在企业价值评估过程中,从可操作的角度,评估人员大多采用会计学上的收益。会计学上的收益概念,是指来自企业期间交易已实现收入和相应费用之间的差额。

1. 企业收益的界定

从理论上讲,企业收益是指归企业所有的可支配净收入。而用于企业价值评估的企业收益既可以是理论上的企业收益,也可以是其他口径的企业收益,它的作用主要是尽可能准确、客观地反映企业的获利能力。

2. 收益额的口径

由于不同的投资主体在企业中的投资或权益在资产实物形态上是难以划分的,只有在明确了企业收益的边界和口径,以及不同边界和口径下的企业收益与企业价值评估结果的口径的对应关系的基础上,才能根据被评估企业的具体情况,采取切实可行的收益折现方案或资本化方案,实现企业价值评估目标。

那么,应当选择什么口径下的企业收益作为收益法评估企业价值的基础呢?

一方面,应服从企业价值评估的目的,即企业价值评估的目的是评估反映股东全部权益价值(企业所有者权益或净资产价值),还是反映企业所有者权益及长期债权人权益之和的投资资本价值,或企业整体价值。

另一方面,对企业收益口径的选择,应在不影响企业价值评估目的的前提下,选择最能客观反映企业正常盈利能力的收益额作为对企业进行价值评估的收益基础。对于某些企业,净现金流量(股权自由现金流量)就能客观地反映企业的获利能力,而另一些企业可能要采用息前净现金流量(企业自由现金流量)才更能反映企业的获利能力。如果企业评估的目标是企业的股东全部权益价值(净资产价值),使用净现金流量(股权自由现金流量)最为直接,即评估人员直接利用企业的净现金流量(股权自由现金流量)评估出企业的股东全部权益价值(净资产价值)。

究竟是采用企业的净现金流量(股权自由现金流量)直接估算出企业的股东全部权益价值

(净资产价值),还是采用迂回的方法,先估算出企业的整体价值或投资资本价值,再估算出企业的股东全部权益价值(净资产价值),取决于企业的净现金流量或企业的息前净现金流量哪一个更能客观地反映出企业的获利能力。

(二)企业收益预测

1. 对企业收益现状的分析和判断

对企业收益现状的分析和判断的着重点是了解与掌握企业在评估基准日的正常获利能力水平,为企业预期收益预测创造一个工作平台。

分析和判断一个企业的获利能力现状,可以通过一系列财务数据并结合对企业生产经营的实际情况加以综合分析判断。必要时,还应对企业以前年度的获利能力情况作出判断,以确定企业现时的正常获利能力。

可作为分析和判断企业获利能力参考依据的财务指标主要有:企业资金利润率、投资资本利润率、净资产利润率、成本利润率、销售收入利润率、企业资金收益率、投资资本收益率、净资产收益率、成本收益率、销售收入收益率等。

但应注意,评估人员不可以单凭上述企业的有关财务数据来断定企业现时的正常获利能力。要想较为客观地把握企业的正常获利能力,必须结合企业内部及外部的影响企业获利能力的各种因素进行综合分析。例如,企业产品或服务的市场需求、市场竞争力和市场份额。这些可以通过企业的生产经营能力的利用率与产销率等指标进行推测。当然,评估人员也要十分注意企业产品或服务的成长性,以便对企业的市场因素作出正确的判断。再如,企业资金融通渠道,能源、动力、原材料等的供给情况,企业的产品和技术开发能力,企业的经营管理水平和管理制度,企业存量资产的状况及匹配情况,还有国家的政策性因素等,只有结合企业内部和外部的具体条件来分析企业的财务指标,才有可能正确认识企业的获利能力。

2. 企业收益预测的基础

对用于衡量企业盈利能力的企业收益不仅存在不同形式及口径上的界定问题,还存在收益预测基础的问题。企业收益预测的基础存在以下两个方面的问题:

(1)企业收益预测的出发点。预期收益预测的出发点是企业的实际收益。企业在评估时点的实际收益是企业内部与外部各种因素共同作用的结果。在这些因素中,许多是属于一次性的或偶然性的因素。企业价值评估的预期收益的基础,应该是在正常的经营条件下,排除影响企业盈利能力的偶然因素和不可比因素之后的企业正常收益。

(2)客观把握新的产权主体的行为对企业预期收益的影响。企业的预期收益既是企业存量资产运作的函数,又是未来新产权主体经营管理的函数。评估人员对企业价值的判断,只能基于对企业存量资产运作的合理判断,而不能基于对新产权主体行为的估测。新产权主体的行为对企业预期收益的影响,不应成为预测企业预期收益的影响因素。

3. 企业收益预测的基本步骤

(1)评估基准日审计后企业收益的调整,包括两部分内容:

①对审计后的财务报表进行非正常因素调整,主要是对损益表和现金流量表的调整,将一次性、偶发性或以后不再发生的收入或费用进行剔除,把企业评估基准日的利润和现金流量调整到正常状态下的数量,为企业预期收益的趋势分析打好基础。

②研究审计后报表的附注和相关披露,对在相关报表中揭示的影响企业预期收益的非财务因素进行分析,并在该分析的基础上对企业的收益进行调整,使之能反映企业的正常盈利能力。

(2)对企业预期收益趋势的总体分析和判断。这是在对企业评估基准日审计后实际收益调整的基础上,结合企业提供的预期收益和评估机构调查搜集到的有关信息的资料进行的。

(3)对企业预期收益的预测。在一般情况下,对企业的收益预测分两个时间段:对于已步入稳定期的企业而言,收益预测的分段较为简单:一是对企业未来3～5年的收益预测;二是对企业未来3～5年后的各年收益预测。

对于仍处于发展期,其收益尚不稳定的企业而言,对其收益预测的分段应是首先判断出企业在何时步入稳定期,其收益呈现稳定性,然后将其步入稳定期的前一年作为收益预测分段的时点。

①企业未来3～5年的收益预测。这是在评估基准日调整的企业收益或企业历史收益的平均收益趋势的基础上,结合影响企业收益实现的主要因素未来预期变化的情况,采用适当的方法进行的。

企业收益预测表(见表9-1)是一张可供借鉴的收益预测表。如测算的收益层次和口径与本表有差异,可在本表的基础上进行适当的调整。如采用其他方式测算企业收益,评估人员可自行设计企业收益预测表。

表9-1　　对企业20××～20××年收益预测表　　单位:万元

年度 指标	20××年	20××年	20××年	20××年	20××年
一、营业收入					
减:营业成本					
营业税金及附加					
销售费用					
管理费用					
财务费用					
加:公允价值变动收益					
投资收益					
二、营业利润					
加:营业外收入					
减:营业外支出					
三、营业利润总额					
减:所得税					
四、净利润					
加:折旧和无形资产摊销					
减:追加资本性支出					
六、净现金流量					

②企业未来3～5年后的各年收益的预测。企业未来3～5年的预期收益测算可以通过一些具体的方法进行,而对于企业未来更久远年份的预期收益,则难以用具体的方法测算。可行

的方法是：在企业未来3～5年预算收益测算的基础上，从中找出企业收益变化的取向和趋势，并借助某些手段，诸如采用假设的方式把握企业未来长期收益的变化区间和趋势。

四、折现率的选择原则和测算

（一）企业评估中折现率的选择原则

1. 折现率不低于投资的机会成本

在存在着正常的资本市场和产权市场的条件下，任何一项投资的回报率不应低于该投资的机会成本。在现实生活中，政府发行的国库券利率和银行储蓄利率可以作为投资者进行其他投资的机会成本。由于国库券的发行主体是政府，几乎没有破产或无力偿付的可能，投资的安全系数大。银行虽大多属于商业银行，但我国的银行仍属于国家垄断或严格监控，其信誉也非常高，储蓄也是一种风险极小的投资。因此，国库券和银行储蓄利率可看成是其他投资的机会成本，相当于无风险投资报酬率。

2. 行业基准收益率不宜直接作为折现率，但行业平均收益率可作为确定折现率的重要参考指标

我国的行业基准收益率是基本建设投资管理部门为筛选建设项目，从拟建项目对国民经济的净贡献方面，按照行业统一制定的最低收益率标准。凡是投资收益率低于行业基准收益率的拟建项目不得上马，只有投资收益率高于行业基准收益率的拟建项目才有可能得到批准进行建设。行业基准收益率旨在反映拟建项目对国民经济净贡献的高低，包括拟建项目可能提供的税收收入和利润，而不是对投资者的净贡献。因此，不宜直接将其作为企业产权变动时价值评估的折现率。随着我国证券市场的发展，行业的平均收益率日益成为衡量行业平均盈利能力的重要指标，可作为确定折现率的重要参考指标。

3. 贴现率不宜直接作为折现率

贴现率是商业银行对未到期票据提前兑现所扣金额（贴现息）与期票票面金额的比率。贴现率虽然也是将未来值换算成现值的比率，但贴现率通常是银行根据市场利率和贴现票据的信誉程度来确定的。且票据贴现大多是短期的，并无固定周期。从本质上讲，贴现率接近于市场利率。而折现率是针对具体评估对象的风险而生成的期望投资报酬率。从内容上讲，折现率与贴现率并不一致，简单地把银行贴现率直接作为企业评估的折现率是不妥当的。

（二）折现率的测算

1. 累加法

累加法是采用无风险报酬率加风险报酬率的方式确定折现率或资本化率。其计算公式如下：

$$R=R_f+R_r$$

公式中，R 表示企业价值评估中的折现率；R_f 表示无风险报酬率；R_r 表示风险报酬率。

2. 资本资产定价模型

资本资产定价模型是用来测算权益资本折现率的一种工具。其计算公式如下：

$$R=R_g+(R_m-R_g)\times\beta\times\alpha$$

公式中，R 表示企业价值评估中的折现率；R_g 表示现行无风险报酬率；R_m 表示市场期望报酬率历史平均值；β 表示被评估企业所在行业权益系统风险系数；α 表示企业特定风险调整系数。

3. 加权平均资本成本模型

加权平均资本成本模型是以企业的所有者权益和企业负债所构成的全部资本，以及全部资本所需求的回报率，经加权平均计算来获得企业评估所需折现率的一种数学模型。

$$WACC=E/(D+E)\times K_e+D/(D+E)\times(1-T)\times K_d$$

公式中，E 表示权益的市场价值，D 表示债务的市场价值，K_e 表示权益资本要求的投资回报率(权益资本成本)，T 表示所得税率，K_d 表示债务资本要求的回报率(债务资本成本)。

有时也使用企业的所有者权益与长期负债所构成的投资资本，以及投资资本所要求的回报率，经加权平均获得企业价值评估所需折现率。用数学公式表示为：

$$企业评估的折现率=\frac{长期负债占投}{资资本的比重}\times\frac{长期负}{债成本}+\frac{所有者权益占}{投资资本的比重}\times\frac{净资产投资要求}{的回报率}$$

$$所有者权益(净资产)要求的回报率=无风险报酬率+风险报酬率$$

任务三　市场法在企业价值评估中的应用

一、市场法的评估思路

企业价值评估中的市场法，是指将评估对象与参考企业、在市场上已有交易案例的企业、股东权益、证券等权益性资产进行比较以确定评估对象价值的评估思路。

市场法中常用的两种方法是参考企业比较法和并购案例比较法。参考企业比较法是指通过对资本市场上与被评估企业处于同一或类似行业的上市公司的经营和财务数据进行分析，计算适当的价值比率或经济指标，然后在与被评估企业比较分析的基础上，得出评估对象价值的方法。并购案例比较法是指通过分析与被评估企业处于同一或类似行业的公司的买卖、收购及合并案例，获取并分析这些交易案例的数据资料，计算适当的价值比率或经济指标，然后在与被评估企业比较分析的基础上，得出评估对象价值的方法。

二、市场法的适用条件

使用市场法应具备以下四个前提条件：

(1)有一个充分发展、活跃的资本市场。

(2)在上述资本市场中存在着足够数量的与评估对象相同或相似的参考企业，或在资本市场上存在着足够的交易案例。

(3)能够收集并获得参考企业或交易案例的市场信息、财务信息及其他相关资料。

(4)可以确信依据的信息资料具有代表性和合理性，且在评估基准日是有效的。

三、市场法评估的基本步骤

(1)明确被评估企业的基本情况，包括评估对象的相关权益状况。

(2)恰当选择与被评估企业进行比较分析的参考企业。评估人员应选择与评估对象在同一行业或受同一经济因素影响的参考企业或交易案例，并且应确信所选择的参考企业与被评估企业具有可比性。

(3)对所选择的参考企业或交易案例的业务和财务情况进行分析，与评估对象的情况进行比较、分析并作必要的调整。根据评估项目的具体情况，评估人员可在适当的情况下考虑以下分析调整事项：调整被评估企业和参考企业财务报表的编制基础；调整不具有代表性的收入和支出，如非正常和偶然的收入与支出；调整非经营性资产、负债和溢余资产及与其相关的收入与支出；评估人员认为需要调整的其他事项。

(4)选择并计算合适的价值乘数，并根据以上工作结果对价值乘数进行必要的调整。评估人员在选择、计算、使用价值比率时，应当考虑以下事项：选择的价值比率应当有利于合理确定评估对象的价值；用于计算价值比率的参考企业或交易案例数据应当适当和可靠；用于计算价值比率的相关数据口径和计算方式应当一致；被评估企业和参考企业或交易案例相关数据的计算方式应当一致；合理将参考企业或交易案例的价值比率应用于被评估企业。

(5)将价值比率运用到与评估对象相对应的财务数据上，并考虑适当的调整，得出初步评估结果；对缺乏流动性折扣、控制权溢价等事项，评估人员应进行必要的分析并考虑在评估报告中作出适当披露。

(6)根据被评估企业特点，对不同价值比率得出的数值予以分析，形成合理评估结论。

四、参考企业比较法的具体运用

(一)参考企业的选择

1. 资本市场的选择

评估人员首先需要考虑的是在哪个资本市场上选择参考企业。在选择资本市场时，通常考虑的因素包括市场的成熟度、证券交易的活跃性和数据的可获得性。

2. 准参考企业的选择

在确定了所选择的资本市场后，就需要在其中选择合适的准参考企业。评估人员通常应当选择与被评估企业属于同一行业、从事相同或类似的业务、或受相同经济因素影响的企业作为准参考企业。

3. 参考企业的最终选择

在确定了准参考企业后，评估人员需要在其中进行适当的筛选，以确定合适的参考企业。选择参考企业时需要考虑的因素包括：所从事的行业及其成熟度；在行业中的地位及其市场占有率；业务性质、自成立起的发展历史；所提供的产品或服务；所处地域及其服务的目标市场；企业架构；企业的规模；资本结构及财务风险；运营风险；经营指标，包括盈利能力、收入及收益趋势、利润率水平等；资产及盈利的质量；分配股利能力；未来发展能力；是否具有商誉及其他无形资产；员工数量及经验；管理层情况；股票交易情况及股票价格的可获得性；其他。

在上述各种考虑因素中，根据所从事的行业和业务的相似性选择参考企业十分重要。所处地域及其服务的目标市场、企业规模、资本结构、资产及盈利的质量、企业财务比率的相似性，也是需要考虑的重要因素。

(二)对参考企业的财务报表进行分析调整

评估人员应当从适当可靠的渠道获得参考企业的财务信息。在获得参考企业的财务信息后，评估人员还需对其进行分析和调整，以使参考企业的财务信息尽可能准确、客观，使其与被评估企业的财务报表具有可比性。

(三)选择、计算、调整价值比率

在对参考企业财务报表进行分析和调整后，评估人员需要选择合适的价值比率进行计算。选择价值比率应当有利于合理确定评估对象的价值。

价值比率表现为企业价值与可比指标的比率，它由分子和分母组成。价值比率的分子通常有以下两类：权益价值(P)和企业整体价值或投入资本价值(EV)。价值比率的分母一般包括以下几类:销售收入(*Sales*);息税折旧及摊销前利润(EBITDA);息税前利润(EBIT);净利润(Earning);净现金流(Free Cash Flow);账面价值(Book Value)。

根据以上分子和分母的选择,价值比率有多种选择,如表9—2所示:

表9—2　　价值比率的几种类型

分母＼分子	权益价值	企业整体价值
销售收入	$P/Sales$(*)	$EV/Sales$
息税折旧及摊销前利润	$P/EBITDA$(*)	$EV/EBITDA$
息税前利润	$P/EBIT$(*)	$EV/EBIT$
净利润	P/E	EV/E(*)
净现金流	P/FCF(对股东的现金流)	EV/FCF(对企业整体的现金流)
账面价值	P/B(账面权益价值)	EV/B(账面总资产价值)

注:有(*)的价值比率为分子和分母在一致性方面比较欠缺,在实际运用时需要谨慎选择的。

(四)运用价值比率得出评估结果

在计算并调整参考企业的价值比率后,与评估对象相应的财务数据或指标进行相乘便可计算得到相应的企业整体价值或权益价值。整体价值的计算方法如下:

企业整体价值＝企业市值(或权益价值)－溢余现金＋付息债务

上述计算结果仅代表部分股权的价值,如果评估对象具有控制权,则应当在适当及切实可行的情况下考虑控股权产生的溢价。此外,上述结果也未考虑可能适用的缺乏流动性折扣。对于缺乏流动性的投资,可能需要对其价值考虑一定的折扣,因此评估人员还应在适当及切实可行的情况下考虑流动性对评估对象价值的影响。

【例9—4】 为评估W公司的价值,评估人员从市场上找到了3个(一般为3个以上的样本)相似的公司A、B、C,然后分别计算各公司的市场价值与销售额的比率、与账面价值的比率以及与净现金流量的比率。这里的比率即为可比价值倍数(V/X),得到结果如表9—3所示:

表9—3　　相似公司比率汇总表

	A公司	B公司	C公司	平均
市价/销售额	1.2	1.0	0.8	1.0
市价/账面价值	1.3	1.2	2.0	1.5
市价/净现金流	20	15	25	20

把3个样本公司的各项可比价值倍数分别进行平均,就得到了应用于W公司评估的3个倍数。需要注意的是,计算出来的各个公司的比率或倍数在数值上相对接近是十分重要的。如果它们差别很大,则意味着平均数附近的离差是相对较大的,所选样本公司与目标公司在某项特征上就存在着较大的差异性,此时的可比性就会受到影响,需要重新筛选样本公司。

如表9—4所示,得出的数值结果具有较强的可比性。此时假设W公司的年销售额为1亿元,账面价值为6 000万元,净现金流量为5 000万元,然后我们使用从表9—4中得到的3个倍数计算出W公司的指示价值,再将3个指示价值进行算术平均,如表9—4所示:

表 9—4　　W 公司的评估价值　　单位：万元

项　目	W 公司实际数据	可比公司平均比率	W 公司指示价值
销售额	10 000	1.0	10 000
账面价值	6 000	1.5	9 000
净现金流量	5 000	2.0	10 000
W 公司的平均价值			9 667

从表 9—4 中得到的 3 个可比价值倍数分别是 1.0、1.5、2.0，然后分别以 W 公司的 3 个指标 10 000 万元、6 000 万元、5 000 万元分别乘以 3 个可比价值倍数，得到 W 公司的 3 个指示价值 10 000 万元、9 000 万元、10 000 万元，将 3 个指示价值进行算术平均得到 W 公司的评估价值为 9 667 万元。

五、并购案例比较法的具体运用

首先，并购案例比较法与参考企业比较法的基本思路是一致的。两者的区别是参考企业比较法是通过对参考企业的经营和财务数据进行分析，计算适当的价值比率；而并购案例比较法则是通过分析与被评估企业处于同一或类似行业的公司买卖、收购及合并案例计算适当的价值比率。

其次，并购案例的选取。评估人员在选择合适的并购案例时，需要了解所获取途径的相对可靠性。在选取并购案例时，通常需要考虑以下因素：行业分类；并购案例的发生期间，一般距离评估基准日不超过 3 年；并购案例已完成。在适当的情况下，对评估对象本身以前发生的并购交易也可以考虑选取为并购案例，但需要考虑交易时间、交易具体情况的差异所可能产生的影响。

再次，对并购案例的具体情况进行了解和分析。在选取并购案例后，需要对并购案例的具体情况进行了解和分析，包括交易日期、交易价格、收购的股权比例、影响交易价格的其他重要交易条款(如付款条件等)。

最后，针对具体情况选取合适的价值比率，经过适当的计算调整，得出评估结果。对价值比率的选取、计算和调整，以及运用价值比率估算评估结果的程序与参考企业比较法基本一致。

任务三　成本法在企业价值评估中的应用

一、成本法的评估思路

企业评估中的成本法也称资产加和法，是指在合理评估企业各项资产价值和负债的基础上确定企业价值的评估思路。运用成本法评估企业价值，就是以资产负债表为基础，对各单项资产及负债的现行公允价格进行评估，并在各单项资产评估值加和基础上扣减负债评估值，从而得到企业净资产价值。其基本计算公式为：

$$\text{企业整体价值}=\begin{matrix}\text{流动资产}\\\text{价值}\end{matrix}+\begin{matrix}\text{长期性投资}\\\text{价值}\end{matrix}+\begin{matrix}\text{固定资产}\\\text{价值}\end{matrix}+\begin{matrix}\text{无形资产}\\\text{价值}\end{matrix}+\begin{matrix}\text{其他资产}\\\text{价值}\end{matrix}$$

$$\text{股东全部权益价值}=\text{企业整体价值}-\text{企业负债}$$

二、成本法的适用条件

成本法主要适用条件包括:新的企业或完工不久的企业和清算中的公司。成本法不适用于拥有大量无形资产(包括商誉)的公司。

三、成本法评估的基本步骤

第一,确定评估基准日的财务报表,财务报表通常应是经过审计的。

第二,采用具体的评估方法对各项资产和负债进行评估,确定各项资产和负债的市场价值。

第三,评估并加上资产负债表外的特定有形资产、无形资产和负债。

第四,考虑资产负债表调整对税收的影响,以及资产负债表上是否要扣除递延税款。

第五,评估结果汇总,最后确定所有者权益的评估值。

四、评估人员在选择成本法时应当注意的事项

第一,在进行成本法评估之前,应对企业的盈利能力以及相匹配的单项资产进行认定,以便在委托方委托的评估范围基础上,进一步界定纳入企业盈利能力范围内的资产和闲置资产的界限,明确评估对象的作用空间和评估前提。

第二,成本法以资产负债表为基础,以各单项资产及负债的现行公允价格替代历史价格,但由于受会计核算制度的制约,并不是企业所有资产的价值都能经过会计程序得以量化,最终出现在会计报表上,成为总资产的组成部分。采用成本法评估时,评估人员往往以会计报表上的总资产和负债为依据,忽略报表之外的资产和负债项目,使企业价值的资产、负债构成不全面。另外,采用成本法容易少评或漏评,不能体现企业的完整价值。因此,在运用成本法进行评估时,应当考虑被评估企业所拥有的所有有形资产、无形资产以及应当承担的负债。

第三,在持续经营假设前提下,一般不宜运用加和法对企业价值进行评估。因为运用成本法评估企业价值,是通过分别估测构成企业的所有可确指资产后加和而成,无法把握持续经营企业价值的整体性,也难以把握各个单项资产对企业的贡献。对企业各单项资产间的工艺匹配和有机组合因素产生的整合效应,即不可确指的无形资产,无法进行有效衡量。因此,在一般情况下,不宜单独运用成本法评估一个在持续经营假设前提下的企业价值。

★★★ 应知考核 ★★★

一、单项选择题

1. 企业价值评估的对象是(　　)。

A. 全部有形资产　　B. 全部无形资产

C. 全部有形资产和无形资产　　D. 多个或多种单项资产组成的资产综合体

2. 从市场交换角度看,企业的价值是由(　　)决定的。

A. 社会必要劳动时间　　B. 建造企业的原始投资额

C. 企业获利能力　　D. 企业生产能力

3. 运用市场法评估企业价值应遵循(　　)。

A. 替代原则　　B. 贡献原则

C. 企业价值最大化原则　　D. 配比原则

4. 当收益额选取企业的净利润，而资本化率选择净资产收益率时，其还原值为企业的(　　)。

A. 投资资本现值　　B. 资产总额现值　　C. 所有者权益现值　　D. 实收资本现值

5. 根据投资回报的要求，用于企业价值评估的折现率中的无风险报酬率应以(　　)为宜。

A. 行业销售利润率　　B. 行业平均成本利润率

C. 企业债券利率　　D. 国库券利率

6. 在企业价值评估预测收益过程中，收入与费用指标应体现(　　)。

A. 配比原则　　B. 一致性原则　　C. 贡献原则　　D. 替代原则

7. 从会计核算的角度，企业价值是由(　　)决定的。

A. 社会必要劳动时间　　B. 企业的获利能力

C. 企业的生产数量　　D. 建造企业的全部支出构成

8. 以下选项中，(　　)不能作为企业价值评估中的收益。

A. 净利润　　B. 所得税　　C. 净现金流量　　D. 息前净利润

9. 企业价值评估的一般前提是企业的(　　)。

A. 独立性　　B. 持续经营性　　C. 整体性　　D. 营利性

10. 企业价值大小的决定因素是(　　)。

A. 独立性　　B. 持续经营性　　C. 社会性　　D. 营利性

二、多项选择题

1. 在企业价值评估中，企业价值的表现形式包括(　　)。

A. 投入资本价值　　B. 长期投资价值　　C. 所有者权益价值　　D. 长期负债价值

2. 在企业价值评估中，能否按企业持续经营状态评估，需要考虑(　　)等因素。

A. 评估的价值类型

B. 评估目的

C. 企业要素资产的功能和状态

D. 企业提供的产品或服务是否为市场所需要

3. 下列各项中，不宜直接作为企业产权变动时价值评估的折现率的有(　　)。

A. 投资报酬率　　B. 行业基准收益率　　C. 机会成本　　D. 贴现率

4. 企业价值评估是一种整体性评估，它与构成企业的各个单项资产的评估值简单加和是有区别的。这些区别主要表现在(　　)。

A. 评估对象的差别　　B. 影响因素的差别　　C. 评估结果的差别　　D. 评估目的的差别

5. 非市场价值主要包括(　　)。

A. 投资价值持续经营价值　　B. 投资价值

C. 在用价值　　D. 保险价值和清算价值

6. 下列各项中，关于不同收益口径与其折现结果一一对应关系正确的是(　　)。

A. 净现金流量(净利润)对应所有者权益

B. 净现金流量(净利润)＋长期负债利息(1－所得税税率)对应投资资本价值

C. 净现金流量(净利润)＋长期负债利息(1－所得税税率)对应所有者权益＋长期负债

D. 净现金流量(净利润)+利息(1－所得税税率)对应所有者权益+长期负债+流动负债

7. 采用收益法评估企业价值时,需要具备的前提条件是(　　)。

A. 市场上存在可以进行参考比较的数据和资料

B. 企业未来的盈利是有规律的,是可以预测的

C. 与企业获取未来收益相联系的风险是可以预测的

D. 企业需具有一定的盈利水平

8. 企业的投资价值是(　　)。

A. 企业所有的投资人所拥有的对于企业资产索取权价值的总和

B. 企业的资产价值减去无息流动负债价值

C. 代表了股东对企业资产的索取权,它等于企业的资产价值减去负债价值

D. 权益价值加上付息债务价值

9. 可以对企业进行整体资产评估的情况是(　　)。

A. 企业进行评估的目的是为了产权交易

B. 把企业作为一个获利整体进行投资(股份制企业改造或上市)、转让、兼并

C. 把企业作为一个获利整体进行联营或参加企业集团

D. 企业将其全部资产作为一般生产要素出售、变卖或投资

10. 企业价值的表现形式有(　　)。

A. 企业资产价值　　B. 企业投资价值

C. 企业股东权益价值　　D. 企业债务价值

三、判断题

1. 企业价值取决于其要素资产组合的整体盈利能力,不具备现时或潜在盈利能力的企业也就不存在整体企业价值。(　　)

2. 评估企业价值时,对企业价值的判断,只能基于对企业存量资产运作的合理判断,而不能基于对新产权主体行为的估测。(　　)

3. 对于在评估时点产权不清的资产,应划为"待定产权资产",不列入企业价值评估的资产范围。(　　)

4. 用收益法评估企业价值时,评估时点企业的实际收益可以直接用来计算企业价值。(　　)

5. 在对企业收益进行预测时,应遵循的原则是:以被评估企业的现实资产(存量资产)为出发点,预测企业在未来正常经营中可以产生的收益。既不是以评估基准日企业的实际收益为出发点,也不是以产权变动后的实际收益为出发点。(　　)

6. 评估中如果选用企业利润系列指标作为收益额,则折现率应选择相应的资产收益率;如果以现金净流量系列指标作为收益额,则应以投资回收率作为折现率。(　　)

7. 对于非营利企业的评估,需要将企业全部可确指资产作为生产要素逐一评估后加总,然后减去企业的负债。(　　)

8. 国有企业在界定企业价值评估的范围时,若其产权变动需要报批,应以上级主管部门批复文件所规定的评估范围为准。(　　)

9. 具有较高科技含量的成长型公司,由于其产品处于成长期,今后会进入成熟期,因此其收益会稳步增长,适用收益法评估其企业价值。(　　)

10. 一般在以投资、转让为目的的企业价值评估中，由于企业产权转让的是企业的所有者权益，即企业只更换业主而不更换债主，企业价值评估的是所有者权益的公允市价，因此在企业价值评估中常用净利润(现金净流量)作为收益形式。 (　　)

四、思考与讨论

1. 评估中的企业价值如何界定?
2. 如何对企业收益进行预测和检验?
3. 年金法和收益法的使用条件是什么? 具体如何应用?
4. 简述市场法的应用条件和具体应用。
5. 简述成本法(资产加和法)的应用条件和具体应用方式。

五、主要概念

企业　企业价值评估　企业整体价值　企业股东　全部权益价值　年金法　分段法　累加法

★★★ 应会考核 ★★★

一、案例题

1. 假定社会平均资金收益率为8%，无风险报酬率为4%，被评估企业所在行业的平均风险与社会平均风险的比率为1.5，被评估企业长期负债占全部投资资本的40%，平均利息为6%，所有者权益占投资资本的60%。

案例思考

试求用于评估该企业投资资本价值的资本化率。

2. 评估人员对星海公司进行整体评估，通过对企业历史经营状况的分析及国内外市场的调查了解，搜集到下列数据资料：

(1)预计星海公司第1年的收益额为200万元，以后每年的收益额比上年增长10%，自第6年起星海公司将进入稳定发展时期，收益额将保持在300万元的水平上；

(2)社会平均收益率为12%，国库券利率为8%，星海公司所在行业风险系数为1.5；

(3)星海公司各单项资产经评估后的价值之和为1 600万元。

案例思考

(1)确定星海公司整体资产评估值。

(2)星海公司整体资产评估结果与各单项资产评估值之和的差额如何处理?

二、专业技能题

1. 星海公司未来5年的预期利润总额分别为300万元、330万元、320万元、340万元、350万元，自第6年起利润总额固定在350万元。该企业前5年的税率为18%，自第6年起恢复为25%。评估人员认为该企业的折现率和资本化率均为10%。

要求：用分段法计算该星海公司的价值(计算结果以“万元”为单位，小数点后保留两位)。

2. 星海公司进行股份制改组，根据企业过去经营情况和未来市场形势，预测其未来5年的收益额分别是13万元、14万元、11万元、12万元和15万元。根据银行利率及经营风险情况确定其折现率和资本化率分别为10%和11%。试采用年金法确定星海公司的整体价值。

三、综合题

1. 某被评估企业基本情况如下：

(1)该企业未来5年预期利润总额分别为100万元、110万元、120万元、120万元、130万元，从第6年开始，利润总额将在第5年的基础上，每年比前一年度增长2%。

(2)该企业使用的所得税税率为25%。

(3)据调查，评估基准日社会平均收益率为9%，无风险报酬率为4%，被评估企业所在行业的基准收益率为9%，企业所在行业的平均风险与社会平均风险的比率(β)为1.2。

(4)被评估企业生产经营比较平稳，将长期经营下去。

试评估该企业的净资产价值。

2. 甲企业是一家生产家用电器的制造企业，其2011年的收益情况见下面利润表，表中补贴收入50万元中包括了企业增值税出口退税30万元和因洪灾政府专项补贴20万元；表中营业外支出25万元为企业遭受洪灾的损失支出。经分析，预计从2012年到2015年企业的净利润将在2011年正常净利润水平上每年递增1%，从2016年到2031年企业净利润将保持在2012年至2015年各年净利润按现值计算的平均水平上。企业将在2031年底停止生产、整体变现，预计变现值约为150万元。若折现率为10%，现行税收政策保持不变，试评估2011年12月31日该企业的价值(计算结果保留两位小数)。

利润表

单位:元

项　目	本年累计数
一、主营业务收入	9 000 000
减:主营业务成本	5 000 000
营业税金及附加	300 000
二、主营业务利润	3 700 000
加:其他业务利润	0
减:销售费用	300 000
管理费用	1 800 000
财务费用	400 000
三、营业利润	1 200 000
加:投资收益	0
补贴收入	500 000
营业外收入	0
减:营业外支出	250 000
四、利润总额	1 450 000
减:所得税(25%)	362 500
五、净利润	1 087 500

★★★ 实训操作 ★★★

【实训项目】

企业价值的评估。

【实训学时】

1 学时。

【实训内容】

企业价值评估的基本程序及评估方法的应用。

【实训目的】

掌握企业价值评估的方法并区别应用。

【实训反思】

1. 掌握企业价值评估的范围。
2. 掌握企业价值评估收益法的思路、适用范围和应用。
3. 掌握企业价值评估的市场法和成本法。

项目十　资产评估报告、资产评估规范及准则

知识目标

理解：资产评估报告的要素和内容。
熟知：制作资产评估报告的编制技术要点及其应用。
掌握：资产评估报告的编制、资产评估规范及准则。

能力目标

学生在掌握资产评估报告基本概念的基础上，熟知资产评估报告编制步骤及其编制技术要点。

素质目标

通过本项目的学习，学生能够加强对资产评估报告的基本认识，明确资产评估报告的作用，了解国有资产评估报告的基本内容。

情境引入

中发国际资产评估有限责任公司接受北京天桥青鸟科技股份有限公司的委托，依据国家有关资产评估的法律、法规和政策，本着独立、客观、公正、科学的原则，运用法定或公认的方法及程序，在四川君和会计师事务所审计的基础上，对北京天桥青鸟科技股份有限公司转让其持有的四川省广播电视网络有限责任公司25%的股权所涉及的全部资产及相关负债进行了评估。本公司评估人员在资产占有方有关人员的密切配合和大力协助下，对委估资产进行了实地察看与核对，同时进行了必要的市场调研与询证以及有必要实施的其他评估程序，对委估资产在2014年12月31日所表现出的市场价值作出了公允反映。本次评估的资产评估申报资料和资产产权证明文件由委托方和资产占有方提供，提供方对资料的真实性、合法性、完整性负责。

上述提到的只是资产评估报告的一部分。那么，什么是资产评估报告？资产评估报告有什么作用？如何编制资产评估报告？要注意哪些问题？通过本项目的学习，你将得到解答。

任务一　资产评估报告概述

一、资产评估报告的基本概念

资产评估报告，是指注册资产评估师根据《资产评估准则》的要求，在履行必要的评估程序后，对评估对象在评估基准日特定目的下的价值发表的、由其所在评估机构出具的书面专业意见。

狭义的资产评估报告即资产评估结果报告书，它既是资产评估机构与注册资产评估师完成对资产作价，就被评估资产在特定条件下的价值所发表的专家意见，也是评估机构履行评估合同情况的总结，还是评估机构与注册资产评估师为资产评估项目承担相应法律责任的证明文件。

广义的资产评估报告是一种工作制度。它规定评估机构在完成评估工作之后必须按照一定程序的要求，用书面形式向委托方及相关主管部门报告评估过程和结果。

二、资产评估报告的作用

（一）为委托评估资产提供作价意见

资产评估报告是经具有资产评估资格的机构根据委托评估资产的特点和要求，组织评估师及相应的专业人员形成评估队伍，遵循评估原则和标准，按照法定的程序，运用科学的方法对被评估资产价值进行评定和估算后，通过报告的形式提出作价的意见。该作价意见不代表任何一方当事人的利益，是一种独立专家估价的意见，具有较强的公正性与客观性，因而成为被委托评估资产作价的重要参考依据。

（二）是反映和体现资产评估工作情况，明确委托方、受托方及有关方面责任的依据

资产评估报告用文字的形式，对受托资产评估业务的目的、背景、范围、依据、程序、方法等过程和评定的结果进行说明与总结，体现了评估机构的工作成果。同时，资产评估报告也体现了受托的资产评估机构和执业人员的权利与义务，并以此来明确委托方、受托方等有关方面的法律责任。在资产评估现场工作完成后，评估机构和评估人员要根据现场工作取得的有关资料与估算数据，撰写评估结果报告，向委托方报告。负责评估项目的评估师也同时在报告上行使签字的权利，并提出报告使用的范围和评估结果实现的前提等具体条款。当然，资产评估报告也是评估机构履行评估协议和向委托方或有关方面收取评估费用的依据。

（三）对资产评估报告进行审核，是管理部门监督评估业务开展情况、完善资产评估管理的重要手段

资产评估报告是反映评估机构和评估人员职业道德、执业能力水平、评估质量高低以及机构内部管理机制完善程度的重要依据。有关管理部门通过审核资产评估报告，可以有效地对评估机构的业务开展情况进行监督和管理，并对评估工作中出现的问题给予指导，使评估工作得以不断完善。

（四）是建立评估档案的重要来源

评估机构和评估人员在完成资产评估任务之后，都必须按照档案管理的有关规定，将评估过程中搜集到的资料、工作记录以及资产评估过程的有关工作底稿进行归档，以便进行评估档案的管理和使用。资产评估报告是对整个评估过程的工作总结，其内容包括了评估过程的各个具体部分和各有关资料的搜集与记录。因此，不仅评估报告的底稿是评估档案归集的主要内容，而且撰写资产评估报告过程采用到的各种数据、各种依据和基于资产评估报告制度形成的有关文字记录（如主管部门审核同意意见和报告确认书）等都是资产评估档案的重要信息来源。

三、资产评估报告的种类

（一）按照范围划分

按照范围划分，资产评估报告可分为整体资产评估报告和单项资产评估报告。凡是对整

体资产进行评估所出具的资产评估报告都可称为整体资产评估报告；凡是对某一部分、某一项资产进行评估所出具的资产评估报告都可称为单项资产评估报告。尽管资产评估报告书的基本格式是一样的，但因整体资产评估与单项资产评估在具体业务上存在一些差别，因此两者在报告书的内容上也必然会有所差别。一般情况下，整体资产评估报告书的报告内容不仅包括资产，也包括负债和所有者权益；而单项资产评估报告除了在建工程外，一般不考虑负债和以整体资产为依托的无形资产等。

（二）按照国际惯例划分

按照国际惯例划分，资产评估报告可分为完整型评估报告、简明型评估报告和限制型评估报告。评估人员应当在评估报告中明确说明评估报告的类型。完整型评估报告、简明型评估报告和限制型评估报告三种评估意见的根本区别在于，所提供信息的详细程度不同。完整型评估报告和简明型评估报告之间的重要区别在于提供资料的详细程度。简明型评估报告应该对解决评估问题具有重要意义的信息作出概略说明。限制型评估报告是仅仅为委托方使用的。

（三）按照资产评估基准日的不同选择划分

按照资产评估基准日的不同选择，资产评估报告可分为现实型评估报告、预测型评估报告和追溯型评估报告。评估基准日是现在时点的现实型评估报告、是未来时点的预测型评估报告、是过去时点的追溯型评估报告。评估报告的使用有效期，通常要求评估基准日与经济行为实现日相距不超过1年。

四、资产评估报告的基本要素

资产评估报告的基本要素包括：委托方、产权持有方和委托方以外的其他评估报告使用者；评估目的；评估范围与对象；价值类型及其定义；评估基准日；评估依据；评估方法；评估程序实施过程和情况；评估假设；评估结论；特别事项说明；评估报告使用限制说明；评估报告日；注册资产评估师签字盖章、评估机构盖章和法定代表人或者合伙人签字。

五、国有资产评估报告的基本内容

依据《企业国有资产评估报告指南》的规定，企业国有资产评估报告（以下简称“评估报告”）由标题、文号、声明和摘要，正文，附件，评估明细表和评估说明等构成。

（一）标题、文号、声明和摘要

1. 评估报告标题应当简明清晰，文号内容完整

一般采用“企业名称＋经济行为关键词＋评估对象＋评估报告”的形式。评估报告文号包括评估机构特征字、种类特征字、年份、报告序号。

2. 评估报告的声明应当包括的内容

（1）注册资产评估师恪守独立、客观和公正的原则，遵循有关法律、法规和资产评估准则的规定，并承担相应的责任；

（2）提醒评估报告使用者关注评估报告特别事项说明和使用限制；

（3）其他需要声明的内容。

评估报告声明应当置于评估报告摘要之前。

3. 评估人员应当在评估报告正文的基础上编制评估报告摘要

评估报告摘要应当简明扼要地反映经济行为、评估目的、评估对象、评估范围、价值类型、

评估基准日、评估方法、评估结论及其使用有效期、对评估结论产生影响的特别事项等关键内容。

评估报告摘要应当采用下述文字提醒评估报告使用者阅读。

全文:“以上内容摘自评估报告正文,欲了解本评估项目的详细情况及合理理解评估结论,应当阅读评估报告正文。”

评估报告摘要应当置于评估报告正文之前。

(二)正文

1. 评估报告正文应当包括的内容:

(1)绪言;

(2)委托方、被评估单位(或者产权持有单位)和业务约定书约定的其他评估报告使用者概况;

(3)评估目的;

(4)评估对象和评估范围;

(5)价值类型及其概念;

(6)评估基准日;

(7)评估依据;

(8)评估方法;

(9)评估程序实施过程和情况;

(10)评估假设;

(11)评估结论;

(12)特别事项说明;

(13)评估报告使用限制说明;

(14)评估报告日;

(15)签字盖章。

2. 绪言一般采用包含下列内容的表述格式:

“×××(委托方全称):

×××(评估机构全称)接受贵单位(公司)的委托,根据有关法律、法规和资产评估准则、资产评估原则,采用×××评估方法(评估方法名称),按照必要的评估程序,对×××(委托方全称)拟实施×××行为(事宜)涉及的×××(资产—— 单项资产或者资产组合、企业、股东全部权益、股东部分权益)在××××年××月××日的××价值(价值类型)进行了评估。现将资产评估情况报告如下。”

3. 评估报告正文应当介绍委托方、被评估单位(或产权持有单位)和业务约定书约定的其他评估报告使用者的概况。

(1)委托方和业务约定书约定的其他评估报告使用者概况一般包括名称、法定住所及经营场所、法定代表人、注册资本及主要经营范围等。

(2)企业价值评估中,被评估单位(或者产权持有单位)概况一般包括:

①名称、法定住所及经营场所、法定代表人、主要经营范围、注册资本、公司股东及持股比例、股权变更情况及必要的公司产权和经营管理结构、历史情况等;

②近3年资产、财务、经营状况;

③委托方与被评估单位(或者产权持有单位)之间的关系(如产权关系、交易关系等)。

(3)单项资产或者资产组合评估,被评估单位(或者产权持有单位)概况一般包括名称、法定住所及经营场所、法定代表人、注册资本及主要经营范围等。

(4)委托方与被评估单位(或者产权持有单位)为同一企业的,按被评估单位的要求编写。

(5)存在交叉持股的,应当列示交叉持股图,并简述交叉持股关系及是否属于同一控制的情形。

(6)存在关联交易的,应当说明关联方、交易方式等基本情况。

4. 评估报告应当说明本次资产评估的目的及其所对应的经济行为,并说明该经济行为获得批准的相关情况或者其他经济行为依据。

5. 评估报告应当对评估对象进行具体描述,以文字、表格的形式说明评估范围。

企业价值评估中,应当说明下列内容:

(1)委托评估对象和评估范围与经济行为涉及的评估对象和评估范围是否一致,不一致的应当说明原因,并说明是否经过审计;

(2)对企业价值影响较大的单项资产或者资产组合(如房地产开发企业中的存货、工业企业的生产线及厂房等)的法律权属状况、经济状况和物理状况;

(3)企业申报的账面记录或者未记录的无形资产类型、数量、法律权属状况等;

(4)企业申报的表外资产的类型、数量;

(5)引用其他机构出具的报告结论所涉及的资产类型、数量和账面金额(或者评估值)。

单项资产或者资产组合评估,应当说明委托评估资产的数量(如土地面积、建筑物面积、设备数量、无形资产数量等)、法律权属状况、经济状况和物理状况等。

6. 评估报告应当说明市场价值及其概念。选择市场价值以外的价值类型,应当说明选择理由及其概念。

7. 评估报告应当说明评估基准日及确定评估基准日所考虑的主要因素,包括下列主要内容:

(1)本项目评估基准日是××××年××月××日;

(2)确定评估基准日所考虑的主要因素(如经济行为的实现、会计期末、利率和汇率变化等)。

8. 评估报告应当说明本次评估业务所对应的经济行为、法律法规、评估准则、权属、取价等依据。

(1)经济行为依据应当为有效批复文件以及可以说明经济行为及其所涉及的评估对象与评估范围的其他文件资料;

(2)法律法规依据通常包括与国有资产评估有关的法律、法规等;

(3)评估准则依据包括评估项目中依据的相关资产评估准则和相关规范;

(4)权属依据通常包括国有资产产权登记证书、基准日股份持有证明、出资证明、国有土地使用证(或者土地使用权出让合同)、房屋所有权证、采矿许可证、勘查许可证、林权证、专利证(发明专利证书、实用新型专利证书、外观设计专利证书)、商标注册证、著作权(版权)相关权属证明、船舶所有权登记证书、船舶国籍证书、机动车行驶证、有关产权转让合同、其他权属证明文件等;

(5)取价依据通常包括企业提供的财务会计、经营方面的资料,国家有关部门发布的统计资料、技术标准和政策文件,以及评估机构收集的有关询价资料、参数资料等;

(6)其他参考依据。

9. 评估报告应当说明所选用的评估方法，以及选择评估方法的理由。

以持续经营为前提，采用两种以上方法进行企业价值评估的，应当分别说明两种评估方法选取的理由以及评估结论确定的方法。

10. 评估报告应当说明自接受评估项目委托起至出具评估报告的主要评估工作过程，一般包括以下内容：

(1)接受项目委托，确定评估目的、评估对象、评估范围、评估基准日，拟订评估计划等过程；

(2)指导被评估单位清查资产、准备评估资料，核实资产与验证资料等过程；

(3)选择评估方法、收集市场信息和估算等过程；

(4)评估结果汇总、评估结论分析、撰写报告和内部审核等过程。

11. 评估报告应当披露评估假设及其对评估结论的影响。

12. 评估报告应当以文字和数字形式清晰说明评估结论，评估结论应当是确定的数值。

(1)采用资产基础法进行企业价值评估，应当以文字形式说明资产、负债、所有者权益(净资产)的账面价值、评估价值及其增减幅度，并同时采用评估结果汇总表反映评估结论；

(2)单项资产或者资产组合评估，应当以文字形式说明账面价值、评估价值及其增减幅度；

(3)采用两种以上方法进行企业价值评估的，除单独说明评估价值和增减变动幅度外，应当说明两种以上评估方法结果的差异及其原因和最终确定评估结论的理由；

(4)存在多家被评估单位的项目，应当分别说明评估价值。

13. 评估报告应当说明评估程序受到的限制、评估特殊处理、评估结论瑕疵等特别事项及期后事项，通常包括下列内容：

(1)引用其他机构出具的报告结论的情况，并说明已了解所引用报告结论的取得过程，承担引用报告结论的相关责任；

(2)权属资料不全面或者存在瑕疵的情形；

(3)评估程序受到限制的情形；

(4)评估资料不完整的情形；

(5)评估基准日存在的法律、经济等未决事项；

(6)担保、租赁及其或有负债(或有资产)等事项的性质、金额及与评估对象的关系；

(7)评估基准日至评估报告日之间可能对评估结论产生影响的事项；

(8)本次资产评估对应的经济行为中，可能对评估结论产生重大影响的瑕疵情形。

评估报告应当说明对特别事项的处理方式、特别事项对评估结论可能产生的影响，并提示评估报告使用者关注其对经济行为的影响。

14. 评估报告使用限制通常包括下列事项：

(1)评估报告只能用于评估报告载明的评估目的和用途；

(2)评估报告的全部或者部分内容被摘抄、引用或者披露于公开媒体，需评估机构审阅相关内容，法律、法规有规定以及相关当事方另有约定的除外；

(3)评估结论的使用有效期；

(4)因评估程序受限造成的评估报告的使用限制。

15. 评估报告应当载明评估报告日。

评估报告日通常为注册资产评估师形成最终专业意见的日期。

16. 评估报告正文应当由两名以上注册资产评估师签字盖章，并由评估机构盖章。有限责任公司制评估机构的法定代表人或者合伙制评估机构负责该评估业务的合伙人应当在评估报告上签字。

声明、摘要和评估明细表上一般不需要另行签字盖章。

（三）附件

1. 评估报告附件内容应当与评估目的、评估方法、评估结论相关联，通常包括下列内容：

(1)与评估目的相对应的经济行为文件；

(2)被评估单位专项审计报告；

(3)委托方和被评估单位法人营业执照；

(4)委托方和被评估单位产权登记证；

(5)评估对象涉及的主要权属证明资料；

(6)委托方和相关当事方的承诺函；

(7)签字注册资产评估师的承诺函；

(8)评估机构资格证书；

(9)评估机构法人营业执照副本；

(10)签字注册资产评估师资格证书；

(11)重要取价依据(如合同、协议)；

(12)评估业务约定书；

(13)其他重要文件。

2. 评估报告附件内容及其所涉及的签章应当清晰、完整，相关内容应当与评估报告摘要、正文一致。评估报告附件为复印件的，应当与原件一致。

3. 按有关规定需要进行专项审计的，应当将企业提供的与经济行为相对应的评估基准日专项审计报告(含会计报表和附注)作为评估报告附件。按有关规定无需进行专项审计的，应当将企业确认的与经济行为相对应的评估基准日企业财务报表作为评估报告附件。

4. 如果引用其他机构出具的报告结论，根据现行有关规定，所引用的报告应当经相应主管部门批准(备案)的，应当将相应主管部门的相关批准(备案)文件作为评估报告的附件。

（四）评估明细表

单项资产或者资产组合评估、采用资产基础法进行的企业价值评估，应当编制评估明细表。

评估明细表包括被评估资产负债会计科目的评估明细表和各级汇总表。

1. 被评估资产负债会计科目的评估明细表格式和内容基本要求如下：

(1)表头应当含有被评估资产负债类型(会计科目)名称、被评估单位(或者产权持有单位)、评估基准日、表号、金额单位、页码。

(2)表中应当含有资产负债的名称(明细)、经营业务或者事项内容、技术参数、发生(购、建、创)日期、账面价值、评估价值、评估增减幅度等基本内容。必要时，可在备注栏对技术参数或者经营业务、事项情况进行注释。

(3)表尾应当标明被评估单位(或者产权持有单位)填表人员、填表日期和评估人员。

2. 评估明细表按会计明细科目、一级科目逐级汇总，并编制资产负债表(方式)的评估汇总表及以人民币万元为金额单位的评估结果汇总表。

根据需要设置的各级汇总表，表尾应当标明评估人员。

3. 会计计提的减值准备在相应会计科目(资产负债类型)合计项下列示，评估增减值应当按会计计提减值准备前后分别列示。

4. 评估结果汇总表应当按以下顺序和项目内容列示：流动资产、非流动资产、资产总计、流动负债、非流动负债、负债总计、净资产等类别和项目。

5. 被评估单位为两家以上的，评估明细表应当按被评估单位（或者产权持有单位）分别自成体系。

（五）评估说明

1. 评估说明包括评估说明使用范围声明、委托方和被评估单位（或者产权持有单位）共同编写的“企业关于进行资产评估有关事项的说明”和评估人员编写的“资产评估说明”。

2. 评估说明应当做到内容完整、表述清晰，并充分考虑不同经济行为和不同评估方法的特点。

3.“企业关于进行资产评估有关事项的说明”应当由委托方单位负责人和被评估单位（或者产权持有单位）负责人签字，加盖相应单位公章并签署日期。

注册资产评估师可以根据需要，建议企业编写的“企业关于进行资产评估有关事项的说明”包括以下内容：

(1)委托方与被评估单位（或者产权持有单位）概况；

(2)关于经济行为的说明；

(3)关于评估对象与评估范围的说明；

(4)关于评估基准日的说明；

(5)可能影响评估工作的重大事项说明；

(6)资产负债情况、未来经营和收益状况预测说明；

(7)资料清单。

4.“资产评估说明”是对评估对象进行核实、评定估算的详细说明，应当包括以下内容：

(1)评估对象与评估范围说明；

(2)资产核实总体情况说明；

(3)评估技术说明；

(4)评估结论及分析。

（六）出具与装订

1. 评估报告应当使用中文撰写。需要同时出具外文评估报告的，以中文评估报告为准。

评估结论一般以人民币为计量币种；使用其他币种表示的，应当注明该币种与人民币在评估基准日的汇率。

2. 评估报告封面应当载明评估报告标题及文号、评估机构全称和评估报告日。

3. 评估报告标题及文号一般在封面上方居中位置，评估机构名称及评估报告日应当在封面下方居中位置。评估报告应当采用 A4 规格纸张印刷。

4. 评估报告一般分册装订，各册应当具有独立的目录。

声明、摘要、正文和附件合订成册，其目录中应当含有其他册的目录，但其他册目录中的页码不予标注。评估说明和评估明细表分别独立成册，必要时附件可以独立成册。

评估明细表一般应当按会计科目顺序装订。

5. 评估报告封底或者其他适当位置应当标注评估机构名称、地址、邮政编码、联系电话、传真、电子邮箱等。

任务二　资产评估报告的编制

一、资产评估报告的编制步骤

(一)整理工作底稿和归集有关资料

资产评估现场工作结束后,有关评估人员必须着手对现场工作底稿进行整理,按资产的性质进行分类。同时,对有关询证函、被评估资产背景材料、技术鉴定情况和价格取证等有关资料进行归集与登记。对在现场未予确定的事项,还需进一步落实和查核。这些现场工作底稿和有关资料是编制资产评估报告的基础。

(二)评估明细表的数字汇总

在完成现场工作底稿和有关资料的归集任务后,评估人员应着手进行明细表的数字汇总。明细表的数字汇总应根据明细表的不同级次,先进行明细表汇总,后进行分类汇总,再进行资产负债表式的汇总。在数字汇总过程中,应反复核对各有关表格的数字的关联性和各表格栏目之间的数字勾稽关系,防止差错。

(三)评估初步数据的分析和讨论

在完成评估明细表的数字汇总,得出初步的评估数据后,应召集参与评估工作过程的有关人员,对评估报告的初步数据的结论进行分析和讨论,比较各有关评估数据,复核记录估算结果的工作底稿,对存在作价不合理的部分评估数据进行调整。

(四)编写评估报告书

一方面,在完成资产评估初步数据和数字的分析与讨论并对有关部分的数据进行调整后,由具体参加评估的各组负责人员草拟出各自负责评估部分资产的评估说明。同时,提交全面负责、熟悉本项目评估具体情况的人员草拟出的资产评估报告。

另一方面,将评估基本情况和评估报告初稿的初步结论与委托方交换意见,听取委托方的反馈意见后,在坚持独立、客观、公正的前提下,认真分析委托方提出的问题和建议,考虑是否应该修改评估报告,对评估报告中存在的疏忽、遗漏和错误之处进行修正,待修改完毕即可撰写出资产评估正式报告。

(五)资产评估报告的签发与送交

评估机构撰写出资产评估正式报告后,经审核无误,按以下程序进行签名盖章:先由负责该项目的注册评估师签章(两名或两名以上),再送复核人审核签章,最后送评估机构负责人审定签章并加盖机构公章。

二、资产评估报告的编制技术要点

(一)文字表达方面的技能要求

资产评估报告既是一份对被评估资产价值有咨询性和公证性作用的文书,又是一份用来明确资产评估机构和评估人员工作责任的文字依据,所以它的文字表达既要清楚、准确,又要提供充分的依据说明,还要全面地叙述整个评估的具体过程。其文字的表达必须准确,不得使用模棱两可的词语。其陈述既要简明扼要,又要把有关问题介绍清楚,不得带有任何诱导、恭维和推荐性的陈述。当然,在文字表达上也不能带有“大包大揽”的语句,尤其是涉及承担责任条款的部分。

（二）格式和内容方面的技能要求

对资产评估报告格式和内容方面的技能要求，目前应遵循财政部颁布的《资产评估准则——评估报告》和《企业国有资产评估报告指南》的有关规定。

（三）复核及反馈方面的要求

对资产评估报告的复核与反馈是指在正式出具资产评估报告之前，通过对工作底稿、评估说明、评估明细表和报告正文的文字、格式及内容的复核和反馈。对资产评估报告必须建立起多级复核和交叉复核的制度，明确复核人的职责，防止流于形式的复核。收集反馈意见主要是通过委托方或资产占有方熟悉资产具体情况的人员来进行。对委托方或资产占有方意见的反馈信息，应谨慎对待，应本着独立、客观和公正的态度去看待其反馈意见。

（四）撰写报告应注意的事项

1. 实事求是，切忌出具虚假报告

报告必须建立在真实、客观的基础上，不能脱离实际情况，更不能无中生有。报告拟定人应是参与该项目并较全面了解该项目情况的主要评估人员。

2. 坚持一致性做法，切忌出现表里不一

报告的文字、内容前后要一致，摘要、正文、评估说明、评估明细表内容与格式、数据要一致。

3. 提交报告要及时、齐全和保密

在正式完成资产评估工作后，应按业务约定书的约定时间及时将报告送交委托方。送交报告时，报告及有关文件要送交齐全。涉及外商投资项目的对中方资产的评估报告，必须严格按照有关规定办理。此外，要做好客户保密工作，尤其是对评估涉及的商业秘密和技术秘密，更要加强保密工作。

4. 注意防止恶意使用

应注意防止报告的恶意使用，避免报告的误用，以合理规避执业风险。

5. 关注报告书的法律权属

注册资产评估师执行资产评估业务，应当关注评估对象的法律权属，并在评估报告中对评估对象法律权属及其证明资料来源予以必要说明；注册资产评估师不得对评估对象的法律权属提供保证。

6. 在特殊情况下需申明相关事项

注册资产评估师执行资产评估业务受到限制、无法实施完整的评估程序时，应当在评估报告中申明披露受到的限制、无法履行的评估程序和采取的替代措施。

任务三 资产评估报告的复核、分析及应用

一、资产评估报告的复核

资产评估报告书不仅是资产评估的总结、资产价格公正性文件和资产交易双方认定资产价格的依据，对于国有资产评估报告来说，也是国有资产管理者加强对国有资产产权变动管理的重要依据。为了提供出具有较高可信度的资产评估报告，资产评估机构需在资产评估报告报送之前对其进行认真审核。

资产评估报告的复核是指对工作底稿、评估说明、评估明细表和报告正文的文字、格式及

内容的复查和核对。通过复核,可以使有关错误、遗漏等问题在出具正式报告之前得以发现、得到修正。对评估人员来说,资产评估工作是一项必须由多个评估人员同时作业的中介业务,每个评估人员都有可能因能力、水平、经验、阅历及理论方法的限制而产生工作盲点和工作疏忽,所以对资产评估报告初稿进行复核就成为必要。

二、资产评估报告的分析

对资产评估报告进行分析对国有资产管理部门及资产评估的组织管理者来说是十分重要的。一份评估报告资料,特别是涉及国有资产的评估报告资料,是国有资产管理者加强对国有资产产权变动管理,确认评估方法、评估依据和评估结果的重要依据。

(一)资产评估报告分析的目的

国有资产管理者对资产评估报告及资料进行分析的目的主要有以下两点:

1. 了解评估机构从事评估工作的能力

一份完整的评估报告资料基本上能够反映一个评估机构的评估工作,包括基本思路、评估依据的条件、信息的筛选、结果产生的全过程。这样,资产评估管理机构即可以根据申报资产评估资格证书的评估机构提交的评估报告及资料进行全面的分析,判断该机构是否具有评估工作能力,并作出是否颁发资格证书的决定。

2. 了解评估质量的好坏,并作出对评估结果是否予以确认的决定

国有资产管理部门按国有资产管理的有关规定,应对评估机构评估国有资产的结果进行验证确认工作,很重要的依据就是通过对获得的评估报告资料进行全面分析,了解评估机构进行此项评估工作的基本情况。其中包括所遵循的评估计价原则、工作的基本程序、方法的选择、市场信息的可靠性等,综合评价评估质量的好坏,再结合实地勘察的情况,最后作出对该项评估结果是否予以确认的决定。

(二)资产评估报告分析的内容

1. 对评估报告进行书面逻辑分析

一般来说,评估报告所列发生评估的原因、评估的范围、资产的权益、评估所依据的前提条件与评估方法的选择有着密切的关系,而这种关系就构成了评估报告本身的逻辑关系,同时它也反映出一个评估机构进行评估的基本思路。分析人员进行评估报告的逻辑分析,就是要根据所掌握的实际情况,对评估机构评估的基本思路及三个因果关系,即评估目的、评估依据的前提条件与评估方法选择的一致性,评估范围与资产权益之间的一致性,资产权益、作价的前提条件与作价依据之间的一致性进行分析。通过分析,可以初步得出对评估机构的能力和评估结论意见是否科学的判断,因为一个混乱的评估思路不可能得出科学的、接近实际的评估意见。

2. 对评估中运用的市场信息资料进行对比分析

信息资料对比分析的内容主要有两个方面:

(1)评估机构所选择的参照价格及价格的构成因素与介绍的评估前提条件是否相吻合。一般来说,无论采用哪一种方法进行评估,首先要确定前提条件,然后在此基础上根据客观公平的原则,选择与之相应的有关信息资料的参照价格。评估的前提条件不同,所选择的参照价格和价格的构成内容也会有所区别。

(2)分析评估运用的参照价格及有关的资料是否准确可靠。这里包括运用的价格变动指数,计算重置成本的各费率的取值,计算收益现值所参照的本金化率、折现系数、行业经营风险

系数等。

3. 对评估计算表格的分析

这里包括对评估运用的计算方法是否严谨科学、成本构成是否合理、计算的数字是否正确、分项计算与加和结果是否吻合、计算的基本思路与文字报告是否一致等方面的分析。

通过上述三个方面的分析，结合实地考察最后产生综合评价的意见：根据被评估资产发生评估的原因、被评估资产目前的使用状态、外部环境和市场的情况，审定评估机构的评估结果是否可以确认，该机构是否具有承担国有资产评估的能力。

三、资产评估报告的应用

资产评估报告由评估机构出具后，资产评估委托方、资产评估管理机构和相关部门对资产评估报告及有关资料要根据需要进行应用。

(一)委托方对资产评估报告书的应用

委托方在收到受托评估机构送交的正式评估报告及有关资料后，可以依据评估报告所标明的评估目的和得出的评估结论，合理使用资产评估结果。根据有关规定，委托方依据评估报告所揭示的评估目的及评估结论，可以作为以下几种具体的用途进行使用：

1. 根据评估目的，作为资产业务的作价基础

这一方面包括以下内容：

(1)整体或部分改建为有限责任公司或股份有限公司；

(2)非货币资产对外投资；

(3)合并、分立、清算；

(4)除上市公司以外的原股东股权比例变动；

(5)除上市公司以外的整体或部分产权(股权)转让；

(6)资产转让、置换、拍卖；

(7)整体资产或者部分资产租赁给非国有单位；

(8)确定涉讼资产价值；

(9)国有资产占有单位收购非国有资产；

(10)国有资产占有单位与非国有资产单位置换资产；

(11)国有资产占有单位接受非国有资产单位以实物资产偿还债务；

(12)法律、行政法规规定的其他需要进行评估的事项。

2. 作为企业进行会计记录或调整账项的依据

委托方在根据评估报告所揭示的资产评估目的使用资产评估报告资料的同时，还可依照有关规定，根据资产评估报告中的资料进行会计记录或调整有关财务账项。

3. 作为履行委托协议和支付评估费用的主要依据

当委托方收到评估机构正式评估报告的有关资料后，在没有异议的情况下，应根据委托协议，将评估结果作为计算支付评估费用的主要依据，履行支付评估费用的承诺及其他有关承诺。此外，资产评估报告及有关资料也是有关当事人因资产评估纠纷向纠纷调节处理部门申请调节处理的申诉资料之一。

(二)资产评估管理机构对资产评估报告书的应用

资产评估管理机构主要是指对资产评估进行行政管理的主管机关和对资产评估业自律管理的行业协会，对资产评估报告的运用是资产评估管理机构实现对评估机构的行政管理和行

业自律管理的重要过程。资产评估管理机构通过对评估机构出具的资产评估报告有关资料的运用,能大体了解评估机构从事评估工作的业务能力和组织管理水平。由于资产评估报告是反映资产评估工作过程的工作报告,通过对资产评估报告资料的检查与分析,评估管理机构能大致判断该机构的业务能力和组织管理水平;同时,它也是对资产评估质量进行评价的依据。资产评估管理机构通过对资产评估报告进行核准或备案,能够对评估机构的评估结果质量的好坏作出客观的评价,从而能够有效实现对评估机构和评估人员的管理。另外,它能为国有资产管理提供重要的数据资料。通过对资产评估报告的统计与分析,可以及时了解国有资产占有和使用状况以及增减变动情况,为进一步加强国有资产管理服务。

(三)其他有关部门对资产评估报告的应用

除了资产评估管理机构可运用资产评估报告资料外,还有一些政府管理部门也需要运用资产评估报告,包括证券监督管理、保险监督管理、工商行政管理、税务、金融和法院等有关部门。

证券监督管理部门对资产评估报告的运用,主要表现在对申请上市的公司有关申报材料招股说明书的审核过程,以及对上市公司的股东配售发行股票时申报材料配股说明书的审核过程。根据有关规定,公开发行股票公司信息披露至少要列示以下各项资产评估情况:

(1)按资产负债表大类划分的公司各类资产评估前的账面价值及固定资产净值;

(2)公司各类资产评估净值;

(3)各类资产价值增减幅度;

(4)各类资产价值增减的主要原因。

此外,公开发行股票的公司会采用非现金方式配股,其配股说明书的备查文件必须附上资产评估报告。当然,证券监督管理部门还可运用资产评估报告和有关资料加强对取得证券业务评估资格的评估机构及有关人员的业务管理。

任务四　资产评估规范及准则

一、资产评估规范概述

资产评估规范是指导资产评估行业健康发展、约束评估人员执业行为的一系列法律、法规和制度的总称,是在资产评估领域内起作用的一种社会意识形态。作为一种标准,它帮助评估人员解决如何工作的问题,为评价评估工作提供客观依据;作为一种机制,它是保障和促进评估活动达到预期的一种制约力量。资产评估规范具有公认性、统一性、适用性和时代性等特点。

中国的资产评估行业是一个新兴的社会中介行业,在建立和完善资本市场、加强国际合作等方面发挥着重要作用。随着我国经济市场化步伐的加快,特别是加入 WTO 以后,我国经济发生了产业结构和企业制度的重大调整。这种调整意味着产权交易市场将更加活跃和规范,为资产评估行业的发展提供了更加广阔的空间,但同时也给评估业带来了前所未有的挑战。以公有制为主体、多种所有制共同发展,要求资产评估行业不仅为国有资产服务,而且要为全社会的资产服务;企业产权制度改革以及资产重组和结构调整步伐加快,对资产评估行业的及时准确性提出更高要求;以政府征税、抵押担保、企业投资咨询、个人财产价值鉴定为目的的评估需求的扩大,使得资产评估服务对象和范围越来越广泛;对外开放水平的不断提高,以及对外经济合作范围的不断扩大，要求加快资产评估方法、标准的科学化和规范化建设，逐渐缩小与国际公认评估准则和惯例之间的差异，尽快与国际接轨。

二、资产评估规范的内容

（一）对评估人员素质的要求

在现代社会，并不是每一个人都能胜任评估工作，对评估人员素质的要求一般包括技术水平、组织能力、道德品质等方面。然而，对一个人的技术水平、组织能力、道德品质等很难一目了然，对个人素质的衡量只能通过专业考试、业绩评价、工作考核、履历审查和学历鉴定等多种手段进行。为了使这些工作逐步实现规范化，有必要创立一系列资格审定的程序与方法，通过资格审定授予相应的职称或资格，这就让评估人员的工作走向了社会规范化的道路。

（二）对评估组织机构的规定

资产评估是一个技术性、综合性、组织性很强的中介性行业，仅凭任何评估师个人的能力是很难做好评估工作的，这就需要组成评估机构，对外承接评估工作，完成评估任务，发挥资产评估应有的作用，为此，需要对评估机构的设置和运行给予科学的指导与规定。从内容上讲，这方面的规定应包括评估机构资格确认、机构内部组织设置、对评估机构执业质量控制的规定等。

（三）关于评估方法、手段与操作规程的要求

就动态过程而言，评估工作无非是评估人员遵循评估规范的要求，运用一定的方法和手段，对评估标的作出价值判断的过程。这里的方法包括观察的方法、计量与确认的方法、报告与分析的方法等。这类规范通常表现为两种形式：一种是硬性规定，如规定业务约定书的格式和内容、工作底稿的设置、评估档案的保存等，评估人员只能按规范的要求去完成，无选择性可言；另一种是有多种方法可供选择，而规范给出一个具体的选择标准，如评估方法的选择，评估人员需要结合实际，按规范所给出的标准去择取。

（四）为评估监督和管理提供标准的其他规范

上述规范均是针对具体评估活动的，是对评估工作的直接制约。但是有一部分评估规范，它们不是针对评估具体工作本身，而是针对评估行业，如与资产评估行业管理体制有关的法规等，是对评估行业整体的一种约束。

三、资产评估执业规范体系

资产评估规范可以按照不同的标准进行分类：如按规范形成和来源的方式，可分为自发形成的评估规范和人们通过一定方式制定的评估规范；按规范的制约方式可分为强制性规范、内化性规范及他律与自律结合的规范。而目前世界上最通常的方法是将评估规范划分为法律规范和准则规范。

（一）资产评估法律规范

资产评估法律规范一般是由国家制定或认可，体现掌握国家政权的阶级意志，由国家的强制力保证实施的行为规则。评估法律规范，实质上是评估法律规范在评估中的具体应用，即评估法律规范是指由国家立法机构或国家行政机关依法制定的，体现国家利益和根本意志，要求评估人员必须实施的行为规则，其最终目标是调整评估法律关系。

1. 资产评估法律规范的特征

(1)资产评估法律规范是一种强制性规范。在特定的环境下，其他评估规范在与评估法规

相冲突时，必须无条件服从法规的要求。这种强制性作用，奠定了评估法规在整个评估规范体系中的中坚作用。

(2)资产评估法律规范是一种社会规范。它的基本功能是调整社会关系，这种调整的主体是国家，调整的目的是为了维护和稳定立法者所认可的社会秩序。也就是说，任何法律规范都是着眼于人与人之间的社会关系。

(3)资产评估法律规范只给出合法与不合法的判别标准。它只说明哪些行为合法，哪些行为不合法，至于为什么，其客观依据是什么，法律条文通常不作解释。

2. 资产评估法律规范类型

资产评估法律规范有以下两种类型：

(1)针对性和独立性的评估法律规范。这种法律规范是针对评估行为而制定的，使评估规范独立于其他法律规范。马来西亚是这种类型的典范，它早在1967年就制定了专门的《注册测量师法》，1981年又制定了《评估师、估价师和不动产代理人法令》，并于1984年和1997年进行了修订，形成了马来西亚一部法律管理全评估行业的局面。这种法律规范模式的优势是针对性强，便于评估行为有法可依，确立了评估的法律地位，为评估摆脱各种利益的冲突，进行客观、公正的评估行为提供了法律保障。

(2)散寓于有关法律之中的评估法律规范。世界上许多国家的评估法律没有单独制定，而是混合在有关的法律中，例如，美国对评估业的法律规范，主要是《金融机构改革、复原和强制执行法令》、《证券法》、《公司法》等。韩国也没有统一的资产评估法律，但相关法令却分为五大类，约50种，包括有关财产补偿方面、有关税收方面、有关国有财产方面的法律等。这种类型的法律规范体系的特点是确立了评估的法律地位和相应的权力与责任，社会监督机制比较健全，但缺乏相对的独立性。

由此可见，资产评估法律规范不仅包括资产评估专门法律，还包括资产评估的相关法律和各级政府部门发布的有关条令和条例，是一个广义的概念。

(二)资产评估准则规范

准则是公共职业为获取社会公众的信任和提高执业的工作质量而制定的、得到全行业公认的、通过行业的内在约束力来贯彻实施的行为规范。《辞海》中对"准则"的解释为"范式、标准"等概念，意为具有约束力的行为规范。所有的职业均受着各自行业从业人员所公认的准则的指导。资产评估准则即是为保证和提高评估工作质量而制定的、评估人员进行评估活动的行为规范。

资产评估准则是在资产评估业务发展过程中产生的客观要求。资产评估业发展程度越高，对评估准则的要求越高；同时，评估准则体系越完善，资产评估业务越规范。衡量一个国家评估业务水平的标志之一是其准则体系的形成情况。相比较而言，发达国家的资产评估准则制定较早，也比较完善，如美国、英国。我国和其他一些发展中国家评估准则形成较晚，且亟待完善。但无论是发达国家还是发展中国家，为了促进资产评估业发展，都把制定资产评估准则作为行业发展中的重要任务来完成。

正是在这种时代背景之下，第一部评估准则——关于评估标准的"红皮书"，于1975年在英国诞生。随后，欧洲固定资产评估联合会(European Group of Valuers of Fixed Assets, EGOVOFA)又出版了"比利时—卢森堡经济联盟指南"，以及关于固定资产评估的指南、背景材料和信息论文。这些指南和论文被称为"红皮书"后的第一部欧洲评估准则。

评估准则发展至今，已经成为各国评估业发展的主要规范形式。目前，公认的世界上最具影响的评估准则包括：欧洲评估准则、国际评估准则和美国评估准则。其中，美国的《专业评估执业统一准则》(USPAP)是目前世界上评估准则中的典范。它广泛涉及了职业道德、评估能力、与法律的关系、各种动产和不动产评估、企业评估以及程式评估等内容，并以细则的形式对现金流量分析、保密原则、允许偏差、客户评估目的的确定性等问题进行了具体规范。

(三)资产评估法律规范和准则规范的关系

资产评估执业规范体系由资产评估法律规范和资产评估准则规范组成，它们之间具有一定的联系，具体如下：

1. 内容

从内容上讲，法律规范和准则规范各成体系，并具有相对独立的评价标准，不可能把各种规范内容机械地分为两大块，说明哪些内容属于法律规范制约，哪些属于准则规范制约。事实上，每一类规范均符合全面覆盖的特征，因为对任何一种评估行为都必然会受到合法、合理两种规范的共同影响。

2. 作用方式

从作用方式看，两种规范的作用方式各不相同、各有特点，在某些问题上法律规范起主导作用，而在另一些问题上准则规范可能发挥更大的作用。比如，各国一般通过法律规范形式对评估业进行宏观方面的指导，所有涉及国家利益的问题均由法律规范起作用，在英国、澳大利亚等国家，以纳税为目的的评估都是直接以法律的形式进行规范；而准则更侧重于从科学和理性的角度对评估实践进行规范，规范的内容包括专业评估技术、评估人员的职业道德和评估机构的执业质量等。

3. 形成过程

从形成过程看，无论是法律规范还是准则规范，都必须建立在理论指导基础上，与实践紧密结合。美国的 USPAP 最可贵之处就在于它是在美国长期理论研究和评估实践的基础上，总结了评估实践发展经验和众多协会在几十年间对评估基本理论的研究成果，使其具有很强的实践操作性，从而迅速受到评估界的广泛欢迎和认可，很快成为北美地区各评估专业团体和评估师广为接受的公认评估准则，并逐渐以立法的形式被政府认可。

目前，世界上评估业比较发达的国家或地区的资产评估规范如表 10－1 所示：

表 10－1　　**资产评估规范类型**

国家或地区	法律规范	技术规范
美国	《金融机构改革、复原和强制执行法令》	《专业评估执业统一准则》
澳大利亚	各州和地区的资产立法。如西澳大利亚州，对资产有重大影响的法案包括商业租赁协议法案、土地租赁法案、继承法案、土地咨询法案、环境保护法案等	《资产评估专业实务手册》，包括“实务准则”和“指导说明”
韩国	无统一资产评估法律，法律规范由相关法令组成，包括五大类，约 50 种。五大类分别为有关在价公示、有关财产补偿、有关税收、有关国家财产及其他有关法律	《鉴定评价实务规则》
马来西亚	《评估师、估价师和不动产代理人法令》及其《细则》	《马来西亚评估准则》
中国香港地区	《香港测量师学会条例》和《测量师注册条例》	《香港不动产指引》

四、资产评估准则概述

资产评估准则是资产评估执业规范体系的重要组成部分，是为保证提高评估工作质量而制定的评估人员进行评估活动的行为规范。目前，国外的资产评估准则中影响力最大的是《国际评估准则》(IVS)，其次是美国的《专业评估执业统一准则》(USPAP)。

(一)《国际评估准则》

1.《国际评估准则》的制定

《国际评估准则》是由国际评估准则委员会制定并发布的。《国际评估准则》及国际评估准则委员会的产生有其独特的历史背景，是评估行业内在发展及外部经济推动等各种因素相互作用的必然结果。在各种因素的共同作用下，英国、美国、澳大利亚、新西兰、法国等国的评估专业协会于1981年在澳大利亚墨尔本市召开会议，正式成立国际评估准则委员会，并于1985年在加拿大魁北克年度会员代表大会上正式更名为国际评估准则委员会(IVSC)。

国际评估准则委员会是联合国非政府组织(NGO)的成员，在1985年5月取得了联合国经社组织的成员资格。国际评估准则委员会除与其成员国协同工作之外，还与许多国际组织保持着紧密的工作联系，如经济合作与发展组织(OECD)、世界银行、国际货币基金组织(IMF)、国际贸易组织(WTO)、国际清算银行等。国际评估准则委员会还与许多标准制定团体保持着紧密的关系，如国际会计准则委员会(IASC)、国际会计联合会(IFA)、国际抵押委员会(IOSCO)等。国际评估准则委员会向会计界提供建议和咨询意见，并与相关行业组织在共同关心的领域，遵循相关行业的原则，进行操作准则和工作程序的调整；在制定和推行各行业新国际标准的工作中，也与相关的国际组织进行通力合作。

2. 国际评估准则的结构体系

由于各国评估理论和评估实务发展状况不一，为有利于各国评估师和评估报告使用者正确理解和应用《国际评估准则》，国际评估准则委员会设计了《国际评估准则》的结构体系，并根据理论和准则发展的需要不断进行调整。目前，《国际评估准则》的结构体系已经相对成熟、稳定。

2001年7月发布的《国际评估准则》从结构上来说，主要包括前言、资产评估基本概念和原则、资产评估人员行为准则、资产类型、价值类型、国际评估准则、国际评估应用指南、评估指南、咨询意见和专业术语十个部分。

(1)前言。这部分可以视为《国际评估准则》的序言，其回顾、总结了评估业在国际上的发展历史，阐述了国际评估准则委员会的宗旨、工作情况以及会员的责任和义务，同时简要地介绍了国际评估准则的组织体系及准则格式。

(2)资产评估基本概念和原则。这部分可以称为总则，首先说明了该准则的作用、适应范围，说明了基本概念、原则与具体评估准则、指南的基础关系。它综合了经济学、法学及资产评估和相关学科的理论观点，对一些重要概念作了规定和限定。它对土地、资产、财产、不动产、价值、价格、成本、市场、市场价值、资产的使用、最佳使用等都作了规定，是《国际评估准则》的基础部分和精华部分。通过这种限定，使得各具体准则的制定有了一个共同的概念、基础和统一口径。

(3)资产评估人员行为准则。资产评估的行为规范的内容提供了在专业评估实践过程中，评估人员所必须具备的职业道德和专业能力。在评估人员的服务过程中，评估人员的良好职业道德行为服务于公共大众的利益，维系信托财务机构的必要地位，对评估专业本身的发展也有好处。评估人员的职业道德是评估结果的可靠性、公正性和一致性的重要保证。该部分包括引言、适用范围、概念、职业道德、能力要求、披露要求和评估价值的报告七个部分。其中,主要包括对评估人员职业道德的规定、对评估人员胜任能力的要求以及对评估人员的其他规定等内容。

(4)资产类型。不动产是所有财富体系的基础,它有别于其他资产类型,比如动产、企业以及财务权益。在资产类型中讨论了上述四种类型的资产以及它们之间的区别。

(5)价值类型。该部分实质上是对国际评估准则 2 的前置说明,提出所有的评估业务可以分为两大类,即市场价值基础评估和非市场价值基础评估,并对两者的区别和注意事项进行了说明。

(6)国际评估准则。该部分是《国际评估准则》的核心内容,包括两个准则,分别规范了市场价值基础评估和非市场价值基础评估。所谓市场价值基础评估,就是对被评估资产在满足市场价值概念条件下的价值进行的评估,适用于资产的市场价值评估,通常是不动产及其相关部分的评估,其要求所评估资产假设为在公开市场上予以销售的资产,而不是作为持续经营企业的一部分或作其他的用途;所谓非市场价值基础评估,就是对被评估资产在不满足市场价值概念条件下的价值进行的评估,准则中采用列举法对几种主要的非市场价值的评估给出了概念及范围。这两个准则构成了《国际评估准则》的基础,并构成应用指南和评估指南的基础。

(7)国际评估应用指南。资产评估的目的是多种多样的,其中为财务报告或相关会计事项进行的评估以及以抵押贷款为目的的评估业务尤为重要。该部分包括两个应用指南,对这两种重要评估业务提出要求。应用指南 1(IVA1)是以财务报告为目的的评估,在国际评估准则 1 和准则 2 的基础上,为评估人员开展用于财务报告和相关会计事宜的评估提供指南,涉及评估人员在开展用于财务报告和相关会计事项、反映价格变化对现行价值影响的评估业务所应遵守的基本原则和概念,并对会计师、相关管理部门以及评估服务的其他使用者所必须理解的概念进行了讨论;应用指南 2(IVA2)是以贷款为目的的评估,目的在于提供特殊用途的准则,对贷款担保、抵押和债券而进行的评估与根据 IVA1 进行的以财务报告为目的的评估予以区分。IVA2 应当视为国际评估准则 1 的扩展延续,适用于当接受的评估业务目的与贷款、抵押和债券有关时,评估师需对贷款机构或其他资本供应者提供咨询或报告的所有情形。

(8)评估指南。为解决评估人员在评估实务中以及评估服务使用者在使用评估服务过程中经常产生的有关《国际评估准则》的应用问题,国际评估准则委员会制定评估指南对若干具体评估问题提供指导和解释,指导评估人员在一些具体的情况下应用《国际评估准则》。评估指南是《国际评估准则》的重要组成部分,而不是《国际评估准则》的说明。

(9)咨询意见。该部分是国际评估准则委员会为了更好地指导评估人员和评估报告使用者运用《国际评估准则》,就有关准则或其运用方面的问题作出的快速和非正式性的答复。这些咨询意见通常由理事会通过即可,可以用于一般性披露和解释目的,或者作为制定评估指南或准则之前的一种过渡手段。目前,国际评估准则委员会共制定了以下 3 条咨询意见:咨询意见 1——新兴市场评估;咨询意见 2——巴塞尔委员会关于银行监管方面准则和说明对以贷款为目的的评估可能产生的影响的分析;咨询意见 3——公共领域资产评估。

(10)专业术语。这部分对在英国、北美地区以及其他英语国家易引起误解的专业术语进行对照说明,并为在《国际评估准则》中出现的专业术语提供索引。

(二)美国《专业评估执业统一准则》

1. 美国《专业评估执业统一准则》的制定

美国是资产评估业高度发达的国家,评估业在美国有着悠久的发展历史。美国的评估准则在 20 世纪 80 年代之前处于各团体分别制定的分散状态。20 世纪 70 年代以来,由于评估业迅速发展,出现了为数较多的专业评估组织、协会,制定的准则更是数量繁多,但有些方面互相矛盾,使评估人员难以适从。在这种不利局面下,20 世纪 80 年代中期,美国 8 个全国性专业评估协会和加拿大评估协会联合着手制定不动产评估报告内容和范围的准则,并随之成立了统一准则特别委员会。经过仔细研究于 1987 年 4 月 27 日发布了初版《专业评估执业统一准则》。该准则不仅包括了不动产评估和报告的基本准则,还包括评估复核、评估咨询以及动产评估、企业评估的准则。1987 年,评估促进会成立,并取得了该准则的版权。1988 年,在评估促进会内部成立了两个独立的委员会:评估准则委员会(ASB)和评估师资格委员会(AQB)。评估准则委员会专门负责检查、修订和解释专业评估执业统一准则。1989 年 1 月,在评估准则委员会的成立大会上,评估准则委员会正式采纳了初版《专业评估执业统一准则》。

评估准则委员会采纳专业评估执业统一准则以后,又根据实践需要按有关程序进行了多次修订。1992～1995 年,每年进行年中修订;1995 年后,改为每年出一个完整准则版本。目前,对《专业评估执业统一准则》已进行 10 多次修订,修订内容涉及前言、职业道德、能力条款等全部准则内容。1989 年,评估准则委员会将职业道德条款增加到《专业评估执业统一准则》的介绍部分。1990 年,评估准则委员会检查修订准则 1～6,1991 年又修订准则 7～10,并制定了一系列评估准则说明,进一步明确、解释和细化《专业评估执业统一准则》的特定部分。1994 年,评估准则委员会修订背离条款、概念部分、准则 2 和准则 3。1995 年将准则 3 的适用范围扩大到所有资产类型,对职业道德条款档案保存部分增加允许以电子媒介存储档案的规定,概念中新增"签名"概念。1996 年,又对职业道德条款行为部分、概念进行修订与补充。

《专业评估执业统一准则》制定之后,由于其符合评估业发展的客观需要,因而受到评估界的广泛欢迎和认可,很快成为美国及北美地区各评估专业团体和评估师广为接受的公认评估准则,并逐渐以立法形式被美国政府认可。

2. 美国《专业评估执业统一准则》的结构体系

《专业评估执业统一准则》从一开始就设计了十分严密的结构体系,尽管已进行过多次修订,但其主要结构体系仍保持了相对稳定。《专业评估执业统一准则》分为四个组成部分,即总则、评估准则条文、评估准则说明和咨询意见。

(1)总则。总则实际是共性要求或基本要求,适用于所有评估业务,包括导言、职业道德、能力条款、背离条款、管辖除外、补充准则、概念。这一部分是美国评估理论特别是长期评估实践经验的精华,总结了评估实践发展的经验和众多协会在几十年间对评估基本理论的研究成果,概括性地对评估师作出基本要求。只有符合这些要求,才能进一步进行评估工作。

在导言中,阐述了制定准则的目的和对评估人员的最基本的要求,介绍了准则的构成内容;职业道德条款主要由行为、管理、保密、档案管理四部分组成;能力条款主要规定了在接受评估业务前或达成任何评估业务协议前,评估人员必须恰当地明确所要解决的问题,并确信具有相应的专业知识和经验,能够胜任该项业务或能采取变通措施;背离条款主要规定了可背离的部分和不可背离的部分,以及在发生背离准则条款的评估时,必须不使用户误解,征得用户同意,并在报告中指明解释所做出的背离;管辖除外部分,主要规定了如果准则中任何一部分违反某司法管辖范围的法律或公共政策,仅该违反部分在该司法管辖范围内不具有效力;补充准则,主要明确了有关特定团体和公共部分也可制定特定目的或特定资产类型的评估业务补充准则,但评估人员必须明确所评估业务是否符合补充准则;概念部分,主要对本准则采用的基本概念、名词术语进行概念，如对评估、评估执业、效力条款、企业资产、客户、咨询、可行性研究、期望用途、投资分析、市场分析、综合评估、动产、不动产、评估报告、评估复核、具体指南等进行了概念和注释，是制定评估具体条款的统一基础性规定。

(2)评估准则条文。这部分是专业评估执业统一准则的实质性内容，主要是各类评估所应遵从的要求和程序，也包括报告要求。从内容上根据具体评估类型制定了10个准则。这10个准则共分6个主题，分别为不动产评估、动产评估、企业评估、综合评估、评估复核、评估咨询。准则1、准则2是不动产评估及其报告要求；准则3是评估复核及其报告要求；准则4、准则5是评估咨询业务及其报告要求；准则6是一揽子综合评估及其报告要求；准则7、准则8是动产评估及其报告要求；准则9、准则10是企业价值评估及其报告要求。

(3)评估准则说明。评估准则说明的目的旨在明确、解释和细化《专业评估执业统一准则》。评估准则说明只有在经过披露、征求意见后才能由评估准则委员会采纳通过。评估准则说明具有与准则条文同样的效力。目前，评估准则委员会已采纳了9项说明，内容涉及复核评估，折现现金流分析，过去价值评估，未来价值评估，职业道德条款的保密规定，市场价值评估中的公开时间，允许的对不动产评估具体指南的背离，报告的电子传递，以及在进行评估、咨询、复核业务及报告其意见与结论时明确客户“期望用途”。

(4)咨询意见。除了评估准则说明外，评估准则委员会还发布了若干咨询意见。评估准则委员会提供的这种其他交流沟通方式，并没有建立新的准则，也不是对已有准则的解释。咨询意见并不是评估准则委员会的法律性意见，发布咨询意见是为了演示、说明评估准则在特定具体情况下的运用，评估准则委员会通过这种方式为解决评估中的问题提供咨询帮助。

(三)我国资产评估准则

由于我国资产评估行业发展的特殊性，我国资产评估业并不像其他国家那样先从不动产评估起步，而是从发展开始就以综合性的资产评估业务为主，对无形资产评估也十分重视。我国于1991年制定的《国有资产评估管理办法》第六条就明确规定：“国有资产评估范围包括：固定资产、流动资产、无形资产和其他资产。”因此，无形资产评估业务在我国得到了较为充分的发展，《资产评估准则——无形资产》就是在这种背景下制定的，旨在总结过去无形资产评估经验和学习国外相关经验的基础上，进一步规范无形资产评估。

为规范无形资产评估工作，中国注册会计师协会将无形资产评估准则的制定作为资产评估准则制定的首要工作。在充分总结我国评估实践经验的基础上，借鉴国际评估准则与美国评估准则中关于无形资产评估的规定，起草《无形资产评估准则》(征求意见稿)，并广泛征求了各方的意见，最终形成了《资产评估准则——无形资产》，报财政部批准发布。

我国无形资产评估准则共包括六个部分，分别是引言、概念、基本要求、评估要求、披露要求和施行日期。其基本框架如下：

(1)引言。说明了无形资产准则的制定目的和范围。

(2)概念。对无形资产的概念进行了界定，同时列出了无形资产的种类。

(3)基本要求。主要是对注册资产评估师能力的要求，如注册资产评估师应当经过专门教育和培训，具有专业技能和经验，能够胜任无形资产的评估工作；注册资产评估师应当恪守独立、客观、公正的原则，保持应有的职业谨慎，不得求证客户授意的评估价值；注册资产评估师应当谨慎区分可辨认无形资产与不可辨认无形资产；等等。

(4)评估要求。这一部分主要是对注册资产评估人员评估过程中的要求，包括接受无形资产评估业务的要求、注册资产评估师在执业前应注意的事项、注册资产评估师在执业时应注意的事项、无形资产的评估方法及评估价值的确定等。

(5)披露要求。这一部分是对资产评估报告中无形资产的披露要求,其中包括:注册资产评估师应在评估报告中声明的内容、注册资产评估师在评估报告中应说明有关评估项目的内容、注册资产评估师在评估报告中应说明有关无形资产的内容、注册资产评估师在评估报告中应说明有关评估方法的内容等。

(6)施行日期。

★★★ 应知考核 ★★★

一、单项选择题

1. 广义的资产评估报告除了指资产评估报告外,还是一种(　　)。

A. 工作制度　B. 评估准则　C. 结果确认　D. 立项审批

2. 资产评估结果有效期通常为1年,从(　　)算起。

A. 提供评估报告日　B. 评估基准日　C. 经济行为发生日　D. 以上都不对

3. 资产评估报告必须由(　　)名以上注册资产评估师签字。

A. 1　B. 2　C. 3　D. 4

4. 下列说法中正确的是(　　)。

A. 资产评估报告对委托评估的资产提供价值意见

B. 资产评估报告对资产业务定价有决策的效力

C. 在有效期内,一份评估报告可按多个用途使用

D. 评估师在证明资料齐全时,可对评估对象的法律权属提供保证

5. 评估机构三级复核制度中二级复核人指的是(　　)。

A. 项目负责人　B. 总评估师　C. 评估机构负责人　D. 国有资产管理部门

6. 关于资产评估报告摘要和正文二者关系表述正确的是(　　)。

A. 资产评估报告摘要的法律效力高于资产评估报告正文

B. 资产评估报告正文的法律效力高于资产评估报告摘要

C. 二者具有同等法律效力

D. 二者法律效力的高低由当事人协商确定

7. 按有关规定,资产评估说明中进行资产评估有关事项的说明是由(　　)提供的。

A. 委托方　B. 受托方　C. 资产占有方　D. 委托方与资产占有方

8. 资产评估报告基本制度规定,资产评估机构完成国有资产评估工作后,由相关国有资产管理部门对评估报告进行(　　)。

A. 审核验证　B. 核准备案　C. 结果确认　D. 立项审批

9. 资产评估项目档案管理包括立档、保管、使用和(　　)环节。

A. 清理　B. 销毁　C. 封存　D. 装订

10. 资产评估报告的基本要素中,不包括(　　)。

A. 绪言、评估目的和评估基准日　B. 评估种类与对象、评估原则

C. 委托方与资产占有方简介　D. 评估过程与评估结论

二、多项选择题

1. 按资产评估的范围划分，资产评估报告可分为（　　）。

A. 整体资产评估报告　　B. 房地产评估报告

C. 单项资产评估报告　　D. 土地估价报告

2. 资产评估报告书的利用者一般有（　　）。

A. 资产评估管理机构　　B. 资产评估委托方

C. 资产评估受托方　　D. 有关部门

3. 按现行规定，资产评估报告书应包括（　　）。

A. 资产评估报告正文　　B. 资产评估说明

C. 资产评估明细表及相关附件　　D. 资产评估结果确认书

4. 下列有关资产评估报告中，评估目的说法正确的是（　　）。

A. 评估报告中应说明评估目的所对应的经济行为

B. 评估目的对应的经济行为一定要经过批准

C. 评估目的对应的经济行为不一定要经过批准

D. 无需说明评估目的所对应的经济行为

5. 下列文件中，属于资产评估报告附件的是（　　）。

A. 重要合同文件　　B. 有关经济行为文件

C. 评估明细表　　D. 资产评估业务约定合同

6. 资产评估报告的作用是（　　）。

A. 决定被评估资产的作价

B. 考核资产评估工作质量的依据

C. 建立评估档案、归集评估档案资料的重要信息来源

D. 管理部门完善资产评估管理的重要依据

7. 编写资产评估报告的基本要求有（　　）。

A. 实事求是

B. 内容全面、准确、简练

C. 编制及时

D. 详细规定委托双方的权利和义务

8. 资产评估报告正文中，应阐述的评估依据包括（　　）。

A. 行为依据　　B. 法律法规依据　　C. 取价依据　　D. 产权依据

9. 资产评估中，“关于进行资产评估有关事项说明”具体包括（　　）。

A. 资产及负债清查情况的说明　　B. 实物资产分布情况说明

C. 在建工程评估说明　　D. 关于评估基准日的说明

10. 下列（　　）在履行合法手续后可以查阅评估档案。

A. 评估机构内部　　B. 其他评估机构　　C. 法院　　D. 行业主管部门

三、判断题

1. 单项资产评估报告一般不考虑负债和以整体资产为依托的无形资产。　　（　　）

2. 资产评估报告对资产业务定价具有强制执行的效力，评估者必须对结论本身合乎职业规范要求负责。　　（　　）

3. 按现行规定,对国有资产评估项目实行立项确认审批制度。 ( )

4. 经使用双方同意,一份资产评估报告可按多个用途使用。 ( )

5. 资产评估报告的评估结论应尽可能满足委托方的要求。 ( )

6. 评估报告摘要不具有法律效力,只是将评估报告书中的关键内容列示在评估报告正文之前,以便使有关各方了解该评估报告提供的主要信息,方便使用者使用。 ( )

7. 资产评估报告中应写明评估报告提交委托方的具体时间,评估报告原则上应在确定的评估基准日后2个月内提出。 ( )

8. 资产评估报告完成后,必须报送财政部门(国有资产管理部门)核准或者报送有关部门备案。 ( )

9. 资产评估只是对评估时点资产价值的估算,不能作为法庭裁决时确认财产价格的证明材料。 ( )

10. 资产评估管理部门既可以将评估报告作为研究、分析、完善和改进资产评估工作的资料,同时也可以采用其中有用的价格信息资料。 ( )

四、思考与讨论

1. 资产评估报告的要素和内容有哪些?
2. 制作资产评估报告的编制技术要点有哪些?
3. 资产评估报告的种类及作用是怎样的?
4. 资产评估报告的应用是怎样的?
5. 简述资产评估报告的分析目的和分析内容。

五、主要概念

企业　企业价值评估　企业整体价值　企业股东全部权益价值　年金法　分段法　风险累加法　β系数法

★★★ 应会考核 ★★★

一、案例题

李某系A资产评估公司的注册资产评估师、部门经理和项目负责人。于2015年5月8日与甲企业商讨房地产评估事宜。由于李某曾于2012年5月至2013年10月在甲企业财务部门任经理,双方比较熟悉,故甲企业以该企业房地产平均每平方米评估价值不低于8 000元为条件,决定是否委托A评估公司进行评估。李某为了评估公司的利益,口头承诺了甲企业的要求,并接受了甲企业的评估委托。李某按照资产评估协议书的要求在5日内完成了对甲企业房地产的评估,评估结果为每平方米7 300元。因李某曾对甲企业有过口头承诺,即不动产评估值不低于每平方米8 000元。李某认为7 300元/平方米与8 000元/平方米之差并未超过约定价格的10%,属于正常误差范围,而且资产评估本身就是一种估计,带有咨询性质,故以每平方米8 000元出具了评估报告;并打电话给本所已在外地开会一周的注册资产评估师周某,得到允许后,加盖李某本人和周某的注册资产评估师印章并签字,又以项目负责人的名义签字,加盖公章出具了资产评估报告,交予甲企业;同时将该评估报告送给在乙企业当顾问的评估专家赵某一份。

案例思考

请根据以上背景资料，指出 4 处违反资产评估行业规范的行为，并说明理由。

二、专业技能题

开达资产评估事务所于 2015 年 8 月 6 日至 25 日对洪利制衣厂的企业整体资产在 2015 年 6 月 30 日的市场价值进行了评估，评估报告于 2015 年 8 月 30 日提交给了委托人。该评估结果的有效时间截止到什么时候？

三、综合题

下面是大连××资产评估事务所出具的初步报告。

评估报告

大华电器有限责任公司：

我所接受贵公司委托，根据国家有关资产评估的规定和其他法律法规规定，对贵公司以与星海公司联营为目的的全部资产进行了评估。评估中结合贵公司的具体情况，实施了包括财产清查在内的我们认为必要的评估程序。现将评估结果报告如下：

1. 资产评估机构(略)。

2. 委托方和资产占有方(略)。

3. 评估目的：为贵公司与星海公司联营之目的，评估贵公司净资产现行价值。

4. 评估范围和对象：本次评估范围为大华公司拥有的全部资产、负债和所有者权益。评估对象为大华公司的整体资产。

5. 评估原则：根据国家国有资产管理及评估的有关法规，我所遵循独立性、科学性和客观性的评估工作原则，并以贡献原则、替代原则和预期原则为基础进行评估。

6. 评估依据：

(1)××省国有资产管理局"关于同意大华公司与星海公司联营的批复"；

(2)委托方提供的资产清单及其他资料；

(3)有关资产的产权证明及相关资料；

(4)委托方提供的有关会计凭证、会计报表及其他会计资料；

(5)与委托方资产取得、销售业务相关的各项合同及其他资料。

7. 评估基准日：2014 年 9 月 30 日。

8. 评估方法：根据委托方评估目的和评估对象，此次评估方法为成本法，价格标准为重置成本标准。

9. 评估过程(略)。

10. 评估结果：在实施了上述评估程序和评估方法后，贵公司截至评估基准日的资产、负债和所有者权益价值为：资产总额：41 504 342 元；负债总额：22 722 000 元；净资产价值：18 782 342元。

11. 评估结果有效期：根据国家有关规定，本报告有效期 1 年。自报告提交日 2014 年 12 月 20 日起至 2015 年 12 月 19 日止。

12. 评估说明：

(1)流动资产评估：

①货币资金账面价值 421 588 元，其中现金 21 325 元，银行存款 400 263 元，考虑到货币

资金即为现值无需折现,经总账明细账与日记账核实一致并对现金盘点无误后,按贴现值确认。

②应收账款账面价值 5 481 272 元,经与明细账核对,确认评估值为 5 083 252 元。

③存货账面价值为 11 072 460 元,抽查比例为 60%,在质量检测与抽查核实的基础上,确认评估值为 10 852 500 元。

④其他流动资产(略)。

流动资产账面价值 18 845 502 元,评估值为 17 401 832 元。

(2)长期投资评估(略)。

(3)固定资产评估(略)。

(4)其他资产评估(略)。

(5)负债审核确认(略)。

评估结果汇总表(简略格式)

单位:元

项　目	账面价值	评估值	增减值	增减率
流动资产	18 845 502	17 451 832	−1 393 670	−7.4%
固定资产	20 248 470	23 542 510	3 294 040	16.27%
长期投资	500 000	510 000	10 000	2%
资产总计	39 593 972	41 504 342	1 910 370	4.82%
流动负债	14 450 000	14 250 000	−200 000	−1.38%
长期负债	8 862 000	8 462 000	−400 000	−4.51%
负债合计	23 312 000	22 722 000	−60 000	−2.57%
净资产	16 281 972	18 782 342	2 510 370	15.42%

13. 其他事项说明(略)。

14. 评估结果有效的其他条件(略)。

15. 评估时间:

本次评估工作自 2014 年 10 月 4 日起至 2014 年 12 月 20 止,本报告提交日期为 2014 年 12 月 20 日。

中国注册资产评估师:××(签字盖章)

××资产评估事务所:(盖章)

2014 年 12 月 20 日

结合上述报告,回答下列问题:

(1)请找出评估报告中的错误。

(2)大华电器有限责任公司在使用该机构纠正错误后出具的正式报告时,应注意哪些问题?

★★★ 实训操作 ★★★

【实训项目】

资产评估报告的编制。

【实训学时】

1学时。

【实训内容】

资产评估报告的要素及编制技术。

【实训目的】

掌握资产评估报告编制的规范、要点和方法。

【实训反思】

1. 掌握资产评估报告的应有要素。
2. 掌握资产评估报告的基本技巧和方法。
3. 熟悉我国资产评估报告的规范与国际上的区别。

附　录

附表一

复利终值系数表

期数	1%	2%	3%	4%	5%	6%	7%	8%	9%	10%
1	1.010 0	1.020 0	1.030 0	1.040 0	1.050 0	1.060 0	1.070 0	1.080 0	1.090 0	1.100 0
2	1.020 1	1.040 4	1.060 9	1.081 6	1.102 5	1.123 6	1.144 9	1.166 4	1.188 1	1.210 0
3	1.030 3	1.061 2	1.092 7	1.124 9	1.157 6	1.191 0	1.225 0	1.259 7	1.295 0	1.331 0
4	1.040 6	1.082 4	1.125 5	1.169 9	1.215 5	1.262 5	1.310 8	1.360 5	1.411 6	1.464 1
5	1.051 0	1.104 1	1.159 3	1.216 7	1.276 3	1.338 2	1.402 6	1.469 3	1.538 6	1.610 5
6	1.061 5	1.126 2	1.194 1	1.265 3	1.340 1	1.418 5	1.500 7	1.586 9	1.677 1	1.771 6
7	1.072 1	1.148 7	1.229 9	1.315 9	1.407 1	1.503 6	1.605 8	1.713 8	1.828 0	1.948 7
8	1.082 9	1.171 7	1.266 8	1.368 6	1.477 5	1.593 8	1.718 2	1.850 9	1.992 6	2.143 6
9	1.093 7	1.195 1	1.304 8	1.423 3	1.551 3	1.689 5	1.838 5	1.999 0	2.171 9	2.357 9
10	1.104 6	1.219 0	1.343 9	1.480 2	1.628 9	1.790 8	1.967 2	2.158 9	2.367 4	2.593 7
11	1.115 7	1.243 4	1.384 2	1.539 5	1.710 3	1.898 3	2.104 9	2.331 6	2.580 4	2.853 1
12	1.126 8	1.268 2	1.425 8	1.601 0	1.795 9	2.012 2	2.252 2	2.518 2	2.812 7	3.138 4
13	1.138 1	1.293 6	1.468 5	1.665 1	1.885 6	2.132 9	2.409 8	2.719 6	3.065 8	3.452 3
14	1.149 5	1.319 5	1.512 6	1.731 7	1.979 9	2.260 9	2.578 5	2.937 2	3.341 7	3.797 5
15	1.161 0	1.345 9	1.558 0	1.800 9	2.078 9	2.396 6	2.759 0	3.172 2	3.642 5	4.177 2
16	1.172 6	1.372 8	1.604 7	1.873 0	2.182 9	2.540 4	2.952 2	3.425 9	3.970 3	4.595 0
17	1.184 3	1.400 2	1.652 8	1.947 9	2.292 0	2.692 8	3.158 8	3.700 0	4.327 6	5.054 5
18	1.196 1	1.428 2	1.702 4	2.025 8	2.406 6	2.854 3	3.379 9	3.996 0	4.717 1	5.559 9
19	1.208 1	1.456 8	1.753 5	2.106 8	2.527 0	3.025 6	3.616 5	4.315 7	5.141 7	6.115 9
20	1.220 2	1.485 9	1.806 1	2.191 1	2.653 3	3.207 1	3.869 7	4.661 0	5.604 4	6.727 5
21	1.232 4	1.515 7	1.860 3	2.278 8	2.786 0	3.399 6	4.140 6	5.033 8	6.108 8	7.400 2
22	1.244 7	1.546 0	1.916 1	2.369 9	2.925 3	3.603 5	4.430 4	5.436 5	6.658 6	8.140 3
23	1.257 2	1.576 9	1.973 6	2.464 7	3.071 5	3.819 7	4.740 5	5.871 5	7.257 9	8.954 3
24	1.269 7	1.608 4	2.032 8	2.563 3	3.225 1	4.048 9	5.072 4	6.341 2	7.911 1	9.849 7
25	1.282 4	1.640 6	2.093 8	2.665 8	3.386 4	4.291 9	5.427 4	6.848 5	8.623 1	10.835
26	1.295 3	1.673 4	2.156 6	2.772 5	3.555 7	4.549 4	5.807 4	7.396 4	9.399 2	11.918
27	1.308 2	1.706 9	2.221 3	2.883 4	3.733 5	4.822 3	6.213 9	7.988 1	10.245	13.110
28	1.321 3	1.741 0	2.287 9	2.998 7	3.920 1	5.111 7	6.648 8	8.627 1	11.167	14.421
29	1.334 5	1.775 8	2.356 6	3.118 7	4.116 1	5.418 4	7.114 3	9.317 3	12.172	15.863
30	1.347 8	1.811 4	2.427 3	3.243 4	4.321 9	5.743 5	7.612 3	10.063	13.268	17.449

续表

期数	12%	14%	16%	18%	20%	22%	24%	26%	28%	30%
1	1.120 0	1.140 0	1.160 0	1.180 0	1.200 0	1.220 0	1.240 0	1.260 0	1.280 0	1.300 0
2	1.254 4	1.299 6	1.345 6	1.392 4	1.440 0	1.488 4	1.537 6	1.587 6	1.638 4	1.690 0
3	1.404 9	1.481 5	1.560 9	1.643 0	1.728 0	1.815 8	1.906 6	2.000 4	2.097 2	2.197 0
4	1.573 5	1.689 0	1.810 6	1.938 8	2.073 6	2.215 3	2.364 2	2.520 5	2.684 4	2.856 1
5	1.762 3	1.925 4	2.100 3	2.287 8	2.488 3	2.702 7	2.931 6	3.175 8	3.436 0	3.712 9
6	1.973 8	2.195 0	2.436 4	2.699 6	2.986 0	3.297 3	3.635 2	4.001 5	4.398 0	4.826 8
7	2.210 7	2.502 3	2.826 2	3.185 5	3.583 2	4.022 7	4.507 7	5.041 9	5.629 5	6.274 9
8	2.476 0	2.852 6	3.278 4	3.758 9	4.299 8	4.907 7	5.589 5	6.352 8	7.205 8	8.157 3
9	2.773 1	3.251 9	3.803 0	4.435 5	5.159 8	5.987 4	6.931 0	8.004 5	9.223 4	10.605
10	3.105 8	3.707 2	4.411 4	5.233 8	6.191 7	7.304 6	8.594 4	10.086	11.806	13.786
11	3.478 6	4.226 2	5.117 3	6.175 9	7.430 1	8.911 7	10.657	12.708	15.112	17.922
12	3.896 0	4.817 9	5.936 0	7.287 6	8.916 1	10.872	13.215	16.012	19.343	23.298
13	4.363 5	5.492 4	6.885 8	8.599 4	10.699	13.264	16.386	20.175	24.759	30.288
14	4.887 1	6.261 3	7.987 5	10.147	12.839	16.182	20.319	25.421	31.691	39.374
15	5.473 6	7.137 9	9.265 5	11.974	15.407	19.742	25.196	32.030	40.565	51.186
16	6.130 4	8.137 2	10.748	14.129	18.488	24.086	31.243	40.358	51.923	66.542
17	6.866 0	9.276 5	12.468	16.672	22.186	29.384	38.741	50.851	66.461	86.504
18	7.690 0	10.575	14.463	19.673	26.623	35.849	48.039	64.072	85.071	112.46
19	8.612 8	12.056	16.777	23.214	31.948	43.736	59.568	80.731	108.89	146.19
20	9.646 3	13.744	19.461	27.393	38.338	53.358	73.864	101.72	139.38	190.05
21	10.804	15.668	22.575	32.324	46.005	65.096	91.592	128.17	178.41	247.06
22	12.100	17.861	26.186	38.142	55.206	79.418	113.57	161.49	228.36	321.18
23	13.552	20.362	30.376	45.008	66.247	96.889	140.83	203.48	292.30	417.54
24	15.179	23.212	35.236	53.109	79.497	118.21	174.63	256.39	374.14	542.80
25	17.000	26.462	40.874	62.669	95.396	144.21	216.54	323.05	478.90	705.64
26	19.040	30.167	47.414	73.949	114.48	175.94	268.51	407.04	613.00	917.33
27	21.325	34.390	55.000	87.260	137.37	214.64	332.96	512.87	784.64	1 192.5
28	23.884	39.205	63.800	102.97	164.84	261.86	412.86	646.21	1 004.3	1 550.3
29	26.750	44.693	74.009	121.50	197.81	319.47	511.95	814.23	1 285.6	2 015.4
30	29.960	50.950	85.850	143.37	237.38	389.76	634.82	1 025.9	1 645.5	2 620.0

附表二 **复利现值系数表**

期数	1%	2%	3%	4%	5%	6%	7%	8%	9%	10%
1	0.990 1	0.980 4	0.970 9	0.961 5	0.952 4	0.943 4	0.934 6	0.925 9	0.917 4	0.909 1
2	0.980 3	0.961 2	0.942 6	0.924 6	0.907 0	0.890 0	0.873 4	0.857 3	0.841 7	0.826 4
3	0.970 6	0.942 3	0.915 1	0.889 0	0.863 8	0.839 6	0.816 3	0.793 8	0.772 2	0.751 3
4	0.961 0	0.923 8	0.888 5	0.854 8	0.822 7	0.792 1	0.762 9	0.735 0	0.708 4	0.683 0
5	0.951 5	0.905 7	0.862 6	0.821 9	0.783 5	0.747 3	0.713 0	0.680 6	0.649 9	0.620 9
6	0.942 0	0.888 0	0.837 5	0.790 3	0.746 2	0.705 0	0.666 3	0.630 2	0.596 3	0.564 5
7	0.932 7	0.870 6	0.813 1	0.759 9	0.710 7	0.665 1	0.622 7	0.583 5	0.547 0	0.513 2
8	0.923 5	0.853 5	0.789 4	0.730 7	0.676 8	0.627 4	0.582 0	0.540 3	0.501 9	0.466 5
9	0.914 3	0.836 8	0.766 4	0.702 6	0.644 6	0.591 9	0.543 9	0.500 2	0.460 4	0.424 1
10	0.905 3	0.820 3	0.744 1	0.675 6	0.613 9	0.558 4	0.508 3	0.463 2	0.422 4	0.385 5
11	0.896 3	0.804 3	0.722 4	0.649 6	0.584 7	0.526 8	0.475 1	0.428 9	0.387 5	0.350 5
12	0.887 4	0.788 5	0.701 4	0.624 6	0.556 8	0.497 0	0.444 0	0.397 1	0.355 5	0.318 6
13	0.878 7	0.773 0	0.681 0	0.600 6	0.530 3	0.468 8	0.415 0	0.367 7	0.326 2	0.289 7
14	0.870 0	0.757 9	0.661 1	0.577 5	0.505 1	0.442 3	0.387 8	0.340 5	0.299 2	0.263 3
15	0.861 3	0.743 0	0.641 9	0.555 3	0.481 0	0.417 3	0.362 4	0.315 2	0.274 5	0.239 4
16	0.852 8	0.728 4	0.623 2	0.533 9	0.458 1	0.393 6	0.338 7	0.291 9	0.251 9	0.217 6
17	0.844 4	0.714 2	0.605 0	0.513 4	0.436 3	0.371 4	0.316 6	0.270 3	0.231 1	0.197 8
18	0.836 0	0.700 2	0.587 4	0.493 6	0.415 5	0.350 3	0.295 9	0.250 2	0.212 0	0.179 9
19	0.827 7	0.686 4	0.570 3	0.474 6	0.395 7	0.330 5	0.276 5	0.231 7	0.194 5	0.163 5
20	0.819 5	0.673 0	0.553 7	0.456 4	0.376 9	0.311 8	0.258 4	0.214 5	0.178 4	0.148 6
21	0.811 4	0.659 8	0.537 5	0.438 8	0.358 9	0.294 2	0.241 5	0.198 7	0.163 7	0.135 1
22	0.803 4	0.646 8	0.521 9	0.422 0	0.341 8	0.277 5	0.225 7	0.183 9	0.150 2	0.122 8
23	0.795 4	0.634 2	0.506 7	0.405 7	0.325 6	0.261 8	0.210 9	0.170 3	0.137 8	0.111 7
24	0.787 6	0.621 7	0.491 9	0.390 1	0.310 1	0.247 0	0.197 1	0.157 7	0.126 4	0.101 5
25	0.779 8	0.609 5	0.477 6	0.375 1	0.295 3	0.233 0	0.184 2	0.146 0	0.116 0	0.092 3
26	0.772 0	0.597 6	0.463 7	0.360 7	0.281 2	0.219 8	0.172 2	0.135 2	0.106 4	0.083 9
27	0.764 4	0.585 9	0.450 2	0.346 8	0.267 8	0.207 4	0.160 9	0.125 2	0.097 6	0.076 3
28	0.756 8	0.574 4	0.437 1	0.333 5	0.255 1	0.195 6	0.150 4	0.115 9	0.089 5	0.069 3
29	0.749 3	0.563 1	0.424 3	0.320 7	0.242 9	0.184 6	0.140 6	0.107 3	0.082 2	0.063 0
30	0.741 9	0.552 1	0.412 0	0.308 3	0.231 4	0.174 1	0.131 4	0.099 4	0.075 4	0.057 3

续表

期数	12%	14%	16%	18%	20%	22%	24%	26%	28%	30%
1	0.892 9	0.877 2	0.862 1	0.847 5	0.833 3	0.819 7	0.806 5	0.793 7	0.781 3	0.769 2
2	0.797 2	0.769 5	0.743 2	0.718 2	0.694 4	0.671 9	0.650 4	0.629 9	0.610 4	0.591 7
3	0.711 8	0.675 0	0.640 7	0.608 6	0.578 7	0.550 7	0.524 5	0.499 9	0.476 8	0.455 2
4	0.635 5	0.592 1	0.552 3	0.515 8	0.482 3	0.451 4	0.423 0	0.396 8	0.372 5	0.350 1
5	0.567 4	0.519 4	0.476 1	0.437 1	0.401 9	0.370 0	0.341 1	0.314 9	0.291 0	0.269 3
6	0.506 6	0.455 6	0.410 4	0.370 4	0.334 9	0.303 3	0.275 1	0.249 9	0.227 4	0.207 2
7	0.452 3	0.399 6	0.353 8	0.313 9	0.279 1	0.248 6	0.221 8	0.198 3	0.177 6	0.159 4
8	0.403 9	0.350 6	0.305 0	0.266 0	0.232 6	0.203 8	0.178 9	0.157 4	0.138 8	0.122 6
9	0.360 6	0.307 5	0.263 0	0.225 5	0.193 8	0.167 0	0.144 3	0.124 9	0.108 4	0.094 3
10	0.322 0	0.269 7	0.226 7	0.191 1	0.161 5	0.136 9	0.116 4	0.099 2	0.084 7	0.072 5
11	0.287 5	0.236 6	0.195 4	0.161 9	0.134 6	0.112 2	0.093 8	0.078 7	0.066 2	0.055 8
12	0.256 7	0.207 6	0.168 5	0.137 2	0.112 2	0.092 0	0.075 7	0.062 5	0.051 7	0.042 9
13	0.229 2	0.182 1	0.145 2	0.116 3	0.093 5	0.075 4	0.061 0	0.049 6	0.040 4	0.033 0
14	0.204 6	0.159 7	0.125 2	0.098 5	0.077 9	0.061 8	0.049 2	0.039 3	0.031 6	0.025 4
15	0.182 7	0.140 1	0.107 9	0.083 5	0.064 9	0.050 7	0.039 7	0.031 2	0.024 7	0.019 5
16	0.163 1	0.122 9	0.093 0	0.070 8	0.054 1	0.041 5	0.032 0	0.024 8	0.019 3	0.015 0
17	0.145 6	0.107 8	0.080 2	0.060 0	0.045 1	0.034 0	0.025 8	0.019 7	0.015 0	0.011 6
18	0.130 0	0.094 6	0.069 1	0.050 8	0.037 6	0.027 9	0.020 8	0.015 6	0.011 8	0.008 9
19	0.116 1	0.082 9	0.059 6	0.043 1	0.031 3	0.022 9	0.016 8	0.012 4	0.009 2	0.006 8
20	0.103 7	0.072 8	0.051 4	0.036 5	0.026 1	0.018 7	0.013 5	0.009 8	0.007 2	0.005 3
21	0.092 6	0.063 8	0.044 3	0.030 9	0.021 7	0.015 4	0.010 9	0.007 8	0.005 6	0.004 0
22	0.082 6	0.056 0	0.038 2	0.026 2	0.018 1	0.012 6	0.008 8	0.006 2	0.004 4	0.003 1
23	0.073 8	0.049 1	0.032 9	0.022 2	0.015 1	0.010 3	0.007 1	0.004 9	0.003 4	0.002 4
24	0.065 9	0.043 1	0.028 4	0.018 8	0.012 6	0.008 5	0.005 7	0.003 9	0.002 7	0.001 8
25	0.058 8	0.037 8	0.024 5	0.016	0.010 5	0.006 9	0.004 6	0.003 1	0.002 1	0.001 4
26	0.052 5	0.033 1	0.021 1	0.013 5	0.008 7	0.005 7	0.003 7	0.002 5	0.001 6	0.001 1
27	0.046 9	0.029 1	0.018 2	0.011 5	0.007 3	0.004 7	0.003 0	0.001 9	0.001 3	0.000 8
28	0.041 9	0.025 5	0.015 7	0.009 7	0.006 1	0.003 8	0.002 4	0.001 5	0.001 0	0.000 6
29	0.037 4	0.022 4	0.013 5	0.008 2	0.005 1	0.003 1	0.002 0	0.001 2	0.000 8	0.000 5
30	0.033 4	0.019 6	0.011 6	0.007 0	0.004 2	0.002 6	0.001 6	0.001 0	0.000 6	0.000 4

附表三

年金终值系数表

期数	1%	2%	3%	4%	5%	6%	7%	8%	9%	10%
1	1.000 0	1.000 0	1.000 0	1.000 0	1.000 0	1.000 0	1.000 0	1.000 0	1.000 0	1.000 0
2	2.010 0	2.020 0	2.030 0	2.040 0	2.050 0	2.060 0	2.070 0	2.080 0	2.090 0	2.100 0
3	3.030 1	3.060 4	3.090 9	3.121 6	3.152 5	3.183 6	3.214 9	3.246 4	3.278 1	3.310 0
4	4.060 4	4.121 6	4.183 6	4.246 5	4.310 1	4.374 6	4.439 9	4.506 1	4.573 1	4.641 0
5	5.101 0	5.204 0	5.309 1	5.416 3	5.525 6	5.637 1	5.750 7	5.866 6	5.984 7	6.105 1
6	6.152 0	6.308 1	6.468 4	6.633 0	6.801 9	6.975 3	7.153 3	7.335 9	7.523 3	7.715 6
7	7.213 5	7.434 3	7.662 5	7.898 3	8.142 0	8.393 8	8.654 0	8.922 8	9.200 4	9.487 2
8	8.285 7	8.583 0	8.892 3	9.214 2	9.549 1	9.897 5	10.260	10.637	11.029	11.436
9	9.368 5	9.754 6	10.159	10.583	11.027	11.491	11.978	12.488	13.021	13.580
10	10.462	10.950	11.464	12.006	12.578	13.181	13.816	14.487	15.193	15.937
11	11.567	12.169	12.808	13.486	14.207	14.972	15.784	16.646	17.560	18.531
12	12.683	13.412	14.192	15.026	15.917	16.870	17.889	18.977	20.141	21.384
13	13.809	14.680	15.618	16.627	17.713	18.882	20.141	21.495	22.953	24.523
14	14.947	15.974	17.086	18.292	19.599	21.015	22.551	24.215	26.019	27.975
15	16.097	17.293	18.599	20.024	21.579	23.276	25.129	27.152	29.361	31.773
16	17.258	18.639	20.157	21.825	23.658	25.673	27.888	30.324	33.003	35.950
17	18.430	20.012	21.762	23.698	25.840	28.213	30.840	33.750	36.974	40.545
18	19.615	21.412	23.414	25.645	28.132	30.906	33.999	37.450	41.301	45.599
19	20.811	22.841	25.117	27.671	30.539	33.760	37.379	41.446	46.019	51.159
20	22.019	24.297	26.870	29.778	33.066	36.786	40.996	45.762	51.160	57.275
21	23.239	25.783	28.677	31.969	35.719	39.993	44.865	50.423	56.765	64.003
22	24.472	27.299	30.537	34.248	38.505	43.392	49.006	55.457	62.873	71.403
23	25.716	28.845	32.453	36.618	41.431	46.996	53.436	60.893	69.532	79.543
24	26.974	30.422	34.427	39.083	44.502	50.816	58.177	66.765	76.790	88.497
25	28.243	32.030	36.459	41.646	47.727	54.865	63.249	73.106	84.701	98.347
26	29.526	33.671	38.553	44.312	51.114	59.156	68.677	79.954	93.324	109.18
27	30.821	35.344	40.710	47.084	54.669	63.706	74.484	87.351	102.72	121.10
28	32.129	37.051	42.931	49.968	58.403	68.528	80.698	95.339	112.97	134.21
29	33.450	38.792	45.219	52.966	62.323	73.640	87.347	103.97	124.14	148.63
30	34.785	40.568	47.575	56.085	66.439	79.058	94.461	113.28	136.31	164.49

续表

期数	12%	14%	16%	18%	20%	22%	24%	26%	28%	30%
1	1.000 0	1.000 0	1.000 0	1.000 0	1.000 0	1.000 0	1.000 0	1.000 0	1.000 0	1.000 0
2	2.120 0	2.140 0	2.160 0	2.180 0	2.200 0	2.220 0	2.240 0	2.260 0	2.280 0	2.300 0
3	3.374 4	3.439 6	3.505 6	3.572 4	3.640 0	3.708 4	3.777 6	3.847 6	3.918 4	3.990 0
4	4.779 3	4.921 1	5.066 5	5.215 4	5.368 0	5.524 2	5.684 2	5.848 0	6.015 6	6.187 0
5	6.352 8	6.610 1	6.877 1	7.154 2	7.441 6	7.739 6	8.048 4	8.368 4	8.699 9	9.043 1
6	8.115 2	8.535 5	8.977 5	9.442 0	9.929 9	10.442	10.980	11.544	12.136	12.756
7	10.089	10.731	11.414	12.142	12.916	13.740	14.615	15.546	16.534	17.583
8	12.300	13.233	14.240	15.327	16.499	17.762	19.123	20.588	22.163	23.858
9	14.776	16.085	17.519	19.086	20.799	22.670	24.713	26.940	29.369	32.015
10	17.549	19.337	21.322	23.521	25.959	28.657	31.643	34.945	38.593	42.620
11	20.655	23.045	25.733	28.755	32.150	35.962	40.238	45.031	50.399	56.405
12	24.133	27.271	30.850	34.931	39.581	44.874	50.895	57.739	65.510	74.327
13	28.029	32.089	36.786	42.219	48.497	55.746	64.110	73.751	84.853	97.625
14	32.393	37.581	43.672	50.818	59.196	69.010	80.496	93.926	109.61	127.91
15	37.280	43.842	51.660	60.965	72.035	85.192	100.82	119.35	141.30	167.29
16	42.753	50.980	60.925	72.939	87.442	104.93	126.01	151.38	181.87	218.47
17	48.884	59.118	71.673	87.068	105.93	129.02	157.25	191.73	233.79	285.01
18	55.750	68.394	84.141	103.74	128.12	158.40	195.99	242.59	300.25	371.52
19	63.440	78.969	98.603	123.41	154.74	194.25	244.03	306.66	385.32	483.97
20	72.052	91.025	115.38	146.63	186.69	237.99	303.60	387.39	494.21	630.17
21	81.699	104.77	134.84	174.02	225.03	291.35	377.46	489.11	633.59	820.22
22	92.503	120.44	157.42	206.34	271.03	356.44	469.06	617.28	812.00	1 067.3
23	104.60	138.30	183.60	244.49	326.24	435.86	582.63	778.77	1 040.4	1 388.5
24	118.16	158.66	213.98	289.49	392.48	532.75	723.46	982.25	1 332.7	1 806.0
25	133.33	181.87	249.21	342.60	471.98	650.96	898.09	1 238.6	1 706.8	2 348.8
26	150.33	208.33	290.09	405.27	567.38	795.17	1 114.6	1 561.7	2 185.7	3 054.4
27	169.37	238.50	337.50	479.22	681.85	971.10	1 383.1	1 968.7	2 798.7	3 971.8
28	190.70	272.89	392.50	566.48	819.22	1 185.7	1 716.1	2 481.6	3 583.3	5 164.3
29	214.58	312.09	456.30	669.45	984.07	1 447.6	2 129.0	3 127.8	4 587.7	6 714.6
30	241.33	356.79	530.31	790.95	1 181.9	1 767.1	2 640.9	3 942.0	5 873.2	8 730.0

附表四 年金现值系数表

期数	1%	2%	3%	4%	5%	6%	7%	8%	9%	10%
1	0.990 1	0.980 4	0.970 9	0.961 5	0.952 4	0.943 4	0.934 6	0.925 9	0.917 4	0.909 1
2	1.970 4	1.941 6	1.913 5	1.886 1	1.859 4	1.833 4	1.808 0	1.783 3	1.759 1	1.735 5
3	2.941 0	2.883 9	2.828 6	2.775 1	2.723 2	2.673 0	2.624 3	2.577 1	2.531 3	2.486 9
4	3.902 0	3.807 7	3.717 1	3.629 9	3.546 0	3.465 1	3.387 2	3.312 1	3.239 7	3.169 9
5	4.853 4	4.713 5	4.579 7	4.451 8	4.329 5	4.212 4	4.100 2	3.992 7	3.889 7	3.790 8
6	5.795 5	5.601 4	5.417 2	5.242 1	5.075 7	4.917 3	4.766 5	4.622 9	4.485 9	4.355 3
7	6.728 2	6.472 0	6.230 3	6.002 1	5.786 4	5.582 4	5.389 3	5.206 4	5.033 0	4.868 4
8	7.651 7	7.325 5	7.019 7	6.732 7	6.463 2	6.209 8	5.971 3	5.746 6	5.534 8	5.334 9
9	8.566 0	8.162 2	7.786 1	7.435 3	7.107 8	6.801 7	6.515 2	6.246 9	5.995 2	5.759 0
10	9.471 3	8.982 6	8.530 2	8.110 9	7.721 7	7.360 1	7.023 6	6.710 1	6.417 7	6.144 6
11	10.368	9.786 8	9.252 6	8.760 5	8.306 4	7.886 9	7.498 7	7.139 0	6.805 2	6.495 1
12	11.255	10.575	9.954 0	9.385 1	8.863 3	8.383 8	7.942 7	7.536 1	7.160 7	6.813 7
13	12.134	11.348	10.635	9.985 6	9.393 6	8.852 7	8.357 7	7.903 8	7.486 9	7.103 4
14	13.004	12.106	11.296	10.563	9.898 6	9.295 0	8.745 5	8.244 2	7.786 2	7.366 7
15	13.865	12.849	11.938	11.118	10.380	9.712 2	9.107 9	8.559 5	8.060 7	7.606 1
16	14.718	13.578	12.561	11.652	10.838	10.106	9.446 6	8.851 4	8.312 6	7.823 7
17	15.562	14.292	13.166	12.166	11.274	10.477	9.763 2	9.121 6	8.543 6	8.021 6
18	16.398	14.992	13.754	12.659	11.690	10.828	10.059	9.371 9	8.755 6	8.201 4
19	17.226	15.679	14.324	13.134	12.085	11.158	10.336	9.603 6	8.950 1	8.364 9
20	18.046	16.351	14.878	13.590	12.462	11.470	10.594	9.818 1	9.128 5	8.513 6
21	18.857	17.011	15.415	14.029	12.821	11.764	10.836	10.017	9.292 2	8.648 7
22	19.660	17.658	15.937	14.451	13.163	12.042	11.061	10.201	9.442 4	8.771 5
23	20.456	18.292	16.444	14.857	13.489	12.303	11.272	10.371	9.580 2	8.883 2
24	21.243	18.914	16.936	15.247	13.799	12.550	11.469	10.529	9.706 6	8.984 7
25	22.023	19.524	17.413	15.622	14.094	12.783	11.654	10.675	9.822 6	9.077 0
26	22.795	20.121	17.877	15.983	14.375	13.003	11.826	10.810	9.929 0	9.160 9
27	23.560	20.707	18.327	16.330	14.643	13.211	11.987	10.935	10.027	9.237 2
28	24.316	21.281	18.764	16.663	14.898	13.406	12.137	11.051	10.116	9.306 6
29	25.066	21.844	19.189	16.984	15.141	13.591	12.278	11.158	10.198	9.369 6
30	25.808	22.397	19.600	17.292	15.373	13.765	12.409	11.258	10.274	9.426 9

续表

期数	12%	14%	16%	18%	20%	22%	24%	26%	28%	30%
1	0.892 9	0.877 2	0.862 1	0.847 5	0.833 3	0.819 7	0.806 5	0.793 7	0.781 3	0.769 2
2	1.690 1	1.646 7	1.605 2	1.565 6	1.527 8	1.491 5	1.456 8	1.423 5	1.391 6	1.360 9
3	2.401 8	2.321 6	2.245 9	2.174 3	2.106 5	2.042 2	1.981 3	1.923 4	1.868 4	1.816 1
4	3.037 3	2.913 7	2.798 2	2.690 1	2.588 7	2.493 6	2.404 3	2.320 2	2.241 0	2.166 2
5	3.604 8	3.433 1	3.274 3	3.127 2	2.990 6	2.863 6	2.745 4	2.635 1	2.532 0	2.435 6
6	4.111 4	3.888 7	3.684 7	3.497 6	3.325 5	3.166 9	3.020 5	2.885 0	2.759 4	2.642 7
7	4.563 8	4.288 3	4.038 6	3.811 5	3.604 6	3.415 5	3.242 3	3.083 3	2.937 0	2.802 1
8	4.967 6	4.638 9	4.343 6	4.077 6	3.837 2	3.619 3	3.421 2	3.240 7	3.075 8	2.924 7
9	5.328 2	4.946 4	4.606 5	4.303 0	4.031 0	3.786 3	3.565 5	3.365 7	3.184 2	3.019 0
10	5.650 2	5.216 1	4.833 2	4.494 1	4.192 5	3.923 2	3.681 9	3.464 8	3.268 9	3.091 5
11	5.937 7	5.452 7	5.028 6	4.656 0	4.327 1	4.035 4	3.775 7	3.543 5	3.335 1	3.147 3
12	6.194 4	5.660 3	5.197 1	4.793 2	4.439 2	4.127 4	3.851 4	3.605 9	3.386 8	3.190 3
13	6.423 5	5.842 4	5.342 3	4.909 5	4.532 7	4.202 8	3.912 4	3.655 5	3.427 2	3.223 3
14	6.628 2	6.002 1	5.467 5	5.008 1	4.610 6	4.264 6	3.961 6	3.694 9	3.458 7	3.248 7
15	6.810 9	6.142 2	5.575 5	5.091 6	4.675 5	4.315 2	4.001 3	3.726 1	3.483 4	3.268 2
16	6.974 0	6.265 1	5.668 5	5.162 4	4.729 6	4.356 7	4.033 3	3.750 9	3.502 6	3.283 2
17	7.119 6	6.372 9	5.748 7	5.222 3	4.774 6	4.390 8	4.059 1	3.770 5	3.517 7	3.294 8
18	7.249 7	6.467 4	5.817 8	5.273 2	4.812 2	4.418 7	4.079 9	3.786 1	3.529 4	3.303 7
19	7.365 8	6.550 4	5.877 5	5.316 2	4.843 5	4.441 5	4.096 7	3.798 5	3.538 6	3.310 5
20	7.469 4	6.623 1	5.928 8	5.352 7	4.869 6	4.460 3	4.110 3	3.808 3	3.545 8	3.315 8
21	7.562 0	6.687 0	5.973 1	5.383 7	4.891 3	4.475 6	4.121 2	3.816 1	3.551 4	3.319 8
22	7.644 6	6.742 9	6.011 3	5.409 9	4.909 4	4.488 2	4.130 0	3.822 3	3.555 8	3.323 0
23	7.718 4	6.792 1	6.044 2	5.432 1	4.924 5	4.498 5	4.137 1	3.827 3	3.559 2	3.325 4
24	7.784 3	6.835 1	6.072 6	5.450 9	4.937 1	4.507 0	4.142 8	3.831 2	3.561 9	3.327 2
25	7.843 1	6.872 9	6.097 1	5.466 9	4.947 6	4.513 9	4.147 4	3.834 2	3.564 0	3.328 6
26	7.895 7	6.906 1	6.118 2	5.480 4	4.956 3	4.519 6	4.151 1	3.836 7	3.565 6	3.329 7
27	7.942 6	6.935 2	6.136 4	5.491 9	4.963 6	4.524 3	4.154 2	3.838 7	3.566 9	3.330 5
28	7.984 4	6.960 7	6.152 0	5.501 6	4.969 7	4.528 1	4.156 6	3.840 2	3.567 9	3.331 2
29	8.021 8	6.983 0	6.165 6	5.509 8	4.974 7	4.531 2	4.158 5	3.841 4	3.568 7	3.331 7
30	8.055 2	7.002 7	6.177 2	5.516 8	4.978 9	4.533 8	4.160 1	3.842 4	3.569 3	3.332 1

参考文献

1.中国资产评估协会:《资产评估》,中国财政经济出版社 2014 年版。
2.陈艳利、朱荣:《资产评估》,上海财经大学出版社 2015 年版。
3.姜楠、王景升:《资产评估》,东北财经大学出版社 2014 年版。
4.周友梅、胡晓明:《资产评估》,上海财经大学出版社 2014 年版。
5.牛丹、戴淑艳、温艳萍:《资产评估》,华中科技大学出版社 2013 年版。
6.朱萍:《资产评估》,上海财经大学出版社 2012 年版。
7.曹中:《企业资产评估》,中国财政经济出版社 2010 年版。
8.蒋国发:《资产评估学》,清华大学出版社 2011 年版。
9.刘玉平:《资产评估教程》,中国财政经济出版社 2014 年版。
10.朱云松、聂新田:《资产评估学》,经济管理出版社 2011 年版。
11.中华人民共和国财政部:《投资性房地产评估指导意见(试行)》,2010 年版。
12.中华人民共和国财政部:《金融不良资产评估指导意见(试行)》,2010 年版。
13.于鸿君:《资产评估教程》,北京大学出版社 2000 年版。
14. 潘学模:《资产评估学》,西南财经大学出版社 2008 年版。